# 大名領国の経済構造

# 大名領国の経済構造

岸田裕之著

岩 波 書 店

# 目　次

# 序章　課題と史料

## 一　戦国時代の戦争と流通経済

### 1　はじめに

中国地域・瀬戸内海地域における守護大名・国人領主の併存から戦国大名領国への展開は、東からの室町幕府・細川氏・赤松氏と、同西部から北部九州を領有した地域大名大内氏という両強大勢力の境目に位置した安芸国の国人領主毛利氏の発展によって達成される。

その契機は、毛利元就が享禄二年（一五二九）に安芸・石見両国にまたがる山間地域を領域としていた高橋氏を討滅し、その所領を奪取するとともに、安芸国人領主連合の盟主の地位を獲得したことにあり、その結果は、弘治三年（一五五七）に大内氏を討滅して毛利氏「国家」の枠組を構築し、その直後の永禄初年に多数の安芸国衆との間において人返協約を取り結んで被官層の土地緊縛を行い、公権力化したところに求められる。

そうした政治構造については、一九八三年に刊行した『大名領国の構成的展開』（吉川弘文館）において解明している。以来、二十年近くになるが、中国地域・瀬戸内海地域の大名領国の関係史料の蒐集調査を進めながら、それによって発見された新出文書に基づいて、研究成果を史料集や論文として発表してきた。

その大きな柱の一つが、大名領国下における都市・商人・交通・流通等の経済構造に関する研究であった。

中国地域・瀬戸内海地域の地域経済は、地域資源である鉄・銅そして銀の輸出や、朝鮮貿易、琉球王国から南九州に入った「唐荷」の輸送によって、東アジア世界における交通・流通の循環構造に組み込まれていた。すなわち、琉球は、南海の諸国、中国との貿易・交流の要衝であった。琉球からは薩摩・大隅・日向に至る。南九州に入った唐荷は、畿内商人らによって主に豊後水道・豊予海峡・瀬戸内海を経由して畿内に至り、また南九州の各港津の商人らによって九州の西海岸を北上して北部九州、さらに山陰地域の諸港津に至る。それをうけて、北部九州や山陰地域の領主・商人らは、さらに日本海沿岸を北に運ぶとともに、朝鮮と貿易を進める。また、北部九州からは、関門海峡を通って畿内に向う流れもある。当然のことながら、これらの逆の流れも存在しており、東アジア世界において交通・流通の循環構造が成立していたことに留意しておく必要がある。

いま琉球王国の外交文書を集めた『歴代宝案』をみると、たとえば朝鮮国王と琉球国王間の外交文書が収められているが、朝鮮国王から琉球国王への進上物として虎皮・豹皮・人参等、琉球国王から朝鮮国王へは、シャム等の東南アジア諸国から輸入した象牙・水牛角・胡椒・蘇木等が確かめられる。その際の「琉球国使」としては、大内氏支配下の博多の商人が活動している(第五章に論述)。なお、琉球国王の菩提寺であった円覚寺の旧殿前鐘(現在は沖縄県立博物館所蔵)は、尚真王の「大明弘治八年」(一四九五)に周防国防府の「大工大和氏相秀」が鋳造したものである。こうした東アジア世界における流通・交流は、十六世紀中頃になって銀取引を目的にして「南蛮」世界からヨーロッパ人が参入してくると、その循環構造は一層広域化し、世界的規模で展開する。

中国地域の瀬戸内海や日本海沿岸の主要な港町は、こうした国際性豊かな広域流通と、周辺の地域経済圏を結び付ける接点としての機能を担っていた。大内氏が保有していた「日本国王之印」(側面に「日本国王臣源」と墨書がある)や朝鮮国「通信符(右符)」(つまみの頂上面中央に「上」、印の側面に「朝鮮国賜大内殿通信右符」、印の上部右側に「景泰四年(一四五三)七月造」と陰刻がある)――ともに毛利博物館所蔵[1]――はその象徴であり、また厳島《いつくしま》・三田尻《みたじり》・赤間《あかまが》

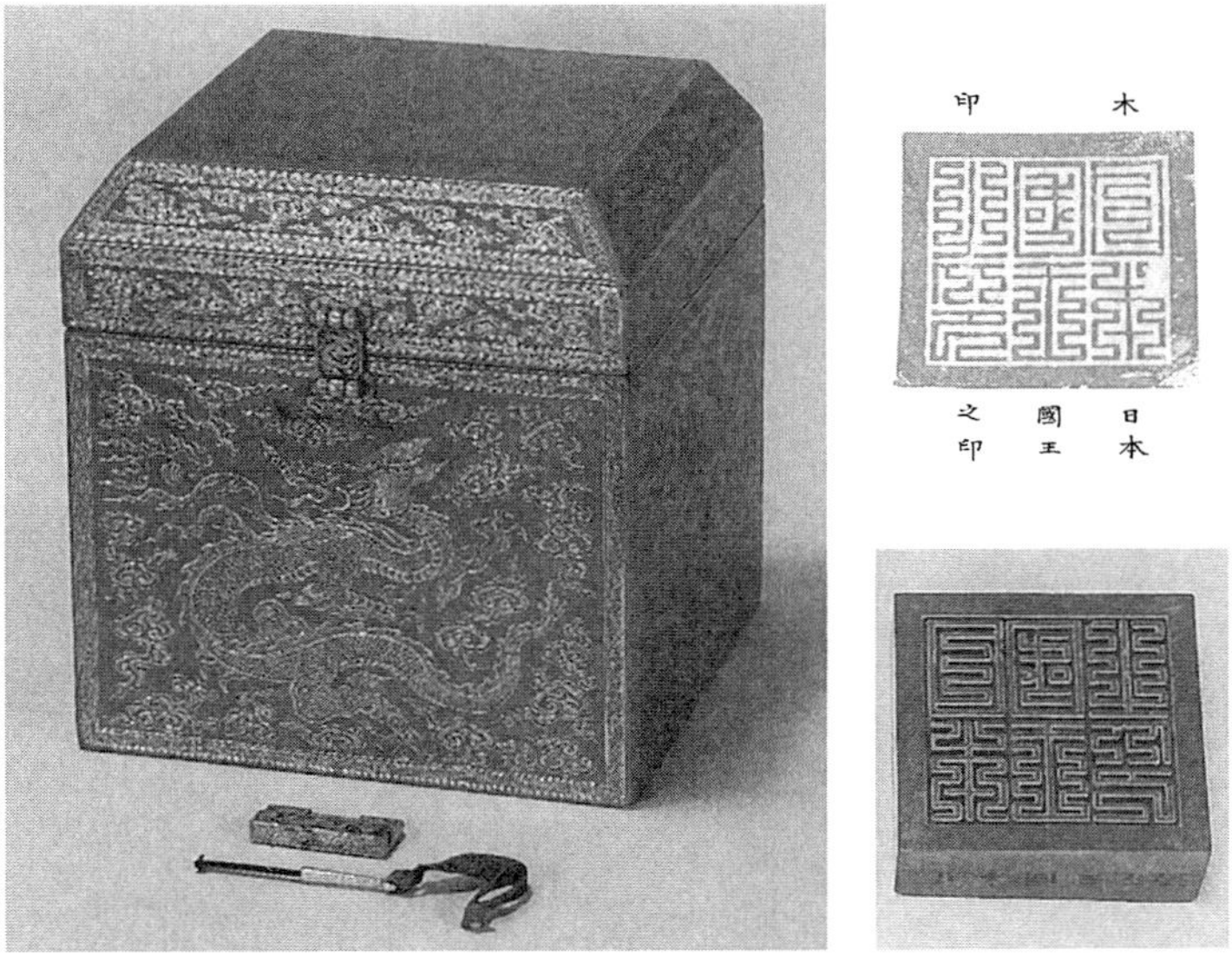


**図1**　朱漆雲龍鎗金印箱と日本国王之印

関《せき》・肥中《ひじゅう》・通《かよい》・須佐《すさ》・温泉津《ゆのつ》などを直轄関としていたことは、その具体的展開である。

大内氏や尼子氏を討滅して中国地域を制覇した毛利氏の領国形成も、またその展開も、地域資源、地域の経済拠点、旧来の大内氏や尼子氏の流通経済構造を継承しながら、具体的にはそれらに関わって広域的に活動する商人(的領主)の掌握を通して進められた。

こうした明の冊封体制下における日本の位置については、次のように考えられる。「日本国王之印」を収める「朱漆雲龍鎗金印箱」(毛利博物館所蔵)[2]には金線で雲龍が描かれているが、その龍の爪は三本である(図1)。中国の皇帝が用いる龍は五本爪であり、そして朝鮮国王・琉球国王が四本爪であったことはよく知られている。この事実は、「日本国王」の東アジア社会における格付けを示すものと言える。なお、この印箱の製作は明も早いころと考えられている。

## 2　西国地域社会と東アジア

西国地域社会は、大陸や琉球からの幹線によって流通・交流を直接推進していた。それに対して、東国地域社会は、北部九州や南九州に出向いた京都・堺などの畿内商人の交易に依存し、多くはそれを間接的に享受したと言ってよい。

それゆえに西国大名は眼を京都に向けるよりも西からの流通・交流幹線に向け、外国産品の輸入による富の獲得と技術・文化の享受をはかった。それは、西国大名同士の対立抗争を激化させ、その存亡をかけた相互の軍事的対立に発展した。したがって、輸入品の内には、富の獲得のもとになるいわゆる奢侈品はもちろんであるが、軍事物資も含まれていた。戦国時代の象徴的な軍事物資は鉄炮に用いる火薬の原料である硝石であった。

たとえば、永禄十年(一五六七)に大友宗麟が中国滞在中の司教カルネイロに送った書翰には、自分が毛利元就に勝利を望むのは、大内輝弘の地位を回復し、パードレらに山口における布教上の庇護を与えたいためであること、それを実現するために必要なことは、援助を得て、毛利氏が硝石を輸入することを一切禁止し、カピタンモールをして大友氏のもとに毎年良質の硝石二〇〇斤を運ぶことであると求め、一〇〇タイス(銀一貫目)もしくは希望額の支払いを約束している(3)。

硝石を有利かつ安定的に輸入すること、敵方に輸入させないこと、それが敵方を制し、戦争に勝つ方法であり、外国との交流を拡大する基礎であった。

この事実から知られるように、西国地域社会は、政治的にも、経済的にも、そして文化的にも、東アジア世界のなかにおいていわゆる国境を越えて相互に展開されていた外交戦略を直接的に与え、かつ受ける場であった。外交による西からの流通・交流幹線の確保とその安定なくしては、その領国の保持もむずかしい状況におかれていたのである。

こうしたあり方は、当然のことながら京都の権威を低めることにつながっていく。

永禄三年(一五六〇)二月十五日、毛利元就・隆元父子は正親町天皇の即位料を献上したことによって陸奥守、大膳大夫に任じられ(『毛利家文書』二九四〜三〇〇)、二月二十一日に将軍足利義輝は隆元を安芸国守護職に任じている(同三一三)。そして、つづいて元就・隆元はともに相伴衆に加えられている(同二三三一、三一四)。このことについて隆元は、「以勅裁　上意、家之位をも上」と述べている(同六四六)。

こうしたいわゆる栄誉の授与における天皇・将軍の役割は、毛利氏「国家」の維持に一定の機能を果たすものであったが、実際には次のようなものであった。

毛利氏が尼子・大友両氏と合戦中に将軍足利義輝は使者を派遣して雲芸和平、豊芸和平を勧めた。これに対して隆元は、和談が決裂後に起こるべき事態として四箇条をあげ、その第四条に「各自他国にも、もり《(毛利)》ハ上意をも申こくり候て申切候と取沙汰すへき事」と述べるとともに、「是ハ一向くるしからす、不入事ニ候へ共、可有其沙汰所を申計ニ候、上意を背候ても、家をかゝハリ候ハてハ不叶事候」と註釈を加えている(同七二九)。

「上意」に背いても保持しなければならない「家」とは、この場合毛利氏「国家」に相当する。政治的・軍事的に緊張した状況においてぎりぎりの選択を迫られたとき、隆元は、毛利氏「国家」存続のために「上意」を無視し、またそうした態度に浴せられる世間の批判をも受け流したのである。(4)

こうした国際性豊かな地域性と固有の判断基準が、西国地域の戦国大名領国の強い独自性とそれに基づく自立性を支えた。東アジア規模で考えるならば、西国の地域大名は、大内氏にしても、毛利氏にしても、そして九州の大友氏や島津氏にしても、京都への求心性と同様に、東アジア社会への強い求心性をも有しており、それがまた京都からの遠心性を推進し、京都政権の不均質な列島支配を現出したのである。戦国時代の西国社会は、鉄炮の普及とともにそうした状況が室町時代よりも進展した事態を生じていた。西国大名の眼は、東アジア社会を注視しており、現実の動きのなかでは軍勢を大挙上洛させて「天下」を治めることに大きな意味を見出していなかった。

本書では、こうした東アジア諸国と政治的・経済的・文化的に緊密な関係にあった西国地域、とくに中国地域・瀬戸内海地域の流通経済の実態を構造的に解明したい。そしてさらに、海に国境がなかった中世の流通の展開が、豊臣秀吉以降の統一政権による流通統制政策の推進によって、どのような影響を受けたかについても述べ、貿易・流通権益を関係する諸階層によって共有した中世と、それを集中・独占していった近世の差異についても見通すことにしたい。

## 3　毛利氏の発展と流通経済構造

少し具体的に説明したい。

内陸部に本拠を有する毛利氏が瀬戸内海の流通経済に直接的に関与するためには、何よりも沿岸部に所領を獲得する必要があった。

毛利元就は、大永三年(一五二三)に家督を継ぎ、同五年に尼子氏から離れて大内義興に服属し、その褒賞として義興(享禄元年〈一五二八〉に死没)から深川《ふかわ》の上・下、可部《かべ》、温科《ぬくしな》、玖村《くむら》を給与されている(『毛利家文書』二五一・二五三)。それより早く永正年間(一五〇四〜二一)の中頃には、毛利氏は一族の坂氏を通して三篠《みささ》川沿いの内藤・井原・秋山・三田の各氏を中郡衆として掌握し(同一九六〜二〇三)、また元就の異母妹が井原元師に嫁す(同一九二)などしており、その指向は三篠川沿いを下って広島湾頭に出ようとしていたと考えられるので、元就は大内義興に服属してその目的を果たしたと言える。

給与された四箇所の土地柄について述べると、平安時代に三篠川流域の風早郷では国衙への筏年貢が確かめられる(「野坂文書」一―9)が、その三篠川が北西から流れてくる太田川と合流するところが深川下であり、そのやや上流が深川上である。そこから山道を南下して馬木の峠を越えると温科であり、府中沿いの入江に面する。また深川下と近接する可部は、平安時代末頃に三篠川水運にも関与した商人的領主の源頼綱の本拠であり(「厳島野坂文書」一七〇二、一八〇四)、また鎌倉時代初め頃には守護宗孝親が可部荘地頭を兼帯して太田川を流れ下る木材に二〇%の通行料を賦

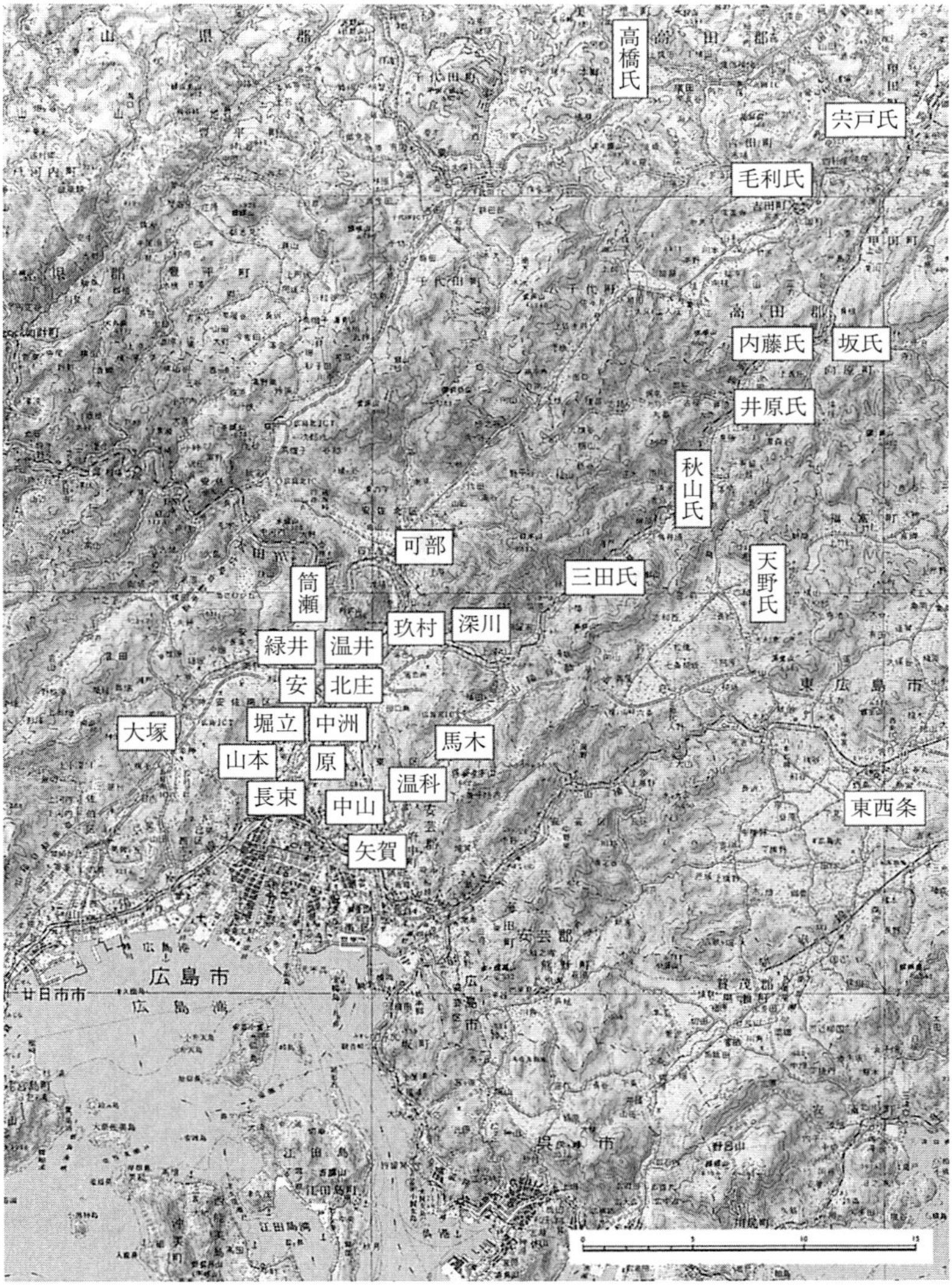
高橋氏
宍戸氏
毛利氏
内藤氏
坂氏
井原氏
秋山氏
可部
三田氏
天野氏
筒瀬
玖村
深川
緑井
温井
安
北庄
堀立
中洲
大塚
馬木
山本
原
温科
長東
中山
東西条
矢賀
山県郡
高田郡
東広島市
広島市
広島湾
廿日市市
安芸郡
呉市

図２　毛利氏関係地名図

課しようとした(「芸藩通誌所収田所文書」七)場所でもある。玖村は、この三篠川と太田川、そして根谷川の合流部の東岸に位置する。玖村と西岸の八木の間は合流した川幅が最も狭くなった場所であり、西岸の小丘陵には鎌倉時代に入部した香川氏の城郭がある。この地では、中世前期に既に借上商人が活動しており(「香川文書」二)、後期には山陽道の渡船場が設けられていた。

毛利元就は、大内義興から大内氏に服属した褒賞として、伝統的な守護領のなかから河川水運を押える河口の経済的要衝と広島湾頭の温科を給与されたのである。

以下、毛利元就の発展を辿りながら概説する。

享禄二年(一五二九)に毛利元就は高橋氏を討滅する。高橋氏領の特徴は、一に鉄生産、二に江川中流域の水運であったと考えられる。現在島根県羽須美村・瑞穂町では中世の製鉄遺跡も発掘されているし、江戸時代におけるたたら製鉄の盛行は有名である。また、鎌倉時代に安芸国内陸部の高田郡内部荘内には、可愛《えの》川に臨んで武浦津という年貢積出津が存在していた(『毛利家文書』一五一七)。可愛川は、吉川氏領大朝に発し、毛利氏領から宍戸氏領、そして備後国の三吉氏領などを流れ下って江の川、江川となり、高橋氏領石見国口羽《くちば》を通り、石見国内を蛇行しながら江津で日本海にそそぐ。

元就は、高橋氏を討滅すると、高橋口羽氏を坂氏一族の志道通良に襲わせて口羽通良と名乗らせ、琵琶甲城に拠らせ、江の川水運を押えさせたと思われる。

高橋氏を討滅したあと家中の統制を強めた元就は、天文十年(一五四一)には、太田川河口の広島湾頭を見下ろす金《かな》山《やま》城に拠る安芸国の伝統的な守護家である武田氏を滅ぼした。その直後に元就は大内義隆から、可部・温科の代所として、緑井・温井・原郷内・矢賀・中山等を預けられる(同二五八)。本格的に広島湾頭に沿う地に出たのである。

さらに天文二十年の陶隆房の挙兵に加担した元就は、翌二十一年にその褒賞として安・中洲・山本・長束・北庄・

温科・筒瀬・馬木・大塚等を給与される（同二六一・二六二）。それらは、広島湾の東岸、西岸の金山城麓、ならびに陸上交通の要衝であった。

これらの所領は、天文十五年に元就が隆元に家督を譲与して隠居したのちも、元就の直轄領（佐東領）として支配されていく。

概説したが、この二十数年間における毛利元就の広島湾頭に向けての所領形成過程において、毛利氏が内海商人らと次第に交流の輪を広げ、緊密な関係を取り結んでいったことは十分に推測できる。

その代表的人物に金山城麓の平安時代以来の厳島神社領倉敷地である堀立を名字の地とする堀立壱岐守直正がいる（第六章に論述）。

堀立直正は、武田氏滅亡後に元就の直臣になったと思われるが、元就が陶晴賢（隆房）と断交した天文二十三年には、金山城の大内氏在番衆の調略や、廿日市・厳島の制圧に働いており、つづく大内氏攻めにおいても周防国三田尻や長門国赤間関の調略を果たしており、弘治二年（一五五六）には赤間関防衛のための要害であった鍋城を攻略し、元就が派遣した城衆と警固船を統率する城番として、鍋城を毛利氏の海城として機能させている。

堀立直正が、防長両国内の内陸部においてはなお戦争が続行されているにもかかわらず、これらの攻略戦に顕著な成果をあげたのは、おそらく平素から廿日市・厳島・三田尻・赤間関の各町衆とその経済的な活動を通して築き上げてきた人間関係があり、それを有効に機能させた結果であると考えられる。そして堀立直正は、軍事的には鍋城番、行政的には赤間関代官として天正六年（一五七八）・七年頃まで約二十年間にわたって勤仕し、その間毛利氏が大友氏と豊前・筑前両国、具体的には博多の争奪戦を繰り広げるなかで北部九州の海陸において活躍している。また鍋城や北部九州の諸城の普請を自らの財力で行っており、その木材等諸物資の調達力・輸送能力、資金力、普請力などの大きさからみて、その支配下に多くの商人・職人・水夫らを編成した富裕な商人的領主であったと考えられる。

ところで、大内義長が山口の築山館から退去した際、攻め込んだ吉見正頼は、「日本国王之印」や「通信符(右符)」等を奪取し、毛利元就に渡している。これらの印がのちどのように使用されたか、次の毛利隆元自筆覚書(毛利博物館所蔵)は参考になる。

一此内第四之印、割符、義隆(大内)在判形之、象牙、右為高麗江之儀、正寿院坊主に渡候也、

永禄五年七月廿七日

於石州都賀陣所ニ

(毛利隆元)(花押)

尼子氏攻めの出陣途中に石見国都賀において認めたもので、隆元が、手元にあった大内氏旧蔵のいくつかの外交印のうちから大内義隆の花押がすえられている象牙製の第四の割符を山口大内御堀の乗福寺の塔頭正寿院(「乗福寺文書」)の坊主に渡して朝鮮貿易を進めようとしている様子がうかがわれる。

毛利元就の尼子氏攻めの最大のねらいは、石見銀山の領有、杵築を中核とする地域経済圏の流通経済権益の獲得、そして朝鮮貿易と連動する日本海水運のネットワークの掌握であったと考えられる。石見銀山を占領して温泉津を日本海水軍の本拠として確保し、杵築を押えて地域経済を掌握し、また島根半島の湯原氏を服属させ、尼子氏の勢力を能義郡とその周辺に局部化して石見・出雲・伯耆三国の海上の広域流通を掌握した元就は、尼子氏討滅後には、その旧領を支配下に収めるとともに良質の鉄資源の掌握も果たした。

こうして中国地域のほとんどを制覇し、その資源や主要都市・港津、流通システム等を押さえた元就は、博多の領有をねらって北部九州において大友氏と激烈な戦争を繰り広げる。大友氏は、西日本地域において毛利氏の侵攻を共通の脅威とした諸大名・国人領主らと連携を深め、包囲網を形成して対抗する。結局、西部では永禄十二年(一五六

九)の大内輝弘の山口侵攻が失敗するも、この事件によって毛利氏軍は北部九州から全面撤退する。また東部でも尼子勝久の出雲国侵攻が失敗に終わる。こうして毛利氏領国はほぼ固まることになった。

尼子氏攻めの陣中で病臥した元就の治療のために下向した曲直瀬道三が領国内を見聞し、永禄十年二月九日に元就、輝元、小早川隆景、吉川元春、棡杜元秋らに宛てた九箇条の意見書(『毛利家文書』八六四)は、毛利氏「国家」の施政の基本理念とされ、弘治三年に元就が「家」の結束を説いたいわゆる三子教訓状とともに家中や領国の支配を意識面から支えた。

次には、戦国最末期における織田信長との対決が起こるが、もちろんその時期は、毛利元就の孫の輝元の時代であった。

## 4　毛利元就直轄領と直臣

元就は多くの有能な人材を育成・登用し、領国内の要所に配置して働かせた。

そうした人材は、主に直轄領佐東で育成・登用したと考えられるが、そのうちのち毛利氏五人奉行の地位についた桂元忠・児玉就忠両人はまず挙げなければならない。また、たとえば、多治比《たじい》以来の元就の中間である飛落・渡の中間組や、同じ田中四郎右衛門尉らが鉄炮隊・工兵隊として編成され、尼子氏が籠城した富田城の攻略戦などに活躍していることは、元就の進取の気概を物語るものとして注目される。

しかし、元就が直臣をどのような判断に基づいて配置していったか、元就の直臣が全体としてどのような役割を果たしてきたか、その全体像は具体的ではない。

ここでは、前述した流通経済権益に限って述べることにするが、注目すべきは、尼子氏討滅後の出雲国支配や日本海水軍(水運)の掌握が元就の直臣によって行われていたことである(第七章に論述)。

その中核に井上就重・林就長・平佐就之・小倉元悦らがすえられていることは、関係する文書の差出書を一見すれば判明する。杵築の町支配にあたった福井景吉、国造千家氏との交渉に大庭賢兼、朝山郷支配に小田就宗とつづく。林就長は肥後国、小倉元悦は近江国から流浪してきた者であり、大庭賢兼は大内氏の旧臣で有職故実に通じていた。家中以外からも有能な人材を受け入れて育成・登用したのである。

また、元就は、広島湾頭に出ると草津を水軍の本拠に定め、直臣の児玉就方を将としていたが、また日本海水軍を編成してその将に児玉就久・武安就安を任じている。その本拠は石見国温泉津であり、両人は、河内新左衛門尉・内藤内蔵丞らとともに温泉津奉行人として勤めていた。

こうした事実は、出雲国が毛利氏領国ではあるが、厳密に言えば元就の分国であること、また温泉津は毛利氏直轄関というよりも元就の直轄関であることを示している。

このこととの関係で言えば、前述した堀立直正も元就直臣であり、したがって元就代の赤間関もまた元就の直轄関ということになる。

さらに指摘すれば、温泉津を積出港とする石見銀山の奉行には平佐就之が任じられている。

これらの諸事実を総合して考えると、毛利元就は、地域資源、主要な都市・港津、流通システムについては、自らの直轄下におき、直臣を代官や奉行に任じて直接掌握するという基本方針を堅持していたと言える。

元就は、とくに防長両国征服後、領国が拡大したにもかかわらず、「操手」=支配にあたる人材の不足、譜代家臣の無能ぶりを嘆いているが[(5)]、そうした認識が自らが家中の内外から育成・登用した直臣を能力に応じて要所に配置する結果になったと考えられる。

毛利氏が多額の戦費を用い、人的物的に多くの被害を蒙りながら、仕掛けた戦争に勝利したとき、獲得・占領した地域をそのまま毛利氏領として譜代家臣を任じて支配にあたらせるのではなく、元就が自らの直轄領として直臣を奉行や代官に任じて掌握し、支配しているという事実こそ、元就が遂行した戦争のねらいや目的を的確に示している。元亀二年(一五七一)に元就の死没後、彼ら直臣は、堀立直正、平佐就之、林就長、大庭賢兼、児玉就久、武安就安らにしても、輝元家臣としてその役職を継続して勤め、領国支配の安定に貢献している。こうした元就が育成・登用した人材が支える限り、毛利家は、元就が言うように、数代は保たれるはずであった。

毛利元就の指向性、すなわちヨーロッパ世界とつながった東アジア世界に連動する中国地域・瀬戸内海地域社会の流通経済権益への積極的関与は明確である。

## 5 おわりに

いまふりかえってみると、前著『大名領国の構成的展開』の形成過程において守護大名・国人領主の併存から戦国大名領国への権力編成に関する研究を進めながらたえず留意してきたことは、当該権力が支配にあたるよりも前の時代から地域社会が歴史的に築き上げてきた地域秩序の存在であった。後発の公権力は、地域秩序の奪取を進めながらもその全てに関わったわけではなく、ましてその全てを掌握できたわけでもない。たとえば、前述した石見銀山の支配も、その銀の納所高は、吉岡氏ら在地の勢力による請負に基づくものであった。

それゆえに権力編成に関する研究が、その構造的整備を指摘することによって、当該権力の強大さを説き、ひいては時代を固定させていく力の強さを強調することにつながるのは問題であり、過度の評価は避けなければならないと考えていた。そのために前著では、対象時期を長く設定し、敗者像の復元、敗者の構造と勝者との関係などの権力編成の前提、移行期、そして崩壊期の実態をも具体的に明らかにするように努めた。

権力編成に対して、流通・交流の分野は、個別の大名や国人領主の領国・領域を越えて広域的かつ国際的に展開するものである。それゆえにこの分野の研究は、具体的には個別の大名や国人領主がそうした流通にどこまで関与でき、また、どう関与しようとしたか、あるいはどこからは関与できなかったかという見究めが重要であるが、前述した毛利元就の指向性——戦争目的に象徴されるように、権力基盤の流動性を指摘するとともに、権力の弱体化の因子をも明らかにし、ひいては権力配置の変更に結果するという、時代を変革する力を構造的に見究めるという特徴をそなえている。

歴史における変革、その連続と断絶の動きを明らかにし、地域性と時代性を地域の視座から解明していくためには、権力編成といういわば縦軸と、この流通・交流といういわば横軸を相互関係的に究明し、その歴史像を総合的に描き出すことが重要である。

毛利元就の動向からその指向性として明らかになったことは、戦国時代の戦争は、地域資源、交通・流通上の要衝や経済拠点の確保を目的にした、まさに地域社会の産業や流通経済権益の争奪戦であり、一層広域化・国際化しつつあった流通経済の動きに対応した形において、政治権力の覇権争いによってその広域化を産み出すいわば構造的変革であったということである。領国の形成、その統合の契機は何か、時代の構造が何によって揺り動かされていたか、戦国時代の動きをこのように見究めておきたい。

豊臣秀吉が自らの「天下」のもとに、こうして形成された戦国大名の各「国家」を統合し、その主権を奪取また制限して統一政権を樹立し、広域的・国際的な流通経済権益を集中・独占していったのは、この次の元就の孫輝元の時代のことである。

本書は、以上述べてきたような構図のもとで構想し、中国地域を制覇した毛利氏の領国を中心にしてその周辺部や瀬戸内海地域をも含め、その経済構造について、史料蒐集調査によって発見した新出文書を活用することを通して実態的に解明した研究の成果である。

（1）（2）『毛利元就展——その時代と至宝——』（NHK・NHKプロモーション、一九九七年）の52・49・54。
（3）（4）（5）岸田裕之「解説」（岸田編『中国大名の研究』吉川弘文館、一九八四年）四七五、四六六〜四六八、四六三・四六四頁。

## 二　「人沙汰」補考——長州藩編纂事業と現代修史小考——

### 1　はじめに

私は、一九八〇年四月に広島大学文学部に赴任して以来、同様の研究関心をもつ秋山伸隆とともに中国地域の大名領国の関係史料の蒐集調査を進めてきた。それは、研究に良質の原文書を利用し、またさらに新しい文書を発掘して関係諸分野の研究の深化をはかりたいという願いによるが、幸いにして山口県内を中心とする所蔵諸機関や個人所蔵者各位の格別の御協力を賜り、既に新出文書を含む相当量の原文書の調査・写真撮影をおこなった。既にそのいくつかは、論文として紹介したり、家わけ史料集として刊行している。

本節においても、その成果の一つを提示することを主たる目的とするが、あわせて長州藩における中世文書の編纂事業を踏まえ、現代における私たちの当該地域戦国時代史研究の史料と方法、および現代の修史の課題についても言及してみたい。

ところで、「人沙汰」とは人返のことである。私は、一九七八年に「安芸国人一揆の形成とその崩壊　付論　安芸国における農民緊縛の歴史的発展について」と題する論文を発表している。(1) 付論は、安芸の各国衆らがその人格的支配に属する被官・中間・下人らの逃亡に対処した人返のあり方について、それが一六世紀の三〇年代から五〇年代にかけて、国衆の家中内協約、二国衆間の協約、多数の国衆間協約と段階的に発展していったこと、そしてそれは豊臣政権下に入った天正十四年(一五八六)六月一日には毛利氏分国掟として布令されたことなど、それらを直接的・実態的に示す具体的史料に限って論述したものである。これは、国衆の連合が地域公権力として発展していくにともなって成立したのであるが、あわせて指摘したように大名の国支配権(統治権的支配権)に属する百姓の緊縛については、天正十五~十八年に実施された惣国検地の打渡に基づく名請地において成立するまで待たなければならなかったのである。

しかし、前記の論文において未解明のまま残した問題もあった。その一つは、天正十四年の分国掟は実態としてどのように機能したのかということであり、その二つは、一概に被官・中間・下人と言ってもその実態は個別の国衆ら領主家においてどのようであったかということであった。

本節においては、まずこの二点の問題について、史料蒐集調査において発見した新出文書によって具体的に解明したい。長州藩編纂事業を踏まえた現代の戦国時代史研究や修史の課題については、そのあとに述べたい。

なお、翻刻にあたっては、通用の字体を用い、また解読しがたい文字はその形状、塗抹は▨、破損は□あるいは［　　］で示した。

## 2 「分国掟」と国衆の人返協約

毛利氏が布令した「分国掟之条々」(2)は、諸関の停止、渡舟賃定、人沙汰の三箇条からなる。

**毛利氏分国掟条々**

分国掟之条々

一諸関停止之事、

付、（略）
一渡舟定之事、
付、（略）
一人沙汰之事、
付、不謂仁不肖、其主よりはなし（放）状なき者ハ、不可有御許容事、
付、年貢出挙其外借物ニはまり候て逐電候者、不可有御許容候、若地下ニ居候を無存知候者、一と、けの上
を以本主へ被返付、可被任本主之心ニ事、
付、相届候上を御抱惜候者、見合ニ一途可申付之条、至其時不可有御存分事、
以上
天正十四年六月一日
桂左衛門大夫　就宣（花押）
粟屋掃部助　元真（花押）
渡辺石見守　長　（花押）
天野殿参

人沙汰については、その主人の放状がない者や、年貢・出挙等の借物を負って逐電した者を許容してはならないことなどが記されている。

安芸国の多数の国衆らを中核とする領主連合のうえに成立した毛利氏権力は、豊臣政権下に入るとその強圧的権力を背景にして国衆らに対処していった[3]とはいえ、従来からの横の関係を急速に縦の関係に組み換えていくことにはなお困難な面もあった。秀吉との国境交渉が備中高梁川を境界にすることで決着した翌年の天正十四年、この年は翌十

五年に始まる惣国検地を前にして毛利氏が国衆らに所領の指出を提出させた年であるが、初めての「分国掟」に人沙汰に関する箇条が盛り込まれて布令されたとはいえ、それがどのような構造のもとに機能したかは、大きな課題であると言える。まず、この点について究明したい。

一九八七年十一月十二日に山口県阿武郡阿東町徳佐の波多野家に史料調査にうかがった。波多野家は毛利元就感状等の戦国時代の文書を所蔵されているが、あわせて安芸・備後・石見三ヵ国内を貫流して日本海にそそぐ江川河口に所領を有していた石見国衆の都野家の文書をも所蔵されていた。(4)

いまこの中の『閥閲録』未収録分を「新出都野家文書」と称するが、その中に右の課題に関係する二通の新出文書が見出されたのである。

益田元祥契状

人沙汰之儀付而蒙仰候、相互之儀候条、任御法度之旨、不能御届、可申付候之条、向後不可有御相違候、為其申談候、恐々謹言、

天正十五
六月十三日　益田右衛門佐 元祥(花押)

都野弥次郎(経良)殿

周布元城契状

(端裏ウハ書)
「人沙汰　都野殿　周布」

申談条子之事

一被官・中間・人足闕落之事、

一百姓、年貢・段銭・出挙等々、無収納、逐電之事、
一其主人無放状者之事、
右、吉田様御下知之旨、相互不及御届、被仰付、可申付之状如件、
天正十五年丁亥六月十三日　　周布左近太輔（マヽ）
元城（花押）
都野殿

前文書は、人沙汰について都野経良から「蒙仰」った石見国衆益田元祥が、これは「相互之儀」であるので、「御法度之旨」に任せて「御届」することなくお互いに対応すべきことを約束したものである。また、後文書は、箇条書きになっているが、前文書と同年月日に石見国衆の周布元城が都野経良に宛てたものであり、「吉田様御下知之旨」に基づいて「相互不及御届」に対応すべきことを約束している。被官・中間の闕落や、百姓の年貢・段銭・出挙等の未納による逐電に対応した人返であり、その主人の放状のない者の許容を相互に禁じている。

ここで注目されることは、前文書中の「御法度」、後文書中の「吉田様御下知」である。これが、天正十四年六月一日の毛利氏分国掟を指すことは間違いない。都野経良から話を受けた益田元祥と周布元城の両書状が同年月日であることから、この約束は、都野氏が彼らに持ちかけ、それに益田・周布両氏が対応した結果と考えられるが、この契約の前提には、毛利氏分国掟が存在していたのである。

実はこの天正十五年の六月五日に益田元祥・周布元城・都野経良ら石見・出雲に所領を有する国衆一五名は、吉川元長・同経言（広家）に宛て、吉川家家督を経言が相続することについて同意する起請文を提出している[5]。これは吉川元長の死没にともなう処置であった。したがって、右の人返協約は、彼ら国衆が秀吉の九州島津氏攻めに吉川氏に属

して出陣中、日向都於郡《とのこおり》の陣中に吉川元長が病没した直後に交わされたものであることが知られる。周布元城契状にある「人足闕落」とは、そのような遠征中の事態に関係している事柄であるかもしれない。

毛利氏分国掟の布令から一年後、石見国衆間においてそれに類似した一般的内容をもつ人返協約が取り結ばれていることは重要である。しかも注目すべきことは、このことが、分国掟の人沙汰条項が縦の関係における命令として機能したのではなく、実態としては、それを拠にしてはいるが、「相互之儀」として従来からの国衆の領主連合という構造を前提にした国衆間の協約によって機能していることを示していることである。(6)

### 3 領主家における下人らの実相

次の問題は、人返の対象となる被官・中間・下人ら、主人である国衆ら領主の人格的支配をうけていた者の実相についてである。

前記の論文の段階においては、具体的な人返交渉の中にあらわれる毛利氏家臣「赤河源左衛門尉悴者熊野弥七郎」らその名を確かめたことはあるが、(7)彼ら個別の逃亡人だけではなく、領主家としてどのような存在を抱えていたのか、また彼ら全体を家の財産としてどのように相伝していたのか等々、その全貌を明確に示す史料は見出しえていなかった。

たとえば、『萩藩閥閲録』の各巻を一見しても、各家臣家における親から子への所領の譲渡に関する文書は、その安堵状や宛行状等に混じって、数多く確認できる。しかし、土地以外のものについては、その種のものは見当らない。けれども、領主間において土地をめぐって紛争があるごとく、当該時代には現実に被官・中間・下人らをめぐって人返紛争が起っているのであるから、(8)その前提には当然のことながら、土地と同様に、彼ら中間や下人らが領主家の財産であるという観念が存在していたことは間違いない。土地の譲渡・所有には公権力による安堵行為が必要であったのに比し、下人ら人の所有については主人権が重視されていたため、その扱いに差異が生じたものと思われる。

これまで十数年間にわたって進めてきた史料蒐集調査にもかかわらず、関係史料を見出しえなかったことの理由が仮にそうであるならば、室町・戦国時代において下人らの所有・譲渡に関わる文書が作成されなかったことにはならない、と推察されたのである。

次に新出の関係文書を掲げて説明を加えたい。

**三隅寿芳譲状并国司元武裏書**

我等給地長州阿武郡高佐郷ニ三十石、防州都濃郡之内三十石、合六十石余之事、以国司備後守殿・南湘院懇望之条、御両人任御異見譲渡候畢、全令知行、御公役不可有緩候事肝要存候、然者我等為堪忍分、右地之内拾壱石并屋敷弐ケ所之儀、一期裁判仕候、可被得其心候、仍譲状如件、

文禄五年(一五九六)正月廿九日　　　　養仙軒寿芳(花押)

三隅清(元信)右衛門尉殿

(裏書)「令異見、相澄珍重候矣、

文五

正月廿九日　　　　国備(国司元武)(花押)」

**三隅寿芳下人等付立并国司元武裏書**

下人等付立之事

一宮田新右衛門事　幼少ゟ召仕候間、涯分被懸目候、其上子共歴々候之間、可為筋目候、此内男子一人我々召仕、

追而ハ作三ニ可遣候、

一弥市・千吉之事　此二人自幼少彼親共以[illegible]おき候間、別而懸目可召仕事、
一宗左衛門事　過分元米三石にて幼少ヨリ召仕候、并子共出来次第可為普代事、
一助兵衛事　并彼妻子買得之者候間、子共可為普代候、助兵衛事ハ、彼父於地下過分之負物仕候を、納替にて召
仕候、證文等追而見出可遣候、
一弥八事　筋目之儀候間、老躰召仕候而、以後者作蔵ニ可遣之事、
一作助事　過分之米にて買得候間、当時老躰召仕候、追而ハ元久可為進退候、但、母へ一人不遣候間、可有分別
事、
一宮田新右衛門子一人可召仕候、追而ハ作蔵ニ可遣候事、
……………………………………………………(三隅寿芳)(裏花押)……(紙継目)……
一下女壱人阿か事　可差上候、但、[illegible]ニても候へ、母之申分ニ我々不可有余儀候事、
右、彼等事、以普代相伝可召仕候、自然逐電候共、少も不可有異儀候、於此上緩怠之儀候者、御法度ニ可申
付候、為其一筆如件、
文禄五丙申正月廿九日　養仙軒寿芳(花押)
三隅清右衛門尉殿
(裏書)「養仙軒納得之付立、可然候也、
文五
正月廿九日　国備(花押)」

前文書は、『萩藩閥閲録』六八〈三隅〉―24として収められている。「以国司備後守殿・南湘院懇望之条、御両人任御異見譲渡候畢」とあるが、国司元武がいわゆる文禄検地担当の奉行人であることから、その結果に基づくものと考え

られる。原文書によれば、裏書も存在するので全文を翻刻した。後文書は、全くの新出文書であるので、「新出三隅家文書」と称しておく(9)。

三隅氏は、本来石見国屈指の名族であった。しかし、戦国時代の興兼・隆兼のころに衰亡し、兼忠の代に嗣子なく、益田氏から兼廉の弟兼久を養嗣子として再興されたという経緯をもつ。したがって、とくに室町・戦国時代における三隅氏の実態はほとんど不明であるが、それについて究明することは、敗者の視座から石見の戦国時代史像をより豊かに描いていくために欠かせない重要な課題である(10)。

その兼久が、両文書の差出人である「養仙軒寿芳」にあたる。慶長四年(一五九九)三月十五日に八十五歳で死没したとされる(11)。毛利氏の『八箇国御時代分限帳』(12)によれば、嫡子清右衛門尉元信が周防都濃郡において三〇石一斗九升六合を給与されている。これは、前文書中の「都濃郡之内三十石」に相当すると考えられる。

後文書の下人等付立は、全国的にみても稀有の史料と考えられる。

これによると、三隅氏がこの時期に「以普代相伝可召仕候」者は、苗字のある者、苗字のない者、また妻子のある者、ない者などさまざまであること、その由緒は、「幼少ゟ召仕候」者、「買得」による者、父の負物の納替によって召仕われている者など、また彼らの子供については、「筋目」として召仕われる者、「出来次第可為普代」であるとか、また以後は作蔵(13)に遣わすとか、その譲渡予定についてまでも記している。つまり、三隅寿芳のもとに下人化した十数人の者の実態は多様であるが、その身分は下人である親から生まれた子供にも引き継がれ、そして彼ら譜代下人が次代に誰に属するかについて決定するのも主人の寿芳であった。「(彼等事)逐電候共、少も不可有異儀候」の文意は、下人らが逐電しても、彼らに対する三隅氏の所有権に変更がないことを主張したものであろう。そして、人返が順調に行われない場合には、「御法度ニ可申付候」、すなわち毛利氏の法度に基づいて処置すべきであるとしている。

石見国の有力国衆であった三隅氏も、この時期の所領高は少ない。そのような三隅氏にも当該時代これだけの譜代下人が存在していたのである。

ところで、いま本節の目的に即して注目すべきことは、同年月日に三隅寿芳の給地の譲状と、下人らの譲状の二通の文書が作成されている事実である。このことは、当該時代にこの種の領主がその給地とそれ以外の財産の双方について、別個に文書を認めて譲渡する方法をとっていたことの明証である。しかも、両文書ともに毛利氏奉行人国司元武の裏封がある。(14) この事実は何を意味しているのであろうか。これは、他の領主家においても、給地の譲状しか見当らないことをもって、下人らの所有や譲渡に関する文書が作成されていなかったと断じることは早計であることを明示するものである。

## 4 長州藩編纂事業と戦国時代史料

給地の譲状と同年月日に作成された下人らの譲状が発見されたことの意味は、その学術的価値とは別に、中国地域の戦国時代史研究の史料と方法にあらためて深い課題を与えたところにある。

長州藩の編纂事業は、『閥閲録』をはじめとしてよく知られているが、またその中で作成された写本類等の多さも注目に値する。

いま『閥閲録』の編纂過程についてあらためて述べておくが、それは、藩府の命をうけた各家臣が藩府へ家蔵文書の写本を提出し(いわゆる差出原本)、次にそれを受け付けた藩府が各家臣家ごとにその写本を作成する(いわゆる正本)ことによって果たされたのであり、山口県文書館編の『萩藩閥閲録』はこの正本を刊行したものである。

この差出原本・正本の作成過程においては、家蔵文書のうちどのような性格の文書をどのように収録するかについて一定の基準があった。

たとえば、いま「益田文書」(15) と『閥閲録』七〈益田越中〉を比べてみると、『閥閲録』が永禄六年(一五六三)三月の毛利氏との同盟から始まる形をとって将軍家や大内氏時代の文書などをその後に収載していること、また室町・戦国時代において益田氏が石見国内の各国衆と取り交わした盟約に関する文書が収録されていないことなどに大きな特徴があり[16]、このことは、たとえば前掲の「新出都野家文書」と『閥閲録』八五〈都野三左衛門〉の対比においても同様である。

これによって、いわゆる差出原本は、毛利氏との縦の政治的関係を重視する基本的方針のもとに、いわば「判物」中心に家蔵文書を選別して写本を作成したものであることが明らかである[17]。

また付け加えておくが、差出原本の内容が正本に漏れなく収録されたかというと、たとえば差出原本に貼付されていた花押等の模写や惣国検地に関わる坪付類などは正本では省略されているので、若干の選別が行われたと考えられる(たとえば註(18)参照)。その意味からすれば、同じ写本であっても正本よりも差出原本の方が得られる情報が多く、史料的価値は高いのであり、『萩藩閥閲録』の利用にあたっては、差出原本を併用することが必要であると考えられる。

私は、十数年間にわたる史料蒐集調査の中において、『閥閲録』に収録されている旧毛利氏家臣所蔵の原文書も相当数を調査することができた。原文書には、それゆえに紙質・筆跡・封・花押等々、写本によっては確かめられない多くの情報が存在しており、原文書の発見・分析によって、従来写本によって知られていたものについても、より豊かな歴史像を提示できることを示したこともある[18]。

しかし、それにもましていま重要なことは、江戸時代中期の毛利氏家臣の家蔵文書のうち、『閥閲録』の編纂基準からはずれ、差出原本に収録されなかった原文書、またつづく『譜録』などにも収録されなかった原文書がいかに数多く残されているかということである。それらは、たとえば一つの家について、『閥閲録』に収録された数にほぼ近い数を有するものもある[19]。そして、それらの新出文書は、その性格からして、いわば「判物」を中心として描かれる世界を越え、中世社会において各家が形成した歴史的世界(毛利氏との関係を越えた面をもつ)の多様かつ豊かな歴史像を築き上げていく格好の素材となりうるのである。私は、それらを翻刻・紹介して、個別の権力編成を越えて横の広がりを示す都市・交通・流通・貿易等の大名領国の経済構造[20]について描き出すよう努めてきた。

『閥閲録』の編纂基準が江戸時代中期の観念に基づいてあまりに各家臣家と毛利氏との関係、その歴史的権益保障に重点をおいていたため、従来ともすれば中世の領主家の全体像とか、ひいては地域社会の全体像とか、したがって大名・国衆との同盟や服属や討滅を経てきた不均質な構造をもつ戦国大名毛利氏領国の全体像について、個々の営みの視座から究明していく視点は欠けていたのである。

私が翻刻・紹介して論述したものはいまだ限られているが、それによっても、長州藩編纂事業の基本方針からはずれてそれぞれに収録されなかった原文書がいかに多く残されているか、それらによっていかに中国地域の大名領国の歴史像を多様且つ豊かに描けるか、納得していただけるのではなかろうか[21]。

けれども、不思議なことにこれまで領主の家内部に関する文書を見出すことはなかった。たとえば、初めての家わけ史料集としてその全体を刊行した『安芸内藤家文書・井原家文書――その翻刻と解説――』においても、その点数の多さにもかかわらず家内部に関する文書が少ないのは予想外のことであった。ただ、その中で、「井原家文書」三五の天正七年(一五七九)十二月十三日の井原元良条書[22]は、詳細な記事ではないけれども、数少ないものの一つであった。

家内部に関する文書はもともと少ないのか、作成されていたけれどもそれらが機能を果たさない時代に至って消滅したのか、このことは、史料蒐集調査を始めてから持ち続けていた一つの課題でもあった。差出原本の作成段階において既に家内部に関する文書が除かれていたことは、右記した井原元良条書(一九八五年調査)の例からも判明していたので、その残存の可能性を信じ、何か決定的な文書を発見してその点を明確にし、今後の蒐集調査の指針にしたいと考えていた。

この課題は、思わぬところから決着することになった。平成五年(一九九三)春、私のもとに『思文閣古書資料目録』第一三三号が送られてきた。毎度のように収載文書の写真を眼で追いながら、一六頁に至って驚きと感激の入り混じったようなものが心中を突っ走った感を覚えた。前掲の三隅寿芳の下人等付立がそこにあったのである。何度も見かえした。その時、こんなものがあったのか、やはりあったのだという言葉を繰り返し繰り返し唱えたように思う。ほんとうに思わぬところから、私の長年の懸案の一つが一挙に解決することになった。

早速確認のため山口県文書館において三隅勘右衛門の差出原本等を閲覧したが、この下人等付立は収録されていなかった。次に思文閣出版にお願いして八月三日に原文書を調査させていただいた。巻子の装幀は江戸時代中ごろの他家においてもよく見られるものであり、また下人等付立と給地の譲状は順になっていた。

この下人等付立の発見は、中国地域の戦国時代史研究にとって、方法上大きな意義をもつものである。すなわち、永田瀬兵衛による長州藩編纂事業が同家臣の中世領主としての出自を背景にして質量ともに極めて優れた中世文書の蒐集であることはあらためて指摘するまでもないし、そのことは山口県文書館架蔵の写本類を見れば納得がいく。そして、それらを利用した刊行事業も関係する自治体史を含めて各方面において進められている。それらによっても、なお多くの貴重な内容をもつ写本類が未刊のまま残されているのである。写本に基づく翻刻には、原文書によって得られる多くの情報が確かめられないため、多くの限界が存在することは否定しようもないが、それでも写本に基づく刊行にも一定の意義を認めて進めていかなければならない(23)。

しかし、中世領主家の全体像について、その家の視座から描くということになれば、全ての文書が後世になって選別され、その目的とする基準にかなった限られた文書の写本のみが残され、「〇〇家文書」として通用している状況は、重大な問題をはらんでいると言わなければならない。それは、何よりも研究可能な分野の枠を限り、構築した歴史像に片寄りや歪みを生むからである。現代における歴史研究において、個人、家、地域社会の構造や営み、流通経済、文化等々について考究していく視座は欠かせない。封建制下において長州藩が進めた修史事業が、既に固定していた観念のもとに毛利氏と家臣の間の主従関係を基本とした文書の収録を軸にして行われたことは、その時代環境を考えれば当然のことであろうが、それに寄りかかって研究を進めたのでは、近世の歴史的世界と構造的に異なる中世の個人、家、地域社会、そして諸交流の全体像を描くうえに空白も生じ、多くの問題が懸念される。それは、それらの蒐集や編纂が中世の社会構造を含めてその全体像を描こうという目的でもって全てを網羅する方針でなかったためである。したがって、多くの分野や、それらの考究の視座を充たそうとするならば、関係する各家わけ文書の悉皆調査は欠かせないのである。[24]

新たに発見される多くの貴重な中世文書を前にするたびに私は、写本類によって描かれる戦国時代史像の意義をそれなりに認めながらも、それ以上に良質の原文書やこれまで埋もれていた新出文書がいかに豊かな歴史像を構築するか、当然のことであるが、いま多くの人々があらためて確認することが重要であると考えている。

## 5　おわりに――現代修史小考――

近年とくに古文書の散逸が進んでいるように思われる。関係者はいまこそ十分な体制を用意しながら史料蒐集調査に取り組み、原文書の調査と研究を課題として進まなければならない。

この課題に取り組むにあたっての現在における認識と今後の方針は、当然のことながら、過去の実態を踏まえたうえで思案し、定められなければならない。繰り返しになるが、長州藩における修史事業が中世領主家文書のうちから意図的にある特定の文書を除外していたとしても、現代における戦国時代史研究や修史事業は、もちろんそれを克服すべき負の側面としてとらえ、それらを含めて全てを調査していく姿勢を確立し、それらの文書に基づいて歴史上の多面的な営み、多様な社会や文化の構造を描くことができるよう努めなくてはならない。

近年山口県史編纂事業が始まったが、修史事業は日本の社会や文化の全体的見直しに結びつくものである。したがって、以上述べてきた事実をもとに提言を試みるならば、まず課せられることは、長州藩や、それに続く近代の毛利家(三卿伝編纂所等)、そして昭和十年代の山口県史編纂所等々における関係諸事業の成果とそれらが果たしえなかった事柄を正しく位置づけ、それを踏まえて、現在、そして将来に向けて取り組むべき視座と方針を十分思案することである。そして中世史についていえば、史料の悉皆蒐集調査を進める姿勢とそれを遂行しうる体制を確立し、長州藩やそれに続く諸事業のうえに新たな成果を積み重ねることである。このような課題は、もちろん中世史にとどまらない。現在位置すべき基点と進むべき方向は、決して長州藩の優れた遺産をかじるのではなく、それに続く諸事業によって順次克服の努力が重ねられてきたその限界をさらに克服するよう努め、現在進めておかないと時期を逸して果たせない後世に残る新たな財産を築きあげることである。またそうでなければ、新たな文化的指針を樹立すべき責務を負う現代公権力による編纂事業としてはその価値を問われることになるであろう。

大名領国の研究のなかでも、大内氏、毛利氏など中国地域を対象とした研究は、とくに重要な位置をしめるが、それを進める私にとって、このことが始まったばかりの山口県史編纂事業を進めるうえでの基本であると思われる。そのような姿勢と体制に基づいて構築された文化的財産は、蒐集史料等の物的側面においても、歴史叙述等の知的生産面においても、編纂の実務の中で学問的力量を身につけた人的側面においても、将来内外において高い評価を得られるものと考えられるのである。

『『人沙汰』補考』と主題を立てながら、山口県の現代修史事業にまで言及してしまった。

しかし、一方的に大きいものの視座から小さいものを観る方法は是正されなければならない。より小さいもの、下位の者、地方等々は、全ての面において大きいもの、上位の者、中央等々のための支配の対象、属地・属物として存在しているわけではない。そして彼らの中には、確かに時の権力と結んで時代を固定していく面もあるが、横の広がりをもって時代を変革していく力もたえず競合しながら共存している。たとえば中世の三隅家には三隅家の営みがあり、毛利氏は後発の公権力としてその全てに関わっていたわけではない。三隅家には領主三隅家固有の営みの史的展開があり、毛利氏権力はある時期からその保障体としての立場から関与した。したがって、たとえば三隅氏の実相については、三隅氏の視座から意識的に史料蒐集に努め、またそれを問い続けていかないと、個はもちろん、それが帰属する集団や地域社会の固有の歴史的世界は見えてこないのである。

言うまでもないことであるが、まさに現代に生きている人が歴史に問いかけているのであり、問いかけ方はその人固有のものである。それゆえに、歴史上に生きた人間を問うことは、いま歴史上の一コマ、現代文明のもとに生きている自分を問うことに通じるものである。したがって、問いかけ方は個性的であってよいが、そこにはその人の現代に対する切実な問題意識と将来を見すえた自己創造の視座が欠かせないことになる。

その意味において、歴史的世界の中に個や集団等を埋没させることなく、その全体像をできる限り具体的に描き出し、その固有の営みや主体性、そしてその尊厳を見究めようとする認識と姿勢を深めていくことが、関係史料の蒐集調査を推し進める力となる。そしてその際、それに関する過去の事業を正しく位置づけ、現在自らが置かれた立場を正しく自覚し、そこから導き出された課題を真正面から負い、将来を見すえた指針とすることによって、その力に哲学的・科学的に裏付けられた確信性とその絶えざる営みが付加され、そこに主張しうる独創的な文化的価値が築きあげられていくのである。

中国地域の大名領国の関係史料は全国的にみて飛び抜けて最大の質量を誇る。それは、所蔵者はもちろんのことであるが、『閥閲録』の編者永田瀬兵衛ら先人の業績である。それゆえになお一層の調査が必要である。調査を進めるならば、これからも多くの良質の新出文書が発見されることであろう。日本の社会や文化の構造、その史的展開に関する着実な基礎研究の一環として位置づけうる山口県史編纂事業に大いなる期待を寄せながら、私としても、従来通り史料蒐集調査を進め、また研究の成果としても公表していきたい。

なお、本節においては、長州藩の場合に限って述べたが、このことは、長府藩・岩国吉川家中等においても同様である。(26)また、それは、武家文書にとどまるものではなく、寺社文書、庄屋・百姓ら所持の文書等についても共通することである。(27)

（1）『史学研究』一四〇。のち、岸田裕之『大名領国の構成的展開』（吉川弘文館、一九八三年）の第三編の第四章、第五章として収録。

（2）「天野毛利文書」一〇八（『広島県史　古代中世資料編Ⅴ』七一・七二頁）。

（3）毛利氏が秀吉の四国攻めや大仏建立の材木供出等の命令をうけて領国内国衆領や各所領から動員するにあたって、「誠国家一大事之儀ニ候」という論理を打ち出していることは、それをよく示している（岸田編『中国大名の研究』〈吉川弘文館、一九八四年〉解説四六四・四六五頁。また、秋山伸隆「戦国大名毛利氏領国の支配構造」〈『史学研究』一六七、一九八五年〉。のち、秋山『戦国大名毛利氏の研究』〈吉川弘文館、一九九八年〉の第三編第六章として収録）。

（4）波多野長・厳氏所蔵。『萩藩閥閲録』では、九二〈波多野〉、八五〈都野〉にあたる。波多野家は江戸時代に都野家と婚姻を結んでおり、その縁から近代に都野家文書を所蔵するに至ったと思われる。

（5）『吉川家文書』二〇二。

（6）岸田裕之「『新出湯浅家文書』について——その翻刻と解説——」（『国立歴史民俗博物館研究報告』二八、一九九〇年）の九、二一、同註（2）参照。備後世羅郡の上原氏跡を所領とした小早川秀包と隣接する湯浅将宗は、分国掟布令の直前の天正十四年二月に人返協約を結んでいる。

(7) 前註(1)『大名領国の構成的展開』三六七・三六八頁。
(8) 弘治四年(一五五八)九月二日に安芸志芳堀荘を本領とする天野隆重・元明父子と志芳荘東村を本領とする天野元定は下人の人返協約を結んでいる。また、その中で一六世紀初頭に元貞(元明の祖父)と興次(元定の祖父)の間において結ばれた悴者・中間に関する人返協約が有効であることを確認している。この緊縛対象の段階的進展は、当該時代における逃亡が悴者・中間層から下人層へと拡大・進行したことに対応するものであろうが、またこのことは、国衆らの家中において中間層と下人層の身分差にともなう区別が明確であったことを示していると考えられる。
(9) 初めて見たのは、本文中に後述しているが、『思文閣古書資料目録』一三三(一九九三年二月)の一六頁に掲載されている写真版によってであった。その後同年八月三日に思文閣出版において原文書を調査させていただいた。現在は、広島県佐伯郡大野町の王舎城美術宝物館所蔵。
(10) 征服・被征服が繰り返された室町・戦国時代の社会の構造的発展を解明し、〝勝者の歴史〟を正しく描くには、戦争に打ち勝った大名権力の側から地域支配の問題としてみるばかりでなく、征服が進められる一方で、以後歴史の表の舞台から消え去った者を含め、地域に根差した〝敗者の歴史〟を正しく捉え、両者が取り結んだ有機的関係を総合的に把握する必要がある。芸石両国そして雲備にも及ぶ大領域を形成した国衆高橋氏の歴史をたどるとともに、享禄二年(一五二九)におけるその滅亡が毛利氏領主制の進展に果たした効能について究明したのは、このような視座による。高橋氏については、前註(1)『大名領国の構成的展開』の第三編第六章「芸石国人領主連合の展開」の第二節「高橋氏と芸石国人領主連合」に詳述した。なお、『広島県史　中世』(一九八四年)のⅣの二に「高橋氏」と題して(四八九~五〇二頁)簡潔にまとめている。
　このような視座からの課題研究は、陶氏ら大内氏の旧重臣層についても同様に進められなければならない。
(11) 『萩藩閥閲録』六八〈三隅〉—系譜。
(12) 岸浩編著『資料毛利氏八箇国御時代分限帳』(マツノ書店、一九八七年)に拠る。
(13) 作蔵とは、三隅清右衛門尉元信(慶長三年死没)の跡を継いだ作右衛門尉就重のことかと思われる。「始作蔵」とみえる(前註(11)に同じ)。

(14)　養仙軒と国司元武の関係は長い。「養仙軒」は、三隅寿芳が永禄十年（一五六七）九月十一日に毛利輝元から与えられた号である（『萩藩閥閲録』六八〈三隅〉―7）が、彼は、「吉見正頼・広頼江被成御付候、諸所出陣度々遂其節、辛労ニ被思召之旨、従輝元公数通之御判物被下置候、妙悟様（輝元妹、吉見広頼室）御用茂被仰付、御奥御表ともニ遂其節候」（同―系譜）とされる。

既に本文中に指摘しているように国司元武は文禄検地担当の奉行人でもあったが、毛利輝元書状によれば（天正八年十一月十日に「其表正頼（吉見）為伽、聽而在陣之由、国右（国司元武）申候」〈同―2〉、九月十一日に「其方事爰元奉公馳走肝要候、就其愁訴事得其心候、連々不可有疎意候、猶国司右京亮（元武）・大庭加賀入道（賢兼）可申候」〈同―17〉、文禄元年二月二十八日に「至対馬可差渡之由、申候之処、分別之由祝着候、（中略）猶従国右（国司元武）所可申候」〈同―18〉、そして五月十四日には「対国右（国司元武）折紙披見候、正頼（吉見）供候て其元迄被罷上之由、可然候、はる〳〵辛労之至候」〈同―19〉。いずれも養仙軒に宛てたもの）、国司元武は養仙軒にとって取次の役目を務めていることが知られるので、三隅家の代替りについて「異見」をしえたのであろう。

(15)　東京大学史料編纂所所蔵。

(16)　石見国衆との盟約に関する文書については、前註（1）の『大名領国の構成的展開』の第三編第六章「芸石国人領主連合の展開」に収めている。

また、永禄十一年正月に益田藤兼・次郎父子は安芸吉田の毛利氏のもとに初めて出頭し、次郎は輝元から加冠状を与えられて元服し、また元就の偏諱をえて元祥と称した。その際にその御礼挨拶と祝宴に関して書き記された文書は、戦国時代の大名・国衆間の儀礼関係史料としては詳細且つ稀有のものであるが、『閥閲録』には収録されていない（なお、この文書は、第五章「石見益田氏の海洋領主的性格――永禄十一年の吉田毛利氏への出頭関係史料の紹介と解説――」に全文翻刻している）。

ところで、石見国衆の出自で戦国大名毛利氏に従った周布氏については、『萩藩閥閲録』一二一〈周布〉に二九二点の文書が収められているが、ほかに昭和十年代の山口県史編纂所が周布家において筆写した写本が現在山口県文書館に残されている。その「周布家文書」中に収録されているものは、そのほとんどが『閥閲録』には未収録の新出文書である。一九八四年二月二十一日に山口県文書館において調査後、原文書の所在を追ってきたが、現在に至っても判明していない。

内容的に余りに貴重な文書であるので、広島大学大学院における一九八九年度後期の演習史料として利用したこともあり、その成果の一部は和田秀作がその時の報告をもとに既に発表している（和田「陶氏のクーデターと石見国人周布氏の動向――『周布家文書』の紹介――」〈『山口県地方史研究』七〇、一九九三年〉。なお、和田が紹介した五通については、原文書が発見され、現在益田市立雪舟の郷記念館所蔵）。

いま、『閥閲録』に「益田文書」中の石見国衆との盟約に関する文書が収録されていないことに関係して述べるならば、このことは、やはり周布氏についても共通しているのである。各文書の内容について検討するうえにそれらの筆跡等を確かめたいという気持ちから、長年にわたって原文書を追ってきたが、未だ所在が判明しないので、ここにその関係文書を翻刻・紹介することにした。

なお、これらの文書は、もちろん前註(1)の『大名領国の構成的展開』の第三編第六章「芸石国人領主連合の展開」の内容を補足するものである。

**①益田兼堯起請文写**

契約申条数之事

一公方様奉公之事、於尓私一味申候上者、同心仁可致忠勤候、

一国傍輩近所々族、雖我々随逐之仁尓候、対貴所致緩怠事候者、捨内々儀、御意於本ニ可仕候、如此申定候上者、対尓身不儀之仁候者、是又可為同前候、

一近所之一家者、無御緩怠候於、如以前公方へ申掠子細候者、相共ニ可歎申候、於国者可立御用候、若此条々、自今以後飜申次第候者、

日本国中大小神祇、取分瀧蔵大権現御神本大明神之可罷蒙御罰者也、仍契約状如件、

享徳四年（一四五五）九月六日　益田左馬助　兼堯判

周布殿

②益田兼尭起請文写

申定契状事

抑三隅其様御和睦之事、堅依口入申候、御同心於身本望之至候、但今者、三隅我々無等閑時分候間、如此令籌策候、万一於後日三隅対我々不快之儀候者、其時者、被捨三隅、如父祖代々、其様我々事者、不相替、弥成水魚之思、大小事、立御役可被立申候、於子孫も宜守此旨者也、若此条偽申者、可蒙罷日本国中大小神祇等、別而神明両宮八幡三所春日四所、殊者惣社御神本大明神瀧蔵大権現等御罰者也、仍誓文之状如件、

康正弐年九月廿七日（一四五六）　　益田左馬助　兼尭判

周布左近将監殿

③三隅長信起請文写

今度参会仕申定条々事

一善悪共ニ一味仕可申談候、殊御敵方ゟ三人間ニ及弓矢儀候者、自身馳集可致合力事、

一御敵中、殊防州辺より計略儀被申有子細者、一具ニ談合申、返事可仕事、

一我々三人如此申談候内抽一人御敵与被仰通候者、二人同心ニ口借之由、可致侘事、

若此条々、偽申候ハ、、日本国大小神祇、殊弓矢八幡当国一宮二宮可蒙罷御罰候、仍為後日状如件、

文明八年五月三日（一四七六）　　三隅中務少輔　長信判

周布因幡守殿

④益田兼堯・同貞兼・同宗兼連署起請文写

今度其方御宿老此方之老者共、以参会諸篇申定候、千秋万歳候、然間立御用被立可申候、此儀於已後更不可有相違事、
一新御知行事、任　御判之旨御知行之上者、自然守護方并本主又者何方よりも雖被及御弓箭候、自身馳参立御用可申事、
一万一就其方此方之儀、雑説以下出来候者、預御尋、又尋可申事、
一於家中自然六借敷子細出来候者、取分無御等閑申合可致了簡事、若此条偽申候者、
牛王
日本国大小神祇、別而伊勢天照太神宮、熊野三所大権現、王城鎮守八幡大井(菩薩)、賀茂春日稲荷祇園北野日吉并住吉、当国一
宮二宮御神本大明神、殊当社八幡大菩薩、春日大歳大明神、惣而可罷蒙諸神祇等御罰候、仍起請文如件、

文明十一年十月廿六日

(益田)兼堯判
貞兼判
宗兼判

周布因幡殿
延徳二年(一四九〇)庚戌十二月十三日
周布次郎殿

⑤三隅貞信起請文写

今度一家中以参会諸篇申定候、千秋万歳候、然間立御用上(マヽ)被立可申候、此儀於以後不可有相違事、
一新知行事、任御判旨御知行上者、自然守護方并本主又者何方よりも雖被及御弓矢候、自身馳参立御用可申事、
一万一就其方此方儀、雑説以下出来候者、預御尋、又尋可申事、
一於家中自然六惜(借)敷子細出来候者、取分無御等閑申合可致了簡事、
若此条々偽申候者、
日本国大小神祇、別而　伊勢天照大神宮、熊野三所大権現、王城鎮主(守)八幡大井(菩薩)、賀茂春日稲荷祇園北野日吉住吉、当国一
宮二宮御神本大明神、殊者当社八幡大井、春日大歳大明神、惣而可罷蒙諸神祇等御罰候、仍起請文如件、

文明十一年十月廿六日　　三隅五郎
貞信花押

周布因幡守殿

周布次郎殿

⑥益田宗兼書状写

御状委細拝見候了、仍先年一家中被仰合候御一筆、持進之候之処、被加御判形、被懸御意候、千秋万歳目出候、同自此方之一筆持給候、任御意相加判形候、宛所之事者、已前被認候之条、重而不書加申候、猶々如此申定候、本望満足候、猶委細玉用庵申候間、省略候、恐々謹言、

(延徳二年)
十二月十三日　　宗兼判

周布殿御返報　　益田
宗兼

①享徳四年九月六日、②康正二年九月二十七日の両通の益田兼尭と周布和兼の盟約は、「於国者可立御用候」、「大小事、立御役可被立申候」とあるように、当事者同士が契約内容を書き上げた起請文を取り交わして盟約した書違の室町時代における思想に基づくものである(岸田『大名領国の構成的展開』三八〇〜三八四頁)。特に②は、周布氏と三隅氏の紛争を益田兼尭が調停し、和睦がはかられたことを示している。ただ、彼ら石見三国衆の結束も、益田氏と三隅氏の関係が比較的平穏な状態であったために保持されていたように思われる。益田氏は、三隅氏との関係が悪化・断絶した場合を想定し、その時は周布氏としても三隅氏を捨て、父祖代々からのように益田氏との盟約を遵守して相互に役立つことを申し述べ、また誓約している。

③文明八年五月三日の三隅長信と周布和兼の盟約は、「三人」(益田氏を加えてのことと思われる)が参会して東軍として行動することを誓約したものである。「防州辺」(西軍の大内氏方)より計略があった場合には談合して返事をすることを決めており、意思形成のあり方を示している。

④益田兼堯・貞兼と周布氏、⑤三隅貞信と周布氏の盟約は、同じ文明十一年十月二十六日付であり、内容もほぼ同文である。益田氏・三隅氏・周布氏の各宿老が参会して盟約を取り交わしたものであり、「立御用被立可申候」とあるように、書違の室町時代における思想に基づくものである(岸田前掲書三九九・四〇〇頁)。益田氏と三隅氏の間においても盟約が取り結ばれたことが推測されるが、この地域の安定にとって彼ら三国衆の結束が重要であったことをあらためて示している。

ところで、④の差出書と宛書の間に「延徳二年庚戌十二月十三日」と記されていることの意味について検討を加えてみたい。

⑥益田宗兼書状は、周布氏から到来した書状の返信にあたる。

まず、益田宗兼は、周布氏のもとに「先年一家中被仰合候御一筆」を「持進」らせたところ、周布氏が「被加御判形」れたことについて感謝している。また、「同自此方之一筆」を周布氏が益田氏のもとに「持給候」て要望したので、それに任せて益田宗兼は「相加判形」えた。ただ、その際に「宛所之事」は「已前被認」れていたので、「重而不書加申」ということにしたと述べている。

「先年一家中被仰合候御一筆」とは、書違のうちの周布氏から益田氏に宛てられた起請文、「同自此方之一筆」とは、そのうちの益田氏から周布氏に宛てられたものを指すと考えられる。

ここで「同自此方之一筆」を④の起請文に比定するならば、次のように考えることができる。

④の文明十一年十月二十六日の益田氏起請文は、もとは兼堯・貞兼父子の連署であり、「宗兼」の署判は、兼堯の死没(文明十七年五月二十三日)後の延徳二年十二月十三日に両国衆が参会した際に持ち寄って追判したものであること、「宛所之事者、已前被認候之条、重而不書加申候」とは、④の宛所として既に「周布次郎殿」と認められていたため、宗兼としてあらためてこの時期の周布氏当主を追書する必要がなかったということを意味すると考えることができる。

④の起請文中に「延徳二年庚戌十二月十三日」と記されていることは、宗兼の署判が書き加えられた年月日を明記したものと考えてよい。

したがって、⑥益田宗兼書状は、その内容や十二月十三日付であることからして、延徳二年のものと推断される。

このことは、書違に基づく盟約が、当事者双方が以前の書違を持ち寄って再確認するとともに、さらにその時期の当主の署判や宛所の追書を行うことによって強化されていく場合もあったことを示しており、興味深い事例である。

この「周布家文書」の原文書の所在を追ってきた一つの理由は、宗兼の署判、延徳二年の記事の位置や墨色等について原文書でもって確かめたかったためである。
(17) また、藩主毛利氏への遠慮から除外された文書もあったと思われる。
秋山伸隆は、「南北朝期における安芸内藤氏の動向」(『南北朝遺文　中国四国編』第三巻の月報三、一九九〇年)において、「内藤家文書」中の新出文書のうち、正平六年十月十三日の常陸親王令旨、観応元年八月五日の内藤熊王丸軍忠状などを取り上げ、それらの文書が、『閥閲録』に収録されなかったのは、「おそらく、『毛利備中守親衡違乱』、『当国凶徒大将相模治部権少輔并毛利備中守親衡已下輩等』といった文言が主家毛利氏との敵対関係を明らさまに示すことが、『閥閲録』編纂時にその写を藩府に録上することを内藤家に躊躇させたことによるものであろう」と述べている。
(18) 前註(6)所引の「『新出湯浅家文書』について――その翻刻と解説――」は、文書の封の形状に注目し、戦国大名毛利氏領国においては、捻封の書状(捻文と称す)が、給地宛行や家督安堵等に関する毛利氏の内々の誓約として家臣に後日のために遣わされたり、国人領主間の人返協約に用いられたことを明らかにし、特定の文書様式に付与された固有の機能やその公的性格、そして主従の意識について確認している。
また、岸田裕之「安芸国内藤氏と虎関師錬」(『南北朝遺文　中国四国編』第一巻の月報一、一九八七年)は、建武三年の内藤教泰等連署紛失状の署判者の一人である三聖寺住持が虎関師錬であることを原文書の花押によって断定したものである。

いずれにしても、原文書に所在する情報が後世の写本よりも優れていることは言を俟たない。この機会を利用してまた一つ新たに興味深い事実を指摘してみたい。

一九九〇年に単独の家わけ史料集としては初めての『安芸内藤家文書・井原家文書――その翻刻と解説――』(『広島大学文学部紀要』四九巻特輯号一。秋山伸隆と共編)を刊行した。

その「内藤家文書」三五の暦応四年(一三四一)四月二十三日の足利直義下知状(内藤教泰の相伝文書紛失の認定)には、紙継目三箇所の裏ごとに花押各二個が加えられている(図3。なお、『閥閲録』差出原本には、文書の末尾に「裏継手ニ有之

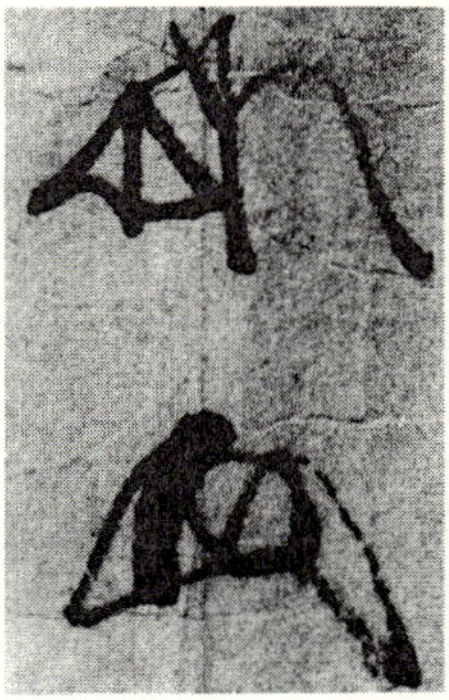

**図3**　足利直義下知状の紙継目裏花押

**図4**　鎌倉幕府問註所下知状の花押影

候」としてその模写が貼付されているが、正本では「裏ニ両人継手判形在之」とのみ記されている）。この上部の花押は、「武沢文書」元応元年（一三一九）五月二十三日の鎌倉幕府問註所下知状の三名連署の上首「前信濃守三善朝臣」の花押と全く同形である（図4〈原文書焼失。東京大学史料編纂所架蔵影写本——明治二十四年影写——による〉。なお、同文書は、『栃木県史　史料編・中世一』六三〇頁に所収）。

この一致は、「内藤家文書」の花押に眼をとめられた佐藤進一の教示によるが、この人物は、鎌倉幕府において問註所執事であった三善（太田）時連（法名道大）に比定できる（佐藤進一『鎌倉幕府訴訟制度の研究』〈目黒書店、一九四三年〉一二三頁）。

三善道大が室町幕府に仕え、暦応四年の内藤教泰の文書紛失に関わる安堵下知状に継目裏判を加えていることは、彼の地位が、鎌倉幕府の滅亡から室町幕府の成立という政治的変動にもかかわらず、室町幕府下において少なくとも紛失安堵を司る部局の頭人であった証左としてよい。

右の足利直義下知状は、三善道大の室町幕府下における職務活動を伝える数少ない史料の一つであろう。

なお、「内藤家文書」三三の紛失重書案には、裏書があり、暦応四年四月二十三日に「為後證」裏封をした奉行人の一人として「三善」が確かめられるが、道大のことと考えられる。

(19)　前註(6)所引の「『新出湯浅家文書』について——その翻刻と解説——」においては、新出文書六五点を紹介した（『萩藩閥閲録』一〇四〈湯浅〉には一三〇点を収録）。

最近のものについてあげると、岸田裕之「『新出岡家文書』について——その翻刻と解説——」（『史学研究』二〇三、一九九三年）においては、新出文書三五点を紹介した（『萩藩閥閲録』八〇〈岡〉には四四点を収録）。新出文書のうちのほとんどは、毛利氏が織田氏と戦争中の天正九・十年に岡惣左衛門尉が備前・備中国境の忍山城に在番中の活動を示すものである。備前・備中国境地域の地下人らの一揆的結合、毛利氏方としての郷村調略の実態、それへの地下人らの対応など、岡山県地域の戦国時代史研究にとって貴重な内容をもつものである。

(20)　たとえば、第六章「大名領国下における赤間関支配と問丸役佐甲氏」においては、『萩藩閥閲録』六七〈高須〉に収録されていない新出文書によって、東アジア世界の商人と貿易し、外国産品の購入にもあたった赤間関代官高須惣左衛門尉の活動振について明らかにしている。

(21)　本節には、史料蒐集調査によって発見した新出文書やそれを利用した論文、史料集等について註記しているが、それは私の研究の足跡を辿るためではない。それは、山口県内に未調査・未紹介の貴重な大名領国関係史料がいかに多く残されているか、それをあらためて認識していただきたいためである。

(22)　「井原家文書」一〇二通のうち、『閥閲録』・『譜録』に収録されていない文書は九二通である。

**井原元良条書**

一隠居分内々申定事、

付、山之事、

一使具足已下有次第見せ可申事、

一我等俵物之事、

付、伊賀手前可進候事、

一下子共之事、

一市屋敷之事、但、下市わきやしき之内ニて拾間所望之事、

一我等召使衆之事、

一我等　上へ御奉公之事、

一従　上於御合力者、もりさね返可申事、

以上

天正七

十二月十三日　　元良（花押）

(23)　たとえば、前註(20)所引論文においても引用しているが、戦国大名毛利氏に属してその防長両国征服に活躍し、赤間関代官として二十数年間務めた内海商人堀立直正の多面にわたる活動を物語る古文書集を刊行した秋山伸隆「『堀立家証文写』について——戦国期内海商人堀立氏関係史料の紹介——」（『内海文化研究紀要』一六、一九八八年）。

堀立家は江戸時代初めごろ毛利氏家中を離れて長崎に移ったため、これらの文書は長崎の医師堀直美家に伝わった。彼によって書写された写本が長州藩にもたらされ、さらに転写されたのが毛利家文庫本である。

『閥閲録』に始まる長州藩編纂事業の開始前に毛利氏家中を離れた家臣についても注意しておかなければならない。

(24)　文化に関する内容を有する文書として次のものがあげられる。

**毛利元就書状**

「（端裏捻封ウハ書）（墨引）大　図（大庭賢兼）　まいる申給へ　　右馬　元就」

彼一冊之事、余過分之儀候間、斟酌候へ共、被寄存知儀候之条、留置候、誠芳情之段、更不及言語候、能々御心得候て可給候、悉皆其方頼申計候、心中之通、不得申候間、留筆候、恐々謹言、

十月廿日　　元就（花押）

一九九一年十月十六日に山口市の冷泉栄二家に史料調査にうかがった。冷泉氏は、『萩藩閥閲録』一〇二（冷泉）に一二八点の文書を収録されている周防大内氏一族の子孫にあたる。この文書は、その際発見された新出文書のうちの一通であり、毛利元就が大庭図書允賢兼に宛てたものである。

大庭賢兼は、大内氏奉行人であったが、大内氏滅亡後には毛利元就の直臣としてたとえば同じ小倉元悦・平佐就之・福井景吉・井上就重・小田就宗・武安就安・児玉就久らとともに尼子氏滅亡後の出雲国支配に関わり、元就の没後は毛利氏奉行

人の地位についている(第七章「大名領国下における杵築相物親方坪内氏の性格と動向」。和田秀作「毛利氏の領国支配機構と大内氏旧臣大庭賢兼」(『山口県地方史研究』六四、一九九〇年))。

元就は賢兼と和歌を通して交流を深め、また彼の古典や文芸の才能を高く評価していたと言われている。

この文書の内容は、大庭賢兼が「彼一冊」を元就のもとに届けたことに対する礼状である。「彼一冊」が何を指すか不明であるが、文面からはそれを留め置いた元就の喜びは言語に尽くしがたいものであったことが推察される。ところで、この大庭賢兼宛の礼状が冷泉家に所蔵されていることは、当時冷泉家に所蔵されていた「彼一冊」を賢兼が毛利元就に献上するために請け出し、その結果としてこの礼状が賢兼から冷泉家に交付されたことを意味している。

この文書は、冷泉氏宛でなかったために『閥閲録』に収録されなかったとも考えられるが、元就書状であることも合わせ考えると、内容による選別かと思われる。この内容は、大内氏一族冷泉氏の固有の文化的性格を示している。

(25)　これらについては、広田暢久「長州藩編纂事業史(其の一、其の二)」(『山口県文書館研究紀要』九、一〇〈一九八二年、一九八三年〉)、「毛利家編纂事業史(其の一～其の四)」(同三、六、七、八〈一九七四年、一九七九年、一九八〇年、一九八一年〉)、「山口県歴史編纂事業史(其の一、其の二)」(『山口県史研究』一、二〈一九九三年、一九九四年〉)を参照されたい。

(26)　長府藩については、軍記物によって流布された時代の虚像に対して実像を描き出した岸田裕之「陶隆房の挙兵と毛利元就――桂元昭氏所蔵の大友氏年寄連署書状の意義――」(『山口県地方史研究』六五、一九九一年)。

また、岸田裕之「大内氏滅亡後の防長旧臣層と毛利氏」(『史学研究』二〇〇、一九九三年)は、「江田家文書」の原文書によって『吉川家中并寺社文書』の誤読を正し、仁保隆在の実父で旧大内氏奉行人吉田興種らの討伐は、従来言われてきた元亀元年(一五七〇)七月のことではなく、前年の永禄十二年(一五六九)十月の大内輝弘の山口侵攻に呼応して吉田興種らが蜂起したのに対して、直ちに毛利氏がとった断固たる処置であったことを明らかにしている。

(27)　『閥閲録遺漏』の中には該当する文書がみられるが、第四章「国人領主の財政と流通支配――戦国時代の雲芸攻防における山間地域領主層の性格――」は、新出の「林家文書」(山口県豊浦郡豊北町田耕、林幸蔵氏原蔵。山口県文書館架蔵)により、石見東部から出雲西南部地域を領有した国衆佐波氏の家臣である森氏が、佐波氏に多量の兵粮米を貸与してその拠城に搬入したり、また尼子勝久を攻める毛利氏から依頼されて宿（軍勢の補給基地）を設営して引渡している具体相を解明し、それは森氏が陰陽交通の要衝であった来島三日市（現在の島根県飯石郡赤来町）を中心に商業・金融・交通・運輸等に活動していたためであることを明らかにしている。

# Ⅰ　大名の領国経済と家

# 第一章　中世後期の地方経済と都市

## 一　問題の設定

本章の課題は、当該期における地方経済の諸様相と流通の展開を都市機能と関係させせながら論述することにある。政治的には「地方の時代」が標榜され、一方、学界では地域史研究が深められつつあった一九七〇年代の動向をふまえて、この分野に関しては、従来の研究に対して、地域市場や地域経済圏の実態と構造を積極的に考えていこうとする視点から鈴木敦子「中世後期における地域経済圏の構造」が生まれた。本章はこのような研究視角を受けとめたものであり、研究史のうえからみると新しい課題であるといってよい。ところで、鈴木が考察対象にした瀬戸内海西部を含む中国地域における戦国大名の流通支配の展開を分業流通の構造との関連において究明したのが秋山伸隆「戦国大名毛利氏の流通支配の性格」であった。本章はこのような研究の方向を定着させ発展させる役割を果たすため、鈴木・秋山と同じく中国地域、毛利氏領国を対象にし、その視点や成果をもふまえながら、論点を以下の三点において考察を加えていきたい。

一は、流通が中央都市と地方都市間、および地方都市を拠点にする地域内流通という重層的構造のなかでそれ独自に展開する面をもつものであるにしても、当該期においては地域の政治権力がしだいに流通への関与を強めていく傾向にかんがみて、視点を大名権力がいかに積極的に流通に関与しようとしたか、そしてまた政治権力の対抗関係——

とくに戦国末期に著しい中央権力と地域大名の戦争状態——が中央都市商人の活動をどのように規制したかを解明することにおく。二は、大名領国内の問題について述べるが、その交通網の整備、そして交通の要衝でもある地方都市やそれを拠点にする地域経済圏の実態と構造、および領国内職人層に対する大名権力の支配努力について究明する。三は、各種の輸送の拡大やさまざまの契機によって諸階層の地域間交流が盛んになったと推察されるのであるが、交流が生活や文化にどのような影響を与えたか、権力編成との関係に留意しながら考えてみたい。

全体を通して、当該期の流通を自己完結的に展開するものとして叙述するのではなく、地域ならびに大名領国の交通や経済や生活の構造的解明という視座から考察を加え、当該期の権力編成との関係をも明確にしていくよう努めた。

## 二　都市商人の活動と政治権力

流通は守護大名の領国や国人領主領を越えて展開する面をもつものであるため、政治諸権力が流通を掌握することは正しい意味では不可能に属することであると思われるが、南北朝・室町期の諸権力はさまざまの方法でもって積極的に関与していった。従来指摘されてきた国人領主による市場禁制の制定、譜代家臣を市場代官に補任しての市支配、市場への各種公事銭の賦課、領内における関銭や荷馬への駄別料の賦課、そして商業紛争に対する守護裁判権の行使等々がそれにあたるが、本節では、まず当該期における地域経済活動の実態とそれに対する大名権力の関与について述べ、次に戦国末期に著しい中央権力と地域大名の戦争状態が内海地域における中央都市商人の活動をどのように規制したかについて究明したい。

### 1　地域経済の展開と大名権力

大名権力の流通への関与は大別して商人・市場・物資などに対して行なわれた。たとえば諸種の司職を通じて業種別に商人・職人を掌握し、補任した市目代《いちもくだい》によって市町を支配し、海陸の交通の要衝に関所を設け、それぞれ特定の課役を懸け、それら相まって領国内における流通支配を進めた。

商人については、流通の重層的構造に対応して存在した中央都市商人と守護領国内における特権商人、そして地方都市を拠点にする地域経済圏のなかで活動する商人らに大別できよう。

中央都市商人については、堺商人などが内外に活躍する様相について明らかにされつつあるし、また大山崎神人《じにん》のように座的編成をとって幕府公権によって諸関勘過・課税免除の特権のほか荏胡麻《えごま》の優先的買付と油の専売を認められながら、守護領国内において、たとえば播磨の場合小河玄助や佐用中津河商人という赤松氏守護代や守護系商人によってそれを侵害されていった商人があることはしばしば指摘されてきた。

地方都市や地域経済圏のなかで活動する商人についてはは次節で述べることにし、ここでは守護と緊密な関係にあった領国内特権商人について、備後守護山名氏下の場合を例に述べてみたい。

守護山名氏は尾道の名刹西国寺の再興につとめたが、それに関する寄付帳が残されている(「西国寺文書」)。冒頭に山名持豊が焔魔堂再興の施主であること、一〇〇貫文を寄付したことが記され、それにつづいて源目寿丸、山名教時、目寿丸の母、山名常勝、山名熙高(熙貴)、山名教之の署判と寄付の内容が書かれ、そのあとに「当国沼隈郡新庄長者実秀(花押)　五重塔婆建立寄付之　銭二十貫文」と記帳されている。守護代の犬橋近江守満泰、その嫡子と思われる豊家はそのしばらくあとに記帳されていることからみて、沼隈郡新荘長者実秀はかなり高い格をもち、守護山名氏と緊密な関係にあった人物であることがうかがわれるのである。沼隈郡新荘とは、近世の本郷村(現在の福山市本郷町)を中心とした地域一帯を称するが、天正十九年(一五九一)に尾道の豪商渋谷氏に給与され、そのために数通の打渡坪付《うちわたしつぼつけ》が残されている(「渋谷辰男氏所蔵文書」)。その坪付をながめると、一筆ごとに「あかさひた」とか、「あかさひ」という呼称がしばしばみられることが注目される。この本郷村には古くから銅山があり、江戸時代初期にはかなりの生産量で繁栄したが(「福山領分語伝記」)、一七世紀末には採銅を休止したという。それは、一つには銅山の悪水で下流の水田の被害が拡がったことが影響しているが(「佐藤家文書」)、それは中世においても同様であったと考えられ、「あかさひた」はその状態を示すものであろう。また、本郷村の東側の赤坂村には「長者か原」・「金掘谷」という地名があり、そこには「長者屋鋪」・「長者馬場」などと称する所があり、「新庄太郎といへる長者」伝説も伝わっている(「備陽六郡志」、「福山志料」)。長者か原には銅山があり(同右)、本郷銅山とともに沼隈郡内の鉱山として近代にまで続いた。このような事実をふまえると、沼隈郡新荘の長者とは銅山経営で財を蓄積した存在であり、守護領国内において守護と緊密な関係を取結んでいた特権商人であると考えられる。日明貿易の主要な輸出品に備後国等で産出される赤銅があり、尾道がその積出港であったことはよく知られているが、このような守護領国内特権商人による銅山の経営はその背景として注目される。

ところで、備後守護山名氏は領国内の生産物や在京用途を輸送するために直属船を所有していた。すなわち、船には船籍があるが、尾道の住吉丸というのは備後国料船であり、また渡唐船としてもみられる(「戊子入明記」)。その兵庫北関入船について、守護山名氏は関銭を免除されるよう望んだが、北関の領主である興福寺はそれを認めず、結局今年は関銭を支払うことで落着したという事実もある(「建内記」文安四年(一四四七)六月六日条)。また、『兵庫北関入船納帳』には備後国内の船籍地として尾道・田島・鞆・三庄・藁江・三原の六港があげられているが、そのうち藁江(現在の福山市金江町)の船八艘にはいずれも「国料」または「山名殿国料」(船頭はいずれも太郎左衛門)と記されており、備後守護山名氏の直属船が藁江港を利用していたことを推測できる。沼隈郡新荘から松永湾に出た位置にある藁江が尾道とともに守護山名氏直属船の積出港であることは、同地が塩の生産地であったことにも留意しなければならないが、右述の沼隈郡新荘長者実秀の存在とけっして無関係ではないと考えられる。

さて、明徳四年(一三九三)四月七日の備後国御料所注文(『細川家文書』中世篇)は、栗原五ケ荘(現在の尾道市栗原町)、神村荘(御調町神)、海裏荘地頭職(甲山町宇津戸)、津郷領家職・同公文職(福山市津之郷町)、石成荘下村(同御幸町)、平野地頭領家(神辺町平野)、坪生領家職半分(福山市坪生町)の八ヵ所をあげている。これらの在所は将軍家御料所であると考えるむきもあるが、日下《にっか》の花押は細川頼有の嫡子頼長(当時細川頼之の養子基之とともに備後守護職を分有)のものであることから、守護領であると考えられる。そのことは、永享十二年(一四四〇)八月十三日の海裏荘地頭八幡神社の棟札に「当所代高橋式部大輔泰光(花押)」、「国主代犬橋近江守殿并豊家」とあって、同地頭職が守護領で守護代犬橋近江守満泰・又代官犬橋豊家のもとで高橋泰光にその代官職が預けられていたと考えられること、また石成荘下村領家分がのちの文正二年(一四六七)に守護山名持豊から山内豊成に「厩料所分」＝守護領であったものを乗馬供として給与されていること(『山内首藤家文書』一一一、一三六)などからみて確実であろう。なお、海裏荘が永享四年(一四三二)に守護山名常熙から備後国鋳物師惣大工職に任じられた丹下氏の本拠地であったことはよく知られている。これらの在所はいずれも備後国内の政治・経済ならびに交通上の要衝である。応永の乱後の応永八年(一四〇一)に補任された守護山名常熙は前守護細川氏時代のこれらの守護領を継承したのであるが、以後それぞれの一方所務職について守護(被官)請している例があるので(たとえば神村荘の「一所務職」〈領家方〉についてはのち文明十年(一四七八)に守護被官下見高綱が請負っている(『石清水八幡宮文書』))、領家方の所務権を獲得して基盤を固めるとともに、尾道などを守護領化してその拡大を図ったのである。藁江荘は神村荘と同じく石清水八幡宮宝塔院領であり、神人の活動や塩浜の存在が確かめられるが、応永二十六年(一四一九)権少僧都宗村が一所務職を請負っているし(同右)、文安三年(一四四六)には社家分塩浜帳が作成されているので(『石清水文書』田中家文書二六三)、中分されていたと考えられる。他の一方は守護領ではなかったかと推測される。

以上、備後守護山名氏が、政治・経済ならびに交通上の要衝を守護領として継承するとともに、その拡大を進めて交通や流通を押え、また領国内の銅や塩などの特産物を基盤において経済活動を行なう特権商人を掌握し、さらに専用船という独自の海上輸送手段を有して畿内へ日常用諸物資のほか商品等を輸送したり、大陸との貿易をも行なうという内外の流通経済に積極的に関与している様相を確かめることができた。

## 2　中央権力・地域大名間の戦争と都市商人

大内氏のあと中国地域制覇を果たし、一大領国を築きあげた戦国大名毛利氏は、倉本とよばれる領国内特権商人をして大名財政の循環構造のなかで固有の役割を果たさせていたが(秋山前掲論文)、このような経済構造を形成していた毛利氏と中央を掌握した織田氏との戦争は、内海地域にどのような事態をもたらし、都市商人にどのような影響を与えたのであろうか。

天正四年(一五七六)毛利氏による石山本願寺の支援が成功したあと、織田氏は鉄甲船を建造して水軍力の強化を図る一方、来島・能島両村上氏の毛利氏からの離反を画策した。天正七年(一五七九)に備前の宇喜多氏が秀吉の誘いによって織田氏側に転じ、石山本願寺支援の際には毛利氏水軍の一翼となって戦った富《(戸)》川平右衛門尉秀安を将とする宇喜多氏水軍が毛利氏から離反したのである。

このような織田氏側の攻勢に対して、毛利氏は経済封鎖を断行する。

二月二十五日毛利氏奉行人は連署して警固衆高井元任(本貫は周防玖珂郡日積村)に宛て、備前児島の八浜の有徳船が九州へ商買のために下ったとのことであるので、その辺の浦にいれば留めおいて注進し、すでに下向しているならば上る時に留めること、これらを諸浦に周知せしめること、そのほか「上舟之儀為御法度」ること、また領国内の船頭らが上衆の荷物を積んでいることもあるようなので内々に聞きつけたら留めることなどを早打をもって緊急に命じている。そして三月一日にも同様の命令が出されており、それには、姫路から商船が多数下向したこと、その上乗衆《うわのりしゆう》は毛利氏領国内の諸浦人であることを述べ、「然間何かも不入、上かゝりの舟之儀者、先々差留候而可有注進候」と命じるとともに、有徳船等の捜索を重ねて命じ、情報提供者への褒美、内通者の成敗について申付けている。この命令は、両通ともに輝元の袖判がすえてあることから、輝元の命令、この場合毛利氏法度として発せられたものである。児島の八浜船は宇喜多氏、姫路の船は秀吉の支配下にあるものであり、九州において硝石などの戦時物資を購入する目的で下っていたものであろう。なお、毛利氏奉行人は三月二十日にも高井元任・粟屋元喜に宛て上船がいまだ上っていないので油断ないようにとの輝元の命令を伝えている。この奉書からは、高井・粟屋両氏のほか、柳井・大畠については屋代島衆、上関は村上武満、鞆・塩飽の間は鞆の河井源左衛門尉に警備させていたことが知られる(『萩藩閥閲録』一三五)。

要するに、毛利氏は織田氏側に属する商船が九州との間を往返して輸入品を含む重要物資を輸送していたのに対して、領国内海域において豊富な水軍力でもって捕縛し、没収しようと図ったのである。このいわゆる経済封鎖の断行は、児島・姫路はもちろん堺など織田氏支配下の中央都市商人の活動を著しく損ね、彼らが行なっていた九州の要港に集積される海外の諸種の重要物資の購入と輸送に打撃を与え、それを停滞せしめたと思われる。

このような情勢にあった天正十年(一五八二)六月二日織田信長が本能寺に横死する。その直後の六月十日に尾道の豪商小川又左衛門尉に次のような書状が宛てられている。

この表の儀、惣和睦に罷成り、まず〳〵公私の御安堵までに候、然れば京都の儀不慮出来候て、五畿内錯乱是非なきの由候、然れども一度仰談ぜられ、御和平の儀候間、此方より御破り候事はあるましきのよし候、何篇芸州御勝手に成行く間、目出度きまでに候、御止置き候物ども御取よせ候て、はや〳〵商買に仰付けられ然るべく存じ候、今日姫路に至り罷上り候、やがて〳〵罷下るべく候条、そこ元に罷越し、相積もる事申承わるべく候、恐々謹言、

六月十日 

小川又左衛門尉殿参御宿所

すなわち、信長の不慮の死によって秀吉と毛利氏の間に和平が成立したこと、そこで留置かれている物資を取寄せて早速商買を始めたいこと、今日姫路に寄って上るがやがて下向するので尾道の小川氏のもとに出向いてひさびさに積もる話をしたいと述べているのである(「小川文書」。『大日本史料』十一之一〈毛利博物館所蔵〉)。なお、小川又左衛門尉とは文禄四年(一五九五)に泉屋とともに毛利氏公領尾道の代官職に任じられた特権商人笠岡屋であった。

秀吉と毛利氏の講和は六月六日に成立したのであるが、いまだ秀吉と明智光秀との合戦も始まっていない同十日に早くもこのような内容の書状を認め、しかも講和について「此方より御破り候事はあるましきのよし候」と表明できる人物であるからには、秀吉ときわめて緊密な関係にあった中央都市商人であると考えてよい。毛利氏の経済封鎖の断行が彼ら織田氏側にあった商人にとって大きな打撃であったことを確かめられる。

内海地域における中央権力と地域大名間の緊張と戦争は、海外からの物資集積地である九州を背景にしてその豊富な水軍力をもって海上封鎖を断行できる地域大名が優位に立って中央権力側に大きな打撃を加えたのであった。海外からの諸種の重要物資の入手を図る中央権力にとっては、地域大名によってその領国内商人との商買や九州との往返を封鎖されている状態はけっして望ましいことではなく、最高権力者信長の死を契機にした講和によってすみやかに除去されなければならなかった。ここには戦国時代の大名間の戦争が都市商人の経済活動に著しい制約を加えている事実をみてとれる。中世後期は大名がしだいに一円領国を形成し、領国経済構造を整備していく時期であるが、大名間の緊張や戦争のなかで商人や流通も地域の大名権力から大きな制約をうけるようになることに留意しなければならない。

## 三　領国内の宿駅整備と地域経済の構造

大名領国内の流通支配の構造や性格について究明した秋山の研究は、その分野の解明を大きく進めたが、秋山が課題として残した戦国大名毛利氏が領国内の市町を掌握するのは領国交通政策の観点からではないかという問題はなお未解明であり、また市町を拠点にする地域経済圏やその構造、領国内の職人らの大名権力への帰属はいつどのようにして行なわれるかなどについても明らかでなく、重要な課題として究明していかなければならない。なお、戦国時代の交通や職人の実態については、早く新城常三が東国の諸大名について明らかにしているのに対して(『戦国時代の交通』)、西国の戦国大名についてはほとんど進んでいないのが実情である。

### 1　市目代と伝馬・飛脚制

かつて藤木久志は毛利氏「八箇国御時代分限帳」に載せられている市目代について、その設定はそれらの市の経済活動をもって新設の広島城下町を中核にする領国経済活動を支え補う目的のもとに行われたとした(「大名領国の経済構造」)。しかしながら、市目代については別の視点からの分析も可能である。なお、分限帳記載の市のなかにはたとえば廿日市が含まれていないが、それは桜尾城主穂田元清領であったためである。当然のことであるが、分限帳の記載は毛利氏宗家の領分に限られており、国衆領内の市や防府天満宮領宮市の市目代なども含まれていないことに留意しておかなければならない。

分限帳記載の市目代の所在地は、毛利氏城下の吉田、享禄二年(一五二九)高橋氏を滅亡せしめて支配下に収めた高田郡横田、山県郡を収めた段階で掌握したと思われる壬生・吉木、天文十年(一五四一)に武田氏を滅亡させて掌握した伴・緑井・引御堂・矢賀などのほかは、大内氏・陶氏と訣別し、つづいて滅亡せしめるなかで掌握した草津・西条四日市・江田・備後府中、そして防長両国内の山陽道筋(玖珂・今市・呼坂・可仏・窪・下松・花岡・久米・遠石・野上・畠・富海・陶・厚狭・吉田など)という、それぞれ毛利氏による掌握の歴史的背景や時期を異にする市からなっている。国人領主段階に掌握していた市のほかは、大内氏のそれを接収したり、その滅亡後に継承したものである。

さて、防長両国内の市目代がほぼ山陽道に設置されている状態に注目すると、それには経済機能よりも、領国内における主要幹線機能の整備という交通政策上の目的があったのではないかとの推測が可能である。そしてこのことは史料的に確認できる。

まず、毛利氏が長門府中国衙鍛冶に製造させた鉄炮について、奉行人佐世元嘉は「宿々諸市目代」に宛て「此鉄炮中つゝ五丁、こつゝ十丁ニ伝馬二疋にて至広島宿々より可送届候、大事之物ニ候条、少茂そこね候ハぬ様可仕事肝要候」と命じているが(『櫟木家文書』、岸田『中国大名の研究』解説)、これによって、長府から広島にいたる各市目代を継ぐ伝馬制が整備されていたこと、鉄炮等の重要兵器を緊急かつ大切に輸送するに際して利用されていたことを確かめられるのである。分限帳記載の防長両国内山陽道筋の各市は伝馬制という整備された公用輸送のための宿駅機能をもつものであり、目代はその任にあたっていたのである。また、分限帳には目代給とは別に「送り給」というものが山県郡有田十日市(一〇石余)、吉木下市(三石余)、壬生市(一三石余)にみえ、これら各市における宿駅機能を確かめられる。

次に、毛利氏が定めた弘治三年(一五五七)の「鯖川渡賃之事」には各種渡賃について記したあと「一芸州衆不限夜中可渡之事」とあり、永禄四年(一五六一)の「右田川渡船賃定事」にも芸州使者ならびに山口奉行市川経好の飛脚は夜中といえども渡船させるべき旨明記されている(『三田尻宰判』三四)。渡船については、分限帳にたとえば太田川の西岸にあたる佐東郡八木と東岸の安北郡玖村の両渡守が記載されているなど毛利氏掌握の事例が確かめられる。当該期は、広島湾頭の佐西・海田間を船で渡る場合もあったが、佐東八木にいたりそこから玖村に渡船し、狩留家の湯坂を越えて志和西から西条に向かうのが用いられていた(「中書家久公御上京日記」〈後述〉)。

飛脚については、弘治二年(一五五六)七月晦日元就に訴えた洞雲寺登憚申状案に、洞雲寺領は厳島神主家の時代から諸役を免除されており、大内氏、陶氏、そして毛利元就・隆元からも判物を得ていること、ところが桜尾城主になった桂元澄は飛脚人足をたびたび催促し、洞雲寺が毛利氏判物明鏡のゆえをもってそれを拒否すると東光寺に押懸けて徴発を強行しようとしたこと、そこで洞雲寺が隆元に訴え、同奉行人の奉書を得て桜尾城に持参したところ、役人はこれを元澄に取次がないばかりか重ねて東光寺に入部したことなどがみられ(「洞雲寺文書」)、その様相が確かめられるが、飛脚が市周辺の農民に負担を強いるものであったことが知られる。

また、長門国分寺が下向するに際して、十二月三日毛利輝元は、草津の児玉就英に草津より廿日市への護送、桜尾の桂元依には彼僧の厳島渡海のため船を手配して渡すべく命じている(「長門国分寺文書」)。長門国分寺の下向も各宿駅を継ぐ公用輸送機構を利用しており、これも草津など市周辺の人夫徴用を伴うものであったと思われる。毛利氏から判物を得て公用輸送機構を利用する事例は多種多様であり、それによって市や周辺の農村の負担はいっそう増加したと考えられる。

伝馬・飛脚・送に伴う人夫の徴用責任は、大内氏時代の天文二十二年(一五五三)長門甲山市目代が「伝馬送り夫」徴用の責任者としてみえるように、市目代にあり(『舟木宰判』二五)、また天正十四年(一五八六)に毛利氏が秀吉からの命令によって九州に向かう防長両国内の道路・橋普請を行なった際、防府天満宮周辺の掃地の役が大専坊・郡司らから宮市目代鈴木大夫に申付けられているように、道路・橋の維持・管理も市目代の重要な任務の一つであった(『三田尻宰判』四八)。このように諸種の人夫をたびたび徴用される市や周辺農村と市目代の間に摩擦が生じることもあったと考えられる。

以上述べてきたように、分限帳記載の市目代は基本的には伝馬・飛脚制という毛利氏領国における公用輸送のための宿駅機能、換言すれば交通網の整備の面から捉えるべきものである。防長両国は大内氏の領国制が典型的に展開していたため比較的整備された交通網があったと考えられ、それを継承して編制することは毛利氏にとって容易であったとはいえ、その積極的取組みは戦国大名の交通政策として十分に評価されてよい。けれども、備芸石三国のように毛利氏を盟主とする領主連合によってその支配秩序が維持されていた地域では、その整備は本領や新たに加えられた直轄領などを除くとなかなか進まず、とくに国衆領内の市にはまったく関与できなかったと思われる。しかしながら、このように領国内交通網の整備に努めていた毛利氏が、主要街道沿いの国衆領内の市に対してなんらの掌握努力もしなかったと考えるのはあたらないのであって、たとえば平賀氏領内山陽道沿いの田万里市は、一時毛利氏に収公されていたが、天正末年ごろ平賀氏に返付されるに際して、「送」＝公用輸送の宿駅機能については毛利氏としてなお権利を留保しているのである(『平賀家文書』二二六)。

天正十四年(一五八六)六月一日毛利氏は「分国掟之条々」(「天野毛利文書」)を発し、そのなかで豊臣政権の九州に向かう幹線路確保策を背景にして領国内における国人領主らの立関の停止を命じるが、それによって領国内交通網の整備をいっそう推進めたと考えられる。

## 2 市町と地域経済の構造

宿駅であるこれらの市は、当然のことながら流通経済機能をも有するものであった。そして、そのなかには周辺の市をもその経済圏に包みこんだかたちで一定地域の流通拠点になるような市町もあった。ここでは内海の幹線流通と地域経済圏のいわば接点としての役割を一体となってになっていた厳島・廿日市を例に地域経済の実態と構造について述べてみたい。

天文二十一年(一五五二)二月二十八日陶晴賢は厳島に七箇条の掟書を掲げ、商業の繁栄を図った。その一つに従来能島村上氏が薩摩・堺往返の京堺商人から徴収していた唐荷駄別役銭禁止があるが、それに関して京堺商人は陶氏から駄別銭免除の代わりとして礼銭を要求されており、またかえって海賊船がふえ彼ら雇用の室・塩飽の船はたびたび難にあった。これらの事実は周知に属するが、九月十二日堺商人宗光は大願寺に宛て、海上が物騒なので今年は下向を止め、来年三月に下ること、陶氏が堺衆に宛てた判物を使者薬屋与三右衛門方に渡されるよう求めている(「大願寺文書」七〇)。このように堺商人の内海往来からみても、堺と厳島の間には内海の幹線路としてたびたび往返の船便があったと考えられる(飛鳥井雅綱が豊後よりの帰途厳島において三、四十日間船待したとあるように(「房顕覚書」一三二)、その間隔には長短あろう)。

さて、廿日市は厳島神主家の居城桜尾城の城下として発展した。廿日市の鋳物師が周防や備後において活動を行なっているように(「小田文書」、「浄土寺文書」)、業種によってはその経済圏は国の枠を越えて相当広いものであったと推察されるが、およそ一般的な廿日市経済圏としては安芸西部と周防東部を合わせた地域と考えてよかろう。

厳島合戦直後毛利氏の進撃に伴って起こった地下人《じげにん》一揆の在所として著名な周防山代は廿日市経済圏に含まれると推定されるが(鈴木前掲論文)、そのうちに生見という村がある(現在の玖珂郡美和町生見)。同所には通称生見の鉄燈籠とよばれる総高二五三・二センチの鋳鉄製供養塔がある(山口県有形文化財。『山口県文化財総覧』)。これには銘文が刻まれており、いまは風化による腐食が著しいため判読は不可能であるが、幸い『防長地下上申』の生見村中村玄貞由来に翻刻されている。

銘文

于茲防州玖珂郡山代之庄生見之住中村土佐守源安堅、為先祖菩薩建立　喜園道泉居士　松心妙永大姉　旹

天文十五丙午（一五四六）八月吉日　廿日市之住大工綱家

本燈籠としての価値そのものも全国的にみて高いと思われるが、この製作者が廿日市の鋳物師山田綱家であることは注目される。この事実は、山代の土豪中村氏と廿日市の間に経済的に緊密な関係があったことを示している。中村氏は代々大内氏に仕え、右衛門尉は天文二十三年（一五五四）六月五日に毛利氏方と明石口で戦って討死しており、その子息左馬允は六月二十九日に陶晴賢から父の戦功について感状を得ている。左馬允は久兵衛と名を改め、毛利氏支配下においては小早川隆景や山代方面を押えた坂氏の被官になるが、傍輩中から非難されるところがあったため隆景は久兵衛に厳島在島を申付けている。隆景は厳島当役佐武美久に中村氏への心付を依頼しているが、それをうけて毛利氏奉行人渡辺長も佐武美久に「中村久兵衛事、宮廿日市之間売買共仕候而罷居度之由申候間、別而被付御心候而可然候」と認めている（『奥山代宰判』七）。すなわち、中村氏が厳島・廿日市辺において商買をして居住したいと要望したのに対して、小早川隆景の口添えもあって毛利氏はそれを認め、佐武美久に中村氏への心付を依頼したのである。

このような中村氏の商買への関心は、まったくその背景なくして起こったと考えるよりも、むしろ生見村の土豪として従来から日常的に厳島・廿日市と経済的な往来があり、それを背景にしていると考えた方が妥当するように思われる。中村土佐守が廿日市の鋳物師山田氏に先祖供養の鉄燈籠を製作させることができたのも、その一端を示すものであろう。

ところで、次の問題は、厳島・廿日市と山代という、流通拠点とその経済圏内各村との関連の構造である。いま山代出身の中村氏が厳島・廿日市に屋敷をかまえて山代方面との商取引をになうという事態を前提におけば、その構造がほぼ想定できる。

毛利氏が萩へ移封されたあと、福島氏を経て浅野氏の時代にいたるが、廿日市は在町として港町と宿駅の両機能を有した。藩の経済政策のなかでは佐伯・山県両郡の特産物はもとより関係諸物資の重要な積出港と位置づけられ、また問屋商人らによって遠隔地との取引も盛んに行われた。

その町屋の構成は、寛永十五年(一六三八)の「安芸国廿日市町地詰之帳」によって江戸初期の全貌が知られる(『廿日市町史』資料編Ⅱ)。それによれば、総屋敷数は三四六軒(上屋敷四七、同中八九、同下一五〇、同下々六〇)であるが、注目されるのは名請人の屋号である。地名ならびに業種をあらわすものに大別されるが、地名を冠する屋号については土佐屋・山口屋・備前屋・尾張屋・備中屋など他国名に関するものとは別に、廿日市周辺の地名を冠したものが認められる。それらは大野・友田・草津・石内・山田・山本そして宮・広島などのほか、島嶼部の能美、山県郡境の美濃地(水内)、周防の岩国・山代の範囲に及んでいる。

ところで、備中新見荘に出向いた商人らが振出した割符《さいふ》の現金支払人として堺の備中屋が指定されていたこと、そのことは備中屋が中央における備中方面との取引のいわば窓口であったことを意味するものであるとされていることはよく知られている。このような形態は廿日市とその経済圏内各村との関連の構造を考えるうえにも適用できるであろう。もちろん江戸時代に入って新たに開かれた屋敷地も町屋もあったと思われるが、東町・塩座町・中町・材木町(これらの町名は付箋に記されており、寛永十五年(一六三八)以降のものである)にはいずれも上屋敷・中屋敷が集中しており、いわば廿日市町の中心部であり、しかも材木町に材木の主要な生産地をもつ岩国屋・山代屋、あるいは土佐屋・尾張屋などが所在していることは、それらが中世以来の系譜を有するものであることを示すものと推測できる。

また、永禄四年(一五六一)の厳島社領徳分検見帳には「山代太郎ゑもん」(「野坂文書」一一六)、翌年の徳分荒所注文には「山代太郎右衛門」・「山代さへもん」(同一一七)などとみえる。ほかの箇所の名請人には「こうかき新太郎」など業種を示すもののほか、たとえば「廿日市備中屋」・「廿日市西役人七郎二郎」のように、平良・大野・地ノ御前・津田など佐伯郡内の地名を冠している者が多数みられるので、山代も地名と考えてよい。彼らは山代から廿日市周辺の徳分に来て居住していたのである。

そしてまた、廿日市の商人は厳島にも屋敷を有していたと推測されるが(元禄年間ごろのものと推定される厳島町絵図(大願寺所蔵)によって江戸初期の厳島町方の屋敷の全貌が知られるが、廿日市の町屋と同一の屋号を有する多くの町屋とともに山代屋も認められる)、これら厳島・廿日市・徳分三者の関係については、廿日市と厳島有浦に屋敷を与えられていた商人糸賀氏が、弘治三年(一五五七)代わりに宮内徳分において田五段を屋敷分として給与されている例にうかがわれる(『萩藩閥閲録』一六九)。厳島町と廿日市町が歴史的にきわめて緊密な関係にあったため商・職人が両方に屋敷をかまえて活動し、一体となって内海ならびに地域の流通経済の拠点としての機能を果たしたことは了解できるが、地域経済圏内各村から徳分に来て居住する人々も廿日市町居住の地域商人とほぼ同様の機能やまたその補充的役割を果たしていたと考えられるのである。

山代屋が山代の出身であるか確証はないが、徳分に居住する山代出身の人々とともに山代地方の特産物の商いや関係諸物資の取引などにかかわり、廿日市における山代方面とのいわば窓口としての機能を果たしていたことは明らかである。前述の中村久兵衛が厳島・廿日市辺において商買をして居住したいと要望しているのも、おそらくこのような地域経済の構造を前提にしたものであろう。

一方、業種をあらわす屋号をもつ商人については、材木町の材木屋など中世にさかのぼれると思われるものもあるが、戦国時代には厳島大願寺指揮下の番匠・鍛冶・檜皮師などのほか、具体的には永禄四年(一五六一)の大鳥居造立合力米等注文のなかに「壱貫文　廿日市塩の座新左衛門」(堺商人衆は三〇貫文を醵出(「大願寺文書」三一五))、天正二年(一五七四)の厳島社廻廊棟札(同三一八)に「廿日市塩屋与三左衛門尉」などが確かめられる。

以上述べてきたように、戦国時代の廿日市は、東町と西町に分かれ(それぞれに役人がいる)、各業種を扱う諸商人・職人らと、廿日市経済圏内各村との商事をもっぱらに行う地域商人、そして廿日市経済圏と他の諸国との商事にもっぱらかかわっていた大商人らがそれぞれ屋敷をかまえ、内海の幹線航路往返の中央都市商人が寄港する厳島と一体になって、重層的流通経済を全体として円滑に機能させていたと考えられる。

そして彼らの経済活動が基盤になってしだいに町衆としての意識が生まれ、その種の活動が行なわれてくることも予想されるが、文禄五年(一五九六)に肥後国全如院快栄をして製作せしめた廿日市極楽寺求聞持堂本尊虚空蔵菩薩の背面に刻まれた大願主・奉加衆ら二〇余名(たとえば「中丸山城守」は大野村の中丸氏の一族(『廿日市町史』資料編V))はその一例とできるであろう。

## 3　大名権力と領国内職人層

相手側と同盟し、あるいは服属させ、滅亡させてしだいに中国地域全域に版図を拡大していった毛利氏領国は、それら各地域の歴史的前提の差異によって均質でなく、それゆえに領国内諸地域・諸階層の帰属も一様には進まなかった。既述した織田政権との戦争中に毛利氏領国内諸浦居住の人々が秀吉支配下の姫路の船に上乗衆として乗りこんでいる事態もそれにかかわる問題である。

ここでは領国内職人層の実態と毛利氏が彼らと取結ぶ関係や帰属せしめる契機などについて考察してみたい。

長門府中国衙鍛冶が毛利氏の命令をうけて鉄炮・中筒・小筒を製造していた事実については前に指摘したが、毛利氏が国衙鍛冶という伝統的な技術者集団を掌握して鉄炮を製造せしめていることは注目される。なお、分限帳(九)の番匠類・大工類・鍛冶類には、国衙系のものとして長門一宮・二宮大工岩や氏、備後一宮大工、同一宮鍛冶などが確かめられる。

それでは以下、町・寺社領・国衆領内の職人について述べてみたい。

町居住の職人は、座組織を通じて徴収される業種別の座役と、市目代の地域的支配権にもとづく公役という二つの面から支配(課役)をうけていた。このような職人層に対して大名権力は、たとえば永禄四年(一五六一)毛利隆元が周防小郡の鋳師大工役苅屋武波平左衛門を平兵衛尉に任じたように(『萩藩閥閲録』一六六)、官途や給地を与えて帰属せしめるのである。また、たとえば元亀四年(一五七三)に塩屋次郎兵衛尉が毛利氏への御用馳走によって「山口居屋敷送諸天役并細工番手」を免許されているように(同一六〇ノ二)、職人がその固有の仕事をもって御用を果たすことに対して、大名権力はその諸公役を免許するという方法によってもしだいに帰属せしめていった。永禄十二年(一五六九)毛利輝元は山口の矢田部弥七を「御被官同前」とし、善左衛門尉に任じているが、同氏はつづいて「御被官」となり、それについて御用を命じられ、細工役・諸公役銭を免許されているのである(同一六四)。

次に、厳島社は古来より大工らの指揮下に鍛冶・番匠・檜皮師らの職人集団を従属せしめて造営にあたらせていたが、大内氏は尼子氏を敗走させ、武田氏を滅亡せしめた天文十年(一五四一)に神主家を追いつめ、二月二十日に職人らを同社の造営担当である大願寺に付置くとともに、「自然御用之時者、別而可被仰付候」とし、大内氏として用ある時は彼らを召使いうることを明示した(「大願寺文書」一七)。大内氏は厳島社の職人集団を軍事的に徴用できる根拠を獲得したのであり、事実これ以後彼らを軍事的に徴用している(「厳島野坂文書」八四)。毛利隆元は、陶氏と断交後の天文二十三年(一五五四)九月五日、大願寺円海申請の造営領書立に袖判をすえ、また円海に宮廿日市の惣番匠衆の一円裁判を安堵する判物を与えている(「大願寺文書」七八〜八〇)。

さて、国衆領内の職人については、南北朝期に備後山内氏が鍛冶屋・鋳物屋を庶子家の管轄下においてその生産にあたらせていたり(岸田「備後国山内氏一族と南北朝の動乱」)、石見益田氏領内の益田川河口の大中洲のなかに「地頭鍛冶名」とみえるなど——永和二年(一三七六)の益田本郷田数年貢目録帳(「益田文書」第八一)。なお、大中洲の居住者にのみ「水衆用途」が春秋五〇〇文懸けられている——、それぞれの領域内職人集団の一端を知ることができるが、彼ら国衆領内における職人集団のより多様な存在を示すものに竹原小早川氏の正月佳礼を書置いた正月祝儀例書写がある(「小早川家証文」四二四)。それには、一日の項に「はんしやう《番匠》ニたんしあふき《檀紙扇》」とみえるのをはじめとして、鍛冶大工・たくミ・大工・皮細工、そして三津船番匠など竹原小早川氏領内所在の各種の職人が記されている。彼ら職人は領主と個別的な関係を取結ぶのであって、大名権力としては関与できなかったと考えてよい。

綸旨を帯した諸国鋳物師役真継久直の申請にもとづいて天文十八年(一五四九)大内氏は久直に領国内における公事役の徴収を認め、それを領国中に触れしめた(「真継文書」一〇二)。安芸国では西条代官弘中隆兼が各国衆に触れたが、毛利氏は無沙汰しないと答えているものの(同一〇五)、小早川隆景は弘中隆兼に宛て「右之職人於愚領者無之候之条、不能莵角候、露顕之儀候間、被成御分別候者、可畏入候」と申述べている(同一〇四)。隆景は自領内には鋳物師のような職人は一人もいないと主張し、またその偽りが露顕した場合の執成を依頼したのである。小早川氏一族の浦氏も領内の忠海鋳物師の公事役の負担を承引しておらず(同一〇六)、金屋役は「惣国並」であると命じられて承知する(同一一二)。また、大内氏下の廿日市においては支配にあたっていた神領衆山本泰久がそれを承引し(同一〇八)、陶氏の代にも鉄大工・鉄屋とも公事役を懸けられる(同一三三・一三四)。

このように地域大名大内氏の援助を得た真継氏ではあっても、その鋳物師公事役に進んで応じる国衆は少なかった。このことは鋳物師ら職人がそれぞれの国衆に帰属していたことを示しており、石見の小笠原長雄のように石見鋳物師頭領の地位を被官の山根常安に安堵され、公事役の調進を約束した例もあるが(同一二四)、これも国衆と被官である鋳物師との緊密な関係にもとづいて行なわれたものである。国衆の領域支配が深化し、かつ領域間の緊張と対立が激化している当該期の事情を考慮すれば、順調な公事役納付は真継久直を援助した大名権力の支配が比較的順調に行なわれていたような廿日市などの町に限られていたといってよかろう。そして、毛利氏が中国制覇を果たしてのちも備芸石三国の支配秩序が毛利氏を盟主とする領主連合によって維持されていたことに留意すれば、このような状態が一挙に変更され、毛利氏が国衆領内の職人に直接的に関与できたとは考えられないのである。

それでは毛利氏が領国内の各所領の性格を問うことなく職人層の動員を図るのはいつであろうか。九州の島津氏攻めに西下する秀吉のために毛利輝元は備後赤坂に御座所を造作することにし、天正十五年(一五八七)正月二日に七箇条の法度を定めた。第三条には「番匠・鍛冶そのほか諸細工人、領内ニあり次第可召仕事」とあり、全箇条のあとに領主がそれらを妨害した場合は所領没収、地下人が服従しなかった場合は磔という罰則規定がある(『萩藩閥閲録』二〇)。この罰則は毛利氏が彼ら職人を動員するにあたってもその領主や地下職人らの抵抗が大きかったことをうかがわせるが、そのことは二月四日に輝元が赤川元房に宛て、秀吉の下向が来たる十五日必定であり、御宿が完成しなければ無曲であると切迫した状況を述べるとともに、「於此上者、難渋之者共之儀者、最前如法度書、一廉可加成敗候」と命じていることにも明確である(『萩藩閥閲録』三二)。輝元は秀吉宿所の造作が完成しなければ一大事であるとの認識にもとづいて、その危機感を正面にすえ、領国内職人支配の深化を図ったのである。秀吉は三月十二日に赤坂に着き、鞆から来た足利義昭と会見しているので(「九州御動座記」)、秀吉宿所の造作という具体的な命令の前には独自性を保っていた領主層も従わざるをえなかったといえよう。ただ、これをもって以後毛利氏が国人領主領内の職人に直接関与できたと考えるのは早計に過ぎる。

なお、橋の架設、船鍛冶と船大工について少し述べておきたい。

橋は輸送を大量かつ迅速に行ううえに不可欠のものであったが、その架設には多数の人夫とともに多くの技術者を必要とした。毛利氏領国内においても橋の架設は進められており、輝元は穂田元清・二宮就辰に宛て「はしの事元康申候処、杣人番匠以下なく候間、富田へよひニ可遣との事候、其内先然ハ地なるし可被申付之由候」と述べている(「譜録二宮太郎右衛門」)。これは広島築城ころのものであるが、材木の伐出しや橋の架設に杣人・番匠が必要であること、それを命じられた毛利元康がそれら職人はいま手元に居らず、拠城である出雲富田に呼びに行かなければならないと述べたこと、そこでとりあえず(人夫による)地ならしを行うことになったことなどが知られ、職人層が領国内各地から動員されている様相も確かめられる。橋の架設や築城に必要と思われる石切についても、城の垣普請を割当てられた堅田元慶が「割石ニ各無案内ニ候」として、尾道の小川又左衛門尉に石切上手分二人を急ぎ派遣するよう求めている例がある（「小川文書」）。

船鍛冶・船大工についても、二宮就辰が尾道の渋谷氏に宛て船鍛冶に要用の物を調えさせて進上するよう命じていること（「渋谷辰男氏所蔵文書」）、慶長四年（一五九九）輝元が公領鞆浦代官三上元安に鞆浦の鍛冶・大工を使用するよう命じていること（『萩藩閥閲録』一二八）、また輝元が佐東衆の触頭山県就相・就政に船を仕立てるので大鋸引職人を提供するよう求めていること（同九二）などからみて、そのつど徴用可能な地域——領国内有数の港湾都市や直轄領など——において雇用したものと考えられる。

## 四　交流と生活

中世後期において中央・地方間の往来は、経済面だけでなく軍事面でも、社会面でも、文化面でも盛んであった。ここではその実態と意義について考えてみたい。一つには、将軍や守護、そして戦国大名によって軍事動員され、合戦が打続く状況のなかで多くの負傷者や病人が生じたと思われるが、人々はどのようにして養生したか、当該期の生活の一端として問題にしたい。次に合戦の渦中にあっても人々は信仰を大切にし、物詣を念願していたのであるが、それをめぐる諸様相について考察し、そして最後にやや視点をかえて地域の特産物が中央の都市文化を特質づけた事例をとりあげることにする。

## 1　養生と薬師

永享十年(一四三八)石見の出羽《いずわ》祐房は和泉能登山合戦において高名をあげたが、疵を負って帰国した。祐房の注進状を得た守護山名氏奉行人は二月二十一日、守護への披露の結果として「深手方之者、京都にて養生可然之由申下候之間、定面々其子細可被申候、御談合候て早々有上洛、京都ニて御養生あるへくよし、能々申候へく候」と書状を認めた(『萩藩閥閲録』四三)。出羽氏は在京の守護山名氏からこのたびの合戦で深手を負った者を京都において治療させるよう勧められたのである。この事実は、軍事動員されて負傷した国人領主がその傷の治療処置について在京の守護と緊密な関係を保っていたこと、および中央都市の外科的治療技術が比較的優れていたことをうかがわせる。

戦国期に領国の形成が進んでくると、領国内の中心になる町には治療機能が備わってきたと考えてよい。大内義隆は竹田氏という名高い京下りの医師を従えており、同氏は大内氏滅亡後毛利氏に属した(同一四一)。また山口には張忠という明人が来住し、儒医として活動したという。毛利隆元の娘が発病した時、毛利氏は大内義隆に請うて張忠を吉田に招き、その療治を得て娘は本復したという(同七八)。

毛利氏の薬師《くすし》としては、早くは天文二十年(一五五一)二月十三日に元就が福原弥二郎に宛て、「於深川《(安芸安北郡)》別而相動被疵之由候、殊深手之由候、無心元候、昨夜梅雪至三田差遣候、定而於于今者其元可罷越候、何と様にも養生肝要候」と認めているように、梅雪の存在が知られる。元就は一族の福原弥二郎が深川の合戦において深手を負ったため、梅雪を中郡三田に派遣し、その治療にあたらせることにしたのである。弥二郎は興化寺に移されたようで、二月十五日元就は同寺に宛て、梅雪を派遣したのでしばらく逗留させて治療にあたらせることを述べ、厄介であろうけれども養生できるよう配慮を依頼している(『萩藩閥閲録』一〇五)。

治療機能とはいっても、医薬分業ではなく、灸治を重用したり(『毛利家文書』四七七)、薬師による秘伝の妙薬の調合技術につきる日本では、大名近仕や城下の薬師らとともに、たとえば元就が「みさわ《(三沢)》よりきたり候くすし《(薬師)》、くすりあひ候や、あハす候や」と述べているように(同六〇三)、城下に来た各地の薬師の妙薬の効能もその臨床のなかで試されたのであった。そして毛利氏近仕の薬師らは、永禄五年(一五六二)大朝の吉川元春が病床に臥した時、隆元の意をうけた宮内大輔の診察をうけて服薬しているように(同六九二・七八四)、武将の治療のためにも派遣されることがあった。

また、四月二十日元就は粟屋元貞に宛て、十三日に負傷したその子息就貞の死を伝える書状を認めて弔意を表し、帰陣したら褒美を与える旨述べるとともに、使者井上就重にその書状を元貞のもとに持参して懇ろに挨拶して帰陣するよう命じ、末尾において「於爰元養生されつれ共、不及力候つる」と述懐している(『萩藩閥閲録』四九)。就貞の死は深手によるものであったと推察されるが、毛利氏の手厚い治療にもかかわらず陣没したありさまからは、薬師を随えて出陣している状態を想定することもできるであろう。

しかしながら、吉田城下における治療機能を安定的なものとして捉えることは必ずしも適当ではないのであり、輝元が二宮就辰の不調を知って今は薬師が居ないので岩佐清閑を雇いたいこと、飛脚一人を毛利元秋(一五八五年に死没)のもと(出雲富田)に派遣して、元秋から清閑を加勢に寄こすよう取計ってもらおうと述べているように(「譜録二宮太郎右衛門」)、領国内の地域支配拠点に所在する関係の薬師の存在と彼らが吉田城下の治療機能を補助している関係にも留意しなければならない。なお、岩佐氏は足利義昭に仕えていたが、その没落後に吉川氏に属していたものであり、輝元の代には毛利氏に仕え、近世は萩藩薬師として続いた(『萩藩閥閲録』一四一)。

ところで、注目されるのは曲直瀬道三の下向である(『毛利家文書』八三〇)。下向して領国内を見聞した道三は永禄十年(一五六七)二月九日元就に九箇条の意見書を提出した(同八六四)。内容は支配理念に関する事柄が主であるが、なかには病気予防の心がまえなど生活態度について述べたものもある。

戦国大名毛利氏領国においては、吉田・山口・出雲富田などの支配拠点所在の薬師らが事ある時は相互に援助しつつその治療機能を保持していたが、それは、領国内各地の薬師が往来したり、各地へ薬師が派遣されたりするなかで領国内領主層をも益することがあったと考えられる。そして元就は尼子氏を討滅した時期に京都から当代著名な医学者を招き、その意見を領国支配理念や日常生活方針の策定にあたって参考にしていたのであった。なお、分限帳(六)の家臣知行地分の最後には茶道や能楽等の芸能をもって仕える者を記載しているが、そのなかに「一弐百六拾七石五斗四升弐合　道三領　右者周防佐波郡」とある。曲直瀬道三領が設定されているのであり、そのほかにも薬師かと推察される者がいく人かいる。毛利氏による薬師編成の状態をうかがえるであろう。

ただ、道三も「御武威天下無双」と讃えながらも「雖然、下民御憐愍之文徳ハ未承及也」と指摘しているように、戦国期を通して厖大な軍事費を費やし、徴発や徴用を行なった一方に存在した貧民の増加と餓死に対して、大名権力がどのように対処したか言及を欠いてはならないであろう。早くは天文二十三年(一五五四)の山口について、フロイスがかつての活気が失われた町や餓死する人々のありさま、彼ら貧民に粥を施しているトルレス師や修道士の活動について述べ、それは仏僧や裕福な寺院にとっては不面目で屈辱的なことであったと記しているが(『フロイス日本史』)。同年九月のトルレス書翰にも衣食住を整えて貧民を救恤したことが記されている(『耶蘇会士日本通信』)、領国内の貧民に対する大名権力による援助や手当は戦国期を通して組織的に行なわれるまでにはいたらなかったといってよい。また毛利氏は、外科面などに比較的進んだ南蛮流医学を組織的・継続的に導入するのに条件としては適していたと思われるが、キリスト教にあまり好意的ではなかったこともあって豊後府内のキリシタン病院のようなかたちではそれを摂取できなかった。

## 2　物詣と周遊

肉体的治癒に関する養生に対して、精神的安穏に関するものに信仰がある。中世後期の諸階層も村の祭を大切にし、また中央大社寺への参詣を念願した。なかでも大社寺への参詣は日常の生活から離れ、見聞を広めるのに絶好の機会であったが、それについては研究成果も提示されている（新城常三『新稿 社寺参詣の社会経済史的研究』）。しかしながら、大名領国の権力編成との関係においては必ずしも明確でなく、その実態の究明を通して考えていかなければならない。

文明十三年（一四八一）五月周防の陶弘護が物詣のついでに上洛した際、その宿所に蜷川親元が訪れて贈り物の交換や交流を深めている（「親元日記」文明十三年五月二十七日条ほか）。この場合陶弘護がどのような政治状況下において物詣に出立したのか明確でないが、戦国期に入ると、芸備境世羅郡辺の吉原源親が御師《おし》村山四郎大夫に今年は参宮の予定であったが「爰元弓矢しけく候而」延引すると述べ、下地を寄進して祈念を依頼しているように（「贈村山家返章」）、合戦のため伊勢参詣を断念せざるをえなかった者がいたのに対して、暇を得て参詣する者がみられる。

六月二十六日毛利輝元は久芳賢直に宛て「物詣暇之儀申候、当時上下弓之砌候間、如何に候へ共数年之立願之由候間、卅日之暇可遣之候、得其心、聽而下向肝要候」と命じている（『萩藩閥閲録遺漏』二ノ三）。在番中のところに暇を与えられたものかと思われる。この「数年之立願之由候間」という文言はそれなりに了解できるが、軍事的緊張下において中央大社寺への参詣を理由に暇を申請し、大名権力にそれを承認させ、物詣を行なう領主層の意識は注目されてよい。また暇を承認する大名権力側の意識についても問題になろう。七月二十日輝元は「中村内蔵丞事、当年中馬村（安芸高田郡）八幡祭相勤之由申候条、五日十日之間暇遣之候」と命じている（「譜録中村庄左衛門」）。中村氏が中馬村の八幡祭を勤めるのは中馬村に同氏の給地があったためであるが（「譜録中村彦左衛門」）、村の祭礼を重視する輝元のこのような姿勢は、元亀二年（一五七一）下麻原すわ神田を抱えていた鍛冶を祭礼不勤の理由によって召放ち、神田を三上元安に預けて祭礼を堅固に執行なうよう命じたこと（『萩藩閥閲録』一一八）などに明確であり、おそらく物詣に対する意識と共通するものであろう。また、物詣の道中においてはいわゆる政治的機密・情報の類に属する事柄も見聞でき、それが相手側に伝わることもあったことに留意するならば（たとえば、元亀二年五月九日出雲富田の毛利元秋らは島根半島を領有する湯原元綱に宛て、物詣の者の話として但馬船が下る風聞のあることを伝え、警戒するよう命じている(同一一五ノ三))、物詣にはいわば日常性から超越した存在であるという通念があったのではないかと考えられる。そうでないならば、群雄割拠の軍事的緊張と戦争の時代に長期間の暇を得ることも、政治的にはそれぞれ異なった権力支配に属する諸国を自由に往来することも、諸国の人々と心を開いて交流することも、多くの障害にあわざるをえなかったと考えなければならないのである。

ところで、島津氏についても同様の事態を指摘できる。天正二年(一五七四)十一月九日和田玄蕃允は来春の伊勢参詣の暇を申請したが、島津義久は隣国と合戦中であることを理由に許さなかったものの、同十二日になって来春上洛の伊集院忠棟の随行として認めていることはよく知られている(『上井覚兼日記』上)。

天正三年(一五七五)二月には島津家久(義久弟)が暇を得て、二十日に串木野を出立する。彼は「中書家久公御上京日記」と通称される道中日記を著わしている(『近世初頭九州紀行記集』所収)。これによると、その上京目的は、島津義久が薩摩・大隅・日向を治めえているのは「一篇に御神慮の徳無疑故」に、伊勢・愛宕山そのほか諸仏諸神に参詣することにあるとしている。それにしても大名権力の頂点にある人物が緊迫した軍事情勢下に物詣のため国元を離れるというのは興味深い。家久は陸路・海路を併用して九州西部を北上し、赤間関に渡り、翌日安芸宮島に向かうべく船頭塩屋又左衛門の船に乗ったものの、順風なく陸路をとる。その防長両国内の道程についていま宿泊地のみ記すと、長府・厚狭《あさ》(山野井)・船木・陶・富海・末武中・柱野を経て、安芸に入っては小方から船を頼んで厳島社に参詣する。その後は、廿日市・草津・己斐を経て祇園原に宿泊し、佐東八木から渡船し、湯坂を越えて志和西に泊って西条にいたり、田万里・三原・今津に宿をとって鞆に着き、ただちに海路東上している。約五〇日余主として京都・伊勢・奈良に滞在して物詣や交流を行ない、帰路は山陰路に入り、但馬からは氷山を越えて因幡の春米に泊り、若桜《わかさ》を通過後、船岡・吉岡・坂本・青谷、伯耆大塚・大山寺・尾高・米子、出雲馬潟・白潟・平田・杵築大社、そして石見境島津屋の関所を通って石見に入り、波根・柳瀬・大田・西田・温泉津・浜田から肥前平戸に渡海し、七月二十日に串木野に帰着している。五ヵ月に及ぶ旅であった。

この島津家久の旅に関して注目される点がいくつかある。一は、山陽道の行程が既述の毛利氏宿駅制に一致することに示される交通路の整備と、鞆の港としての重要性である。

二は、山陰側における水運の問題である。室町期に山陰の国人領主層が朝鮮と通交を行なったり、美保関が日本海水運の要港であったことなどはよく知られているが、従来瀬戸内海に比べると山陰側の水運が注目されることは少なかった。しかしながら、戦国期には、宇龍浦への北国船・因州船・但州船の着津（「日御《ひのみ》碕《さき》神社文書」）、毛利氏時代に温泉津が直轄関、浜田・美保関が吉川元春の二男仁保元棟領であったこと（秋山前掲論文）にうかがわれるように、それは鉄や銅、そして銀などの資源が豊富な山陰地域における地域経済の展開を基盤にしていっそう発展していたと推察できるのである。家久が米子から平田へ船を利用したこと、六月二十五日温泉津からは「船頭各々我々船に乗り候へと申」す状態であったこと、浜田には六月二十七日に着いて船待したのち、七月十日に出船して十二日には平戸に着いていること、島津屋の関所を通って石見に入り、大田の宿で薩摩の加治木衆と酒宴をはっているのを皮切りに、温泉津・浜田では船待の間に「喜入殿の舟に乗たる衆」をはじめ、伊集院・秋目・東郷・白羽・入来・京泊・加治木・泊津・坊津・鹿児島の船衆、町衆など薩摩各地の衆や、出雲など他国衆と酒宴を催していることなどはその事例になろう。

また、家久は、平戸で唐船を見物したり、京泊・加治木・秋目・泊津・阿久根・入来の船衆と酒宴をはっているが、「平戸の薩摩とひす（問）、持来り」「とひの宿にて酒寄合」と記しているように、平戸には薩摩との商取引のいわば窓口としての機能を果たしていた問《とい》がおかれていたことは注目される。

内海を通って薩摩などとの間を往返する京堺商人についてはふれたが、石見の温泉津や浜田には伊勢参詣の帰路にある衆とは別に薩摩各地の船頭が来港していたのであり、外国貿易上の要港である平戸が中継地になって薩摩・山陰(石見)間の水運が盛んに行なわれていたこと、またそれが温泉津・浜田に来港する出雲などの他国商人によってさらに拡大されていたことは明らかである。

三は、主たる目的の中央大社寺への参詣のほか、たとえば京都においては里村紹巴の全面的な助力によって公卿・文人・諸国の衆らと連歌等各種の文化的交流を重ね、近江坂本の明智光秀には紹巴とともに歓待されて茶の湯に初めて接し、また京では大坂陣より帰京した織田信長と軍勢をみ、六月十七日に通過した因幡若桜では二、三日前に毛利氏方城将を捕縛して籠城中の山中鹿之介配下の人数に行合い、平戸では南蛮より豊後大友氏への進物を積んだ唐船を見物したりして、中央や地方のさまざまの政治的・社会的・文化的見聞を広めていることである。

ともあれ、比較的整備された陸上・海上交通が遠国からの物詣を可能にしたのであるが、このような諸階層の物詣熱を高めかつ参詣の際の宿を用意したのが御師であった。

毛利氏の御師は村山大夫であり、享禄五年(一五三二)にはすでに安芸国内に檀那をもっていたが、天文十年(一五四一)に尼子氏撃退を祝って元就らに御祓を配り、以後急速に結びついた(「贈村山家返章」)。天正九年(一五八一)の村山家檀那帳(「芸州吉田沼田中郡御祓賦帳」)は、「郡山之分」以下六一の地域単位に分かれ、それぞれの地域における檀那である毛利氏・同家臣、そして彼らへの御祓と土産の内容を記したものであるが、そのうち二二の地域について各一人の檀那の肩に「やと」あるいは「宿」と付記があり、それは寺院・神職・在地土豪・商人等々の諸階層に及んでいる。そのなかの市川福寿以下が列記されている安芸中郡市川分の「やと市川太郎左衛門尉殿」は、天文十年代に元就らの使者として村山大夫のもとに遣され、しばらくのちには村山大夫の代官的立場で伊勢との間を往復し、毛利氏・同家臣らへの御祓の大麻や土産を配ったり、各檀那から寄進された土地・段銭や諸物品・諸祝儀銭等の受領にあたっていた市川太郎左衛門尉(「贈村山家返章」)と同一人物かと思われる。そうであるならば、毛利氏家中の事情に精通した譜代家臣が(市川太郎左衛門尉は弘治三年(一五五七)の福原貞俊以下家臣連署起請文に署判(『毛利家文書』四〇二))、御師下代ともなって御師と領国内各地所在の毛利氏・同家臣との仲介を果たしていたことになり、そこには緊迫した軍事情勢下にもかかわらず毛利氏家中において伊勢信仰が急速に高揚した理由の一つをみてとれるであろう。

### 3　地域特産物と文化の時代的特質

地域の特産物として油・漆・紙・塩・銅・鉄等々はよく知られているが、それらは基本的には日常の生活物資であった。ここでは時代の文化的特質に直接関係する地域の特産物についてあげてみたい。

備後国北部は古くから諸種の鉱産物の豊富な地域であったが、そのなかに「備後砂」とよばれた鉱石がある。産出地はその景観が著名な帝釈峡《たいしやくきよう》のうちの夏森である。備後砂とは、八方砂ともよばれる白色粒状の石灰石であり(大塊を砕くとすべて八角の形の小塊に分かれる)、厳密にいうと石灰石が黒雲母花崗岩の貫入をうけ、その接触部が熱のため変質して糖晶質になったものである。現在も採掘されているが、炭酸カルシウムの純度は日本一できわめて良質の再結晶した結晶質石灰岩である。「芸藩通志」・「西備名区」・「毛吹草」などの江戸時代の記録に記されており、その用途は盆石の敷砂である。このことは、備後砂が盆石が盛行した室町時代には注目され、利用されていたことをうかがわせる。

享禄三年(一五三〇)越後上杉氏は備後砂の入手を図ったが、それは当時京都でも「稀物」であった(『上杉家文書』三七六)。さらに降って年未詳ではあるが八月十四日、備北の山内隆通は足利義輝御内書とその側近である緑阿弥書状を与えられた(『山内首藤家文書』二三〇・二三一)。ともに音信として太刀・馬・備後砂の到来を喜んだものであるが、後者にはその備後砂一〇俵について「則被敷御庭候、於京都無比類儀共、被驚　御目、別而御秘蔵之趣候」とあり、備後砂が備北を基盤に大国人領主に成長していた山内氏の支配下にあったこと、山内氏はそれを将軍家への献上品として用いたこと、それは将軍家の庭に敷かれ、将軍はその比類ない美しさに驚き、秘蔵品としたことなどが確かめられる。

将軍義政の時代には書院造や枯山水式石庭等々に〝わび〟〝さび〟の特徴ある文化が展開されたが、推察するに備後砂はその敷砂として重宝されたと考えられるのである(赤木三郎「備後砂考」・「備後砂再考」・「備後砂補考」)。

ところで、山内隆通の備後砂献上は、隆通が将軍義輝から毛氈鞍覆・白笠袋を免許された時期にほぼ合致する。当該時代の尊卑の秩序のなかにおけるこのような栄誉の授与は、諸種の献上に相応する面もあったとはいえ、山内氏の家格を上げるのに大きな役割を果たしたと思われる。この授与に関して尽力した緑阿弥は隆通にそれを報じて喜ぶとともに、結城意旭に宛て、このような場合は馬や太刀等をもって年々御礼を行うのが慣行であるとし、この旨を隆通に伝えるよう述べている(『山内首藤家文書』二二六～二二九)。備後砂の献上は、このほか八月十二日のものにも太刀・馬とともにみられる(同二三二)。これらは隆通が毛氈鞍覆・白笠袋を免許されて以降の年々の御礼に副えられたものと推察される。

備後砂そのものが庭の敷砂として珍重され、文化の時代的特質をいっそう顕著にさせる作用を果たしたことはもちろんであるが、それが山内隆通から将軍家への献上品として用いられていることは、山内氏の家格を上げ、備後および周辺の国において山内氏の高い地位を確立していくうえに地域特産物が一定の役割を果たしていたことを示すものである。

## 五　課題と展望

以上三節にわたって、当該期における地方の流通経済と交流の諸様相について大名領国の権力編成と関連させながら述べてきた。与えられた課題すべてを論じ尽くしたとはいえないが、設定した問題についてはできるかぎり構造的に解明するよう努めた。考察対象は主として領国間の緊張と戦争が打続いていた瀬戸内海沿岸地域に求めたが、領国内交通や、地方都市を拠点にする地域経済の実態と構造、また領国内職人の大名への帰属の問題については、他地域においてはどうであったか、あるいは近世藩権力の支配を見通すかたちでなお考えていかなければならない。

まず、前者については、九州と山陰の間における水運について述べたので、尼子氏領国出雲を例に考察を加えてみたい。

永禄四年(一五六一)十月五日牛尾久清は坪内孫次郎に「島津屋関所就被仰付候、御印判之旨少も不可有相違候、自然相紛儀候者、可任御法度之旨候、以上馬三疋之分可有御通候」と命じている(「坪内家文書」(大社町坪内良氏所蔵)。以下同じ)。尼子氏から石見境島津屋の関所の守備を命じられた牛尾久清が、尼子氏の印判状を得ていた坪内氏の権益を認め、荷馬三疋分の石見への通過を許可したのである。「坪内家文書」には、坪内氏が杵築の室(参詣衆の宿)を経営し、また尼子氏方として籠城したりしていた関係上、室の安堵に関する類のものや、感状等も多くみられるが、当面注目されるのは同氏が杵築相物《きづきあいもの》親方職を有していたことである。

弘治三年(一五五七)二月十日の坪内孫次郎宛ての尼子晴久判物には「杵築相物親方職之事、千家慶勝判形被成　御披見、任当知行旨、可相計之由、被　仰出候、限鳥居田上下川、牛馬并船道商買仕候者仁者、有様役等可申付之由候」とある。これは、天文二十四年(一五五五)三月九日千家慶勝が坪内孫次郎に給所として与えた「当所相物親方」を安堵したものである。その職掌は鳥居田上下川より内の地域における諸商人らの統轄と諸役の徴収であった。なお、その後永禄元年(一五五八)極月十八日に千家慶勝は坪内次郎右衛門尉に「杵築祐源大物小物親方職」(職掌は相物親方職と同一)を安堵するが、同人は尼子氏方として参陣したため、毛利氏の時代に入って永禄七年(一五六四)九月三日には元就は石田彦兵衛尉(千家氏被官。千家氏の使者として洗骸の吉川元春のもとへたびたび出向いて対面)に杵築相物親方職を尼子晴久判物に任せて安堵している。

　周防佐波郡あい物役司・魚物座司の兄部氏についてはよく知られているが、出雲においても千家氏が任じた杵築相物親方職という司商人が尼子氏によって安堵され、みずから弟子を駈使して商買を行うとともに、荷駄や諸商人らを統轄して役を徴収していたのである。

　ところで、杵築相物親方坪内氏が島津屋の関所を通過して石見へ商買に行くことを尼子氏が許可した際には、通行手形に類する文書が坪内氏に与えられた。年未詳ではあるが同時期のものと思われる二月五日、尼子氏奉行人立原幸隆・真鍋豊信は連署して次郎五郎・彦六・助次郎各人に宛てそれぞれ印判状を与えている。袖にはいずれも黒印(図1)があり、本文はすべて同文で「此馬壱疋石州罷通候、如御法度米酒塩噌鉄被作留候、其外者肴絹布已下者不苦候、自然寄事左右押妨之族、堅可有停止者也、為其被成袖　御判候」とある。この印判状を所持することによって次郎五郎ら三人は三疋の馬で許可された品目に限って石見へ輸送できるのであり、このことは右述の牛尾久清が坪内孫次郎に島津屋の関所通過を印判状のとおり許可した「馬三疋之分」と一致する。

**図1**　尼子氏米留の黒印

　以上、尼子氏が経済的に発展しつつあった杵築地域において坪内氏を相物親方職に任じて商業を統轄させ、また石見境島津屋の関所においては毛利氏支配下にあった石見側への輸送量・物資の品目とともに法度を制定して制限を加えていたこと、そして尼子氏滅亡後毛利氏も杵築相物親方職を安堵してその形態を継承していることなどが明らかになった。限られた文書から確かめられた尼子氏領国の交通政策や地域経済の構造のなかにも、大内・毛利氏領国のそれと似かよった形態を見出しうるのである。
　次に、戦国大名の職人支配については、近世藩権力の一連の職人支配政策によって港町や諸浦居住の職人層がしだいに統制されていく事態を見通して考えなければならない。統制の前提となった近世初頭の実態については、萩移封後まもない時期の九月二十六日、宍戸元続が佐世元嘉・榎本元吉・井原元以の三奉行人に宛て「江戸へ之石舟被指急候付而、御分国船大工并鍛冶御撰作之由尤存候、我等領分ニハ一人も無御座候、我等手番匠并鍛冶一両人ならてハ所持不申候、右之者共之儀者、手前之舟申付候条不能申候、可被遂其御分別候」と申述べたのが参考になろう。毛利氏は、徳川氏から厳命された江戸への石船を早急に建造するため領国内の船大工や鍛冶を徴用しようとしてその調査を各家臣に命じたのであるが、宍戸氏は同氏領分にはその種の職人は一人もいないこと、自分の手の番匠と鍛冶には宍戸氏の船を造らせることを述べ、了承を求めている。毛利氏領国においては、領主連合という戦国期的権力編成が色濃く存在しており、そのために国衆系の領主領内の職人についてはその実態の掌握は不可能であったのである。九月二十八日には毛利元政が三奉行人に宛て、このたび領国内の船大工や鍛冶のほか一般の大工までも調査・徴用しているが、他国の大名も石船の用意について彼らを雇用しており、そのために毛利氏領国内の船大工や鍛冶が他国に移る事態も生じているので、彼らを召返すよう計うべく述べている(『萩藩閥閲録遺漏』三ノ三)。

近世初頭における職人も、直轄領等を除けばその大名領の構造に相応して領国主への帰属性が薄く、またとくに海辺部の者は大名領を越えて活動したのであった。このように中世的性格を色濃く有し、大事に際して動員不可能な大名領の構造ならびに職人の行動様式こそ、藩権力による一連の職人統制策実施の前提であった。戦国期から近世への移行の様相を系統的に検討していかなければならない。

**文献一覧**

赤木三郎「備後砂考」、「備後砂再考」、「備後砂補考」『帝釈文化』一、二、一一(一九七〇年、一九七一年、一九八一年)。
秋山伸隆「戦国大名毛利氏の流通支配の性格」渡辺則文編『産業の発達と地域社会』渓水社、一九八二年。のち、秋山『戦国

大名毛利氏の研究』吉川弘文館、一九九八年。

岸田裕之「備後国山内氏一族と南北朝の動乱」岸田『大名領国の構成的展開』吉川弘文館、一九八三年。

岸田裕之「解説」岸田編『中国大名の研究』(『戦国大名論集』6)吉川弘文館、一九八四年。

佐々木銀弥『中世商品流通史の研究』法政大学出版局、一九七二年。

新城常三『戦国時代の交通』畝傍書房、一九四三年。

新城常三『新稿　社寺参詣の社会経済史的研究』塙書房、一九八二年。

鈴木敦子「中世後期における地域経済圏の構造」『歴史学研究別冊(一九八〇年度)』一九八〇年。

藤木久志「大名領国の経済構造」『日本経済史大系2　中世』東京大学出版会、一九六五年。

# 第二章　戦国大名毛利家政所における日用品の調達

## はじめに

毛利隆元が父元就から家督を継承した天文十五年(一五四六)には、毛利氏の領域は、北は旧高橋氏領の石見東南部から南は広島湾頭の旧武田氏領にまで広がっていた。そうして天文十九年には井上元兼一族を誅伐して家中成敗権を確立し、同二十三年には「国家」宣言を行って陶晴賢と断交し、厳島合戦をへて弘治三年(一五五七)には大内氏を滅ぼした。

そうした国衆から戦国大名化した毛利家において、いわゆる日用品がどのようにして調達されていたか、生活上の問題として興味あるところである。衣食住とよくまとめて言われるが、特に気になるのは衣類などの身に付けるものである。

こうした問題については関係する史料も不足しており、全面的に解決することはむずかしいが、ここでは『田中家文書』[1]一巻を利用して一つの事例を提供したい。

## 一　田中家文書と『閥閲録』・『譜録』

この田中家文書一巻には、二三通の文書が収められている。それぞれについて、萩藩編纂の閥閲録と譜録所収の写本と対照できる表1を作成した。なお、田中家文書は、閥閲録と譜録所収の写本のなかにこの一巻に収められていないものが存在することからみて、他にもう一巻存在したと思われる。(2)

表では、原文書二三通について配列順に並べた。そのうち閥閲録には巻八十六に九通、同遺漏巻二―三(田中甚五郎)に一通の合計一〇通、また残る一三通は譜録に収められている。

田中家は、田中豊前守経政、田中五郎兵衛尉政重と続く。(3)しかし、五郎兵衛尉は天文二十三年(一五五四)六月五日の明石口(折敷畑)の合戦後に死没しており、十月十二日に毛利元就は田中豊前守に宛て、その死を悼み、「於以後者、隆元事何と様ニ茂別而可令奉公候、届可申候、仍五郎兵衛殿子息御座候哉、於其儀者肝要候」と述べている。子息はいなかったものか、弘治三年(一五五七)二月十九日に毛利隆元は田中神五郎に宛て、田中五郎兵衛尉一跡はその娘と神五郎を婚姻させて家督とすること、仮に娘を離別した場合には給地を返上すべきことを命じている。

閥閲録に収められた一〇通は、本来田中家伝来の文書のほかは、田中家家督を安堵した毛利隆元直書や、養子に入った「政所神五郎」が明石口合戦で軍忠をあげた感状等の重要文書である。

また、閥閲録に収められなかった文書は、ほとんど「田中神五郎」、もとの「政所神五郎」に関するものである。閥閲録の編纂にあたっては、政所神五郎宛ての文書は、明石口合戦の感状というその由緒を証明するもののほかは全て捨象されている。内容的にはその編纂基準からはずれ、また神五郎が養子縁組する以前の文書という理由で収められなかったものと思われる。

なお、政所神五郎について年代が明確で一番古い文書は、原文書は残っていないが、閥閲録所収の天文十七年(一五四八)十二月二十三日の毛利隆元加冠状である。(4) 隆元は、政所神五郎に元の一字を与え、元通と名乗らせた。いま重要なことは、この「政所神五郎」という呼称である。それは呼称としてはやや特異である。

## 二　政所神五郎による日用品の調達

閥閲録の編纂にあたって捨象された一三通の文書は、譜録の編纂にあたって収録された。それらの内容は、当面の目的に即して注目に値する。

小袖・胴服の仕立・調進⑥、小袖用の絹一疋の調達⑱、袷の調進⑳などの衣類関係、脇差を造るための金《かね》⑦、脇差の下地用の金《かね》の調達⑲などの腰物関係、あるいは蓑を調進する⑬とか、いわゆる身のまわり品の調達という役割を果たしていることである。

脇差の金《かね》については、「細工所」で脇差の下地を造っていること、その金《かね》は桜井(佐東の元就直臣である桜井就綱と思われる)(5)が調達することになっていたことが判明する⑲。また蓑を調進するよう命じられた福井も、佐東の元就直臣である福井十郎兵衛尉と思われる。(6) 佐東には河岸、湿地が多く、茅や菅などが繁っていた。

このように元就直轄領佐東の元就直臣らとの緊密な関係も知られる。他の史料によれば、六月二十六日に毛利隆元は佐東の福井十郎兵衛尉に宛て、依頼した「そめ革」がすぐ届けられたことを謝している。(7)

これらの身のまわり品やその材料の調達という役割のほか、政所神五郎は隆元の使者として各地に出向いている⑧・⑭・⑰・㉑。

こうした事実から判明することは、政所神五郎は、当主隆元の身近かにあり、身のまわり品やその材料の調達をしたり、各地への使者として出向いていたということである。それが「政所」と呼称された神五郎の固有の機能であり、性格であった。

草臥れた政所神五郎に養生を命じるのは公休許可であり⑮、それにもかかわらず急用二件の調整を命じるのも⑯、隆元が神五郎を信用していたことをうかがわせる。

さて、譜録所収の写本から判明するこうした政所神五郎の機能や性格について、原文書の存在からどのような新しい事実を導き出すことが可能であろうか。すなわち、閥閲録や譜録の写本の意義を認めながらも、その限界、すなわ

| 内　　容 | 閥閲録 | 譜録 |
|---|---|---|
| 6月5日の明石口合戦の先懸の忠節を褒す. | ○2 | |
| 6月5日の明石口合戦の敵討取，先懸の忠節を褒す. | ○3 | |
| 改年の慶賀として太刀を進上す. | ○(遺漏) | |
| 彼方調略，成就すれば褒美. | ○1 | |
| 備後表における馳走について披露した，元就の指南に任せて入魂肝要. | ○4 | |
| 小袖・胴服を仕立てて調えよ. | | ○1 |
| 脇差を伊賀守が作ってくれるので金が入用，急ぎ誘えよ. | | ○10 |
| 逗留辛労. | | ○11 |
| 田中五郎兵衛尉跡はその娘と神五郎を婚姻させて家督とす. | ○7 | |
| 高平寺延引然るべからず. | | ○12 |
| 彼論所の田中市介給の承認. | ○9 | |
| 桜尾，宮島へ千部経について使者. | | ○14 |
| 蓑のこと福井に申渡し，奔走して調えよ. | | ○9 |
| 其方上の時ちと申落したる用事候，待入候. | | ○2 |
| 養性肝要，脇差について佐渡守と談合せよ. | | ○3 |
| 養性如何，急用2件調えよ. | | ○4 |
| 杉原左近允所へ礼銭200疋を渡せ. | | ○5 |
| 小袖を仕立てるために絹を一疋取て渡せ. | | ○6 |
| 脇差の下地見事．佐渡守と細工所へ行け．金は桜井に申聞かせている. | | ○7 |
| 袷を調えよ. | | ○8 |
| 田中神五郎を早く銀山へ差遣せ. | ○8 | |
| 五郎兵衛尉の死を悼み子息の奉公を命ず. | ○5 | |
| 興禅寺が取次いだ田中豊前守の給地は公役等免許. | ○6 | |

表1　田中家文書と閥閲録・譜録の対照

| | 年　月　日 | 文　書　名 | 捻封 | 宛　書 |
|---|---|---|---|---|
| ① | （天文23年）6月11日 | 毛利元就・同隆元連署感状 | ○ | 田中五郎兵衛尉 |
| ② | 天文23年6月11日 | 毛利元就・同隆元連署感状 | | 政所神五郎 |
| ③ | 正月28日 | 毛利元就書状 | | 田中豊前守 |
| ④ | 6月　1日 | 毛利元就書状 | | 田中豊前守 |
| ⑤ | 7月12日 | 大内氏奉行人連署書状<br>（青景隆著・弘中隆兼・陶隆満） | | 田中豊前守 |
| ⑥ | 8月21日 | 毛利隆元自筆書状 | ○ | 政神 |
| ⑦ | 8月25日 | 毛利隆元自筆書状 | ○ | 佐渡守<br>神五郎 |
| ⑧ | 2月　9日 | 毛利隆元自筆書状 | ○ | 田中神五 |
| ⑨ | 弘治3年2月19日 | 毛利隆元直書 | | 田中神五郎 |
| ⑩ | 卯月　3日 | 毛利隆元自筆書状 | ○ | 田神五 |
| ⑪ | 卯月24日 | 毛利元就書状 | | 輝元 |
| ⑫ | 卯月28日 | 毛利幸鶴丸書状 | ○ | 神五郎 |
| ⑬ | 5月　3日 | 毛利隆元自筆書状 | ○ | 神五郎 |
| ⑭ | 6月26日 | 毛利隆元自筆書状 | | 政神五 |
| ⑮ | 7月20日 | 毛利隆元自筆書状 | ○ | 政神五 |
| ⑯ | 7月24日 | 毛利隆元自筆書状 | ○ | 政所神五郎 |
| ⑰ | 8月　4日 | 毛利隆元自筆書状 | ○ | 政所神五郎 |
| ⑱ | 8月11日 | 毛利隆元自筆書状 | ○ | 政所神五郎 |
| ⑲ | 8月15日 | 毛利隆元自筆書状 | ○ | 政神五 |
| ⑳ | 8月21日 | 毛利隆元自筆書状 | ○ | 源左衛門尉<br>神五郎 |
| ㉑ | 12月21日 | 毛利隆元自筆書状 | ○ | 粟与（粟屋元種） |
| ㉒ | （天文23年）10月12日 | 毛利元就書状 | | 田中豊前守 |
| ㉓ | 12月20日 | 毛利元就・同隆元連署書状 | ○ | 興禅寺 |

ち写本であることによって判明しない事柄がどこにあり、逆に原文書は何を明らかにするか考えてみたい。

原文書をみると、隆元が政所神五郎に宛てた文書は、全て自筆書状であることが注目される。

さらに注目すべきことは、それら自筆書状が全て捻封様式であることである。捻封様式のいわゆる捻文は、毛利氏当主の家臣に対する内々の約束をあらわす公的な性格の文書として、その最終的な決定を示す判物＝一行とともに毛利氏の基本的文書様式であった。たとえば感状でも、その内容は別にするが、形式上祐筆の書き上げたもののほか、元就や隆元の自筆のものも存在し、そのなかには捻封様式のものもみられる。それは当主と家臣の間の人間的関係を重視し、軍忠と褒賞の関係のなかで生じた心のわだかまりをやわらげ、心の絆を保持しかつ固めるために細やかな精神的な役割を果たしていた(8)。

政所神五郎宛の隆元書状が自筆であり、しかも捻封様式であるという事実は、隆元と神五郎が人間的・精神的にきわめて親しい関係にあったことの徴証である。

ところで、当該時代の毛利氏全体の家臣名を特定できる史料としては、天文十九年七月二十日と弘治三年十二月二日の福原貞俊以下家臣連署起請文がある(『毛利家文書』四〇一、四〇二)。前者は、井上元兼一族の誅伐後のもので二三七人、後者は、軍勢狼藉の禁止を盟約した国衆とのかさ連判に連動した毛利氏家中の誓約で二四一人の家臣名が判明する。

ところが、前者に田中五郎兵衛尉、政所神五郎、また後者に田中神五郎の名前はともに見当らない。

しかし、天文二十二、三年ごろに作成された具足注文には、桂元澄の組に「弓一両　田中五郎兵衛尉」、また近習衆として「弓一両　政所神五郎」と確かめられる(『毛利家文書』六二四、六二六)。この時期において政所神五郎は「近習衆」に位置づけられていたのである。

この二通の家臣連署起請文に記されている家臣名と、具足注文に記されている人物名は必ずしも一致しない。この

こと自体も一つの問題ではあるが、田中家・政所家ともに軍役負担においてはごく小さい家臣であった。(9)

## おわりに

国衆であれ、大名であれ、いわゆる日用品の調達を容易に進めるために家産組織が存在していたであろうことは十分に推測できる。国衆財政とか、大名財政とか、そうした公的なあり方ではなく、当主の家族生活を調える組織である。しかし、そうした組織の実態について具体化できる史料がないこともあって、重要な問題であるにもかかわらず、なお解明が進んでいなかった。

この政所神五郎の機能や性格は、まさにそうした毛利家の家産組織の一つとしての役割を示すものである。神五郎以前も、また神五郎が田中家の養子に入った以後の政所はどのようだったのか等々、関連して解明すべき課題は残るが、当主のごく身近かにあって衣類や腰物等の身のまわり品やその材料の調達、諸方面への使者として派遣され、用件の調整や処理にあたっていた近習衆の政所神五郎の存在は注目に値し、評価してよい。(10)

（1）　防府市毛利博物館所蔵。

なお、この文書一巻は、一九九三年十月五日に毛利博物館において調査・撮影したものであるが、「田中家文書」（『山口県史　史料編中世２』〈二〇〇一年二月〉）として刊行された。

（2）　『萩藩閥閲録』八六〈田中〉—10～21。「譜録」（田中神六正澄）所収のものは、六月二十一日の粟屋余十郎（元種）宛の毛利隆元書状（「田中神五申所、承知候、就夫申聞之通、能々可申聞候」）である。

（3）　『萩藩閥閲録』八六〈田中〉—系譜。

（4）　同右―10。
（5）　第三章「毛利元就直轄領佐東の研究」。
（6）　『広島県史　古代中世資料編V』所収「譜録」（福井十郎兵衛信之）。
（7）　前註（6）所引「譜録」―四一。
（8）　毛利氏の捻文については、岸田裕之「『新出湯浅家文書』について――その翻刻と解説――」（『国立歴史民俗博物館研究報告』二八。一九九〇年）。
（9）　天文十九年十二月二十六日に毛利隆元は田中五郎兵衛尉に祢の内の田三町半を給与している（『萩藩閥閲録』八六〈田中〉―20）が、祢は高田郡祢村に比定できる。
五月二十日の毛利隆元書状によれば、「祢国衙之内、綿貫孫三郎給地之事」とある（『萩藩閥閲録』一二六〈綿貫〉―4）。また綿貫氏は、峠を越えた山県郡の上本地も元就から給地として与えられ、山県郡の国衙領河戸村も領有していた（同―5、12・13）。
⑩の四月三日の毛利隆元自筆書状の「高平寺事、延引候てハ不可然候へく候、（中略）其方も早々可被罷下候」とは、高平寺の普請のことと思われる。その在所は、吉田から国道五四号に沿って桂・勝田・佐々井・祢と南下すると、上根峠の手前に高平寺という地名が遺っている。現在の八千代町、旧下根村のなかである。
毛利氏『八箇国御時代分限帳』によれば、高平寺は、高田郡に一三石二斗八升、佐西郡に一七石九斗三升、合計三一石二斗一升の寺領を有している。

田中神五郎の在所としては、この高田郡祢村辺を推定してもよい。
（10）　毛利隆元の信用が厚い側近であり、「小使」として毛利氏の領国内外を問わず行政・軍事・外交等多方面にわたって極めて重要な活動を行った佐藤元実については既に指摘したことがある（岸田裕之「解説」〈岸田編『中国大名の研究』吉川弘文館、一九八四年〉四六六頁）が、政所神五郎は佐藤元実とはその機能や性格においてやや異なる面を有していた。

# 第三章　毛利元就直轄領佐東の研究

## はじめに

毛利元就は、兄興元、その嫡子幸松丸の死没後の大永三年(一五二三)七月に毛利氏の家督を相続した。したがって、もともと庶子家であり、郡山よりやや西に位置する多治比《たじい》を所領としていた。

元就は、享禄二年(一五二九)に高橋氏、天文十年(一五四一)に武田氏を討滅し、その領域を石見東南部から広島湾頭まで拡大したが、正室妙玖の死没した翌天文十五年に家督を嫡子隆元に譲与し、以後は大内義興からの給分や旧武田氏領のうちをいわゆる佐東領として直轄支配を行った。

その地域範囲は、最終的には、深川上(1)から馬木の峠(2)を越えて温科・中山・矢賀、また深川上から三篠川と太田川が合流する東岸の深川下・玖村から岩上の峠を越えて北庄、戸坂辺まで、また西岸は緑井から旧武田氏領の中核部分である金山城麓の佐東と広域である。

この地域は、いずれも河川水運と内海流通、そして山陽道の交叉する要衝であり、平安時代末期に堀立に厳島社領の倉敷地がおかれ、鎌倉時代には佐東八日市が開かれ、以来流通経済活動が活発に行われた地域である。

毛利元就は、そうした経済的に繁栄している地域を直轄領としたのであるが、どのような目的をもって領有したのか、また直轄領佐東で何をしたのか等について、実態的に明らかにし、領国支配全体に位置づけて考えてみたい。

## 一　元就が考えた佐東の役割

弘治三年（一五五七）に大内氏を討滅して防長両国を従えた元就は隆元に宛て、次のような内容の書状を認めている（『毛利家文書』四一〇）。

この戦争で元就の直臣団は戦死したり軍忠をあげたにもかかわらず、毛利氏譜代の家臣や国衆らが安芸国内や周防でも安芸に近い道前郡において給地を与えられているのに対し、元就直臣団はそれより遠い富田《とんだ》・富海《とのみ》・末武などで給与されると指摘し、無念さを表明し、その理由を元就は佐東で所帯を過分に所有しているので直臣団にはそこから給与したらよいという譜代家臣側の考えによるものであるとしている。

元就は、こうした譜代家臣と元就直臣との差別を無くすよう訴えており、以前は五人奉行の一人赤川元保が元就に対して機嫌が悪く、元就の書状を隆元に披露もせず、また返事もなかったとする。したがって、このたびの書状を認めたのだから、よくよく読んで欲しいと述べている。

つづいて元就は、佐東は全体で四三〇〇貫余あるが、譜代家臣らに対して二二八〇貫余を配分して給与したこと、したがって残りは二〇二〇貫余になったこと、ほかに多治比三〇〇貫、中村一〇〇貫、くるめ木七〇貫があるので合計知行高はやや増えるが、そこにも譜代家臣の給地が入り込んできたとする。

そして、のちのちのために話しておくが、出雲の三沢氏は三〇〇〇貫、備後の山内氏は二〇〇〇貫、三吉氏は一七〇〇貫の隠居分を所有していること、しかも彼らは合戦時に軍役を果たしていないこと、ところが、元就や直臣らは軍役を果たしていると言い、去年の周防須々万の合戦においては、小早川隆景の人数は知らないが、平賀広相を初めとする国衆は元就の動員数には及ばなかったではないか、それなのに何とした言い分か、と歎いている。

そして、最後の箇条で次のように述べている。

一菟二角ニ、佐東之事ハ、当家隠居分たるへく候〱、然間、まるめ候て置度事にて候〱、幸鶴代にハ御方（隆元）可被仰付候、此以後者、弥人の心持者次第〱にわるく成乱候する間、幸鶴代なとにも、御方人数之五百も六百も御持候而、悪心僻事之者をハ、幸鶴にあてつけす、可被究躰にめされ候する事、肝心眼たるへく候〱、

佐東領は、毛利家隠居分であること、輝元代には隆元が領有するとし、これからはいよいよ人の心持が悪くなり乱れていくので、隠居自らが五百人も六百人も軍事力を保持し、悪心や僻事の者を処分することが肝心眼であると述べている。元就は、将来を見すえ、家中の統制に隠居自らがあたることを前提にし、その基盤として佐東領の確保を説いている。

この元就書状は、隆元から返却されるが、それをうけて元就はまた隆元に宛て書状を認め、「是ハ元就ためとハ不存候、隆元ためを申候と存候、(中略)十二九つも、七十まてハ存命すへからす候、此時者御方の御ためと存候計にて候〱、幸鶴事ハ、唯今可為成人候間、隆元之佐東たるへく候と存候、せいを入候て申候ても、元就ためハすくなく候」と、分別するよう説いている(『毛利家文書』四一二)。

元就は家中統制に苦心した過去に鑑み、家中の譜代家臣らが大分限になって「あきない」「かけ銭かけ米」がはびこっている現状[3]を直視し、自らの死没後の事態を想定して、隠居分をきちんと残すことが隆元のためになると説いている。その意識は、先見性に富んだものとして注目される。

## 二　深川の工と佐東領中檜物師

毛利隆元が政所神五郎をしていわゆる日用品の調達を行っていたことは前章で述べたが、そのうちに蓑を福井に用立てさせるよう命じたものがあった。この福井は、隆元から依頼された「そめ革」を直ちに届けた佐東衆の福井十郎兵衛尉であった。のち福井十郎兵衛尉は毛利輝元から金山城普請に大鋸引を動員したことを褒賞されている(4)。

佐東は、三篠川・根谷川・太田川を河下しされた木材の集散地であり、たとえばのち輝元が山県就相・就政に宛て、囲舟を建造するについて椋木板が不足しているので大鋸引をして用意してくれるよう求めているなど(5)、木材関係の職人も多かったと考えられる。しかし、そうした職人を元就がどう編成したかについては、明らかではなかった。そこで次に新たに発見した文書(6)を紹介し、その点を論じてみたい。

**毛利元就書状**

佐東領中檜物師之事、深川工かしらたるへく候、此よし可被申聞候、謹言、

（天文二十年）十月十一日　　もと就（花押）

「（捻封ウハ書）（墨引）桂左衛門大夫殿（元忠）　　もと就」

**毛利元就奉行人連署書状**

「（端裏ウハ書）工十郎兵衛殿　　」

佐東御領所中檜物師之事、其方ニ被仰付候、就其被対元忠御書副遣候、於向後其方可為代工候、然間先為屋敷分

道曾神木入江屋敷畠四段分銭八百之在所被遣候、能々於奉公申者、弥可被成御扶持候、仍状如件、

天文廿
拾月十二日　　　　桂左衛門大夫
　　　　　　　　　元忠(花押)
　　　　　　　　　桜井与二郎
　　　　　　　　　就綱(花押)

深川工十郎兵衛殿

**毛利元就奉行人連署書状**

佐東御領中檜物師之事、其方被仰付候、存其旨各可申付候、若於背此旨者々、従上可被仰付候也、謹言、

天文廿三
十二月三日　　　　桂左衛門大夫
　　　　　　　　　元忠(花押)
　　　　　　　　　児玉三郎右衛門尉
　　　　　　　　　就忠

深川たくミ
十郎兵衛とのへ

**毛利輝元書状**

佐東領中檜物師之事、深川たくミかしらたるへく候、洞春(毛利元就)任御捻之旨、可被申聞候、謹言、

元亀弐
九月七日　　　　　輝元(花押)

(捻封ウハ書)
「(墨引)桂左衛門大夫殿　　　輝元」

前三通は元就代(隆元の家督)、後文書は元就死没直後のものであるが、内容は同様である。

前三通によると、深川には工十郎兵衛と称する人物が居住していたこと、彼は天文二十年(一五五一)に元就から「佐東領中檜物師」＝「代工」(大工)に任じられたこと、そのため屋敷分として三篠川沿いの入江に面する畠四段の在

所を与えられたこと、よく奉公するならば扶持を給与されることなどが知られる。

また後文書は、元就死没直後の元亀二年（一五七一）九月に毛利輝元によって従来通り深川工の有する佐東領中檜物師の権益が承認されたことを示している。

檜物師とは、曲物を作る職人を指す。[7] 佐東領中檜物師のかしらとは、佐東領内のそうした職人らを統率する職人司であったと考えられる。

のちの毛利氏『八箇国御時代分限帳』[8]には、「深川内匠」が安北郡に一石八斗五升、佐西郡に二石、合計三石八斗五升を給与されている。

なお、佐東領は、当初から桂元忠・児玉就忠、井上就重[9]らの元就直臣が奉行人として支配を行ったが、この文書から桜井就綱もまた奉行人であったことが判明し、桂元忠・児玉就忠の両人が毛利氏五人奉行を兼ねていたことを勘案すると、佐東領支配組織の整備ぶりがうかがわれる。

また、元就は、旧武田氏支配下以来土着の佐東衆を山県就相・福井元信を触頭として統率していた[10]が、高田郡に出自をもつ直臣も佐東領内に給地を与えられる。

児玉就忠は、正月二十四日に元就一行でもって玖村半分を給与され、諸木・岩上の草使を申付けられている。[11] 玖村は、根谷川・三篠川と合流した太田川東岸に位置し、対岸の八木との間の山陽道の渡船場であった。[12]

深川については、桂元忠が給与されていた史料がある。[13]

小早川隆景書状（礼紙付）

尚々、彼余地之内、先以過分之儀者難成之条、拾貫余程預ケ被遣候之様ニ御取成専要候、

井上孫兵衛尉（就正）月別之事、桂左衛門大夫方（元忠）拘於深川御勘渡候、然者当時被成御配ニ之由候間、弥無相違以彼余地拝

領候様申上度之由候、被成御憐愍候之様ニ御披露肝要候、猶彼仁可被申候、恐々謹言、

七月六日　　　　　　　　　　　　　　　　　(小早川)隆景(花押)

(児玉元良)児三右申給へ

(礼紙切封ウハ書)
「(墨引)　　　　　　　　　　　　　　　　　左衛門佐

児三右申給へ　　　　　　　　　　　　　　　隆景」

ややのちのものであるが、小早川隆景が毛利氏奉行人児玉元良(就忠の子)に宛て、井上就正の月別のことについて、近いうちに輝元の給地賦があるということなので、桂元忠が拘えている深川の余地のなかから十貫文ほどを預け遣すよう取成してもらいたいと述べている。

三篠川沿いに広島湾頭に出ようとした元就の最も早い時期の直轄領である深川において、元就自らが「才覚なく、正路人にて候」(『毛利家文書』四〇九)と評価する側近の桂元忠が知行し、さらにその南に接する玖村・諸木・岩上に同様児玉就忠が配置されていることは、要所をおさえるという元就の給地配分の際の意識をもうかがえて興味深い。

深川工の実態はこのほかは不明であるが、元就が職人司を任じて佐東領内の職人層の編成を強めようとしたことは確かである。こうした方法で地域社会の経済の掌握に努めたと考えられる。

## 三　毛利氏法度と元就直轄領の布令

ここでは法制度面において元就直轄領の役割を述べてみたい。

毛利氏は非分国法系の戦国大名である。その中核は安芸国衆との盟約であり、国衆連合であったが、領国秩序を維持するため単行法令を布令していた。そうした場合、たとえば人返協約に見られるように、国衆との盟約と、国衆家中への命令を連動させ、効果をあげるよう機能させていた[14]。

単行法令の一つに次の毛利氏奉行下夫荷条目がある（『毛利家文書』三四二）。

下夫荷定事

一古銭弐拾貫目可持事

一武具之類不可持事

付、具足甲弓うつほ鉄放等之事也、

右、被定置也、若於此旨背者者、向後人足被遣間敷之通、被　仰出候也、

天正七年二月廿日

桂左衛門大夫（就宣）（花押）

粟屋掃部助（元真）（花押）

粟屋右京亮（元勝）（花押）

児玉三郎右衛門尉（元良）（花押）

粟屋与十郎（元信）（花押）

粟屋
宗兵衛尉(就秀)(花押)
国司
左京亮(元武)(花押)

この文書は、毛利氏が織田氏と戦争中の天正七年(一五七九)に布令した法度である。その内容は、人夫には「武具之類」＝「具足・甲・弓・うつほ・鉄放」を持たせてはいけないこと、このことに違背した者には以後人足を配分しないことである。ということは、この時期には毛利氏は人足をまとめて徴発・動員し、各給人に配分していたことを示している。

この法度は、同年八月十七日の石見国金子氏宛の一宮社領川井村の人足徴発に関する書状に「今度之御書立ニ具足甲鉄放被持せ候する仁にハ、重而人足被遣間敷之由、堅被仰出候」と引用されており[15]、領国法であることは明らかである。

ところが、この法度の内容は、既に二十年近く前に元就直轄領において確かめられる。

「(端裏ウハ書)
(異筆)「上より夫之儀付而　　左衛門大夫殿(桂元忠)
両人所への御書」　　三郎右衛門尉殿(児玉就忠)
元就
」

所々夫丸之事、堅申付可出候、
一所々之夫丸、次郎右衛門尉、宗右衛門尉所へ指渡候而、従両人所可相賦候、直々ニ取候ハん者ハ、可為曲事候、
又次右宗右も無油断、堅可申付候、
一夫丸ニ具足弓うつほなと持せ、其上にあたハぬ荷物なと取もたせ候而、せっかん候する者ニハ、向後夫丸不可

出候〳〵、
一夫丸可出候事、故障候ハん所をハ、頓左衛門大夫・三郎右衛門尉ニ両人注進候而、可相定候、此段於油断者、
両人可為曲事候、此旨堅固可申付候、謹言、
卯月四日　　　　　　　　　　　　　　　　　　　　　元就

この文書は、毛利元就自筆書状である(『毛利家文書』六四一)。また桂元忠・児玉就忠の両人に宛てているので、元就直轄領に関するものである。

文書の年代の比定であるが、児玉就忠が死没したのが永禄五年(一五六二)四月二十九日のことであるので(16)、永禄五年までの四月四日ということになる。

第一条は、諸所の人夫は、給人が個別に直接徴発するのは曲事であり、担当者がまとめて徴発・動員し、そのうえで配賦するということである。担当者として名前があがっている「次郎右衛門尉」は児玉二郎右衛門尉(17)、「宗右衛門尉」は佐藤就綱を指す(18)。人夫の徴発・動員、そして配賦が、給人の直接行使できる権限ではなく、まとめて元就が組織的に行う形態になっていることは注目される。

さて、さらに注目すべきは第二条である。

人夫に具足・弓・うつぼなどを持せ、そのうえに理にかなわない荷物などを取り持せて、責め酷使する者には、以後人夫は配分しないとしている。

内容は、のちの天正七年の領国法に類似している。ただ鉄炮が記されていないが、それは鉄炮の普及度によるものと考えられる。

まとめて人夫の徴発・動員、そして配賦を組織的に行う方法も、人夫に武具を持たせてはならないというあり方に

しても、中世的な形態から、兵農分離をともなう近世的秩序への移行を示している。

この事実は、元就が、直轄領佐東において永禄初年までには既に原則的に実施していたあり方が発展し、天正七年の領国法に制度化されたことを明示している。

要するに、元就は、領国法として制度化されるよりも既に二十年近く前に、自らの直轄領佐東において同様の布令を発し、組織的にそれを実施していたということである。

## おわりに

毛利元就がどういう性格の地域を直轄領としていたか、そしてその直轄領に将来も見通しながらどういう役割を賦与していたか、またその直轄領で何を実施したか、ほぼ明らかになった。

元就は経済感覚にとりわけ優れた人物であったと思われる。古代以来安芸国の経済的要衝である三篠川・太田川河口の佐東領を奉行人組織を整えて支配したのをはじめ、領国拡大過程で奪取した赤間関、温泉津、石見銀山、杵築などの要地をも直轄領として、それぞれ堀立直正、児玉就久・武安就安、平佐就之、福井景吉らの直臣をして支配せしめた。そうした人材は、元就死没後もその役職を継続して勤め、輝元の領国支配を支えている。その意味では、多くの人材を育成・登用し、適所に配置し、輝元支配の原型を築いた功績は大きい。

深川工の十郎兵衛を佐東領中檜物師に任じ、領内の関係する職人を統率せしめたあり方は、のちの赤間関問丸役佐甲氏、杵築相物親方坪内氏の役職を安堵して支配したあり方と比べても、かなり広域的である。

また、直轄領で新しい支配方式を法制度化していること、それがのちの輝元代に領国法となっていることの意義は大きい。

安芸入部以来の相伝地である吉田と、新占領地である佐東＝隠居分との関係が、右のような結果を生じていることから言えば、毛利氏における隠居分の機能は、単なる家督を退いた人物が生命を全うするための糧を得るという意味ではない。

前述したが、元就は、時代の流れのなかで「人の心持」が「わるく成乱候」ことを見越し、隠居自らが五百人も六百人も軍事力を保持し、それをもって家中統制の抑止力とし、また「悪心僻事之者」を処分することが「肝心眼」という基本的認識をもっていた。

そうした元就が直轄領で実施したことは、自らの死没後をも展望して毛利家支配の安定をねらった人材の育成・登用であり、新しい支配システムの構築と整備であった。この二つは密接に関係している。

この場合でも、何よりも「人の心持」の有様を重視する元就は、自ら育成した人材によって家中統制を行いうることを目指していた。

前述の直轄領佐東における人夫の徴発・動員、そして配賦にしても、児玉二郎右衛門尉・佐藤就綱を担当奉行人とし、直接給地から人夫を徴発する給人は曲事であること、また人夫の徴発に応じない給人は児玉二郎右衛門尉・佐藤就綱から桂元忠・児玉就忠に注進してその処置を決めること、これを怠ったならば児玉二郎右衛門尉・佐藤就綱の曲事であることなど、元就は、法制度化する趣旨を明確にしたうえで、その運用システムを構築し、それぞれの部署で運用にあたる人物の職掌と規範、そしてその責任を明確に定めている(19)。

システムは、それを運用する人物によって機能もするし、崩壊もする。支配の安定とその強化は、システムの構築・整備とともに、それを高度に運用しうる優れた人材の働きによって機能を高めるものであり、元就が毛利氏家中の内外を問わず人材の育成・登用につとめ、適所に配置したのは、そうした認識に基づくものであった。

(1)『萩藩閥閲録』一一九〈臼井〉―13。天文十六年九月一日の桂元忠・児玉就忠連署の臼井藤兵衛尉宛の深川上分打渡坪付。

(2)馬木は、二宮氏(毛利元就の庶子就辰が襲家)の所領であった(『萩藩閥閲録』六四〈二宮〉―10)。二宮就辰は、穂田元清とともに広島城普請奉行となるが、毛利輝元は、天正十年代前半の正月十九日に「一中郡とをり可罷越候、其方所弥宿ニ可仕候」「一島普請せひとも可仕立存候」、同二月十六日に「一中郡ミちのこと、先つくらせ可然由尤候」「一深川ぬくしな《温科》ミち事、両人に可申候」と申し述べており(『広島県史　古代中世資料編V』所収「譜録」二宮太郎右衛門辰相の三一、三四)、吉田から中郡道を経由して深川から温科、そして広島に至る交通の要地であった。

(3)岸田「解説」(岸田編『中国大名の研究』〈吉川弘文館、一九八四年〉)四六四頁。

(4)『広島県史　古代中世資料編V』所収「譜録」福井十郎兵衛信之の七四。

(5)『萩藩閥閲録』九二〈山県〉―5。

(6)防府市毛利博物館所蔵。

これらの文書は、一九九三年十月五日と一九九七年十二月十九日の二度にわたって毛利博物館において調査、撮影した。そして、一九九九年十一月十四日の広島史学研究会大会日本史部会における「毛利元就直轄領研究序説」と題した報告のなかで紹介した。なお、このたび「深川工家文書」(『山口県史　史料編中世2』〈二〇〇一年二月〉)として刊行された。

(7)曲物とは、檜や杉などの薄い材を円形に曲げ、底を取り付けた容器である。合せ目を樺・桜の木皮などで綴る。

(8)岸浩編著『資料毛利氏八箇国御時代分限帳』三四一頁。

(9)井上就重については、天文二十年六月三日の児玉就忠・井上就重連署の山県就相宛の伴の内の打渡坪付(『萩藩閥閲録』九二〈山県〉―19)。

(10)たとえば、八月晦日に毛利元就は山県就相・福井元信に宛て、「至神領表明後日可出張候、被官衆之事ハ不及申、至郷人等此時馳走肝要候、能々可相触候」と命じている(『萩藩閥閲録』一一九〈福井〉―13)。

(11)『萩藩閥閲録』一七〈児玉〉―39。

(12)前註(8)所引岸浩編著五一一頁には、八木渡守、久村渡守が確かめられる。

(13) 山口県文書館所蔵『毛利家文庫』遠用物の中317。

(14) 石母田正「解説」(『中世政治社会思想』上〈岩波書店、一九七三年〉)六三七頁。岸田「安芸国人一揆の形成とその崩壊付論安芸国における農民緊縛の歴史的発展について」(『史学研究』一四〇、一九七八年。付論は、のち、岸田『大名領国の構成的展開』〈吉川弘文館、一九八三年〉の第三編の第五章として収録)。前註(3)所引岸田「解説」四六五頁。秋山伸隆「戦国大名毛利氏領国の支配構造」(『史学研究』一六七、一九八五年。のち、秋山『戦国大名毛利氏の研究』〈吉川弘文館、一九九八年〉の第三編の第六章として収録)。

(15) 前註(14)所引秋山『戦国大名毛利氏の研究』二六一頁。

(16) 『萩藩閥閲録』一九〈児玉〉―系譜。

(17) 『広島県史　古代中世資料編V』所収の「児玉文書」には、毛利元就が児玉二郎右衛門尉に宛て、福井元信とともに、龍山城へ兵粮・掻楯板・甕を搬入し、また帆筵を用意するよう命じた書状がある。また同「譜録」福井十郎兵衛信之の二九の毛利元就書状は、児玉就方・同二郎右衛門尉・福井元信に宛て、「則可打出候間、佐東衆用意肝要候〳〵、能々可相触候」と命じている。また、『萩藩閥閲録』九六〈児玉二郎右衛門〉参照。

なお、児玉二郎右衛門尉の名を特定することはむずかしい。

(18) 「譜録」井上市郎兵衛定之には、佐藤宗右衛門尉に佐東郡内を給与した天文二十四年(一五五五)と永禄四年(一五六一)の二通の毛利元就宛行状がある。

(19) 毛利元就の死没直後の元亀二年(一五七一)六月二十六日、吉川元春・小早川隆景・福原貞俊・口羽通良は連署して毛利輝元に言上し(『毛利家文書』八四〇)、温泉津と銀山の「御公領」は、元就が命じたように、全て戦費に充て、他の用途に支出してはならないこと、また「堀口・町屋敷・通役・送馬以下」について、誰が訴訟しても免除を認めてはならないことの同意を求めている。つづいて「洞春《(元就)》様如御手次可被仰付事、真実之御法度にも可成候」とあることからは、最高権力者が例外を認めないことが「法度」を最高度に機能させるという意識の存在、換言すれば、毛利氏の場合、「法度」が大名権力の行為を規制していたことを確かめられる。

一度例外を認めるならば、仮にその基準を用意していたとしても、例外の輪が広がることは避けられないのであり、法を機能させるためには当然の対応であった。

なお、この当時の石見銀山奉行は平佐就之であった。元亀二年十一月の厳島神社の遷宮の入目には、銀山からの収入を充てているが、銀子七貫七六五匁五分の付立を作成したのは、平佐就之であった（「桂文書所収厳島文書」二、四『広島県史古代中世資料編Ⅲ』）。「厳島野坂文書」一三二七〈同Ⅱ〉）。

平佐就之のあとは、林就長が奉行した。

その徴証としては、もと石見銀山の長安寺に安置されていた毛利元就坐像の胎内の墨書銘に天正十三年に林土佐守就長が寄進し、寺を開闢したとあること（『毛利元就展――その時代と至宝――』〈ＮＨＫ・ＮＨＫプロモーション、一九九七年〉の7）、天正十五年二月の厳島神社の千部経の入目として支出された銀子一貫九〇〇目の付立を林就長が作成していること（「厳島野坂文書」一三一三）などがあげられる。

秋山伸隆「戦国大名毛利氏の石見銀山支配」（一九九七～一九九九年度文部省科学研究費補助金基盤研究(B)(2)研究成果報告書　研究代表者岸田裕之「『中国地域』を中心とする東アジア社会との交流に基づく史的特質の形成とその展開」〈二〇〇〇年九月〉）を参照されたい。

# II　国人領主の財政と性格

# 第四章　国人領主の財政と流通支配

## ――戦国時代の雲芸攻防における山間地域領主層の性格――

### はじめに

国人領主と流通の関係については、研究史上いくつかの事柄が明らかにされている。その一つは、領主の領域内市場への関与、具体的には代官支配による諸賦課の事実が指摘されており、二は、領域内に関所を設けて往来する商人の荷駄に対して通行税を課する方法である。もちろん、戦国大名の場合についても同様であり、前者については領国内の町に代官(目代)をおいて課税すること、それには地子などと称される屋敷別のものと、業種別に組織された商人集団に課されるものの二種類があったことが明らかにされている。

既に明らかにされている国人領主のこのような流通支配のあり方から想像できることは、国人領主が、領域内市場あるいは領内往返の商人・荷駄などを課税対象とみる、換言すればそれらを支配対象としてとらえているという形態であって、そこからは、たとえば国人領主が被官である商人等を通して市場において積極的に商業活動を行わせるなかで如何なる商業利得を獲得していったかというようなあり方は浮び上ってこないのである。

秋山伸隆の研究(1)によれば、戦国大名大内氏ならびに毛利氏が、「倉本」と呼ばれる特権御用商人に領主年貢米の運用を行わせ、緊急時には戦費・兵粮米等を調達させていたことが明らかにされているが、それをうけて問題を立てるとすれば、このような形態が国人領主の場合においても想定できるのか、仮にそれが想定できるとすれば、彼等はどのような存在であったか、等々になろう。

国人領主の財政構造については、史料上の制約があって研究が進んでいるとは言えないが、右述した事柄は国人領主の市場支配・流通支配の基本的形態に関わる問題であり、その解明に努めてみなくてはならない。

また次に、最近の流通史研究は、地域的経済圏や地域間流通の構造と形態、そしてそれぞれが取り結ぶ諸関係の究明へと進んできている。具体的には中国地域に素材を求めて進められているが、なおそれとても瀬戸内海沿岸地域の港町や海岸沿いを事例に論じるという限界を有している。(2) 確かに、地方においてそれら港町は、中央あるいは他地域との流通上における地域的拠点であり、同時にそこを中核にする地域的経済圏の中心でもあり、素材としては、有機的関係をもちつつ重層的に展開する流通経済に関する研究上の要件を十分に充たしていると言える。

しかしながら、この問題については内陸部についてどう考えるかという課題が存在し、その点をも明らかにして総合的に深めていかなければならない。中国地域における商品流通は、瀬戸内海や日本海沿岸の港町を拠点にしてだけ行われたわけではなく、内陸部を経由して両者を結ぶ交通路を用いた陰陽流通も存在したと考えられるのであり、その陰陽交通の担い手、その要衝に位置する市場を中核にした地域経済圏、またそこにおける諸種の商業活動も十分想定できるのである。この課題は、当然のことながら山間地域の国人領主の流通支配にも関わることであり、史料上の制約をこえて究明に努めなくてはならない。

ところで、中国地域に素材を求めてこれらの課題に接近する場合、一つ留意しておかなければならないことがある。それは中国地域における大名権力の政治的争覇の問題である。中国地域においては、一六世紀に入ると大内氏と尼子氏の対立を軸にして両勢力の間で激しい攻防が展開され、天文十年(一五四一)前後の大内・毛利両氏に対する尼子・武田氏連合の攻防をへて、弘治年間の大内氏滅亡後にはそれは毛利氏と尼子氏の戦争という図式になり、永禄年間に尼子氏が降伏して毛利氏による中国地域制覇が果たされるまで、その時期は約半世紀余に及んでいる。この対立・戦争には、中国地域各地の大名・国衆等が加担し合って相互に入り組んで攻防を繰り返したため、多くの領主層が滅亡する結果をもたらした。これに関して当面考えておかなくてはならないことは、境目領主層(たとえば毛利氏と尼子氏の戦争に際しては両者勢力の拮抗地帯となった石見国、また出雲国南部の領主層)の存在である。両大名勢力の境目に位置し、まさに攻守の要にあった彼等山間地域領主の行動について、大名の勢力拡大に果たした彼等の役割という視点からだけではなく、更に地域の視座に立って彼等領主制の固有の性格を解明していこうという姿勢でもって検討していかなくてはならない。大名の戦争遂行にあたってその軍隊と軍事物資の調達・輸送は重要な問題であったと考えられるが、境目に位置する山間地域領主の動向とその性格の解明はその点とも密接にかかわることになろう。

以上研究史を踏えて研究課題とその留意点について述べた。本章では、国人領主財政のあり方について深めることを主眼におき、あわせて地域史研究の視座から山間地域の国人領主制がそなえる固有の性格の解明を進めるよう心がけたい。したがって、素材は、陰陽交通(流通)の要衝にあたり、雲芸攻防の際にその焦点におかれた山間地域国人領主に求めたい。

史料は主として一九八五年九月二十日に採訪した「林家文書」(原蔵山口県豊浦郡豊北町田耕朝生、林幸蔵氏。山口県文書館架蔵)を用いる。この文書は、石見東部から出雲にまたがった地域をその領域とした国人領主佐波氏の被官森氏に関する史料である。総数三一点、いずれも一六世紀のものであり、ここに掲げた課題の全体的な解明にとって格好の史料であるとともに、国人領主被官の存在形態と国人領主制の性格を考えるうえにもまことに得がたい貴重な文書群なのである。なお、「林家文書」については『芸備地方史研究』一五七に付録として全体を翻刻しており、本文中に引用したものの典拠については(　)内にその文書番号を記すことにした。

## 一 天文年間の雲芸攻防と佐波氏

出雲尼子氏と山陽側の大内・毛利両氏の合戦として時期的に最も早く且つ大規模なものは、天文九年(一五四〇)～十二年の攻防である。尼子氏は天文九年に南下して吉田郡山城に毛利氏を包囲するが、大内氏援軍の到着もあって翌十年正月出雲に敗走し、そのために同盟者であった安芸武田氏の滅亡という事態をも招いた。しかしながら、尼子氏は出雲守護京極氏の守護代という出自から発展して戦国大名化した存在であったため、当初よりいちおう出雲国の国支配権をそなえており、その国人領主支配はこの敗北によって急速にゆらぐようなものではなかった。一方毛利氏は、安芸高田郡吉田を本拠とする国人領主の出自であったが、既に享禄二年(一五二九)には、北に隣接し、石見東南部の阿須那と安芸高田郡横田を本拠にして芸石両国にまたがって広大な一円的領域を形成していた強大な国衆高橋氏を滅亡させ、その所領を併合して石見にも基盤を有する大領主に成長しており、且又それによって高橋氏に代って芸備石三国という国の枠を越えた国人領主連合の盟主の地位にもついていた(3)。それ故に毛利氏は、尼子氏とはその権力編成の原理こそ異にするが、一方の旗頭として決して遜色のない存在に成長・発展していたと言えるであろう。

そして、尼子氏と大内・毛利両氏の攻防の最前線に位置したいわゆる境目領主層が、惣庶関係にあった佐波氏と赤穴氏一族であった。地理的にみても、考察上留意すべき条件をそなえた存在であり、まさにその動向と性格が注目される。

さて、尼子氏が天文十年正月に出雲に敗走して以降、大内氏側軍勢が出雲遠征の途につく同十一年正月までは、両勢力にとって束の間の安定期であった。

その天文十年八月十八日、佐波隆連は森善左衛門尉に宛て「今度就引分、富田人質ニ罷居候、祝着候、就其忠節、寺垣分壱町扶持候」と書状を認めている(一一)。尼子氏が佐波氏から人質を差出させたことは、佐波氏が石見国衆として大内氏と関係を取り結んでいたこと、佐波氏が尼子氏にとって対大内氏戦線の戦略上重要拠点に位置することから考えて当然のことと思われるが、森善左衛門尉がこの緊迫した重要な時期にその人質として選ばれていることは、彼が佐波氏家中において重要な人物であったことをうかがわせてくれるのである。

それでは次に、人質としての役目を負った森氏とはどのような性格をそなえた家臣であったのか、明らかにしていきたい。

ちょうど同時期に次のような内容の文書がある。まず一点は、天文十年八月二十四日に佐波隆連が森長門守に宛て「今度之砌俵物参百被立御用候、内百俵之儀進上候、御祝着候、弐百俵利分相加、当秋参百余為御返弁寺垣内之内五段同散田壱段、合陸反為本領被遣候」(一二)と述べたいわゆる借用状である。この内容は、第一に、森長門守が佐波氏の求めに応じてこの緊急時に三〇〇俵の兵粮米を調達したこと、第二に、その内の一〇〇俵は「進上」＝無償で差上したが、残りの二〇〇俵については利子分(五割)を加算して本利合せ三〇〇俵を返弁分とすること、第三は、その担保物件としての寺垣内の六反の在所を本領として給与するというものである。

**佐波隆連袖判連親・忠泰連署奉書**

(佐波隆連)
(花押)

御借用俵物之事

合弐百俵者籾参斗入也、

右之御質之在所者、佐波屋壱町、壬寅之年於御無沙汰者、本利共ニ遂算用、年記ヲ切而可被遣候、猶為堅被成御袖判候、如何様之儀候共、心使有間敷候、仍而為後日如件、

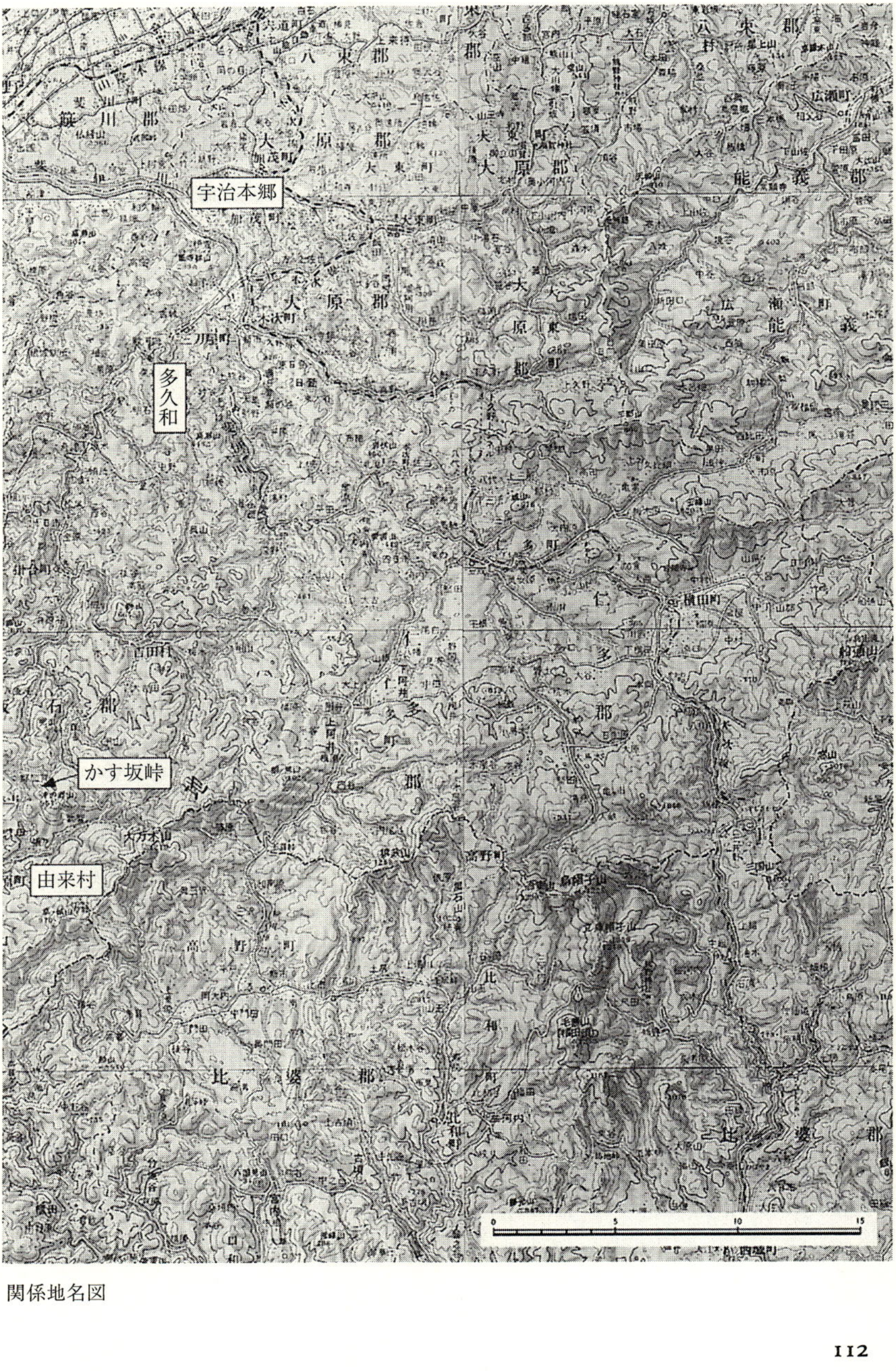


関係地名図

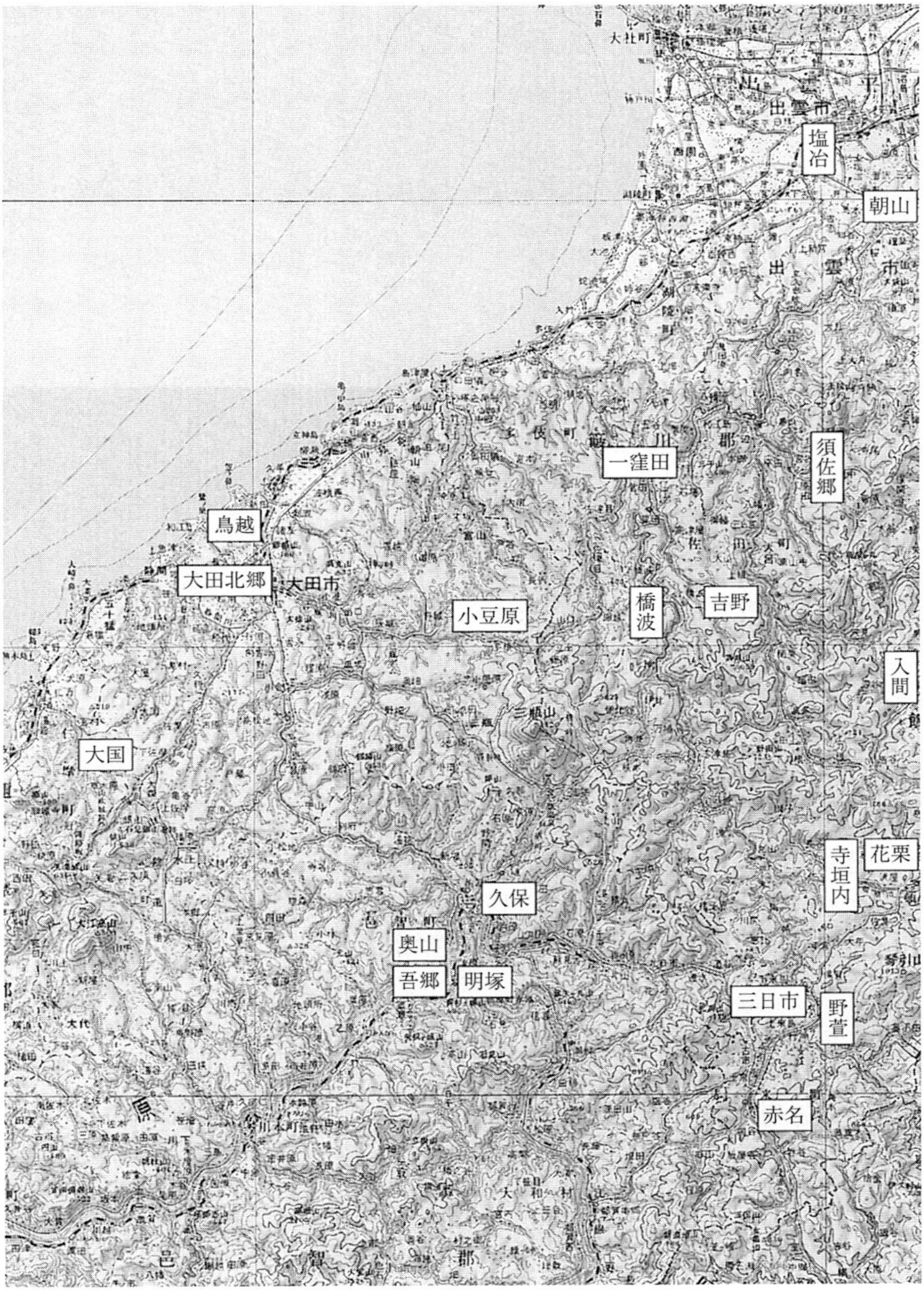
出雲市
塩冶
朝山
一窪田
須佐郷
鳥越
大田北郷
大田市
小豆原
橋波
吉野
入間
大国
三瓶山
寺垣内
花栗
久保
奥山
吾郷
明塚
三日市
野萱
赤名

図1　佐波氏

天文十年八月廿八日　長丹後 忠泰（花押）
左衛門尉 連親（花押）

森長門守殿

佐波隆連書状

（端裏捻封ウハ書）
「（墨引）
森長門守とのへ　隆連」

以丹後申候処、可有取合之由候、祝着候、於当要害取易候、一段祝着候、如何躰之儀候共、心使有間敷候、委曲丹後可申候、かしく、

天文十
八月廿九日　隆連（花押）

前文書（一三）は、八月二十八日に佐波隆連が籾三斗入り二〇〇俵の俵物を借用したものである。これには、「質之在所」として「佐波屋壱町」をあげ、「壬寅之年」＝翌天文十一年に返弁できなかったならば、本利の算用を行ったうえで年紀を限って給与すると約束している。

後文書（一四）は、この借用状に関連する翌八月二十九日の佐波隆連書状である。冒頭の「丹後」とは借用状の日下に署判している奉行人の一人長丹後忠泰を指すが、彼が佐波隆連の意向を森長門守に伝え、森氏はそれを受け容れて俵物を調達し、佐波氏の拠城に搬入した。もちろん兵粮米として貯えられたのである。

佐波氏が家臣森氏に兵粮米を調達させた事例はこれに止まるものではなく、翌天文十一年七月七日にも隆連は俵物七二俵を借用し、返弁不可能な場合には仙導入間の内の懸橋名五貫文の在所を年紀を限って給与するとしているし

(一五)、また遡って天文五年二月二十四日には誠連[4]が籾五〇俵を借用している(六)。なお、この天文五年の場合には、その返弁方法について、まず「由来御被官衆以御役、来秋本利共ニ、堅固可有御返弁候」、つづいて「若於御無沙汰者、竹谷以御年貢相当可被仰合候」と明記されており、返弁が必ずしも直ちに給地宛行という方法によっていないことを確かめられる。

二、三の興味深い事例を提示したが、問題は、合せて五〇〇俵という多量の兵粮米をごく短時日に調達できる森氏の性格である。しかもそれは、天文十年という時点に限られる一時的なものではなく、この時期に継続的に存在した森氏固有の性格と考えられるのである。

## 二　森氏と来島三日市

「林家文書」から知られる佐波氏と森氏の恩給関係は次のようである。

森長門守は、大永六年(一五二六)七月十六日に出雲の赤穴と中郡宇治村において各五貫前(一)、天文二十年(一五五一)十月六日に由来の内の竹谷六反(一七)、同二十一年九月二十日に由来の内の大内七反など作職(一八)、同二十二年八月十九日に上山の森又六給の内の善久分作職(一九)、同二十三年九月二十二日に寺垣内六反の代所として江良谷二段、かい崎一反など(二〇)を給与されている。これらのわずかな事例によって森氏を山間地域村落の土豪的領主と仮定してみても、そこからは彼がごく短時日に五〇〇俵もの兵粮米を調達して要害に搬入できる存在であったことを証明する手がかりは摘出できない。

そこでやや視点をかえてみたい。中国山地の山間地域というと、内海や日本海沿岸地域に比べてややもすれば何かと後進的イメージをもちがちであるが、いま仮にこの山間地域を経由する陰陽交通を想定してみると、それは必ずしも妥当しないように思われる。この場合には、惣領家佐波氏と庶子家赤穴氏の所領が、陰陽交通の幹線路であるいわゆる備後路＝出雲路（ほぼ現在の国道五四号に沿う旧道）を領域内南北に貫通させるという、交通の要衝に位置していたことに留意しなければならない。この点に留意すると、森氏は、街道の要衝において交通や流通に関与し、商業活動などを行って利得を得ていた存在ではなかったかという想定が可能であろう。これは一つの視点として有効であると考えられるが、史料的にもそれをうかがわせるものがある。

　少し時期は下るが、天正十四年（一五八六）九月十三日付で三通の文書が確かめられる。いずれも佐波恵連が矢野次郎右衛門尉に宛てたものであり、一通は書状（二八）、二通は恵連袖判の奉行人連署の坪付である（二九、三〇）。書状には、その軍忠を賛えたあと「向後由来村検地共申付候共、手前之儀余人よりも能様ニ申付候て可遣候」とある。毛利氏の惣国検地に際して事前に佐波氏知行高の指出が行われたと考えられるが（そのような例は備後山内氏、石見益田氏などに確かめられる）、この書状の内容は、それにあたって佐波氏がその基礎作業の一環として各家臣の知行高について「検地」を行って確認をはかったこと、矢野次郎右衛門尉についてはその献身的忠節に対する褒賞として「検地」に手心を加えたことを表わしている。そして、次の二通の坪付が矢野氏の知行在所と内容を記したものである。

**佐波恵連袖判田中連景・矢野連理・水連順連署奉書**

（端裏書）「坪付」

（佐波恵連）（花押）坪付

一　由来村之内泉谷壱町参段半、分銭六貫七百五十文前矣、

一　同所竹岡壱町四段、分銭七貫前之、但此内四段荒不之、興連様御代之御奉書有之、向後彼四段開満作仕候ハヽ、見手を被遣候て、弐段ハ本領被遣之、弐段ハ給地分之公役可被仕候、本領ニハ毎年御出陣無之時も、

御出陣之時も、一切一旬分之段銭相調、役人へ上納可有之、
一　同所大内名之内七段為給地被遣之、興連様御判有之矣、
一　同大内名之内森帯刀左衛門尉先給之内弐段、同神田弐段を壱段ニして被遣之、同かい崎壱段、合四段為本領被遣之、但御出陣ある時も、なき時も、毎年一旬分之段銭調上納之矣、
一　正月一日神田参段、但壱段半ハ為給地被遣之、壱段半ハ社役相調之矣、
一　修理田参段、但壱段半ハ為給地被遣之、壱段半ハ修理を仕候也矣、
一　来島三日市かりや、三段之先御判ニ候へ共、当時相違之子細候て、壱段壱ケ所ニ被定遣候、御判形別而在之矣、

以上

天正十四年丙戌九月十三日

水彦右衛門尉
連順（花押）
矢野右近允
連理（花押）
田中木工助
連景（花押）

矢野次郎右衛門尉殿

佐波恵連袖判田中連景・矢野連理・水連順連署奉書

（端裏捻封ウハ書）
「（墨引）
連署
矢野次郎右衛門尉殿
連順」

（佐波恵連）
（花押）

追而申候、

一　由来御社頭経田参段之内壱段半、分銭七百五十文前之事、為作職被仰付候、諸役等懇ニ可有所勤候事専一候矣、

一　同所上山之森又六先給之内善久分弐段、分銭壱貫前之事、為作職被仰付候、諸役不可有緩候、右何も先被任御判之旨候、恐々謹言、

天正十四年丙戌九月十三日

水彦右衛門尉
連順（花押）

矢野右近允
連理（花押）

田中木工助
連景（花押）

ところで、これら三通はともに宛名が矢野次郎右衛門尉になっており、その森氏との系譜関係が問題になる。「矢野」が佐波氏の本名であること（『萩藩閥閲録』七一〈佐波〉―系譜）、またこの坪付の日下に署判している奉行人の中にも矢野連理なる人物が見られることなどから推測すれば、佐波氏一族と考えることができる。そしてまた、遡って元亀元年（一五七〇）には森甲斐守が矢野甲斐守とも呼称されていること（二五、二六―後述）、とりわけ坪付中に見られる知行在所名の中に既述した森氏への知行宛行状の内容と一致するものが確認できること（第二条と永禄九年二月九日の佐波興連袖判の奉書〈二三〉、第三条と天文二十一年九月二十日の興連袖判の奉書〈一八〉、第四条と天文二十三年九月二十二日の興連袖判の奉書〈二〇〉。なお、第五条・第六条に関係するものに四月二日の佐波誠連袖判の奉書〈七〉がある。そして追加坪付の第一条と九月十一日興連書状〈二一〉、第二条と天文二十二年八月十九日の興連袖判の奉書〈一九〉）、換言すればこの坪付中の知行在所が森氏の権益を継承したものであることを考え合せるとき、森氏が、佐波氏一族と姻戚関係を結んだことによって、次第に「矢野」と呼称されるようになったのではないかと思われるのである。

ともあれ、この二通の坪付の内容は森氏の権益を継承したものである。それぞれの在所名、知行高、そして当該在

所に関わる役の負担内容とその額について記してあるが、当面の問題に即して注目されるのは、「一　来島三日市かりや、三段之先御判ニ候へ共、当時相違之子細候て、壱段壱ケ所ニ被定遣候、御判形別而在之矣」(一九)とあることである。すなわち、来島《きじま》三日市の中に矢野氏―森氏は佐波氏からかり屋を給与されていたが、先の佐波氏判物ではそれは三反の在所とされていたこと、しかし現在は一反一ヵ所として給与すること、その判物は別にある、というのである。このことは、矢野氏―森氏が陰陽交通の幹線路の要衝に位置する来島三日市において領主佐波氏からかり屋を宛行われていたことを明確に示している。そして、この事実は、別の後欠の文書(一六)――天文年間の雲芸攻防の頃のものと考えられる――に「就今度遅参之儀、給地等自隆連被召放候、雖然古給計可遣之由、雖令相談候、山口興連牢人中、音信之者不多候、只今幸之儀候間、竹谷大内七反、室名、三日市かり屋、如前々無相違為給地申付候」とあることによっても確認できる。この文書の内容は、森氏が、山口において牢人中の興連へ音信した功績によって、一旦は遅参を理由に隆連に没収されていた給地分のうち、三日市かり屋等を従来どおり給与されたことを示している。

もう一つは直截的な史料ではないが、森氏の給地の分布である。右述した由来村は現在の飯石郡頓原町の中世における呼称であるが、森氏の給地は南から主だった在所を比定してみると、赤穴・来島三日市・寺垣内・由来村・入間と出雲路沿いに給与され、さらに北接の国人領主三刀屋氏領を越えて中郡宇治村(現在の加茂町)にまで至っていることが注目される。このことは森氏が陰陽交通の幹線路の要衝各所に拠点を有していたことを示すものであり、それはまた領主佐波氏が一円的本領域を越えてそれら各所を領有していたことの証明でもある。

従来惣領家佐波氏は石見国人、庶子家赤穴氏は出雲国人と見られてきたが、その所領は石見・出雲にそれぞれ一円的に所在していたのではない。本来佐波氏の支配領域は雲石両国にまたがっていたのであり、赤穴氏領を除いてもなお広く出雲西南部に及んでいた。そしてこの段階では飯石郡内に分出していた花栗氏などの他の庶子家を既に家臣上層に編成しており[5]、また来島三日市のような要地については惣領権下においていた。そして、佐波氏は来島三日市等において被官森氏をして商業活動に従事せしめ、領主経済・地域経済・陰陽流通等が相互に有機的に取り結んだ諸関係を利用しつつ、多くの利得を上げていたと考えられるのである。これは国人領主の領域内市場支配・流通支配の形態として注目に値するであろう。

また注目しておきたいことは、坪付の第五条に「正月一日神田参段」、第六条に「修理田参段」、追加坪付の第一条に「由来御社頭経田参段」とあることである。

これは、四月二日の森長門守宛の佐波誠連袖判の奉書に「就今度御届、千疋前御約束候、雖然依無在所候、不被遣候、然者正月一日神田参反、修理田参反之反銭、人足役之儀、千疋前被遣候する間、可有御扶持候」(七)とあることなどに照応する。

この事実は、森氏が由来神社の神主であったことを示している。森氏はそうした伝統的な力をもとに由来地域の諸機能を統合し、その総合力を体現していた存在であったと言ってよい。

このような国人領主家臣でもあり且又その特権的商人ともいうべき森氏の基盤を知る時、ごく短時日に五〇〇俵もの兵粮米を調達できた事態も納得できるのである。これらの事実をもってしても、領主が市場を領主支配の対極にある課税対象としてとらえていただけではなく、被官である商人等を通してその商業活動によって利得を上げる場所としてもとらえ、積極的に対応していたことを看過できない。そして、室町・戦国時代の国人領主層がおかれた戦時における緊急事態への対応という局面に鑑みるならば、むしろ後者の方が時代性に相応しい国人領主の市場掌握の形態として考えられるであろう。

従来、国人領主の市場支配、一つには市場屋敷から屋敷銭を徴収することを目的に行われていたという観点から論じられてきた。いわば税の徴収者たる領主、税の負担者たる市場商人という図式である。しかしながら、その屋敷銭の具体的内容、たとえばその額はどれほどであるか、それが領主財政のなかに占める割合はどれほどか、等々については明示されることがなかった。いま戦国大名毛利氏の惣国検地段階において、国衆石見益田氏が領域内市場から徴収できた屋敷銭についてみると、次のとおりである。天正十九年（一五九一）正月十一日付の益田元祥領の毛利氏検地打渡目録によれば、全体は一万一一三〇石余であるが、そのうちの益田本郷に本郷市屋敷銭二〇貫四六九文、今市屋敷銭二貫三一〇文とあり（田分米・畠分銭・市屋敷銭の小計一八五二石余〈一石＝一貫〉）、そのほか庄内分に横田市地銭五貫二〇〇文、津毛郷に市屋敷銭二貫三〇三文と確かめられるものの、それらが全体に占める百分比は〇・五％にも充たない[6]（「益田文書」第三四）。このことは、屋敷銭の課税という方法に基づく市支配が、領主財政の中に特別な位置を占めると考えるのはあたらないことを示していると言えよう。

## 三　森氏と毛利氏「宿」の設営

**毛利輝元書状**（折紙）

かす坂峠之宿、為可見、重而此者差遣候、弥案内者被仰付、御入魂可為祝着候、猶委細此者可申候、恐々謹言、

正月十七日　少輔太郎 輝元（花押）

矢野甲斐守殿御宿所

**吉川元春書状**（折紙）

先日者宿所之儀申候処、御裁判之由候、祝着候、然者対彼者被引渡候者、可為本快候、弥其許御入魂所仰候、恐々謹言、

正月廿日　駿河守 元春（花押）

森甲斐守殿御宿所

両文書（二五、二六）は同一の事態を指すと考えられ、また前述したように「矢野甲斐守」と「森甲斐守」は同一人物と思われる。毛利氏側は森氏に対して、かす坂峠に「宿」・「宿所」の設営を命じ、検分を行ったうえでその引渡しを求めたのである。

この両文書は、輝元が「少輔太郎」を名乗るのが永禄八年二月の元服以後（『毛利家文書』三一九）元亀四年（一五七三）二月の右馬頭任官（同三三三）までの間であること、また吉川元春は永禄三年二月に駿河守を受領したものの（『吉川家文書』四一一）、署判にあたっては、輝元等に宛てた自筆書状ではなお元亀元年（一五七〇）まで従来どおり「治部少輔」を用い（『毛利家文書』三七一、七八八〜七九一）、「駿河守」との署判はその起請文において永禄十二年（一五六九）十二月吉日付のもの以降しか確かめられないこと（同三二四。同十三年十一月二日起請文〈『吉川家文書』一四六五〉。なお、同十年九月八日起請文の署判は「治部少輔」〈『毛利家文書』三二二〉）、等々を勘案すると、およそ元亀元〜四年のいずれか正月のものと推定できる。

このように限定できたいま、元亀元年の次のような事態が注目される。前年の永禄十二年に尼子勝久は尼子氏の再興を企てて出雲に侵入し、富田月山城を包囲するが、富田守将天野隆重は籠城して抗戦する一方、毛利氏に援軍の派遣と兵粮米の補給を要請した。これに応えて毛利氏は、ついに元亀元年正月六日に輝元を総大将として吉川元春・小早川隆景等の輔佐のもとに出雲出兵を決行した（『毛利家文書』七八八）。正月十五日の粟屋元種宛小早川隆景書状には「此方御動之事、於于今者、一日片時も差急儀肝心候、明日者早々赤穴被成御打越、峠之雪踏明候御談合専一候、雪消候するをゆう〳〵と可被成御待事にてハ無之候之間、右之御調儀可入と存候」（同八二一）とあり、輝元が大雪の中を十六日には赤穴に着陣したことがうかがわれ、そして、二月一日の毛利元秋書状には「仍多久和事、一昨日廿八三刀屋頼候て取退候処、今日晦日被討果候」(『萩藩閥閲録』四七)とあり、二十八日に多久和城(現在の三刀屋町)を攻略し、晦日に多久和大和守等を討ち果たしたことが知られる。[7]

この輝元進軍の経過を照らし合せると、右述の正月十七日の輝元書状は、おそらく赤穴において認められたものと思われ、その内容は、大雪という悪条件下において赤穴より先の行軍を順調ならしめる目的でもって、かねてより森甲斐守にその設営を命じていた「宿」の検分・引渡しに関するものであることがわかる。「かす坂峠」は、現在の頓原町都加賀から吉田村民谷に越える旧道の坂を上りつめた都加賀地区「九百拾五番字要害」内にある峠の名称であり、また南側に地番続きの「九百拾六番字国王原」一帯はかなり広い高原状の原野の景観を呈している。[8] なお、これによって、毛利氏軍勢は、赤穴から頓原・都加賀・民谷・吉田を経て多久和に進む道を選んだと推測できる。

この森甲斐守は、既に永禄二年六月十二日の佐波興連袖判の奉書によって、毛利氏への人質として出向いた忠節に対する褒賞として安濃郡鳥越(現在の大田市。当該時代大田北郷は佐波氏所領であった[9])の内において一〇貫文を宛行われている(二三)。彼が佐波氏家中において重要な人物であったこと、またその事態を通じて毛利氏と緊密な関係を取り結んでいったことが推察される。

ところで、この「宿」・「宿所」とはどのような性格をそなえたものと考えられるであろうか。そこで当該期の用例を検討し、それがもつ機能を明らかにしてみたい。

九州の島津氏攻めに西下する秀吉のために毛利輝元は領国内諸所において「宿」を設営するが、備後赤坂における「御座所」・「御宿」[10]の普請については、天正十五年(一五八七)正月二日に七箇条の法度を定めている。これには、その普請に動員する諸種の職人や人夫に関する箇条があるが、全箇条のあとにそれを妨害する領主は所領没収、服従しない地下人は礫という罰則規定がある(『萩藩閥閲録』二〇)。それにもかかわらず普請は順調には進まなかったようで、輝元は、二月四日に、秀吉の下向が来たる十五日必定であり、「御宿之儀是非可相調事肝要候、莫太之造作催候所、不出来相候へハ外聞実無曲候」と切迫した状況を述べるとともに、難渋の者共は法度に任せて成敗するよう命じ（同三二）、そして同十八日にも「其許御宿誘之儀、追々申遣候、関白殿御下向三月朔日弥必定候、寂前之村賦之内自然難渋方候共、堅申付急度普請可相調事肝要候」と命じている（『譜録』桂式部忠澄）。「宿誘」の実態や規模を直截的に示す史料はないが、正月十六日に輝元が廿日市の桂元依等に宛て、「関白様御宿誘之事不及申候へ共、少も無緩可相調事専一候、随而桂少五《(元依)》へ申候、城《(桜尾)》まわりそうち并町中《(廿日市)》さうち之事、一段念を入可申付候、道之事是又堅固ニ可申付候、町入口せまきよし申候間、是又家を退候て可然候、はし《(橋)》無之所早々可相調候」と述べていることは参考になる（「桂文書」）。このような用例のほか、輝元は、二月一日に佐藤元光・田門孫七郎に宛て「今度自羽柴所、至九州使者差下候、送之儀申之間、久波・黒河・岩国・関戸申談、小方送之儀可申付候」（『萩藩閥閲録』一〇八）、四月二十三日には二宮就辰に宛て「官兵《(黒田孝高)》于今ニ不罷着候哉、尾道へ送宿まかない方肝心候」と命じ（『譜録』二宮太郎右衛門辰相）、家臣をして重要な人物の宿送りを行わせている。

　これらによって、「宿」には、宿泊施設たるにとどまらず道路・橋等輸送条件の整備、人送りの機能があったことを確かめられるが、戦時下において大名がこのような「宿」をどのように活用していたかについて考えてみなくてはならない。天正十九年閏正月七日筑前名島にあった小早川隆景は仁保元氏に宛て長文の書状を認めているが、そのうちに次のような興味深い箇条がある（『萩藩閥閲録』五）。

一御宿者御方様も七内《(益田元祥)》・藤兼《(益田)》も箱崎ニ御座候而可然候、是も去々年御覧候様ニ、散々小屋むきニて候へ共、静々と御座候、名島之町者家一つも無御座上、普請衆彼是入ましり候て、中々之儀候条、可被成其御心得候、但轉《(博)》多ニ可有御出候哉、其段者可為御好候、去々年被成御宿候香椎へ御とをり候て、箱崎へ御着肝要候、蘆やへ御着之日限、先様へ早飛脚御下候ハヽ、路次まて御迎可進之候、御方様者兵粮之御支度なさるましく候、箱崎御宿へ兼而可進之置候、かろ〳〵と御下肝要候、注目されるのは、箱崎宿に兵粮を搬入・用意しているので元氏等は兵粮の支度なく「かろ〳〵と御下肝要候」と述べている点である。この事実を踏えると、三月十一日に安国寺恵瓊が筑前植木(11)の沢蔵寺に宛て、「此湯原弾正殿(元綱)、其許遠所ニ宿を取候て置可申候、我等申談仁候、然者其元滞留中百八拾人分兵粮取替候て可進之候」と述べているのも(同一一五之四)、宿に兵粮米を搬入して用意し、軍兵の到着にそなえる状態と理解でき、大名権力が宿を兵粮補給基地として機能させていたことを指摘できる。

それでは次に、遡って戦国大名毛利氏領国における用例についてみてみたい。なかでも用例として多いのは、たとえば毛利隆元自筆覚書の「弘治三　十二月廿三日、富田(周防)を立候時、宿にてえんのきわにてわらんし(鞋)をはき候」(『毛利家文書』六七七)、永禄八年の二月二十一日に輝元が佐東衆触頭福井元信に宛て「今度上使(細川隆是)御出付而、於其表宿等彼是馳走之由、粟屋孫次郎申候、乍勿論祝着候」(『譜録』福井七右衛門信交)、五月二十八日に輝元が井上就重・粟屋元種に宛て「元家(宍戸)於佐東宿所之事、福井に可申聞候」、六月二十七日に輝元が福井就信に宛て「来二日其元迄出張候、宿之儀、依成其方所たるへく候」と述べているように、特定人の宿泊施設に関する場合である。しかしながら、この福井就信は、輝元から十一月五日に「其元家人衆之儀、於支度者定而可相調候、明日元孝(宍戸)至竹原被罷立候間、至草津早々可罷出之通堅申付候へく候」、また六月二十二日には「草津之大材木之儀至三入運送之事、其許家人衆悉罷出、宿送ニ申付候間、各相触其方事罷出候て馳走肝要候、至周防守(児玉就方)所も申遣候」と命じられているように、人送りや、草津の児玉就方が運送してきた大材木を緑井で引き継いで三入まで運送するという「宿送」、すなわち家人を動員して公用輸送機能を果たしていた(いずれも『譜録』福井十郎兵衛信之)。そして公用物資については、永禄十二年(一五六九)二月十九日に吉川元春・小早川隆景が連署して佐藤元実に宛て「至山田(筑前)新城兵粮差籠候之間、路次送之事、庄内給人ニ可被申付候」と命じていることから(『萩藩閥閲録』一〇八)、兵粮米も想定できるのである。

佐藤元実は、もともと隆元の信用が厚い側近であり、小使として毛利氏の領国内外を問わず行政・軍事・外交等多方面にわたって極めて重要な活動を行っており、彼が果たした諸機能について注目する必要のあることは既に指摘したことがある。(12) 彼は、この筑前立花城の攻防の時期に派遣されて要衝である植木に拠っていたと考えられるが、彼の職掌は、彼に宛てられた文書から主に諸城への兵粮米や諸城在番衆等の「路次送」などの重要な機能であったことが確かめられる。(13) 関門海峡を隔てた筑前における戦争をその基礎において支えたものが、このような形態の公用輸送機構であったことは注目される。

毛利氏領国における公用輸送機構や、そのなかで伝馬・送り夫、道・橋普請等の宿駅機能を担った市目代については既に述べたことがあるが、(14)「宿」にも同様の機能を認めうる。ただ、宿泊にしても人送りにしても大名権力中枢やその関係者が多いこと、物資の場合も軍事上重要且つ緊急、または大量であること、それら機能を果たすべく命ぜられたのが福井元信・就信父子のようなその地の領主、廿日市の桂元依や草津の児玉就方のような城在番、佐藤元実のような毛利氏が派遣した小使等であったこと、そして彼らが給人や地下人を動員したことなどがその特徴と言えるであろう。

以上当該期の用例をいくつかあげたが、これらを踏えてかす坂峠に設営された「宿」を想定するならば、単に輝元等毛利軍将兵の宿泊・休息施設という狭義の内容にとどまるものではなく、搬入して用意された兵粮米の補給地であるとともに、兵粮米等諸軍需物資の輸送機能をそなえた毛利軍の進軍基地としての性格を有したものであったと考えてよいであろう。これが尼子勝久討伐のための毛利氏をあげての動員であったこと、富田月山城への兵粮米搬入という目的をもっていたこと等に鑑み、(15) また大雪という悪条件を考慮するとき、かす坂峠における「宿」は毛利氏にとって極めて重要な意味をもつものであったと思われ、それ故に毛利氏としてはその検分のため再三使を派遣し、そのうえで設営を行った森甲斐守から引渡しをうけるという慎重な対応を行っているのである。

既述したように、森氏は短時日に多量の兵粮米を調達し、要害に搬入できる存在であった。そしてその給地は来島三日市のかり屋を始めとして赤穴・由来村・入間、さらに北接の三刀屋氏領を越えて中郡宇治村等出雲路沿いに所在し、また右述のように永禄二年には日本海岸の大田鳥越の内をも給与されている。これらは、森氏が陸上の交通・運輸機能を保持し、海上のそれにも拠点を築いたことの徴証と考えてよいと思われる。毛利氏によるかす坂峠の「宿」の設営命令も、森氏がこれらの諸機能を掌握していたことを前提として行われたものと考えられる。おそらく、森氏は、来島三日市を始めとして陰陽街道の諸要衝に拠点をかまえて商業・金融・交通・運輸等の重要な経済機能を掌握していた存在であったために、毛利氏の出雲国進出ならびに同国支配にあたってもその固有の性格を重視され、且つ重用されたと推察してよいであろう。

## 四　「雲州商人司」石橋新左衛門尉

国人領主佐波氏については、以上主として「林家文書」を用いて述べてきた事柄のほか、毛利氏の出雲国進出直後の時期にその流通支配に関係して興味深い事実が確かめられるので、少し触れておきたい。

**佐波興連書状**(折紙)

雲州商人司従吉田被成御分別候、近年辛労仕候間、塩冶朝山司同前ニ申付候、弥奉公可為肝要者也、

（永禄五）
六月十日　興連(花押)

石橋新左衛門尉とのへ

(「石橋家文書」七)

永禄五年（一五六二）六月十日、佐波興連は、被官石橋新左衛門尉を毛利氏の了解を得て「雲州商人司」に任じたのである。「石橋家文書」の所蔵者は島根県簸川郡佐田町下橋波の石橋重敏氏、調査は一九八六年五月十八日に行った。総数は七点である（「林家文書」に続いて全体を翻刻している）。

この「雲州商人司」が本来地域的には出雲国全域に関わるものでないことは、これとは別に「塩冶朝山司」[16]（現在の出雲市塩冶・朝山）が給与されていることから明らかであり、またこれらの商人司の補任主体が佐波氏であったことも注目されなければならない。なお、第一章[17]において永禄七年九月三日に毛利元就が石田彦兵衛尉に「杵築相物親方職」（その職掌は杵築地域における諸商人らの統轄と諸役の徴収など）を尼子晴久判物に任せて安堵していることを明らかにしているが、「雲州商人司」は同親方職統轄下の杵築地域にも関与できなかったと考えられる。

「雲州商人司」についてては史料の制約上これ以上明らかにできないが、石橋氏の給所や軍事活動についてては多少知ることができる。給所は、天文十一年（一五四二）に吉野・一窪田など現住所である下橋波の近辺の在所（「石橋家文書」一）、弘治三年（一五五七）に佐波氏領大田北郷の内の宮次分作職（同五）の宛行明証があり、軍事活動については、天文二十三年十月十五日に小豆原（現在の大田市小豆原（同二））、弘治四年四月二十三日に太国（現在の仁摩町大国（同六））における合戦の軍忠を褒賞した佐波興連袖判の感状がある。石橋氏の本領の在所は明確でないが、これらの活動徴証は佐波氏領のなかでも北寄りの出雲・石見両国にまたがる地域に限られており、主として出雲路沿いにおいて活動している森氏とはその活動地域を異にしていたように考えられる。

詳細は不明であるが、ただ佐波氏が出雲に進出した毛利氏の了解を得て早速被官を「雲州商人司」等に任じているこの事実をもってしても、雲石両国の山間地域にまたがって広大な領域を形成するとともに出雲中郡宇治村や石見大田等を領有していた国人領主佐波氏が、自領を越え、さらには国の枠を越えて展開する流通経済にきわめて強い関心をもち、且つ組織的にも深く関与し、そこにおける商人や商業活動を直接・間接に統轄・支配しようと試みていた性格の領主であったことは指摘できるであろう。

## おわりに

以上、当面の問題関心に即して「林家文書」および「石橋家文書」の分析を試みてきたが、最後に国人領主佐波氏の流通支配の形態と性格に関して明らかにした事実をまとめるとともに、戦国大名研究のうえにおける意義を明確にしておきたい。

注目すべきことは、第一に佐波氏領内を南北に貫通する陰陽を結ぶ主要な幹線交通路――出雲路の存在、二はその交通路の要衝に位置する市――来島三日市の存在、三は、その実態は史料の制約上明らかにできないが、来島三日市を中核にする地域経済圏が想定できること、また市には地域経済圏内や他地域から往来して活動する各種商人が想定できること、四は、このような性格を有する市に領主佐波氏が関与していたこと、具体的には被官森氏に来島三日市かり屋を給与して商業活動を行わせ、合戦などの緊急時には短時日に多量の兵粮米を調達させて拠城に搬入させていたこと、このことはおそらく森氏が領主米の運用等を行っていたことをも推測せしめるものであること、五は、森氏は来島三日市を始めとして佐波氏領内の赤穴・由来村・入間等の出雲路沿いの諸所、また中郡宇治村、安濃郡鳥越など交通・流通上の要衝に給地を与えられていたが、このことは森氏がこれらの佐波氏領を越えて広く雲石両国の交通・運輸に関わっていたことを示すものであろうこと、元亀元年正月に毛利氏が再起をはかった尼子勝久追討のため出雲に出撃し、森氏にかす坂峠に「宿」(毛利氏領国における用例から推測して、将兵の宿泊・休息と兵粮米等の補給ならびにそれら諸軍需物資の輸送基地と考えられる)を設営するよう命じていることは、森氏が有するこのような機能を前提としたものであろうこと、六は、森氏は由来神社の神主として地域社会において伝統的な存在であったこと、七は、毛利氏の出雲進出後に確かめられる事実であるが、永禄五年六月佐波氏は被官石橋氏を毛利氏の了解を得たうえで「雲州商人司」等に任じ、その統轄地域範囲が出雲全域に及ぶものではないものの、組織的且つ広域的に商人や商業活動を統轄していく形でもって流通支配を進めようと試みていること、等々である。

中国山地の真只中を本領域とする国人領主が、このような形でもって領域内市場に関与し、また本領域を越えて国内交通・流通上の要衝をも領有して拠点を確保し、さらに商業活動を行うことによって流通がうむ利得に積極的に対応するとともに、商人司を掌握して組織的且つ広域的に商人や商業活動を統轄していこうとしていたこと、そしてこのような国人領主の交通・流通支配を具体的に支えたのが商業・金融・交通・運輸等の重要な経済機能を兼備した被官たる土豪的商人であったことは重要である。換言するならば、陰陽交通や流通の展開のうえにしめる山間地域領主層の役割は極めて大きいと言うことである。また、これらの事実は、山間地域や山間地域領主の構造と性格を究明していくうえに重要な視座となるものである。

そしてこれらの事実に注目するならば、雲芸攻防を軸に展開した戦国時代の中国地域の政治史上において山間地域(領主)が果たした重要な性格もまた明らかである。尼子氏の討滅をはかった大内氏、そして毛利氏が、出雲に進入するにあたって彼等境目領主層を掌握したり盟約を取り結び、その固有の機能を発揮させているのもうなずける。森氏が佐波氏家中の人質として選ばれ、尼子氏のもとへも、また毛利氏のもとへも出向いていることの理由はこの辺に求められるのであろう。

したがって、本章において明らかにした諸事実は、単に国人領主の交通・流通支配の問題にとどまるものではなく、戦国大名の発展過程における領国拡大や領国支配の史的展開を究明していくにあたって、たとえば大名権力がこのような当該地域の重要な機能とそれを担っている人物をどのように編成したかという点に留意することが必要であることをも示しており、それなくしては戦国大名の発展過程における実相を具体的且つ構造的にとらえていくことはむずかしいという課題を提起した意義をもつものでもある。

（1）　秋山伸隆「戦国大名毛利氏の流通支配の性格」（渡辺則文編『産業の発達と地域社会』〈渓水社、一九八二年〉。のち、秋山『戦国大名毛利氏の研究』〈吉川弘文館、一九九八年〉の第三編第四章として収録）。

（2）　鈴木敦子「中世後期における地域経済圏の構造」（『歴史学研究別冊〈一九八〇年度〉』一九八〇年）。前註（1）所引秋山伸隆論文。第一章「中世後期の地方経済と都市」。井上寛司「中世山陰における水運と都市の発達」（有光友学編『戦国期権力と地域社会』一九八六年）。

（3）　高橋氏については、岸田裕之『大名領国の構成的展開』（吉川弘文館、一九八三年）第三編第六章「芸石国人領主連合の展開」の第二節「高橋氏と芸石国人領主連合」に詳述した。なお、『広島県史　中世』（一九八四年）のⅣの二に「高橋氏」と題して簡潔にまとめた。

（4）　この天文五年二月二十四日付の袖判の奉書（六）の袖花押の形状は、大永六年七月十六日（二）、天文四年三月十日（五）、年未詳四月二日（七）の袖花押と全く同型である。これについては、隆連の父佐波誠連と推定したが、その根拠は次のとおりである。この天文五年二月二十四日に借用した五〇俵の返弁は、由来の被官衆によって果たされなかったため、九月四日に隆連が竹谷を給与するという事態に至るのであるが（天文五年九月四日佐波隆連袖判秀安奉書「竹谷陸反之儀、就御不弁被仰合候」（八））、そのなかで隆連が「かのとの丑の年より者、今度就御届、従　誠連様拾貫前御約束候内として可被遣候、於御役等者、有様可有御沙汰候」と述べていること、そしてこの誠連がした約束とは、年未詳四月二日の袖判の奉書の内容（「就今度御届、千疋前御約束候」）を指していると考えられることによる。

（5）　佐波氏の系譜ならびに庶子家の分出の態様を知るために佐波氏略系図を作成した（典拠は、「譜録」佐波勘兵衛嘉連）。

＊　「林家文書」には、誠連・隆連・興連・隆秀・恵連の五代の文書がある。なお、隆秀については、隆連袖判の奉書への裏証判（四）のほか、独自の判物は存在しない。しかしながら、弘治二年十一月四日の毛利元就起請文以下、永禄・元亀・天正年間に毛利氏から宛てられた文書の宛書として確かめられるので（『萩藩閥閲録』七一）、この時期に家督であったこ

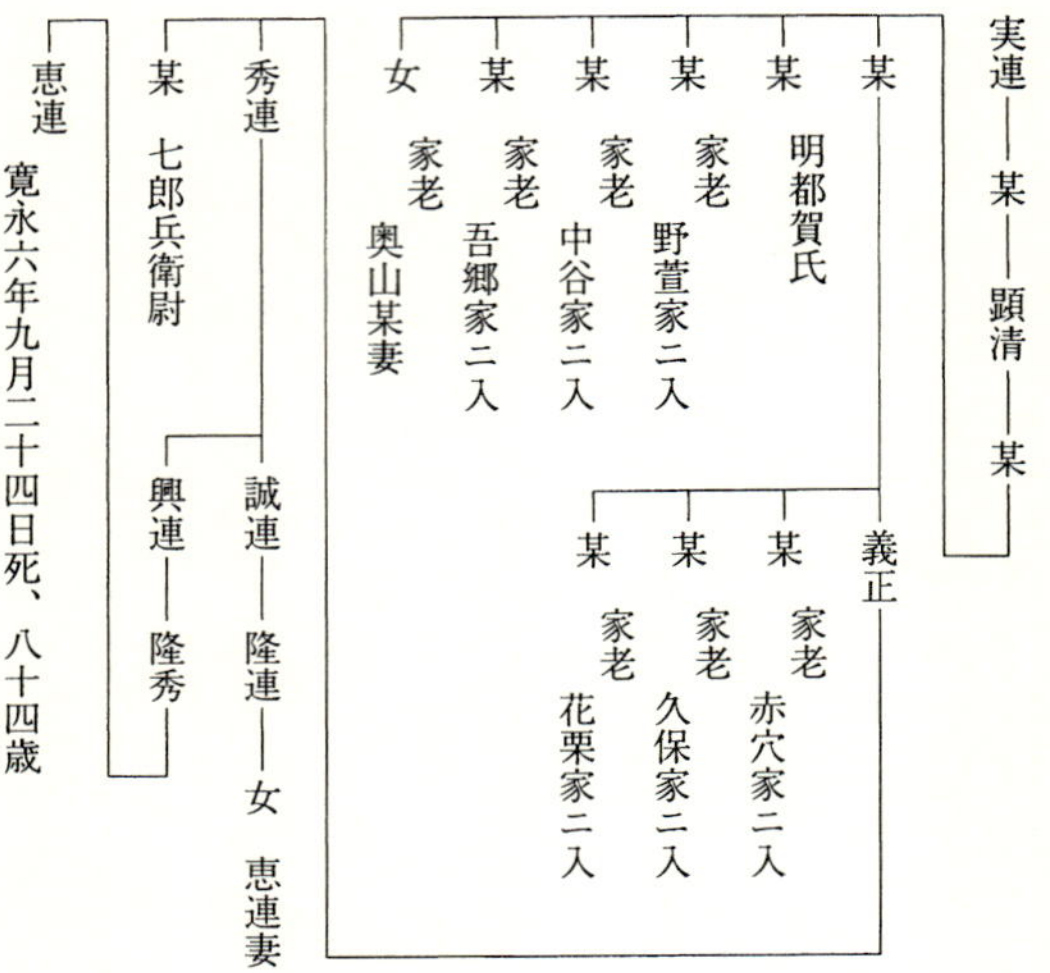


とは間違いない。ただ、「林家文書」によれば、永禄九年までは興連袖判の奉書による知行宛行の事実が確かめられるので、隆秀代における佐波氏家中支配にしめる父興連の存在は重要である。

なお、興連袖判の奉書の初見は、管見の範囲では、天文十六年閏七月十二日に芥川・山下両氏が奉行して教禅入道に宛て吾郷村神本分の内の田三反・屋敷一所を作職として給与したものである（「尾原家文書」〈島根県立図書館架蔵影写本〉）。

** 赤穴氏は実連の次子常連が赤穴荘地頭職を譲られたのに始まるとされているので（『萩藩閥閲録』三七）、「…ニ入」をこの時点における庶子家分出を示すものと考えるのは必ずしも適当でないかもしれない。

さて、これらの分出した庶子家には右肩に「家老」と註記されているが、それは、具体的にはたとえば興連袖判の奉書の日下に中谷氏や花栗氏などがいわゆる奉行人として署判している関係を指すものと考えられ、それは遡って誠連袖判の奉書の日下に弟興連が署判していることと同様の関係である。国人領主佐波氏の家中組織は、これらの庶子家をその最上層（略系図中の「家老」にあたる）に位置づけたあり方であったと言える。

花栗氏は現在の頓原町花栗を割分地として与えられていた庶子家と考えられるが（略系図中にみられる庶子家の在所については、佐波氏関係地名図に示した）、後述の「石橋家文書」には弘治年間の奉行人として花栗山城守盛　が確かめられる。彼は、尼子氏と毛利氏の戦争が激化したなかで尼子氏に通じたため、興連・隆秀に誅伐されている（永禄三年二月二十二日付の佐波隆秀に宛てた毛利元就や同隆元書状の説明書に「花栗山城守と申同名之者、雲州江中合、過分ニ知行申談、逆心仕之趣尋極、興連・隆秀談合仕、隆秀自身誅伐仕候、就夫御感状也、御使赤川十郎左衛門殿」とある〈『萩藩閥閲録』七一〉)。花栗氏の在所は地理的にみて佐波氏領内では最も尼子氏寄りに位置しており、また有力庶子家であるが故に誘われたものと思われるが、この事実もまた佐波氏家中最上層の彼等のこの時期における政治的動きと性格を示すものと言えるであろう。なお、その跡は、永禄九年二月九日の興連袖判の奉書の日下に「花栗遠江守連親」が署判しているので、彼が継いだものと考えられる(一三)。

(6)　文禄四年(一五九五)と思われる十一月十五日付の「石州美濃郡益田玄蕃頭領目録」では、全体が一万一五九八石余、そのうちの益田本郷には「市屋敷百弐十八ケ所　銭五拾四貫六百文」とある(田分米・畠分銭・市屋敷銭の小計二三一四石余〈「益田文書」第三五〉)。

(7)　これらの史料については、『大日本史料』十之三、九七八〜九九四頁にまとめて収載されている。

(8)　「九百拾五番字要害」・「九百拾六番字国王原」は、明治初年に作成された絵図面(頓原町教育委員会所蔵)に拠っている。したがって、この「字」は、旧都加賀村の「字」である。そして、「字要害」の内はさらに通称「ほり」に細分されており、その主なものに「かす坂越し」・「峠城平《たわじょうびら》」・「かす坂空《そら》」・「かす坂以後《いご》」・「かす坂横手上《うえ》」・「かす坂下《し》も平《ひら》」などがある(渡部政夫氏所蔵の要害土地控帳に拠る)。これら「かす坂峠」の位置等については、頓原町教育委員会の今田昭二の教示をえた。厚くお礼申し上げたい。

(9)　弘治三年七月六日に佐波興連の奉行人塚原・花栗両氏は連署して石橋孫四郎に大田北郷の内の宮次分作職を給与している(「石橋家文書」五)。また、佐波連盛(「連」は惣領の偏諱と思われる)は、天文十二年二月十日に神主八郎次郎に大田北郷の神主職を安堵し、同十三年九月十一日には神主八郎次郎女に大田北市庭かわらけ屋敷を給与し、公役等を市庭なみに勤めるよう命じている(「白石家文書」〈島根県立図書館架蔵影写本〉)。佐波氏は、南北朝の動乱期に大田に松山城を築いているが、それ以来大田(北郷)をその所領とし、庶子家をして拠らせるとともに、惣領家・庶子家それぞれによる支配を行っていたものと考えられる。

(10)　天正十四年と思われる極月十九日付の二宮就辰宛毛利輝元書状に「関白様御下ならハ神辺にて御宿調候事、其外御座所なとにてのあてかひ彼是可入候」とあるので（「譜録」二宮太郎右衛門辰相）、「御宿」と「御座所」は厳密には区別されるものであったと考えられる。なお、以下本文中に引用している「譜録」や「桂文書」は、『広島県史　古代中世資料編V』所収。

(11) 植木は、遡って筑前立花城の攻防戦が行われた永禄十二年五月九日に吉川元春が佐藤元実（毛利氏小使〈本文中後述〉）に宛て「従山鹿《（肥前）》荷物取寄度候間、植木之馬拾疋被申付候者、可為祝着候」と申し述べているので（『萩藩閥閲録』一〇八）、伝馬を備えた宿であったと考えられる。

(12) 岸田裕之「解説」（岸田編『中国大名の研究』〈吉川弘文館、一九八四年〉）四六六頁。

(13) 佐藤元実が植木に拠っていたことについては、永禄十二年九月五日の元春・隆景連署書状に「御方事此節者植木有在郷、万調肝要候」とあること、兵粮米については、本文中に引用した史料のほかに、たとえば同年正月二十九日の隆景書状に「至笠城重而兵粮百俵可被上事肝要候」とあること、また番衆については、たとえば同年正月十七日の元春・隆景連署書状に「此者共至馬見急々差遣之候、路次不知案内之儀候条、送等之儀預裁判候者、可為祝着候」、三月八日の隆景書状に「有田加賀守事、急用候て宝満差出候之条、路次送之儀、別而頼存候」とあることによる（いずれも『萩藩閥閲録』一〇八）。

(14) 第一章「中世後期の地方経済と都市」五五～五八頁。

(15) 毛利軍は二月七日に仁多郡三沢から横田に着陣し、翌八日には「富田城内衆令参会」予定であったが（二月七日湯原元綱宛小早川隆景書状〈『萩藩閥閲録』一一五之二〉）、その二月七日に三沢為清は「就今度富田兵粮持夫之儀、晋叟寺御寺領分追立、前々雖無役候、自芸州依御下知、無異儀被仰付最可然候、於以後茂、拙者事者、如前々可為無役候」と命じている（「晋叟寺文書」〈島根県立図書館架蔵影写本〉）。

(16) 「塩冶朝山司」が両郷各別のものか、また一つの地域単位としてのものか、明確でない。なお、塩冶郷は鎌倉時代に守護佐々木氏が入部して本拠地にした在所であり（のち塩冶氏を称す）、朝山郷は出雲在庁で鎌倉時代には在国司としてあらわれる朝山氏の本拠地であったが、室町時代には将軍家御料所としてもみえるところである。

(17) 第一章「中世後期の地方経済と都市」七七・七八頁。

# 第五章　石見益田氏の海洋領主的性格
## ——永禄十一年の吉田毛利氏への出頭関係史料の紹介と解説——

### はじめに

中世の領主層を論ずるとき、関係史料の残存具合に制約され、ついつい農業生産力に基盤をおいているものとして、その基盤や性格全体を規定してしまいがちである。

しかし、たとえば大名大内氏の富裕さの象徴的事柄として、その地理的環境を利用した海外貿易がよくあげられるように、とくに大河に臨んだり、また海辺部に本拠や所領を有する領主が領内の諸種の資源や産業を活用しつつ、流通や海外貿易に関与して経済力を増したのではないかと推察してみることは、可能であるし、またそれは歴史的世界の再構成の方法としても正しいと思われる。

いまそれをいわば陸の視座に対して、河海からの視座とでもたとええようか。

室町時代の領主層の朝鮮との通交・貿易に関する一般的史料としてよく引用される「海東諸国紀」中に、石見では周布和兼・土屋賢宗・益田久直・吉見正教・平吉久らが記載されていることは広く知られているが、益田川・高津川河口に現在も居館等の遺跡を残す益田氏が、河川交通や山陰沿岸の交通・流通、また海外貿易にどのように関わったか、あるいは河・海の産物をどのように用益したのか、推測してみることは、益田氏の基盤や性格を解明するためにも、欠かせないことである。

史料としては断片的であっても、あるいは一見して無関係にみえる史料のなかからでも、それに関係すると思われる箇所に着目したり、相互に関係づけたりしながら、それらを益田氏の全体像のなかに組み込み、その基盤や性格を論ずることは不可欠のことである。

本章においては、このような目的を掲げ、それに関係する史料二点を紹介したい。また、ほかにその解説のうえに必要な史料数点をもあわせて紹介する。いずれも従来未紹介のものである。

さて、この二点は、永禄十一年(一五六八)正月に益田藤兼・次郎父子が吉田毛利氏のもとに初めて出頭し、次郎は輝元から加冠状を与えられて元服し、また元就の偏諱をえて元祥と称した(『萩藩閥閲録』七〈益田〉—39・40)際のものである。一つは、その御礼挨拶に関するもの、二つは、その祝宴に関するものである(ともに東京大学史料編纂所所蔵の「益田文書」第三三。巻題に「至芸州始而出頭之記録并御一献之御手組」とある)。

前文書には「於吉田初而御出頭之日之御礼儀之次第」とあり、それから考えるならば、この史料は、基本的には戦国時代の大名・国衆間の儀礼に関するものと言うことができる。そして、その当事者が書き記したこれほど詳細なこの種の儀礼関係の覚書風の史料は全国的にみても見当らず、貴重且つ稀有のものである。

したがって、本章における視座や目的を果たすためには、その御礼挨拶の際の贈物の品目や、量・性格等々に注目していかなければならない。それゆえに貴重な史料の利用の仕方としてはきわめて限られたものになるが、ここでは益田氏の海洋領主的性格を析出しながら、農業生産力に片寄らない益田氏の基盤全体を明らかにすることを目的にしたい。

このような方法は、益田氏の固有の性格を導き出すことにとどまらず、それによって当該時代の石見国を毛利氏の中国争覇戦の対象としてのみみるのではなく、さらに踏み込んで石見国に視座をすえて地域から東アジア世界をみることにもつながるのである。

## 一　史料の翻刻紹介

### 益田藤兼・同元祥吉田出頭の礼儀次第（折紙八枚）

（第一紙）

於吉田初而御出頭之日之御礼儀之次第

屋刑（形）様（毛利輝元）へ

一御太刀　御馬現　御具足甲　并万疋　従藤兼様

一御太刀　御馬現　従次郎（元祥）殿様

一御太刀　御馬現　御鎧甲　并三千疋　従次郎殿様　御元服之御礼儀

一御太刀　御馬現　従藤兼様　次郎殿様御元服之御礼儀

同御湯漬後之御酒之時

一御腰物包平　御太刀　従藤兼様

一御腰物一文字　御太刀　従二郎殿様

一白柄長刀　従藤兼様

一打刀　〃藤

一十てう

屋形様御袋様へ

一端子弐巻　并五千疋
一同御局様へ　千疋
一五千疋　御太刀　虎菊大夫ニ被遣也、
其外公界衆
桂巳下へハ、五百疋三百疋宛被遣也、人数料日記ニ注之、廿五人
元就様へ
一御太刀　御馬現　御具足甲　并万疋　従藤兼様
一御太刀　御馬現　御具足甲　并三千疋　従次郎殿様　御元服御字の御案内
一御太刀　御馬代　従藤兼様　二郎殿様御元服御字の御礼儀
一御太刀　御馬代　従二郎殿様　初而御参之御礼儀
同御肴御酒之上ニテ御礼儀次第
一御腰物　并惣金具御太刀信国
一丸貫ノ御脇さし
一御腰物　御太刀　従二郎殿様
同上様へ
一十てう
一端子弐巻　三千疋
一板物弐端　御局へ
(第二紙)

　同上様へ
一十てう
一端子弐巻　三千疋
一板物弐端　御局へ
　同上様へ
一十てう
一端子弐巻　三千疋
一板物弐端　御局へ
一御太刀　御馬現　従藤兼様次郎殿
　(元秋)十郎殿へ
一御腰物　并御太刀　馬代　従藤兼様
　十郎殿へ
一御太刀　御馬現　従藤兼様次郎殿
　(元清)四郎殿へ
一御腰物　并御太刀　御馬代　従藤兼様
　四郎殿へ
一御太刀　御馬代　従二郎殿様
　十郎殿へ
一御太刀　御馬代　従二郎殿様

四郎殿へ
此外御同房衆以下へ三百疋宛折帋被遣也、
一御一献之日之御礼儀次第
初献御引渡之時
一御太刀　御馬現　御鎧甲
御湯漬後之初こんニ
一のしつけの御腰物　并御太刀副之、
二こん目之時
一虎皮　并御太刀副之、
三こん目之時
一惣金具之さし打刀
よ(四)こん目之時
一惣金具之御太刀　并御腰物副之、黒シ、
五こん目之時
一端子五巻　御太刀副之、
六こん目之時
一つは刀惣金所
七こん目之時
一白柄ノ長刀

四郎殿様へ
一御腰物　御太刀
一御太刀　(吉川)元春様へ
御太刀　(元長)元資様へ
一御太刀　口羽殿へ
(第三紙)
一御太刀　桂殿へ
一御太刀　福原殿へ
一太刀　観世大夫へ
一弐千疋　端子一巻　(満)万願寺へ
一太刀　并五万疋　観世大夫へ
此外公界衆卅《廿》五人へ三貫宛
一拾五貫　太刀ニ振　膳夫粟屋刑部左衛門尉へ両度ニ被遣也、
一御太刀　馬代　観世大夫所へ寂前為案内被遣也、
元就様へ御一献之御礼儀　追而之日御申之次第
一馬樽十駄数廿
一肴十合
一御太刀　御馬現
一御腰物実秀

一虎皮
一端子五巻
　屋刑(形)様へ御暇乞之時之御礼儀
一御太刀　御馬現　従藤兼様
一御太刀　御馬現　従二郎殿様
一御太刀　御馬代　従藤兼様　御縁辺調候ニ付而御礼儀
一御太刀　御馬代　元就様へ　右同前
　元春(吉川)様へ初而御出之時之御礼儀
一御太刀　御馬代　従藤兼様
一御太刀　御馬代　従二郎殿様
一御太刀　御馬代　元資様へ　従藤兼様
一御太刀　御馬代　同人へ　従二郎殿様
一御太刀　御馬代　従藤兼様　三郎(元棟)殿へ
一御太刀　御馬代　従二郎殿様　三郎殿へ
　元春様へ御賞翫之時
一御太刀　御馬現　御具足甲　御腰物▨　太刀并三千疋　元春様へ　従二郎殿様

(第四紙)

　御縁辺之御案内
一御太刀　御馬現　御具足甲　御腰物　一文字并三千疋　元資様へ　従二郎殿様

右同前

一御太刀　御馬代　幷弐千疋　元春様へ　従藤兼様

一御太刀　御馬代　幷弐千疋　元資様へ　従藤兼様

一刀一腰　御太刀副之、三郎殿へ　従藤兼様

一御太刀　御馬現　従二郎殿様　三郎殿へ

　御湯漬後之御酒之時

一御太刀　元春様へ　従藤（兼脱）様

一御太刀　元資様へ　従二郎殿様

一つは刀一ツ　従藤兼様　元春様へ

公界衆へハ悉弐百疋宛被遣也、

　元春様を藤兼様へ御賞翫之時之御礼儀之次第

一御太刀六振　藤兼御父子様　元春様御父子三人へ被進之候、

　御湯漬後御酒之時之御礼儀之次第

一御腰物　御太刀　元春様へ

一御腰物　御太刀　元資様へ

一つは刀一ツ　三郎殿様へ

公界衆へハ押並二百疋宛

　口羽（通良）殿へ御出之時

一御太刀　御馬現　従藤兼様

一御太刀　御馬代　従藤様（兼脱）　春良へ
一御太刀　御馬代　従二郎殿様　通良へ
一御太刀　御馬代　従二郎殿様　春良へ
　御湯漬後之御酒之時
一御腰物　御太刀　通良へ
一御腰物　御太刀　春良へ
一樽十　肴五合　是ハ㝡初ニ被進之候、
公界衆へハ押並弐百疋宛
　同人へ御暇乞ニ御座候時
一御腰物　御太刀　通良へ
一御腰物　御太刀　春良へ

（第五紙）

　赤川十郎（元秀）左衛門尉殿へ初而御出之時、御礼儀次第
一樽十荷　肴五合
一御太刀　御馬現　従藤兼様
一御太刀　御馬代　従藤兼様　又五郎（元房）殿へ
一御太刀　御馬代　従二郎殿様
一御太刀　御馬代　従二郎殿様　又五郎殿へ
　御湯漬後之御酒之時、御礼儀之次第

一御腰物　御太刀　元秀へ
一御腰物　御太刀　又五郎殿へ
一長刀一かとの　元秀へ
一つは刀　又五郎殿へ
公界衆へハ押並弐百疋宛
　同人へ御暇乞ニ御座候時、御礼儀之次第
一具足一領　元秀へ
一三千疋　同人へ
一千疋　又五郎殿へ
一板物五たん　女中へ
太刀　舟木二郎左衛門尉殿
太刀　赤川又二郎殿
其外兄弟親類衆へ五百疋宛
并被官衆へ三百疋宛　悉御礼儀候、
　桂(元忠)上総介殿へ御出候時、御礼儀之次第
一御太刀　御馬現　従藤兼様
一御太刀　御馬代　従二郎殿様
一御太刀　御馬代　従藤兼様　平二郎(就宣)殿へ
一御太刀　御馬代　従二郎殿様　平二郎殿へ

一樽十荷　肴五合
　同御湯漬後御酒之時、御礼儀之次第
一御腰物　御太刀　元忠へ
一御腰物　御太刀　平二郎殿へ
公界衆へハ押並ニ百疋宛
　山県越前守殿へ御出候時、御礼儀次第
一御太刀　御馬代　従藤兼様
一御太刀　御馬代　従二郎殿様

（第六紙）

一御太刀　御馬現　従二郎殿様　御祝言ニ付而之御礼儀
一御太刀　馬代　従藤兼様　御祝言ニ付而之御礼儀
一端子一巻　女中へ
　後之御肴御酒之時
一御腰物　御太刀　従藤兼様
一御腰物　御太刀　従二郎殿様
一さし打刀惣金之包平　子息へ　従（兼脱）藤様
一御太刀　馬代　子息へ　従二郎殿様
　同人へ御暇乞御座候時
一御具足一領同甲　（山県）就次へ　従（兼脱）藤様被遣也、

其外御樽已下

日之山之御女中向へ御礼儀之次第

一厚板弐端　并三千疋

十てう　御料人様へ　従二郎殿様

一十てう　厚板弐端　并二千疋　御料人様へ　従藤兼様

一十帖　厚板弐端　并千疋　御女中様へ　従二郎殿様

一十帖　厚板弐端　并千疋　御女中様へ　従藤兼様

一十帖　厚板弐端　并千疋　おかたの御女中様へ　従藤兼様

一十帖　厚板弐端　并千疋　おかたの御女中様へ　従二郎殿様

一弐千疋　惣の女房衆へ

一板物二端　御局へ　従藤兼様

一板物弐端　御局へ　従二郎殿様

一板物二端　おかたの局へ　従藤(兼脱)様

一板物二端　同局へ　従二郎殿様

一板物二端　おの人へ　従藤兼様

一板物二端　同人へ　従二郎殿様

一板物二端　おくへ　従藤兼様

一板物二端　おくへ　従二郎殿様

一板物一端　へ　従藤兼様

一板物一端　同人へ　従二郎殿様

（第七紙）

一福原殿桂殿坂殿へハ、御太刀馬代ニテ、寂前(太刀)茂一通之御礼儀候、

藤兼様御座候時ハ、御腰物御太刀、福原殿桂殿(子息少輔三郎)両人へハ一人副被進之候、

一坂殿父子へハ、御太刀馬代ニテ、父子へ并而以使者御申候、

一其外吉田之年寄衆奉行衆へハ、千疋ニ御太刀金覆輪ニテ、悉へ御礼儀候、銘々料物日記ニ注之、

一兼重(元宣)殿へハ、右之衆並ニ御腰物を被遣之候、

一万願寺へハ、千疋ニ端子一巻、寂前ニモ被進之候、

一猿楽已下へハ、御小袖并御肩衣袴大概被遣之候、

一則阿弥にハ、御肩衣(御太刀)袴御腰(刀)物を被遣之候、

一幸才寺(広済)へハ、吉田之御宿也、米十俵千疋被遣之候、

其外弟子衆へ茂、悉御礼儀候、

一西祥寺へハ吉川之御宿、米卅俵被進之候、りやうしやへハ、百疋宛被進之候、并御樽已下被遣之候、

一於吉田御門番候中間三人へハ、板物一端、并五百疋宛、一人副被遣之候、

右之太刀ハ悉金覆輪にて候、一振茂黒塗のハ有間敷候、

一吉田之面々其外奉行衆へハ、藤兼様之御宿へ初而被参候時、金覆輪御太刀一振宛不残被進之候、

（第八紙）

沼田(小早川隆景)へ御礼儀

表1　永禄11年正月の益田藤兼・同元祥吉田出頭の礼儀次第

| 贈先＼贈物の種類 | 刀類（計） | 太刀 | 腰物 | その他 | 馬 | 馬代 | 鎧甲類（計） | 甲 | 具足 | 礼銭（貫） | その他 |
|---|---|---|---|---|---|---|---|---|---|---|---|
| 毛利　輝元 | 23 | 14 | 4 | 5 | 7 | 1 | 3 | 3 | | 130 | 虎皮　端子5巻 |
| 屋形様（輝元）御袋様など | | | | | | | | | | 60 | 10帖　端子2巻 |
| 毛利　元就 | 12 | 8 | 3 | 1 | 3 | 3 | 2 | 2 | | 220 | 30帖　端子11巻　板物6端　馬樽10駄　肴10合　虎皮 |
| 毛利　元秋 | 3 | 2 | 1 | | 1 | 1 | | | | | |
| 毛利　元清 | 5 | 3 | 2 | | 1 | 1 | | | | | |
| 吉川　元春 | 16 | 13※ | 2 | 1 | 1 | 3 | 1 | 1 | | 50 | ※うち6は父子3人宛 |
| 吉川　元資 | 9 | 7 | 2 | | 1 | 3 | 1 | 1 | | 50 | |
| 吉川　元棟 | 6 | 4 | | 2 | 1 | 2 | | | | | |
| 口羽 | 13 | | | | 1 | 3 | | | | | 樽10　肴5合 |
| 　通良 | | 5 | 2 | | 1 | 1 | | | | | |
| 　春良 | | 4 | 2 | | | 2 | | | | | |
| 赤川　元秀　又五郎 | 12 | 8※ | 2 | 2 | 1 | 3 | 1 | | 1 | 40 | 樽10荷　肴5合　板物5端　※うち1は舟木二郎左衛門尉宛 |
| 桂　元忠　就宣 | 8 | 6 | 2 | | 1 | 3 | | | | | 樽10荷　肴5合 |
| 山県　就資　同子息 | 10 | 7 | 2 | 1 | 1 | 4 | 2 | 1 | 1 | | 端子1巻　樽 |
| 吉川家女中衆 | | | | | | | | | | 110 | 60帖　厚板12端　板物18端 |
| 小早川隆景 | 2 | 1 | 1 | | 1 | | 2 | 1 | 1 | 30 | 10帖　厚板3端　板物5端 |
| 福原　貞俊 | 4 | 3 | 1 | | | 1 | | | | | |
| 桂　元澄 | 4 | 3 | 1 | | | 1 | | | | | |
| 坂　元貞　父子 | 2 | 2 | | | | 2 | | | | | |
| 兼重　元宣 | 1 | | 1 | | | | | | | | |
| 吉田の年寄衆奉行衆（1人宛） | 1 | 1 | | | | | | | | 10 | |
| 満願寺 | | | | | | | | | | 30 | 端子2巻 |
| 広済寺 | | | | | | | | | | 11 | 米10俵　樽（吉田における宿泊所） |
| 西祥寺 | | | | | | | | | | 1 | 米30俵　樽（吉田における宿泊所） |
| その他 | 9 | 7 | 1 | 1 | | 1 | | | | 580※ | 小袖　肩衣　袴　板物1端　※うち50は虎菊大夫，500は観世大夫宛 |
| 合計 | 140＋α | 98＋α | 29 | 13 | 20 | 32 | 12 | 9 | 3 | 1322＋α | |

一御太刀　御馬現

一御具足并甲

一御腰物

一同御女中様へ

一十てう

一厚板三端

一参千疋

御局へ

一板物五端

## 益田藤兼・同元祥吉田における一献手組注文

於芸州吉田御一献之御手組

初献

御引渡

御湯漬

さかひて

しほひき　ふくめ　たい　かい　あわひ

かうの物　はむ　かまほこ

二

すし　きし
にし　御しるあつめに
ひしき
いか　さけ
三
かとのこ
このわた　御しるかん
川おそ
くらけ
御くわし七種……………………………………………………………………………………（紙継目）……
御さかな
小くし　御さうに
けつり物
二こん
むしむき　御そへ物白鳥
三こん
さしくらけ
たい
こうるか
(四)
よこん

とりのあし　へつかん　御そへ物さしみ
五こん
しほひき
きし
いか
六こん
くさひら
まんちう
……はるも……御そへ物うけひり……（紙継目）……
七こん
はむ
あゆ
からすミ
以上上ノ御座敷御膳卅弐膳
後の御肴之時精進ノ衆加之、
一御折八合　一御かわらけの物三せん
一御食籠二ツ　一御さかつきの台五ツ
一観世大夫御能被仰付、
一舞台銭　五百貫　并金覆輪御太刀二振被遣也、
御人数百五十人
一御次之御湯漬　御数八ツ御汁三ツ

一幕屋へも右同前人数七十人
　右之御肴之注文
一かん十二　　一鮭之塩引十一
一くし鮑七連　　一いりこ六十けた
一大うほ三喉　　一こふり卅こん
一きし廿六　　一かも廿

……（紙継目）……

一鯛六十三喉　　一蚫五百盃
一海月一桶二百卅五盃　　一ふくめ鯛六斗五升
一あこ五百こん はむニ用之、　　一あこ千喉 しほ引ニ用之、
一にし六十盃　　一このわた壱斗
一いか卅五連　　一小たい百喉
一かとのこ五升　　一川おそ一ッ
一白鳥一ッ　　一あいのしらほし百五十
一からすミ八連　　一たい卅喉かまほこニ用之、
一さゝゑ五十　　一こうるか三升
一しほ鮭十喉　　一すし五百
一かうの物弐百十本　　一こはう十は
一こふ廿六くわん

一御一献之日之御酒　馬樽十弐
一元就様へ御樽　馬樽廿　御肴十合右之肴の外也、
右注申所如件、
永禄十一年戊辰二月十日
大谷主殿助　仲実（花押）
藤原兵庫助　種勝（花押）

## 二　虎皮と海産物

前文書については、献上先ごとに献上品目が一覧できるように表1を作成した。益田氏が献上した品目は、刀類[1]・馬（現物）・馬代・鎧甲類・銅銭・その他に分類し、献上先ごとに品目の数量のみを（算定が難しい箇所もあるが）記入し、「その他」の場合には品目と数量について示した。なお、献上した機会、その理由等は表からは割愛した。

献上先のなかで吉川氏の地位が高く見えるのは、弘治三年（一五五七）三月に益田藤兼が吉川元春を通じて毛利元就に服属を表明したこと（『萩藩閥閲録』八四〈児玉〉―9）、永禄六年（一五六三）三月に益田藤兼が毛利元就に家宝の舞草房安の名刀を献上して盟約を固めた際にも、吉川元春が仲介したこと（同七〈益田〉―1～8）、さらに永禄八年十二月には益田藤兼と吉川元春の間において起請文が交換され、相互協力と扶助の盟約が取り結ばれているが、これは、藤兼の嫡子小若丸と元春の娘が婚約したことに基づいて形成されたものであったこと（永禄十年に小若丸が死没したため元春娘はその弟次郎〈元祥〉の室に嫁す）など、両者が取り結んできた関係の歴史的経緯によるものである[2]。

なお、姻戚関係となった益田氏と吉川氏は、これ以後一層緊密の度を深め、元祥は毛利氏一門のなかに入り込んでいくのである[3]。

さて、前文書のうち、当面の目的に即して何よりもまず注目されることは、輝元・元就に虎皮各一枚が献上されている事実である。虎皮は、珍奇な外国産品であり、朝鮮貿易における輸入品であった(4)。この事実は、石見益田氏が海外貿易をも含めた流通経済に積極的に関与していたことを推測させるものであり、それゆえにその有様についてあらためて検討を加えてみる必要がある。

次に、後文書は祝宴の手組に関するものであるが、北海産の昆布(5)をはじめ多種多様な海産物・同加工品が供されていることが注目される。この種の記録は他にも見られる(6)が、国衆の関係史料としては稀有の内容を有するものであり、益田氏がこの挨拶にかけた熱意とその背景にある経済力を示すとともに、その領域の長い海岸線を有効に利用した海洋領主的性格を色濃く表わしている貴重な資料と言ってよい。

## 三　筑前国原・筵田両郷と長門国見島

ここでは、益田氏が虎皮などの外国産品を入手しえた方法・基盤等について検討してみたい。

「海東諸国紀」中に石見国衆にまじって益田久直が確かめられることは既に指摘しているが、外国産品については、益田氏が北部九州の博多等の海外貿易港において入手する方法、また対馬経由で直接交易する方法等が想定される。そのどちらについても、それを可能にする基盤がなくてはならない。これについて考察するには、永禄十三年(一五七〇)二月九日に益田藤兼が嫡子元祥に相伝の所領を譲与し、その内容を書き上げた「譲渡所領一書」(「益田文書」第三四)が参考になると思われる。

## 益田藤兼譲状

当家重代相伝之本地并新知行分所々等地之事、以一書譲渡申候畢、向後下子之所領等者、親子以談合可相定者也、仍譲状如件、

永禄十三年庚午二月九日　　右衛門佐藤兼(花押)

次郎元祥参

## 益田藤兼譲渡所領一書

元祥江
譲渡所領一書　永禄十三年庚午二月九日

石州

一上下本郷号益田

一南北両仙道郷

一奥郷

一飯田之郷

一浜辺郷所々

一弥富郷号遠田

一庄内七郷梅月　俣賀　川縁加之、

一黒吉三ヶ郷上黒谷　吉見押領分有之、

一角井郷周布へ付置　近年又家之知行　当代ヨリ

一白上郷右子細同前

一納田郷付永安分除之、吉川申談故也、　藤兼代ヨリ知行

（益田藤兼）
（裏花押）（紙継目）

一岡見郷付永安分除之、吉川申談故也、　藤兼代ゟ知行
一来原郷六方　藤兼代ヨリ知行
一津毛郷宇須川　宗兼代ゟ知行
一丸毛郷板井川　宗兼代ヨリ知行
一多田・徳屋両郷本地
一宅野村不知行　付井上郷之事、雖為本地、吉川殿依知行除之、別申談故也、
一疋見郷道川同前　宗兼代ヨリ知行

長州

一田万郷江津　藤兼代ヨリ知行
一須佐・三原両郷不知行有子細之、　藤兼代ゟ知行
一見島大津郡之内也、　藤兼代ヨリ知行
一福井庄官名　不知行　百十貫
一大井浦　不知行　百貫
一川島本方新方　不知行　五百貫
一（阿）安武郡中此外所々不知行有之、号三隅分、所々ニ有之、

防州

（益田藤兼）
（裏花押）（紙継目）

一恒富保　三百五十貫　不知行
一厚東吉見村　弐百二十貫　不知行長州内
一東豊田　百貫　不知行　藤兼代ゟ知行長州之内
一山代両所　三百貫文　藤兼代ゟ知行防州之内
　筑前国
一原・筵田両郷　三百五十貫文本地也、津丸・久末三隅分也、
　雲州生馬
一生馬郷　百貫　藤兼代ゟ知行
　以上
永禄十三年庚午二月九日　右衛門佐藤兼（花押）

いまこのなかにおいて筑前国原・筵田両郷三五〇貫文（本地）と津丸・久末（三隅分）、ならびに長門国大津郡見島の領有が注目される。

筑前国原・筵田両郷は、八月二十五日の大内義興書状（「益田文書」第二二）に「任法泉寺殿（大内政弘）裁許之旨」せて安堵されているので、応仁・文明の乱中における益田氏の忠節に対する褒賞と考えられる。両郷は、遡って文明十五年（一四八三）卯月二十八日の益田兼尭・貞兼連署譲状（同右）に「筑前国筵田・福光・原」、またのち天文十五年（一五四六）十二月二十六日の益田尹兼譲状（同第二八）には「筑前国福光・原」と見える。

原郷の位置は、たとえば長禄三年（一四五九）六月二十四日に大内教弘奉行人が連署して安富備後守に宛て「筑前国早良郡原村内」（新開新左衛門尉跡）を給与している事実[7]を勘案するならば、中世博多のすぐ西に位置する現在の早良

区原、また、筵田は、旧筵田郡、現在の博多区内に比定できる。大内氏の筑前国支配の進展にともない、大内氏家臣や国衆らはそれぞれ博多や同周辺に給分を与えられたが、益田氏もまた流通経済に積極的に関与していくうえに重要な地域を与えられ、北部九州における拠点としていたものと思われる。

なお、津丸・久末は、三隅氏滅亡後に益田氏が領有したものと考えられるが、現在の宗像郡福間町津丸・久末に比定できる。[8]

また、天正三年(一五七五)の「中書家久《(島津)》公御上京日記」中には、薩摩の加治木・喜入・秋目・伊集院・入来・京泊・東郷・鹿児島など各港津の町衆や船衆が平戸等の北部九州の港津を中継地にして山陰の大田・温泉津・浜田などの港津に来港していることが確かめられるので、戦国時代に山陰と北部九州との水運は盛んに行われていたことは明らかである。[9]

益田と北部九州との交通・流通は、国衆益田氏としても、また諸国商人の経済活動上からみても、可能な状況であったと考えられる。したがって、益田氏が北部九州の博多等の海外貿易港において外国産品を入手する基盤は十分整っていたと言ってよい。

次に、長門国大津郡見島は藤兼の代より領有しているとある。

事実、永禄十二年五月三日の見島郷八幡宮の棟札[10]には、「殊ニ大旦那益田右衛門佐藤原朝臣藤兼并御息二郎元祥」、「願主山田長門守三善朝臣氏相」あるいは「当奉行同所務代山田長門守氏相」とあり、見島郷土着の三善氏流山田氏を支配下におさめた益田氏の領有について確かめられる。

また、遡って「海東諸国紀」中には、「長門州三島尉伊賀羅駿河守藤原貞成」と記載されている。[11]藤原貞成は、見島小社堂の薬師堂に関して、「奉懸鰐口医王寺御宝前　于時嘉吉元年《(一四四一)》八月三日　藤原資久敬白」とみえるので、その一族関係にあった人物であろう。

中村栄孝氏は、朝鮮が要請し、足利義満が大内義弘にその討伐を命じた「三島倭寇」について、それを数詞として解さず、この見島に比定され、また「海東諸国紀」中の地図に「箕島」とあること、そしてまた「日本国三島守源吉見之印」をも合せ考えて、「この三島は、倭寇活動の初期に海賊団の拠点となった時期があると考えても失当ではあるまい。また、そのことが、早期に地図上の所見ともなって伝わったのではなかろうか」と述べている。(12)

また、『萩市史』第二巻、中世の見島(国守進氏執筆)には、「4　対外貿易と見島」と題し、次のような記述が見られる。

昭和四十三年、見島本村の波戸から萩市役所支所に至る道沿いの民家の地下から古銭が発見され、のち現存分を調査したところ、唐代の開元通宝から元代の至大通宝に至る北宋時代の貨幣を主とする一千枚を越える中国貨幣であったとし、「永楽通宝などの明銭のないことは、これらの貨幣の埋蔵された時代が鎌倉末～南北朝内乱期であることを予想させる。そして、この島の住民が対外貿易を行っていたことをも示唆するのである」と述べている。そして、これに関係して鎌倉時代中期に原本が成立した「拾芥抄」中の地図に、筑前に連なる壱岐・対馬、出雲に連なる隠岐の三つの島のほかに、「見海」と記された島が長門の北に所在することに注目され、見島が「大陸へのルートからいえば最先端である」と指摘している。(13)

これらを総合して考えて、平安・鎌倉・南北朝・室町・戦国時代における見島の日朝貿易上にしめる重要性は了解できる。見島は、山陰地域から対馬への中間的位置にあり、朝鮮へのルートからすれば要衝である。そのような地理的環境ゆえに、見島には朝鮮貿易に関わる多くの海民集団が生活していたと思われる。また、それに関わる領主や商人らが来航し、それぞれの中継地としても機能し、さまざまの活動のなかにおいて相互に緊密な関係を築き上げていたと考えられる。その展開のなかにおいて、「三島尉」を名乗る人物もあらわれたのであり、また津和野を本拠とし、長門阿武郡内をも領有していた吉見氏も「三島守」を名乗り、朝鮮国王から図書(印)を受けたのである。

見島の重要性は益田氏にとっても同様であったはずであり、益田藤兼がはるか離島の見島を領有下におさめたのは、同地の海民集団を基盤にして自らの朝鮮貿易の進展をはかり、また見島に寄港する領主や商人らに積極的に関与していくうえに有効であると判断したためであろう。換言するならば、益田氏の見島領有は、朝鮮貿易上にしめる見島の実態をふまえ、見島が有する固有の経済的機能や性格に意義を見い出したためであると考えて差し支えない。したがって、益田氏が直接朝鮮と交易し、外国産品を入手する基盤もまた十分整っていたと言ってよい。

なお、九月五日に対馬の島主宗讃岐守義調は益田右衛門佐藤兼に宛て、「如芳翰未申通候処、預御札殊御太刀一腰金覆輪被懸御意候、怡悦之至候、其以後可令申候処、依遼遠罷過候、背本意存候、仍弓三張荒木進之候、雖無題目候、於向後者、令申可得貴意候、御同前可為本懐候」(「益田文書」第六六)と述べており、両者間の交流が直接的に始ったことが確かめられる。

## 四　益田氏水軍の将大谷織部丞

次に考えておくべきことは、益田氏が海上輸送を行う条件を整えていたかどうかについてである。

一献手組注文の日下に署判している大谷仲実は、益田川をやや上った大谷が本貫と思われるが、次掲文書の宛書に見える大谷織部丞もその一族であると考えられる。

**毛利氏奉行人連署書状**(切紙)

就御陣兵粮運送之儀、以御方被仰聞趣、令披露候、然者一ケ月中弐百石船弐艘可令勘過通、対温泉津奉行人申渡候、可被成其御心得事、肝要候、恐々謹言、

永禄八
三月十二日

桂左衛門大夫
元忠（花押）

児玉内蔵丞
就方（花押）

大谷織部丞殿御陣所

この文書（「益田文書」第六五）は、永禄八年（一五六五）のものであるので、政治情勢としては尼子氏が富田月山城に籠城中のことであった。毛利氏奉行人桂元忠・児玉就方が益田氏家臣大谷織部丞に宛て、益田氏の兵粮運送について、一ヵ月中に二百石船二艘は毛利氏直轄関においては通行料を免除する旨、毛利氏直轄関温泉津の奉行人に対して申し渡したことを伝えたものである。いわゆる過書である。

児玉就方は、周知のように毛利氏水軍の将であり、したがって、このような過書を大谷織部丞に宛てていることは、大谷氏が益田氏水軍の統率者であったことを示すものと考えられる。

なお、大谷織部丞は、永禄末年ごろ益田氏が毛利氏中枢から命じられた長門国阿武郡江津《えづ》（現在の田万川町）の屋造について、小河内源兵衛尉とともに藤兼の名代として派遣されている(14)。

これらを合せ考えると、大谷織部丞が益田氏家中において水軍の将であり、軍事的物資の調達や海上輸送に関する機能を保持していたことは明らかである。したがって、益田氏が外国産品を入手する場合の自らの輸送条件もまた十分整っていたと言ってよい。

## おわりに

益田氏の流通貿易を支えたのは、一に領内の山・河・海・地下を含む産業・資源であり、二に流通貿易に積極的に関与していくなかにおいて高めた経済力であったと思われる。
益田氏と相手側との間における流通物資の品目や、その中核となる港津の位置・規模等によって、その経済圏は大・中・小に分れようが、益田を拠点にし、博多近辺や見島を領有する益田氏の経済圏は間違いなく東アジア的規模のものであり、その河や海に向けられた眼と行動力は多様な条件を整えながらまさに成果をあげていったのであり、本章においてその海洋領主的性格は明確に現われたと言ってよい。

このような側面の展開のなかにおいて一層総合力を増していったことが、益田氏の幕府や地域大名大内氏、そして毛利氏らに対する実力や地位を高めていく結果になったと考えてよいであろう。

しかし、各地域の大名・国衆らがそれぞれ自らの実力と判断に基づいて進めていた海外貿易も、秀吉が天下人として戦国大名の各国家を統合して統一政権を樹立し、九州攻めの直後に長崎を直轄化して全ての外国船の廻航を命じ、またいわゆる「海賊」停止等の新政策を布令して海外貿易を含めて流通の独占化を推進したことによって、次第に損われることになる。

秀吉につづく徳川政権による長崎を窓口とする外交権独占の強化は、中世の各地域の大名・国衆らがその固有の性格に基づいて長年にわたって築き上げてきた主体的な海外交流を抑え込み、地域の主権的なあり方のもとにおける彼ら固有の構造や性格を取り除き、喪失させ、また潜在化させていったのである。そのような激動する時代のなかにおいては、見島も、日本海沿岸地域と対馬・朝鮮との間に位置する流通貿易上の要衝から、ただの辺境の島へと変わっていかざるをえなかった。

その意味からするならば、中世、とくに室町・戦国時代こそ、最も益田氏・益田地域の人々の独自性や主体性が発揚できた時代であり、自らの固有の構造を基盤にして活動していた時代であったと言ってよいであろう。

（1）　刀類については、包平・一文字・信国・実秀など銘が記入されているものもある。

（2）　岸田裕之『大名領国の構成的展開』（吉川弘文館、一九八三年）四四七頁。

（3）　天正六年（一五七八）五月二十日に吉川元長は益田元祥に五箇条の起請文を宛て、その第三条において
一輝元分国何程ニ成行候共、隆景（小早川）・元政（毛利）・元清・元康（吉川）・我等父（子脱）四人、其外にハ、御父子（益田）、隆家（宍戸）父子、信直（熊谷）一家ニ可相極候、此衆中之儀者、縦一分之所存相違候而茂、人ゟ一具ニさせ候ハて不叶儀候、縦人ヨリ許書仕候とも、覚へヲ失イ申候ハヽ、諸人茂存かきり、ゆく〳〵ハ〇《身をも》家を失候ハて、叶間敷候事眼前候、又天道茂歴然之事候歟、古今之世上を御分別候而可有御覧候、又此衆中差丸ミ候て、四五ケ国をハ可持堅候条、乍惶さのミ世間者恐しくも候ハぬ事たるへく候歟、
と述べ、尚書において「此帋面取分之内状ニ候間、誰々ニ茂御他見有間敷候〳〵」と付けている（「益田文書」第三七）。

（4）　この虎皮は、中国明の冊封体制下において同じ進貢国であった朝鮮国から琉球国への進上物のなかに確かめられることから、南海諸国からのものではなく、朝鮮からの輸入と考えられる。
『那覇市史　資料篇第一巻四　歴代宝案第一集抄』（那覇市、一九八六年）中には、朝鮮国王と琉球国王間の外交文書等もいくつか収められている。それによれば、虎皮は、当該時代、朝鮮国王から琉球国王への進上物としては、一四三一年に「虎皮五領」（五四号）、一四六七年四月に「豹皮五張、虎皮五張」（一一二号）、同年八月に「虎皮一十張、豹皮一十張」（一一三号）、そして一六〇六年には「虎皮三張、豹皮三張」（一八六号）などと確かめられるのに対して、たとえば一四七〇年の琉球国王から朝鮮国王への進上物の中には、南海産の象牙・水牛角・蘇木・胡椒等々の多種多様な品目が存在するにもかかわらず、見当らないのである。

なお、一四六七年四月の朝鮮国から琉球国への進上物は、博多の商人であった道安が対馬経由で輸送したものであることが知られる。道安が「琉球国使」であったことなどについては、中村栄孝『日鮮関係史の研究』上（吉川弘文館、一九六五年）三六〇～三六四頁。

また、田村洋幸『中世日朝貿易の研究』（三和書房、一九六七年）の本論第一章「対馬島の対鮮貿易」中には、朝鮮からの輸入品として虎皮があげられている。

(5) 防府の円楽坊は、永禄初年に毛利元就・隆元に昆布や博多の練酒を贈っている(たとえば「円楽坊文書」八・一五〈『山口県史　史料編中世2』〉)。
(6) 三坂圭治校注『戦国期毛利氏史料撰』(マツノ書店、一九八七年)二一九～二四一頁所収の「元就公山口御下向の節饗応次第」。
(7) 右田毛利文書、永田秘録八五、安富家証文(山口県文書館架蔵)。
(8) 『萩藩閥閲録』九九〈内藤〉―26の内藤隆春所領書立并毛利氏奉行人連署裏書中に「宗像氏貞抱之」として津丸・久末二〇町がみえる。
(9) 第一章「中世後期の地方経済と都市」七二～七四頁。

薩摩各港津の町衆や船衆は、南海産の物品を北部九州や山陰地域に持ち来たり、また同地域の鉄や銅銀等を買い入れ、北部九州へ輸送したり、それらを国内に産しない琉球――日本・中国・南海等を含むいわゆる東アジア経済圏の中核と言ってよい――に輸出していたものと思われる。なお、琉球において鉄が重宝されていたことは、小葉田淳『中世南島通交貿易史の研究』(刀江書院、一九六八年)九六頁の註(1)。

(10)(11) ともに『防長寺社由来』第六巻、五二六頁、五三七頁。
(12) 前註(4)所引の中村栄孝『日鮮関係史の研究』上、一五一頁、一六〇～一六二頁の註(18)。また、五六〇頁、五六七・五六八頁の註(16)。
(13) 『萩市史』第一巻(萩市、一九八九年)一一六三・一一六四頁。

なお、本文中に述べた永禄十二年の見島郷八幡宮の棟札については、山田氏と益田氏の関係の問題として指摘がある(一一五七・一一五八頁)。

(14) 「益田文書」第二九。

**吉川元春・福原貞俊・小早川隆景連署書状**(礼紙付)

就今度江津表屋造之儀、申入候之処、被成御分別、彼屋作被相止、如近年可被仰付之由、以大織(大谷織部丞)并小源兵(小河内源兵衛尉)蒙仰之候、尤可然存候、田万表之儀者、先年児玉十郎左衛門尉・山田寺（マヽ）被差出之、両方御知行之境被仰談候事、不可有其紛之条、被任其旨、可有御校量事、肝要存候、猶両人可申候、恐々謹言、

十月廿八日

（吉川）元春（花押）
（福原）貞俊（花押）
（小早川）隆景（花押）

（礼紙切封ウハ書）
「（墨引）

左衛門佐
左近允
駿河守

藤兼参 人々申給へ

元春」

# Ⅲ　地方都市と商人司

# 第六章　大名領国下における赤間関支配と問丸役佐甲氏

## はじめに

瀬戸内海の西の出入口に位置し、九州との渡海地でもあった赤間関の交通・流通上の要衝としての重要性については、あらためて言うまでもないことであるが、それにもかかわらずその関町の実態や性格は全く明らかにされていないのが現状であると言ってよい。

本章は、かねてより進めている大名領国下における都市・交通・流通研究(1)の一課題として取り上げた問題であるが、近年関係史料の蒐集調査に努めた結果、新出文書の発見によって究明が可能になったものである。

「大内氏掟書」(2)の文明十九年(一四八七)四月二十日の定によれば、赤間関や小倉の代官、関のわたし守、そのわたし守が法定の渡賃を遵守しなかった場合にそれを代官に注進する関町の太郎左衛門・次郎三郎、阿弥陀寺の次郎右衛門の存在が確かめられる。また、延徳四年(一四九二)五月二日の定法には、上洛する大内氏の御座船を先例どおり赤間関に命じたところ、関地下人が浦役銭でもって進納したいと懇望したので「令支配当関地下中之処、或号寺僕、或号武家被官、令難渋出銭」しむ状態であったという。また、時期的にやや遡るが、長禄三年(一四五九)に大内氏の長門守護代内藤盛世は赤間・門司の代官に宛て、長府の忌宮神社の浜面の石築地の修復について「両津入船地下船可被申付候」と命じている(3)。

これらの事実は、赤間関に代官が置かれていたこと、赤間関町には「地下中」と称されるいろいろな階層の人々が居住し、それを指導する役人的人物が存在していたことなどを示している。

このことに関して、秋山伸隆が紹介した次の文書に注目したい。

**毛利元就・同隆元・小早川隆景連署書状**

追々申候、長府・赤間関之者共、軍勢於有狼藉者、可替覚悟趣之由候条、彼両村江従此方指下検使、左候而地下江従此方下知ニ者、軍勢於狼藉者、及合戦相防候へと申遣之候条、可被心得之由惣中江能々申届られ候て可被置候、於狼藉者、此方検使地下仁相共可成其行候間、為届重而申入候、恐々謹言、

(弘治三年)三月十九日　隆元(花押)
元就(花押)
隆景

又四郎
右馬頭
備中守
隆元

(巻込表書)「乃美(宗勝)兵部丞殿
志道(元保)大蔵少輔殿
福原(貞俊)左近允殿進之候
」

この文書は、大内義長・内藤隆世の楯籠る長門且山城攻撃中の毛利軍の指揮者福原貞俊らへの指令であるが、長府・赤間関の地下人が軍勢狼藉があれば「可替覚悟」＝毛利氏に敵対すると申しているので、防府の本陣から検使を

派遣し、地下人には軍勢の狼藉があれば実力で防戦するよう下知したこと、その時は検使も地下人とともに戦うであろう、と重ねて申し入れたいわゆる「味方地」における狼藉の禁令である(4)。

ここでは、当面元就らが自らの軍勢に対する防戦権をも容認しなければならなかった長府・赤間関の地下人の主張と実力に注目し、地下の構成や諸様相について究明していきたい。

ところで、弘治三年（一五五七）四月に大内氏が滅亡したあと毛利氏による防長両国支配が始まると、赤間関は毛利氏の直轄関とされるが、長門守護代の系譜をもつ内藤氏に関して、「興盛（内藤）知行内相違在所」として「一　赤間関役五百貫」と記されていることはよく知られている（『萩藩閥閲録』九九〈内藤〉―26）。この事実は、内藤氏が赤間関に五〇〇貫を領有していたことを意味しており、大内氏時代における内藤氏の赤間関への関与のあり方について究明する必要があることを示している。

次に、毛利氏時代については、近年萩市の高洲家蔵の船旗(5)が紹介された。昭和五十七年十一月五日に山口県有形文化財に指定されたこの船旗と高須元兼証状写は、万暦十二年＝天正十二年（一五八四）のものであり、その指定名称は「毛利氏日明貿易関係資料」（『山口県文化財一覧』）であるが、山口県文化課の吉積久年の紹介によれば「日明私貿易船印」とされている（『山口県文化財』12、文化財ノート欄、一九八二年）。指定名称からは毛利氏の公的な対明貿易、吉積の紹介からは高須氏の私貿易のように考えられ、その認識にやや差異があるように思われる。

この船旗については、既に脇田晴子が吉積の紹介を発展させて「密貿易船」の「目印の旗」と断定して引用しているが(6)、吉積が紹介文中に「毛利氏の被官椙原（高洲）氏が、いかなる事情と立場で対明貿易に携わったか、詳らかでない」と述べている、この基礎的問題を解明しなければその性格について論ずることはむずかしい。

この船旗が、公貿易に関わるものか、私貿易・密貿易の資料か、判断するためには、当該時代の赤間関はどのような機能と性格をそなえた港町であり、毛利氏は関町をどのように支配していたか等々の究明すべき課題がいまだ残されているのである。

なお、本章中には蒐集調査で新しく発見した文書を引用しているが、そのうち一九八五年九月二十一日採訪の「新出高洲家文書」、一九八八年二月二十三日採訪の「佐甲家文書」については、本文中あるいは同註の各箇所に当該文書の全文を翻刻した。「堀立家証文写」ならびにそれに関連する「杜屋神社文書」等については、『内海文化研究紀要』一六に秋山伸隆が解説を付して全体を翻刻しており、本文中に引用したものの典拠については（　）内にその文書番号を記すことにした。

## 一　赤間関鍋城と関代官

山口県文書館編『萩藩閥閲録』等の既刊史料のなかには、当該期における高須元兼の職務について示す史料がいくつか見られる。

六月十四日小早川隆景は高須元兼と其外御番衆中に宛て「路次打送之儀」、「上下共送之儀」を依頼している。十月二十三日には輝元は高須元兼に宛て、豊筑のことについて「所々趣聞合候而、時宜切々可遂注進事干要候、門司江茂書状遣之候、可相届之候、其元人質等在之由候間、別而可付心専一候」、また天正十四年（一五八六）九月二十日輝元は高須元兼・井上元治に宛て、豊前に向けて「当関船無残可差出候、其外近辺浦々相催候之儀堅申付候、乍辛労両人事茂乗船候而、豊筑船可申談候」と命じている（『萩藩閥閲録』六七〈高須〉―9・10・13）。そしてまた、六月二日に毛利氏奉行人は連署して山口奉行市川経好・国司就信に宛て、「就今度赤間関御城誘之儀、石津兵部丞被差下之処、遂馳走由、従高須惣左衛門尉注進趣被披露之処、辛労之由候」と認めている（同一六一〈当島裁判〉―14）。また、天正十四年三月十五日毛利氏奉行人内藤元栄は高須元兼・井上元治に宛て赤間関の阿弥陀寺領と定応寺領の境目紛争について指

示を与えている。(7)

　これらの史料に基づくならば、高須元兼が秀吉の島津氏攻めの頃には明らかに井上元治とともに赤間関代官として在番していたこと、彼は関町の支配のほか、関町や近辺の浦々から警固船を徴発して自ら指揮したり、対岸の門司城との間に緊密な連絡を保ちつつ北部九州の動静について調べ且つ注進し、人質の番も行ったこと、また上下の公用輸送や赤間関城の城普請の管轄等々、情報・交通・軍事上の重要な諸機能をその職掌としていたことは明確である。高須元兼が毛利氏領国の西の要衝である赤間関の支配のうえに公的な役割を果たしていたことは間違いない。このような役割に鑑みるならば、輝元が高須元兼に宛て、「塩焇一廉入事候間、方々短息候条、其元にても人を頼、何方へ成とも申ふつくり候て可短息候」(同六七〈高須〉―12。原文書を検するに、これは輝元の自筆書状である)と、輸入品である塩焇の入手の手配を命じているのもうなずける。

　さて、以上の検討を通して、赤間関の城、関在番衆、関代官とその職掌、流通への関与、北部九州との関係等々、究明すべき課題についておおよそ示しえたので、これを手引きとして以下究明していきたい。

　ところで、赤間関の地域については、「赤間関阿弥陀寺」(8)、「赤間関江口在家事、依為阿弥陀寺近辺」(9)、「赤間関西門鎮守亀山八幡宮」(10)、「赤間関専念寺」(11)等々によって、現在の赤間神宮(阿弥陀寺)から亀山八幡宮を越えてさらに西の南部町専念寺辺に至る範囲であったことが知られる。これを交通上からみてみると、今川了俊の「道ゆきぶり」(12)には、「赤まの関のにしのはしによりて、なへ(鍋)の崎とやらむいふめる村」、「門司の関はこの寺(阿弥陀寺)にむかひたり」とあり、また天正三年三月に伊勢参詣のため上洛途上の島津家久一行は、小森江(現在の北九州市門司区小森江)を経て門司城のならびの四の瀬から赤間関の鍋辺に渡海し、しばらく風待ちの滞留後出船するが、右に豊後竹田の山々、沖に干珠・満珠の島を望んだものの順風替って関に引き返している。(13)両事例から、本州・九州間の渡船場としての赤間関内の鍋の重要性が窺われる。

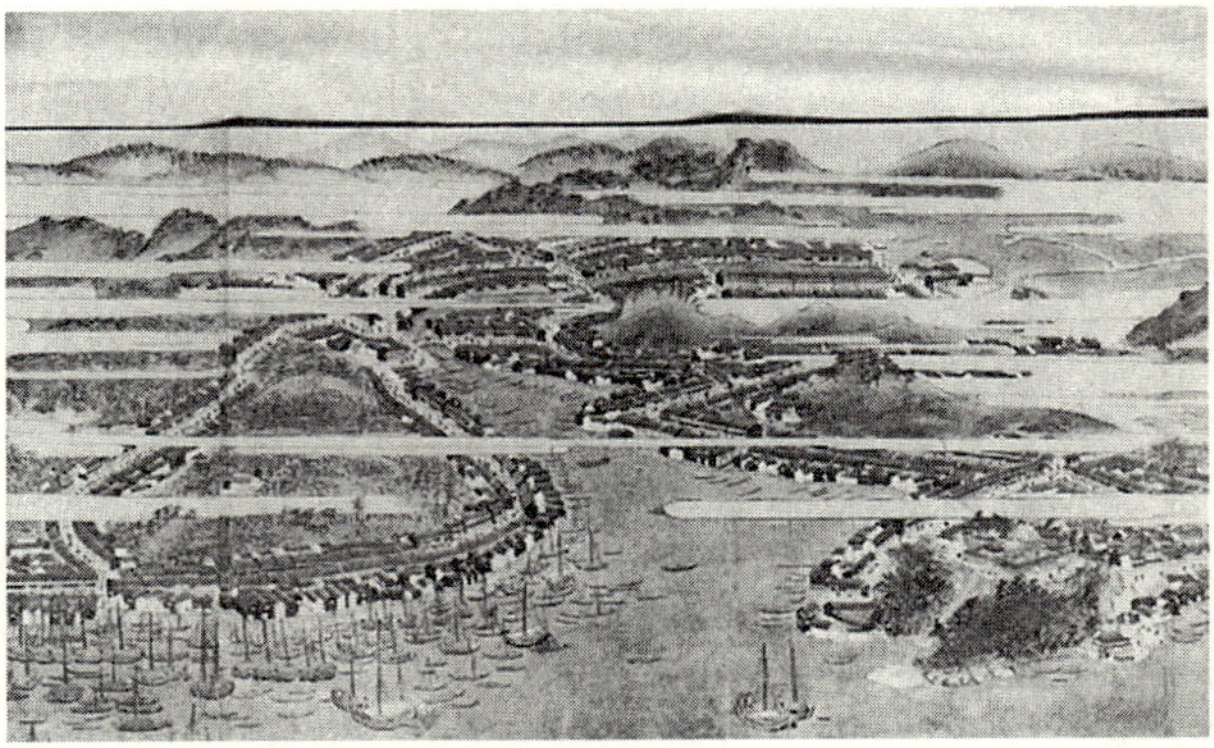

図１　狩野芳崖筆「馬関真景」（部分）

この赤間関鍋には毛利氏の城があったことが確かめられる。天正十六年八月一日に蔵田就貞は同元吉に宛て、「今度関白様薩州為御退治、被向御馬之時、長州赤間関渡之船奉行之事、井上七郎兵衛尉方我等両人承候、然処於関鍋之要害、関白様両人事被召出、御座敷ニ而被成御対面、直被加御褒美、殊御脇差致拝領候、誠播面目候」と申し置いている（『萩藩閥閲録』一二六〈蔵田〉―4）。この文書は、赤間関鍋に毛利氏の要害があったこと、秀吉の島津氏攻めの軍勢渡海にあたって毛利氏家臣蔵田就貞・井上元寿両人が渡船奉行とされたこと、両人は鍋城において秀吉に拝謁し、就貞は褒美として脇差を拝領したことを示している。

また、某月二十六日に輝元は門司・関鍋・長府串崎・秋穂の軍事上の強化を命じているが、それは「一　関なへ　代官其外てつほう三十」の配備をともなう強化とともに、「町人通まて人質たによく取かため候」態勢であった（同二二〈宍戸〉―6）。

前述の高須元兼が石津兵部丞の働きについて注進した赤間関の城誘とは、この鍋城の普請のことと考えられる。

時期的には少し遡るが、永禄年間に大友氏と北部九州における覇権をめぐって争ったころには、鍋城は史料上にはあらわれず、火山城に関する史料が多く確かめられ、赤間関については、「市式（市川経好）并在関衆中」（同三一〈山田〉―96）、「市川伊豆守（経好）同関逗留衆」（同三二〈赤川〉―32）のような呼称があらわれる。

「在関衆」は、永禄七年（一五六四）正月二十三日に桂元忠に宛て、豊前・筑前両国の動静を注進した書状に連署している立雪恵心・市川経好・兼重元宣・財満忠久・赤川元保・坂元祐・乃美宗勝・志道元保・吉見正頼らによって構成されていたと考えられる(同一三八〈兼重〉―9)が、この在関衆とは別に、既に大内氏を滅亡させた弘治三年(一五五七)の十二月五日に市川経好は「赤間関奉行中」に宛て「岡部兵部丞事、被相加当関番衆之通、対経好奉書如此候、可被申談事肝要候」と命じているように[14]、赤間関奉行の存在を確認できる。

したがって、この時期の赤間関には、通常の関支配にあたる関奉行＝関代官とは別に、北部九州における大友氏との戦争の遂行に軍事指揮権を行使する市川経好を中核にした「在関衆」と総称される武将達が滞在していたのである。

そして、天正年間に入ると史料上に鍋城が散見され、毛利氏の『八箇国御時代分限帳』(以下『分限帳』と略記する)によれば「赤間関鍋御城領」として三七九石三合(豊東郡)が確かめられる。

それでは次に、鍋城の位置と、関代官について明らかにしていきたい。

戦国時代における赤間関の地理的景観について考えるにあたっては、まず天保十三年(一八四二)に狩野松隣(芳崖)が描写した「馬関真景」[15]の該当部分が参考になる(図1)。それによれば、亀山八幡宮のすぐ西側の現在の唐戸町と南部町の間に大きな入江が存在していたことが確かめられる。ここは田中川の川口であるため戦国時代にはもっと入り込んでいたかと推測され、その港としての条件がきわめて安定したものであったことを窺わせる。

これに関係してまた一つ江戸時代の絵図を掲げた(図2)[16]。これによれば、入江のすぐ西側の小高い山に「御用所」・「城守社」と書き込まれていることが注目される[17]。この山は、そのすぐ西にある「王子」の道を隔てて連なる山の中ほどに「大隆寺」・「西谷寺」・「専念寺」と書き込みがあることから、現在もこれらの寺が立地する山とは別の山であったと考えられる(大隆寺は廃寺になり、その跡に長府から国分寺が移転して現在に至る)。

現在の地形とやや相異することから、それについて確認するため古い地図を探した結果、明治三十二年五月の「赤間関市街旅客案内図」と大正八年四月五日の「下関市街新地図」[18]を見ることができた。ここでは後者を利用すること

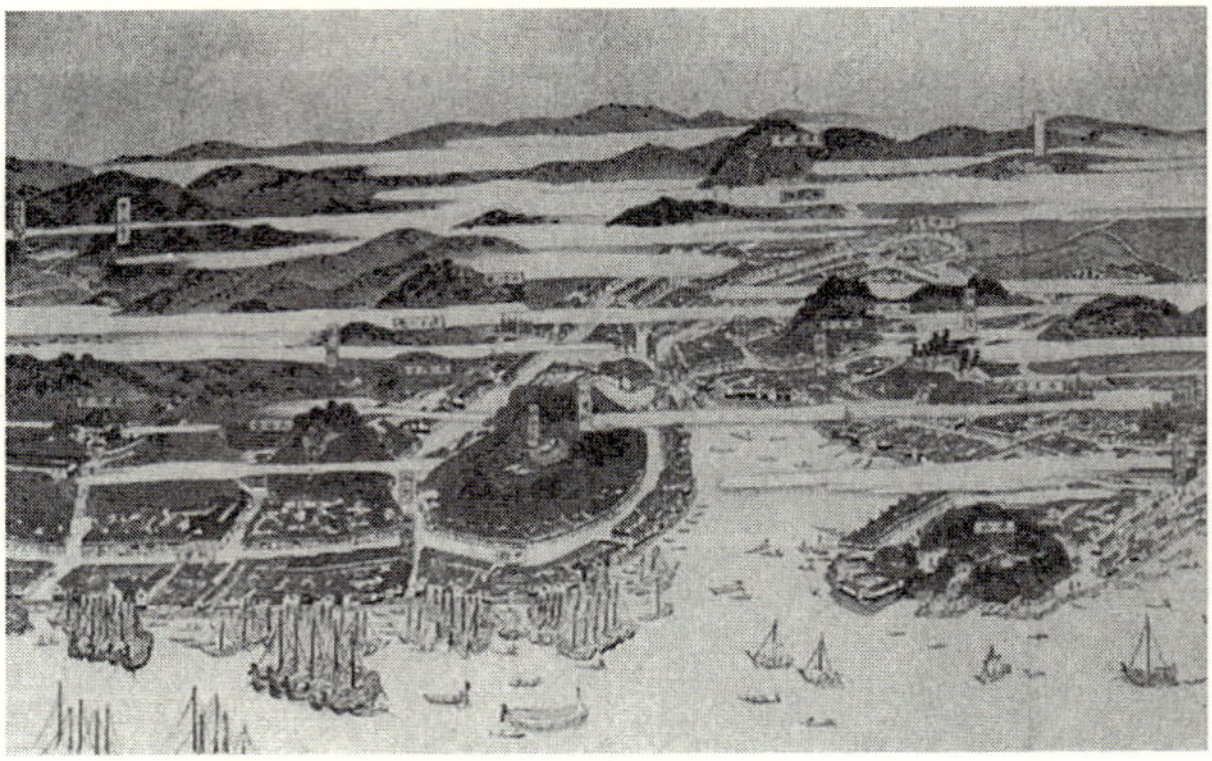

**図2**　赤間関絵図(部分)

にし、その該当部分を掲げた(図3)。これによれば、現在下関市役所等の公共機関が所在するあたりに「城山」とあることが注目される。この山はもともと堅い岩盤からなる小高い山であったが、現在の下関市役所を建設(昭和二十八年起工)するにあたって削り取られたのである。現在も市役所辺は全体として周辺よりもやや高く、掘削された堅い岩盤もその一部が市役所と市保健所などの間に露出している。

狩野芳崖の「馬関真景」、江戸時代の赤間関絵図、大正八年の下関市地図を合せ読むと、その地形は一致し、現状とは異なる江戸時代以前の地理的景観が明らかになるのである。

鍋城は、現在の市役所等公共機関が位置する堅い岩盤からなる小高い山に構えられていたのであり、「城守社」はその名残りと思われる。鍋城は、西側はやや高い山に続くが、南は海、東は深く入り込んだ入江に面し、関町の支配上も、また警固船の出撃の上にも、態勢の整った海城であったと考えられる。ただ、区域としてはやや狭いような印象も覚えるが、海城としての機能は、堅い岩盤の上に築かれた城構えだけではなく、周辺の地形とも関連し、また海上に張りめぐらした防禦網と連動して発揮されたと考えられるので、現状から推測を加えることは適当でなかろう。

さて、鍋城は、大内氏時代から要害としての機能をそなえていた。十一月十九日に毛利元就は赤川元保・児玉就忠・桂元忠に宛て、「堀立(直正)壱岐守注進状披見候、鍋要害之事則切取之由候、誠可然肝要候、壱岐守馳走之至候、不及中候、能々可申遣候、殊城衆警固船之事、則申付、追々差下候、聊無油断之通、能々可申遣候事専一候」と認めている(「堀立家証文写」八)。この文書は、弘治二年のものと思われるが、毛利氏による防長両国征服にあたって堀立直正が大内氏側の守城である鍋の要害を攻略するについて大きな功績があったこと、元就はその直後に鍋城の守備にあたる城衆と警固船を派遣して堀立直正に属せしめたことを示している。これによって、関鍋の要害が海城であり、また堀立直正が鍋要害の攻略以降その城番の地位に就いたことが確かめられる。さきに弘治三年十二月に市川経好が「赤間関奉行中」に宛て岡部兵部丞を関番衆に加えるべしとの命令を伝えたことについて述べているが、この「関奉行」とは堀立直正のことであったと考えられる。

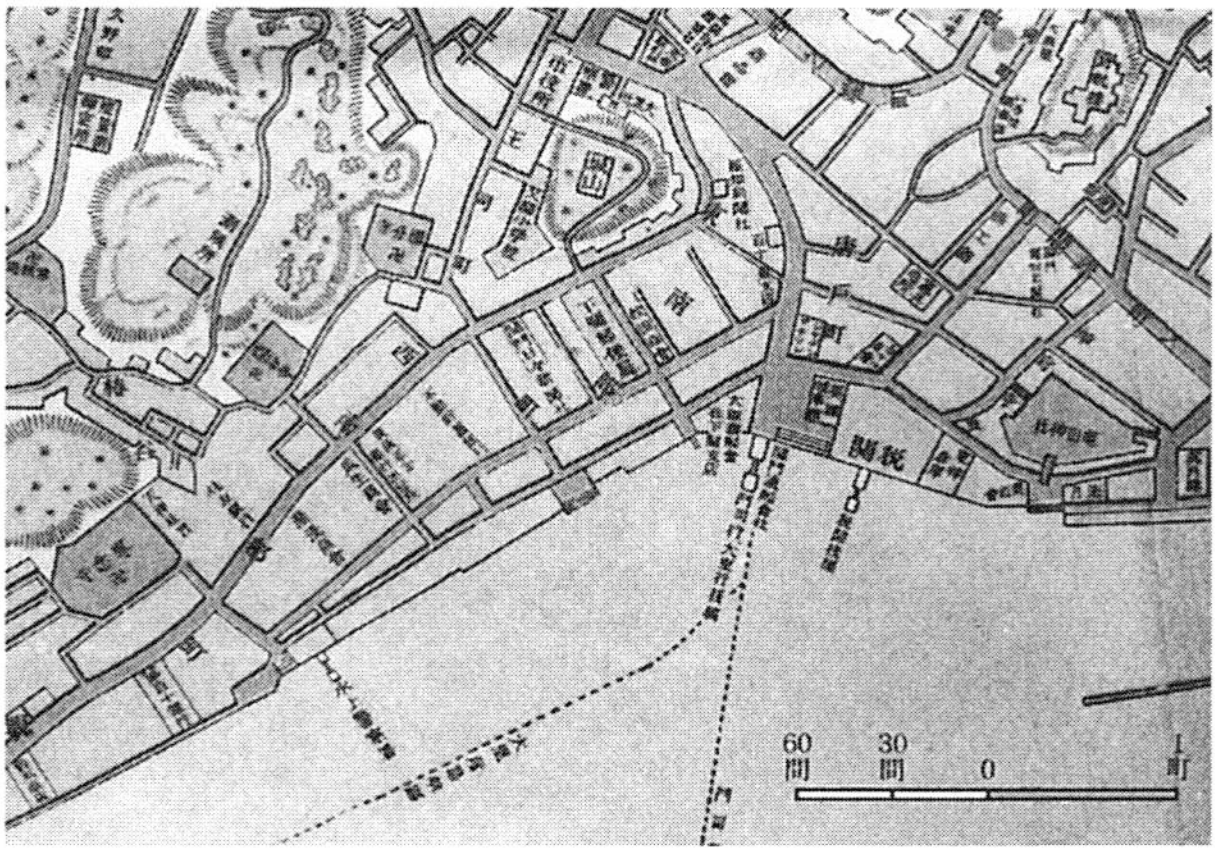

図3　大正8年の「下関市街新地図」(部分)

　また、七月十六日に元就は側近小倉元悦らに宛て、「従堀壱所赤間関町々帳到来候、心得候、先以留置候」と述べている(同一五)。この文書は、つづいて「豊後衆罷出候由候間、一日も早々罷下、関之儀涯分相静」、「福屋調之事、雲州和与相定事、於下口各ニ可申達」と命じているところから、永禄四年のものと思われる。この事実は、赤間関支配にとって不可欠の「赤間関町々帳」を堀立直正が入手し、それを元就のもとに送進していたことを明示しており、それは堀立直正の赤間関代官としての職務に基づくものであったと考えられる。次節において関係文書を示して考察するが、その内容は、おそらく公事銭・地料銭等の徴収対象としての関町(町人)の実態について個別に書き上げたものであると思われる。

したがって、毛利氏は、征服後大内氏時代の鍋要害をうけつぎ、普請を重ね、装備も整えてその強化をはかり、関町・交通・流通支配上はもちろんのこと軍事上の諸機能を次第に強化していったと考えられる。

ところで、堀立直正は、平安時代以来安芸国山県郡内の厳島社領諸荘園の倉敷地として経済的に繁栄していた佐東太田川河口の堀立[19](現在の広島市安佐南区祇園町南下安)を名字の地にすると思われる。天文十年(一五四一)に安芸の守護家であった武田氏が滅亡後、大内氏の支配を経て毛利元就は佐東金山城に入って武田氏旧領を支配するが、堀立直正はそのころからその麾下に属した警固衆とも商人とも目される人物であった。「堀立家証文写」所収の諸文書によれば、以来堀立直正は、毛利氏が陶氏と断交して廿日市に進攻した戦い、右述した防長両国の征服、つづく北部九州における大友氏との戦争等々、多くの戦争のなかできわめて重要な功績をあげていることが確かめられる(同五〇)。たとえば、永禄五年(一五六二)と思われる七月十六日に毛利元就・隆元は市川経好に宛て、「於彼現形者、防長浦之警固之事、赤川因幡守(元忠)・財満新右衛門尉(忠久)・堀立壱岐守以下ニ堅被申付、則時至彼方角被乗下、可被抽馳走事肝要候」と命じている。この文書は、筑前の高橋鑑種が現形したならば直ちに北部九州に進撃するよう命じたものである[20]が、財満忠久は市川経好・坂元祐らとともにいわゆる在関衆の中核であった。しかしながら、赤川元忠は、のちの天正三年(一五七五)卯月三日の堀立直正注進状に「一　赤間関御城之事、雖赤因某ニ被成御預候、赤因者門司御差籠付而、私壱人致御番候事」と挙げてある(同五〇)ように、対岸の門司城の防衛にあたる場合もあったが、赤間関鍋の城番であった。なお、赤川元忠は元亀二年(一五七一)四月十日に死没している(『萩藩閥閲録』三二〈赤川〉―系譜)。

次節において、毛利氏奉行人児玉元良が堀立直正・赤川元忠両人に宛て、赤間関問丸役佐甲氏の跡目について「任筋目、以両人御裁判被仰付之由、尤可然候」と命じていることを指摘しているが、この職務は両人の関代官としての地位に拠るものであったと考えられる。

この堀立直正の赤間関代官補任を明示するのが次の文書である。永禄五年五月十四日に毛利隆元は堀立直正に宛て、

「関役之儀、如前々申付候、(中略)次奉行共申下付而、過分之取替仕之由候、然者為其儀此度其方抱黒井郷段銭可相控候」と命じている(同三六)。この文書は、堀立直正が、既に永禄四年の「赤間関町々帳」等々に関して述べているように、これ以前から務めてきた赤間関「関役」＝関代官に永禄五年五月十四日にあらためて補任されたこと、また毛利氏奉行人の依頼に応じて過分の費用を立て替えたことに対して、既に直正の抱地であった豊西郡黒井郷の段銭を免除されたことを示している。ここからは堀立直正の財力も窺われる。なお、黒井村の杜屋神社の大宮司職は永禄三年に堀立直正の申請に任せて同亀松(藤右衛門尉)に与えられており、永禄十年には直正はその造営を独力で行っている(21)。

それではこの堀立直正の関代官としての地位はいつまで続くのであろうか。

天正六年(一五七八)三月十七日に毛利輝元は奉行人児玉元良に宛て、「堀立壱岐守事、関役可上表之由申之通承知候、雖然上口出張之儀候、就夫下口肝要之事候間、罷下、如前々令裁判、何篇短息無緩様申聞之、早々可差下候」と命じている(同五一)。天正六年に堀立直正が関代官の辞任を申し出たのに対して、輝元はそれを承認しながらも、織田氏側との戦争が毛利氏全軍をあげての播磨出兵によって激化することを理由にして下口の防衛を説き、いましばらく現地に下って関代官を務めるよう命じているのである。

これらの事実によって、堀立直正は、毛利氏の防長両国征服直後から天正六年に至る約二十年間にわたって赤間関代官に在職したことが明らかになった。このように長期間にわたって関代官を務めたのは、彼が関町に保持していた基盤や征服過程において果たした重要な役割と功績に基づくものであると考えられる。

関代官堀立直正は実に多様な活動を行っている。

「堀立家証文写」によれば、「其方事、為一分鍋城番所勤候、誠馳走之儀候、弥無油断諸事可付心事頼入候」(同五八)、「此者事、先陣遣候、芦屋《(筑前)》まで早々可送遣候」(同一七)、「此鵜飼彦次郎事、立花《(筑前)》表へ差遣候、急用之儀候、舟等

之儀何篇入魂可為祝着候」(同一六)、「赤間関并諸浦舟水夫等之事、如前々堅固申付、此時馳走可為肝要之由、能々可申付事肝要候」(同四六)、「今度鎮里《(麻生)》馳走之儀、其方辛労之通祝着候」(同九)、「其方重而差遣候、如前々宗像・杉弾正忠・麻生摂津守・杉太郎其外諸牢人可申儀聞次、爰許令注進事肝要候」(同三九)、「麻生鎮里息女之事、其方悉皆相調抱置候事、造佐之段祝着之至候」(同二四)、そして「堀立壱岐守事、香春岳《(豊前)》二三年致御番」(同五〇)等々、堀立直正が、鍋城番として、北部九州各地への舟送、赤間関や近辺の諸浦から舟・水夫等を徴発して警固を勤め、筑前の麻生鎮里と緊密な関係を取り結ぶなど豊筑両国の国人領主の動静について調査して注進したり、また毛利氏側として活動するよう工作を行うこと、そのなかで人質として麻生鎮里の息女を預ったり、自らも豊前香春岳城など北部九州の各地に出向いていることが確かめられる。

関門海峡はその両岸を領有してこそ実質的に支配が可能であり、赤間関の重要性も高まる。したがって、その防衛上において北部九州の政治的安定は不可欠であり、そのことは関代官堀立直正の多様な活動にも反映している。そしてそれは具体的には鍋城の強化によってだけではなく、二月十日に小早川隆景が堀立直正に宛て「就今度某元雑説、至南部之城諸道具取上堅固之覚悟之由、殊兵粮・塩焇・玉以下隆慰《(仁保)》へ預置、門司・南部両城心仕無緩之由、近比之神妙之至候」と述べている(同七六)ように、対岸の門司城番仁保隆慰と緊密な連絡を取り結びつつ、事あれば自らも門司城に籠城し(同三〇・三七・三八)、軍事的には両城一体となって進められたのであった。

ところで、堀立直正の経済力について指摘しておかなければならない。さきに直正が長門杜屋神社を独力でもって造営したことについて指摘したが、鍋城の普請についても同様に指摘できる。

直正は、輝元から天正二年(一五七四)九月三日に「鍋之城普請之儀、堀立壱岐守以自分相調候由申越候通、承知候、毎事馳走神妙之至祝着候」(同四八)、某月二十九日に「関南部城其方預ヶ置事候、然処はた板二百間余相調、以其上彼城会所上葺可調之由、尤祝着之至候」(同六五)、九月三日に「鍋要害普請之儀、其方以自分屏・隔子・番屋以下事

相調之由、其元従各中申越通承知候」(同六二)、また公式には関代官の辞任を認められた後の天正六年十一月十八日にも「当関鍋山之普請之儀、無残所堅固ニ申付候由、具承知候、無油断則時相調候段、馳走無比類候」(同五四)と褒賞されている。なお、このような事実は、元就が「今度日山(長門)普請別而馳走、殊板百枚相調候由、誠祝着之至、不及申候」(同五)、「今度三岳(豊前企救郡)仕寄之板百枚堀立馳走仕」(同七)と述べているように、天正初年の鍋城普請に限らない。

また、元就は「就今度兵粮之儀用脚之儀申遣候処、三百俵堀立馳走仕由候、尤可然候」(同六)、輝元は直正に宛て、天正六年七月十九日に「就在陣為音信八木百荷送越候、懇之段祝着候」(同五二)、同八年七月十五日に「為音信百俵到来、祝着候」(同五五)、同九年八月一日に「為音信米百俵奉行之者共相渡候由、志之至祝着候」(同五六)と認めている。

鍋城をはじめ日(火)山城、豊前にまで出向いて城普請を自己の財力でもって行ったり、兵粮を調達し、八朔の音信として米一〇〇俵を送るという事実から考えられることは、堀立直正があらゆる物資の調達を可能にする財力と行動力を有していたことである。それは、毛利氏家中において、警固衆であり、またもともと積極的に流通に関わる商人でもあるという性格を兼ねそなえた堀立直正のもつ固有性の表現であると言ってよい。

なお、堀立直正は既に相当高齢に達していたと思われる。『分限帳』には、嫡子九郎左衛門が二一〇石余(豊西郡一一〇石余、出雲出東郡一〇〇石余)、清蔵が三三石余(備後三谷郡)、藤右衛門が一三石余(豊西郡)と現われる。

さて、堀立直正の関代官辞任後にその地位に就いたのが、最初に触れた高須元兼と井上元治である。

両氏の赤間関支配に関する新しい事実について、以下に「新出高洲家文書」によって述べてみたい。

**毛利輝元書状**

両人差下候砌、如申聞候、当関役料定之儀、早々各申渡之趣、可申越候〳〵、謹言、

二月七日　　輝元(花押)

「(捻封ウハ書)(墨引)　高須宗左衛門尉殿

井上雅楽允殿　　輝元」

**毛利輝元書状写**

当関役之儀、弥堅固可申付之候、然者長府町人并井崎・竹崎之者共役等之事、聊無異儀様可申付儀肝要候、謹言、

二月七日　　輝元御判

高須惣左衛門殿

井上雅楽允殿

両文書は、毛利輝元が高須元兼・井上元治に宛て、赤間「関役料定」を行ったうえでそれを賦課し、且つ注進すべきこと、したがって、長府町人、井崎・竹崎の者共にも関役料を異儀なく賦課することを命じたものである。この事実は、高須元兼・井上元治両人が赤間関代官の地位についていたことの徴証である。

両文書は、堀立直正の代官辞任が天正六年三月であったことから推測すれば、天正七年の二月七日である可能性が高い[22]。

関代官の行政区域が、赤間関から、東は長府、西は井崎・竹崎(現在の下関市伊崎町・竹崎町辺)に及ぶものであったこと、重要な職掌として「関役料」の賦課・徴収があったことは注目される。「関役料定」については、次の文書によっても知られるが、具体的には次節において検討したい。

**毛利輝元書状**

赤間関役料之儀、従両人所申聞之、可相定候、謹言、

八月十日　輝元(花押)

(捻封ウハ書)
「(墨引)国司雅楽允殿　輝元」

黒川三河守殿

ところで、次の四通の文書は、赤間関「地下人」=「町人」が逃散したことに対して、輝元が関係者に宛て彼らの帰関を命じたものである。

**毛利輝元書状**(折紙)

関地下人申分之事、令分別、両役儀可辞退之由、申付之候、然上者、町人等事、早々可帰関之由、御助言専要候、為其高須宗左衛門尉・井上雅楽允差下之候、於趣者、任口上候、恐々謹言、

八月廿八日　輝元(花押)

内藤(隆春)左衛門大夫殿

**毛利輝元書状**(折紙)

関地下人申分之事、令分別、両役人手前之儀召放候、然間町人等之儀、早々可安堵之由申聞、両人指下之候、従両所茂一人宛被差出之、地下人被引合之、帰関之事、可被指急事肝要候、猶任口上之間、不能巨細候、恐々謹言、

八月廿八日　輝元(花押)

内藤左衛門大夫殿
市川伊豆守殿

**毛利輝元書状**（折紙）

態申聞候、当関地下人等之儀、定而於尓今者召帰之、可為安堵候、若又両役人妻子以下罷退候事、延引候てハ不可然候、早々差退候て、町人帰関之儀、無違儀可申付事干要候、不可有油断、尚自内与三右(内藤元栄)所可申遣之候、謹言、

十月二日　　輝元（花押）

高須惣左衛門尉殿
井上雅楽允殿

**毛利輝元書状**（折紙）

其許地下人之事、各令安堵之由、誠ニ肝要候、弥其心遣専一候、猶於様躰者、自二太(二宮就辰)所可申聞候、謹言、

十月廿三日　　輝元（花押）

高須惣左衛門尉殿
井上雅楽允殿

毛利輝元は、赤間関町人の帰関を促すため、彼らの訴えを容認して「両役儀可辞退」・「両役人手前之儀召放」つことを決め、関代官高須元兼・井上元治をしてそれにあたらせ、内藤隆春にはそれについて「早々可帰関之由、御助言」をするよう命じ、そのため内藤と山口奉行市川経好の双方の所から各一人の使を派遣して逃散した地下人に対し

て帰関を急ぐよう計うべく求めている。帰関する地下人は安堵する方針でもって、その早急な帰関を促すため「両役人妻子以下罷退候事、延引候てハ不可然候」と対応した結果、事態は落着をみたのである。この追放を命じられた「両役人」とは、関町町人の指導者＝町人の最上層に位する特権商人と考えられる。

これら一連の事実は（市川経好が天正十二年十月二十九日に死没していること――『萩藩閥閲録』一四〇〈市川〉―系譜――から、天正十二年を下限とできる）、赤間関地下中のなかにおいて特権をそなえた役人と関役料を賦課される町人との間にいわゆる矛盾が拡大し、町人が逃散している事態を示すものであるが、詳しくは次節においてさらに究明したい。

なお、「新出高洲家文書」のなかからこのほか数点をあげておきたい。

**毛利輝元書状**（モト折紙カ）

至与州諸警固差渡候条、自当関船之儀弐艘如前々申付之、可差渡候、聊不可有緩候、猶従内与三所可申候、謹言、

正月廿三日　　輝元（花押）

高須宗左衛門尉殿

井上雅楽允殿

**毛利輝元書状**

（端裏捻封ウハ書）
「（墨引）　高須宗左衛門尉殿

井上雅楽允殿　　輝元」

急度申下候、諸警固申付候条、当関警固舟之事、早々相催可差出事肝要候、於趣者、従町中児周（児玉就方）・蔵太（同就英）所江可相談候、別而差急之儀候条、聊不可有緩候、謹言、

二月六日　　　　　　　　　　　　　　　　　　輝元（花押）

**毛利輝元書状**（折紙）

従秋月之返状早々到来候、飛脚則時申付候段、祝着候、改候而彼方面之儀、珍事候哉、相替儀候者、可注進候、尚重而可申聞候、謹言、

正月九日　　　　　　　　　　　　　　　　てる元（花押）

高惣左

井雅

赤間関代官高須元兼・井上元治両人は、伊予出兵の際の警固として従来どおり関船二艘を派遣すること、また警固用として関の警固舟を急ぎ徴発して差し出し、旨趣については関町中から毛利氏水軍の将児玉就方・就英父子に相談させること、そしてまた筑前秋月氏からの返状を即時飛脚でもって輝元に届けているように、北部九州方面における動静について注進することなどを命じられている。

以上、「新出高洲家文書」によって、関代官高須元兼・井上元治両人が、関町ならびに長府・井崎・竹崎などの周辺の町の町人に対して関役料を決定し、徴収していたこと、関町地下中における役人と町人の間の紛争の調停にあったことなど、その関支配に関する新しい事実について指摘したほか、関警固船の徴発と管轄、北部九州方面における情報収集ならびにその注進などについてもあらためて確認した。

次に関代官の地位に就いたのは粟屋平右衛門である。

既に『分限帳』に「赤間関鍋御城領」として三七九石余（豊東郡）が確かめられることは指摘しているが、これにつ

づいて「同所代官給」として九二石余(豊西郡)が記されている。これらについては、「右二筆者、同人存之」と註記がある。「同人」とは、これら二筆の直前に記され、豊東郡内に三四一石余を与えられている粟屋平右衛門を指している。高須元兼は、備後沼隈郡に三三七石余、同御調郡に五〇石余、安芸山県郡に六〇石余を与えられて長門国内に全く給地を有さないから、惣国検地後の天正十九年(一五九一)には明らかに関代官の地位は粟屋平右衛門に交替していたと考えられる。

そして、慶長四年(一五九九)六月十五日に毛利輝元が同秀元に宛て、その長門国等の分知を認めながらも、「一下関如最前粟屋平右衛門可被置事」と命じている事実(23)によれば、粟屋平右衛門が引き続いて毛利氏直轄関である赤間関の代官であったことは明らかである。

この時期には秀吉が両度に及び朝鮮出兵を強行しており、赤間関もその基地としての機能が強化されたと考えられる。たとえば、慶長二年五月十六日に輝元が命じた渡海の定は、博多の弘九郎左衛門・三井善兵衛両人とともに赤間関の粟屋木工允・内藤弥左衛門・橋本弥右衛門・粟屋平右衛門の四人に宛てられ(24)(『萩藩閥閲録』八〈福原〉―15)、また同年四月から九月にかけて粟屋平右衛門の代官稲田対馬守・市田弥右衛門尉は尾道の商人渋谷与右衛門尉に宛て、赤間関において朝鮮渡海の扶持米を勘渡しているのである(25)。

## 二　赤間関の問丸役佐甲氏

本節では、大名領国下における赤間関町の構成と役人の実態について検討してみたい。

赤間関町の最上層に位した特権商人は、関問丸役の佐甲氏であった。「佐甲家文書」は、昭和四十五年二月に下関文書館が『郷土資料目録』(3)としてその目録を刊行し、中世より近世に至るまでの文書についてその存在を紹介されているが、現在に至るまで研究者にも全く利用されたことがない。しかしながら、「佐甲家文書」は、大内・毛利両氏時代における赤間関町の実態解明に迫ることができる貴重な文書群であり、この分野では全国的にみて稀有のものである。そのためここでは下関市立長府図書館所蔵の「佐甲家文書」の調査に基づき、その引用にあたっては、本文中あるいは同註に当該文書の全文の翻刻を行うことにした。

**大内義隆袖判同奉行人連署奉書**

(大内義隆)(花押)

平宗秀可為次郎左衛門之由、所被　仰下也、仍状如件、

天文十一年三月廿三日　　(龍崎隆輔)右衛門尉奉
　　　　　　　　　　　　(陶隆満)安房守奉

**勝間田盛治書状**(礼紙付)

仮名之事、承候、雖斟酌候、不能固辞候、尤珍重候、恐々謹言、

(異筆)「天文廿三」
九月十五日　　盛治(花押)

佐甲藤三殿進之候

(礼紙切封ウハ書)　(墨引)
「佐甲藤三殿進之候　　勝間田備前守 盛治」

前文書は、天文十一年(一五四二)に大内義隆が佐甲宗秀を次郎左衛門に任じたものである。

後文書は、天文二十三年の長門守護代内藤隆世の小守護代勝間田盛治書状である(『萩藩閥閲録』九九〈内藤〉―65)が、佐甲藤三から仮名を申請されたのに対して、「雖斟酌候」＝盛治自身が授与主体となることにためらいを示しつつも、もはや固辞できないと認めたものである。

**内藤興盛袖判同奉行人連署奉書**(折紙)

(内藤興盛)
(花押)

今度賊船六艘至筑前表立下、去三日乗上之処、俄地下仁等警固船相誘之、於当関表懸合之、遂防戦之時、海賊一人討捕之、頸到来、紛骨之次第被達　上聞、神妙之由、所被　仰出也、弥馳走可為干要之由、依　仰執達如件、

五月八日　　伊豆守
　　　　　　若狭守

佐甲藤太郎とのへ

佐甲藤太郎は、馬関海峡を横行する海賊船に対して赤間関の防衛のために関町の地下人と警固船をこしらえて戦い、海賊一人を討ち捕り、その勲功について内藤興盛から褒賞されている。

この事実は、佐甲氏が大内氏時代には赤間関を領有する長門守護代内藤氏に属していたこと、佐甲氏自ら武力を具備していたこと、関地下人を率い警固船をこしらえて海賊と交戦するその有様には赤間関町の指導者としての地位を窺えること等々を示している。

このような佐甲氏の地位と性格をふまえてさきの官途(仮名)について考えるならば、それは、基本的には赤間関の領有者内藤氏の吹挙によって大内氏から授与される関係にあったと言えるであろう。

この佐甲氏が赤間関の問丸役であったことを明示するのが次の文書である。

**内藤氏奉行人連署書状**

当関問役事、対其元既去年被仰付之条、弥如旧例、諸篇堅固有其沙汰、可被遂馳走之由候、仍重而被仰付、公事銭事別紙手日記封裏被遣之候、以此旨温科兵庫允被申談之、厳重可被申付之旨候、恐々謹言、

二月十七日　　　　時実(花押)

　　　　　　　　　盛保(花押)

佐甲民部左衛門尉殿

この文書は、内藤氏(興盛と考えられる)の奉行人が佐甲民部左衛門尉に宛て、去年佐甲氏が赤間「関問役」に補任されたこと、「如旧例、諸篇堅固有其沙汰、可被遂馳走」きこと、そこで佐甲氏が赤間関公事銭について記した「手日記」を上申していたのに対して「封裏」=内藤氏としてその記載について確認のうえ遣わすこと、したがって温科兵庫允と申談じて厳重に徴集すべきこと等々について命じたものである。

佐甲氏を赤間関問役に補任できる内藤氏の立場は明らかに赤間関の領有者であり、したがって温科兵庫允は彼の赤間関代官であったと考えられる。(26)

ところで、この「手日記」とは赤間関町の町人らから公事銭を徴収するためのいわゆる関役料の台帳であると考えられる。

関ヶ原の合戦後に赤間関は長府藩領になるが、江戸時代初め頃の赤間関町の関係文書として、(27)①慶長十七年(一六一二)六月二十八日の御船頭衆下関役目銀除覚(佐甲隼人宛)、②元和三年(一六一七)十月十五日の下関御地料銀除衆

目録(佐甲隼人・伊藤木工允宛)[28]、③寛永五年(一六二八)三月二日の下関地料銀除所等覚(佐甲三郎左衛門・小西弥右衛門宛)[29]、④寛文十年(一六七〇)六月二日の御印判地料銀除付覚[30]の四点が存在する。これらは、たとえば袖に長府藩主毛利秀元の黒印(①)、また「定除衆、御印判被下候」と認めたうえ袖に秀元の黒印と「慥聞届所実正也」とある(②)ように、赤間関町のうち藩主の判物によって地料銀を免除された寺・町人(長府藩給人である者も含む)らについて書き上げたものである。

内藤氏が「封裏」＝確認のうえ遣わした「手日記」とは、このような文書か、または関町の町人ら全体の公事銭の台帳であったと考えられる。さきに堀立直正が入手した「赤間関町々帳」を元就のもとに送付したことについて指摘しているが、この町帳もそのような性格の文書であったと考えられる。

そしてまた、右の四点の文書がいずれも佐甲氏に宛てられていること、佐甲氏の免除された地料銀が六五匁九分と最高額であること(④)。同じく宛書にみえる伊藤・小西両氏もつづいて高額)から推測して、問丸役佐甲氏が公事銭の徴集等関町支配のうえに重要な役割を果たしていたことは十分考えられる。

佐甲隼人は、毛利氏の惣国検地後の天正十九年(一五九一)十一月十八日に二〇〇石を打渡されている(七端帆の船一艘の役)[31]。なお、『分限帳』によれば、佐甲隼人は二〇一石余(豊西郡一〇一石余、大津郡一〇〇石余)、伊藤木工允も二〇一石余(豊西郡一〇一石余、大津郡一〇〇石余)である。

そして、慶長七年十二月十三日に佐甲隼人佐は長府藩主毛利秀元から引島村(現在の下関市彦島)三〇石地を給与され、奉公を抽んずべく下知されている[32]。慶長年間の「秀元様御家中分限帳　全」によれば、佐甲隼人・伊藤木工允は「陸侍」の項にあらわれるので、両人が長府藩給人として赤間関支配を行ったことは明らかである。

時期的にやや下ると、長府藩領赤間関町において佐甲・伊藤両氏は町大年寄という地位を保持するが、それは、戦国時代さらにそれ以前からの関における両氏の権益の持続的発展に基づくものであったと言える。

大内氏の滅亡後赤間関は内藤氏から没収されて毛利氏の直轄関になるが、問丸役佐甲氏の地位は毛利氏によっても承認されている。

**毛利氏奉行人書状**（折紙）

問佐甲三郎左衛門尉事、令病死之由候、不及是非候、然者彼跡目之事、任筋目、以両人御裁判被仰付之由、尤可然候、彼問事者、別而存知之者儀候条、於向後茂何篇被付御心候て、可給候、憑申候、恐々謹言、

九月廿六日　　児玉三郎右衛門尉
元良（花押）

赤川因幡守殿

堀立壱岐守殿御宿所

この文書は、毛利氏奉行人児玉元良の官途[33]、ならびに赤川元忠が元亀二年四月十日に死没していることによって、永禄九年（一五六六）以降元亀元年（一五七〇）に至る間のいずれかの九月二十六日のものと推測できる。赤間関問役佐甲三郎左衛門尉の病死後の跡目について、その筋目に任せ、関代官堀立直正・赤川元忠両人の裁判において申し付けるべく命じたものである。この文書は佐甲氏に渡され、跡目は安堵された。「彼問事者、別而存知之者儀候」からは、問役佐甲氏が毛利氏中枢の奉行人と取り結んでいる関係の深さが窺われる。

それでは次に、大名領国下の赤間関問丸役佐甲氏が関地下人と取り結んだ関係の一端について述べてみたい。

**内藤隆世書状**（礼紙付）

赤間関問丸役之事、佐甲土佐守令存知之処、地下人令難渋候、内々和平之儀雖被申付之、先立一雅意不承伏候歟、

不及是非之趣候、津々浦々問役在之事候、厚者云啻佐甲可然候、自然新儀非法之儀候者、至尓時可被改彼役候、依地下訴意故障太無謂候、恐々謹言、

八月廿六日　　隆世（花押）

（札紙切封ウハ書）
「（墨引）
南野丹後守殿　　隆世」

**内藤氏奉行人連署書状**（札紙付）

佐甲土佐守与地下和睦之事、以井原正見入道被相伝之処、請状之趣以吹挙之旨、慥令披露候、上意之成下被成　御書候、然上者、為各不可有存分候歟、能々可被相含候、惣別地下中之儀、世国裁判之処、依慮外之請合、此躰事達　上聞事無曲候、併各依馳走可相調事候、旁分別之前候、既　上意成下云、世国助言云、両方被相宥純欵肝要候、但依各深意重而就注進可遂披露候、御文章之通被納得、細砕可相旋候、猶以難渋之儀候者、自地下為雑掌老若令下参言上専一候、莵尓角於世国執申沙汰不可有余儀候、恐々謹言、

八月廿六日　　賢（花押）
世国（花押）

森佐渡守殿
池田但馬守殿

右の両文書は、検するに同筆にかかり、内容も同様であるので同年のものと思われる。内藤興盛が天文二十二年（一五五三）十二月に死没し、その跡を嗣いだ嫡孫隆世は、大内義長に随って毛利氏の防長両国侵攻に対抗し、弘治三

年(一五五七)四月二日に長門且山城において二三歳でもって切腹していることから、天文二十三年、弘治元・二年のいずれかの八月二十六日と推測される。いわゆる厳島合戦は弘治元年九月晦日のことであるが、いずれにしても大内氏の領国支配の最末期における政治情勢のきわめて不安定な時期のものである。

前文書は、赤間関領有者の内藤隆世が南野丹後守に宛て、関問丸役佐甲土佐守の町支配に地下人が「難渋」しているため、南野氏が「内々和平」を申し付けたが承伏しないという事態に対し、是非に及ばないこと、全国津々浦々に問役はあるけれども赤間関の問丸役佐甲氏は然るべき者であること、もし佐甲氏に「新儀非法之儀」があったならばその時は問丸役を改めるべきであるが、「地下訴意」による故障は全く謂のないことであると命じたものである。

また後文書は、内藤隆世奉行人(世国の「世」は隆世の偏諱と思われる)が赤間関現地にあった南野氏側の森・池田両人に宛て、佐甲土佐守と地下人の「和睦」に関する現地からの注進の旨は隆世に披露したこと、それに対して「御書」(前文書を指す)が下されたこと、両人はそれに基づいて紛争の調停を進めるべきことを命じ、つづいて「惣別地下中之儀、世国裁判之処、依慮外之請合」って内藤隆世に注進されるに至ったことを「無曲」と断じながらも、既に現地において調停が進められ、そのうえ「上意」が下され、「世国助言」もあったのであるから、佐甲土佐守・地下人ともに宥しあって「純熟肝要」と述べたものである。

「惣別地下中之儀、世国裁判」・「世国助言」・「菟尓角於世国執申沙汰」と述べていることによれば、世国が内藤隆世の赤間関支配に果たした役割は重要であったと思われる。

そして、両文書が佐甲氏のもとに保存されている事実は、それが関問丸役佐甲土佐守の権益の擁護に関わるものであったため南野氏から佐甲土佐守に渡付されたことを示している。これらに基づいて南野丹後守の地位について推測を加えるならば、内藤隆世の赤間関代官ではなかったかと思われる。

第一節において、毛利氏の赤間関代官高須元兼・井上元治が、逃散した地下人の帰関と、その早急な帰関を促すため「両役人妻子以下」の追放を命じられている事実をあげ、この「両役人」とは関町町人の指導者＝町人の最上層に位する特権商人と考えられると述べているが、右述した内藤氏領有下の赤間関地下中における問丸役佐甲氏と地下人紛争の事例は、その「両役人」が関問丸役らであったことを推測させてくれる。

ところで、関町町人の逃散は江戸時代初頭にもみられる。

**毛利秀元書状**（折紙）

下関町人等、其方両人以才覚、少々還住之由、尤肝要ニ候、弥可其気遣事肝心ニ候、猶従伊采女(伊秩采女正)所可申聞候也、

十二月廿八日　(毛利秀元)(花押)

佐隼人

この文書は、長府藩成立早々ころのものであるが、下関町人等が逃散したこと、両人（佐甲隼人と前掲の元和三年十月十五日の下関御地料銀除衆目録の宛書に佐甲隼人とともに認められる伊藤木工允と考えられる）の才覚によって彼らの「還住」が進められていることを示している。

この事実によって遡ってさらに推測を加えるならば、毛利氏が追放を命じた「両役人」とは具体的には佐甲・伊藤両氏のことであったと考えられるのである。

また、それぞれの事件への大名側の対応にも、内藤氏が「依地下訴意故障太無謂候」としながらも「和平」――「両方被相宥純熟肝要候」を収拾の基本的方針としたのに対して、毛利氏は、逃散した地下人の帰関を促すため、彼らの訴えを容認して関町両役人の辞職と追放、帰関の地下人の安堵を命じたという差異がみられる。結果的には、地下人の実力の向上を読みとることも可能である。

大名領国下における赤間関において、政治情勢のきわめて不安定ないずれの時期にもあらわれる関問丸役と地下人の間の紛争、地下人の逃散や彼らによる関役人の追放要求、そしてその貫徹という事態には、関地下中がかかえるいわゆる矛盾が拡大し、露呈した様相を認めることができる。これらは、港町という当該時代の先進的な地方都市の地下人（町人）の闘争についての貴重な事例と言える。

なお、この関問丸役佐甲土佐守の地位は、大内氏の滅亡後に赤間関を内藤氏から没収した毛利氏によっても安堵されたと思われる。次の文書は、長門且山城攻撃に加わり、永禄初年ころまではこの方面にあった桂元親が佐甲土佐守に宛てたものである。

**桂元親書状**

失（牧カ）馬之事、当春元親申候つる、然者源兵衛尉所望申度之由候、御裁判候て被遣候て、可給候、頼申候〳〵、恐々かしく、

十月十一日　元親（花押）

（捻封ウハ書）
「（墨引）　佐甲土佐守殿まいる　桂兵
元親」

次に、赤間関問丸役佐甲氏のそのほかの活動について述べる。

**内藤氏奉行人連署書状**（礼紙付）

就当関御神事諸事御用候之間、永富源兵衛尉・久行対馬守・下村内蔵丞被差下候、仍其許御神事方其外上船等着

岸ニ付而、於当町諸調可為歴々儀候、其方事、淵底案内者之事候間、別而以馳走万事対彼両人可被致入魂之由、
被　仰出候、可被其心得候、不可有油断無沙汰儀候、猶両人可被申候、恐々謹言、

九月十二日　　　　時実(花押)

(花押)

盛保(花押)

佐甲民部左衛門尉殿

長門二宮である忌宮神社の四十八燈料は、天文三年(一五三四)三月十五日に大内氏奉行人が二宮大宮司に宛て「毎夜四拾八燈料参拾貫文事、以赤間関済銭之内、毎年春秋両度関役人可遂社納者」と述べているように、大内氏時代には赤間関役人が関済銭の内から社納するきまりになっていた。ところが、七月二十八日に毛利隆元は市川経好・赤川元保に宛て、「従前々赤間関遂社納遂其節候処、彼関役免許付而四十八燈闕如之由大宮司言上候、於彼燈料者神慮之儀候条、堅固可有勘渡之旨、能々可申付」と命じている。四十八燈料の闕如という事態は、毛利氏の防長両国征服に続く大友氏との戦争という緊迫した軍事情勢下において、毛利氏が赤間関地下人を懐柔するため「関役免許」を行ったことによるものと考えられる。

この赤間関済銭の内から二宮四十八燈料を社納すべき「関役人」とは、右掲の九月十二日に内藤氏奉行人から赤間関神事に関する諸費用の調達を命じられた関問丸役佐甲氏であったと考えられる。

そして、赤間関神事に関する諸費用とは、九月十五日が亀山八幡宮の大祀の日であることから[34]、これに関する事柄を指していると考えられる。そこでは、佐甲民部左衛門尉は「淵底案内者之事候」と称せられて赤間関町の事情に精通している者とされ、その役目として関町神事方ならびに「其外上船等着岸」のものから料足を収納して調え、関に

下された使永富源兵衛尉らに進納するよう命じられている。

最後になったが、関問丸役佐甲氏の流通上の活動について述べたい。

**村上武満書状**（折紙）

当関役勘過之儀、佐甲三郎左衛門尉為手次、懇望之間、如前々申談候、猶以口上申候、恐々謹言、

天正弐戊十一月三日　上関 武満（花押）

佐甲藤太郎殿

この文書は、周防上関に在番し、毛利氏から関役料の徴収を認められていたと考えられる村上武満[35]が、赤間関問丸役佐甲藤太郎が先代三郎左衛門尉の手次として上関の勘過を懇望したのに対して、従来どおりそれを約束したものである。

**村上元吉下知状**（折紙）

紋幕理之条、任所望遣置候、海上無異儀往返肝要候、仍如件、

天正十三 三月十日　（村上）元吉（花押）

問藤太郎殿

この文書は、瀬戸内海はもちろん北部九州沿岸も広くその勢力圏として行動し、周辺の諸大名によって商船等からの通行料の徴収を歴代認められていた能島村上氏の当主元吉が、赤間関問丸役佐甲藤太郎の所望に任せて村上氏の

「紋幕」を与え、それによって「海上無異儀往返」を下知したものである。

村上武満が守る上関の勘過といい、村上元吉による村上氏「紋幕」の下付・使用許可といい、赤間関問丸役佐甲氏が船に商品を積載して海上を輸送している状態を示しているが、佐甲氏がその流通上の活動のなかで「海賊」の雄能島村上氏とこのように緊密な関係を取り結んでいる事実は、それが佐甲氏の行動や権益の保障、そして発展にとって重要な役割を果たすものであったことを意味している。

なお、佐甲氏が扱った商品については詳しくは明らかでないが、佐甲隼人助が、長門阿武郡蔵目喜山(銅鉛産出の鉱山。現在の阿東町蔵目喜)の後地の公領年貢でもって買い入れた公納鉛＝鉄炮玉鉛三千斤の請取を依頼されたり、(36)また慶長末年ころには毛利秀元への音信として南蛮手拭を用いている事例などがみえる。(37)

中世の港町の問丸についてはしばしば兵庫関問丸職が事例としてあげられるが、町の構成やその支配上の役割などは明らかでなく、その全体像は不分明であったと言ってよい。

この赤間関の問丸役佐甲氏は、大名領国下における関町役人ならびに特権商人としての事例であり、大名権力と取り結んだ諸関係、関町の構成や関町支配の実態、流通上の活動等々、その諸様相について解明できる全国的にみて稀有のものである。

そして、佐甲氏が江戸時代の長府藩領赤間関においてもその関町支配上の格別の地位と特権商人としての関問屋の権益を保障されていることに注目しておきたい。

なお、井崎・竹崎も長府藩領であったが、両浦とも承応二年(一六五三)の清末藩の成立にともなって長府藩から分与されている。

## 三　毛利氏の対明貿易

大内氏滅亡後における公的な対明貿易については明確な徴証を欠いている。しかしながら、毛利氏が大内氏の「日本国王之印」や銅製の朝鮮国通信符の右符を継承していること、隆元が永禄五年(一五六二)に朝鮮に使節を派遣していることから、(38)対明貿易を行っていたことも十分推測される。そのことについて、前述した高洲家蔵の船旗の検討を通して考えてみたい。

**図4**　高須氏船旗

図4としてその船旗を掲げた。紋は、杉原高須氏の剣巴の家紋である。高須氏は、南北朝時代の中頃に備後高洲地頭職を与えられて以来同地を中心にして領主制を展開させ、備後南部の国衆として発展した。守護山名氏に随い、そのあと備後に進出した毛利氏に服属した。さきにも述べたが、惣国検地後における高須元兼の石高は、合計四四七石余であり、必ずしも大きいとは言えない。

次に船旗中の墨書と、それに関係する高須元兼証状写を記した。

大明国泉州府晋江県有商船、隻候来年六月、到此港口、看旗号、比対一同斎、来買売、余事無紀、

知鉦人王禄(花押)

船主　蔡福(花押)

立字人李進(花押)

万暦十二年十月吉日書

大日本国長州路於赤間関、大明国泉州府有商船、弐隻来年六月有着岸者、商売等、天平等、秤依天道不可有二家相違者也、白銀堅固無暗裏可定之、明年直対主君者、猶可名裏約一旗捧之、来朝向船之時、此旗迎来者、其時可取纜、弥売買旧約、遂其志者哉、

維天正十二年小春日　　杉原宗左衛門尉平元兼

船主　蔡福

立字人季（マヽ）進

同知鉦人王禄

船旗の墨書の意味は、万暦十二年＝天正十二年（一五八四）十月、明から来航していた商人らが、明泉州府晋江県の商船二隻が来年（天正十三年）六月をまってこの港口（赤間関）に来た時、その旗号を看て、比対して間違いなかったならば、売買しようと、約束したものである。

これに関して高須元兼が明商人らに宛てた書状には、「来朝向レ船之時、此旗迎来者、其時可レ取レ纜」と、この船旗が明商人らの来航した時に約束相手を見つけるための目印であることを明示している。そして当面注目されることは、この文章の直前に「明年直対二主君一者、猶可下名レ裏約二一旗一捧上之」と記し、高須元兼が毛利輝元の赤間関代官としての立場でこれに関与していることを明記している点である。

これらによって、天正十二年に明船が赤間関に来航して毛利氏の関代官高須元兼と商売したこと、さらに翌年六月の赤間関における商売を約束し、来航の時商売相手を見つける目印として旗を作成し、それに両当事者である毛利輝元の代官高須元兼の家紋と明の商人らの署判・約束内容を書き記したこと、またその旗は高須元兼が所持するととも

に、元兼は明の商人らに宛てこの旗をもって迎え来たならばその人物こそ約束相手である旨を述べた書状を認めて与えていたこと等々が確認できた[39]。

さきに高須元兼が輝元から塩焇の入手の手配を命じられていることを指摘したが、それはこのような貿易の商売品目に関わるものかもしれない。「新出高洲家文書」のなかに興味深い文書がある。

**毛利輝元自筆書状**

内々用事

一しらか三斤

一からいと一斤

一とんす五六たん、又十もあまた候ハヽ、の事候、

一せんむしろあかきをあり合次第ニ、いつ成とも、

一あしまきあり合候ハヽ、十たんはかり、

右まへ内々可調候、尚雅楽可申候〳〵、かしく、

十十三　(毛利輝元)(花押)

(切封ウハ書)「(墨引)

高惣左　てる元」

この文書は、高須元兼に宛てた輝元の自筆書状である。しらか(白い絹糸)・唐糸・緞子・せんむしろ(氈の敷物の一種。赤色のもの)・あしまき等々の外国産の輸入品についてごく内々に調達するよう命じている。

「あり合次第ニ」、「いつ成とも」、「あり合候ハ、」という輝元の具体的指示からは、高須元兼が平素から外国産品の購入に関わっていたことや、特定の品目について指示をうけて外国船の入港をまって購入する状況などを読みとれる。

この事実は、赤間関代官高須元兼が毛利氏のいわゆる外国産品輸入窓口として機能していた状態を明示している。このような機能に鑑みるならば、高須氏船旗が赤間関代官としての高須元兼の職務上の活動に基づいて作成されたものであることは十分納得できる。

以上述べたことに基づくならば、この船旗をもって、高須氏が明の商人との間において私的に貿易を行っていたとするよりも、毛利氏の支配政策上から行われていた赤間関代官を通しての公的な外国貿易——対明貿易の徴証と判断した方が妥当であると考えられる。

ここには、赤間関を東アジアに開いた毛利氏の流通・貿易面におけるスケールの大きさを認めることができる。

## おわりに

以上、近年新しく蒐集した「堀立家証文写」・「杜屋神社文書」・「新出高洲家文書」・「佐甲家文書」を紹介しながら検討を加え、従来具体的研究成果に乏しかった大名領国下における港町について長門赤間関を対象にしてその実態と支配の諸様相について究明してきた。明らかにした諸事実についてまとめるとともに、若干の事柄に関して付け加えておきたい。

何よりも瀬戸内海の西の出入口に位置する赤間関の地理的環境に注目しなければならない。大陸や九州の要港にも近く、大内・毛利両氏時代を通して関門海峡が同一権力の領有下に置かれたこともあって船送機能が整備され、その関港としての重要性は高く、経済的発展にもみるべきものがあった。

赤間関の範囲は現在の阿弥陀寺から西は南部町専念寺辺に至る地域であったと推測され、亀山八幡宮のすぐ西側の田中川の川口は大きな入江になっており、その港としての条件は安定していたと考えられる。

赤間関は大内氏時代の後期には長門守護代内藤氏の領有するところであったが、大内氏滅亡後は毛利氏の直轄関とされた。内藤氏は温科兵庫允・南野丹後守ら、毛利氏は堀立直正・赤川元忠、つづいて高須元兼・井上元治、そして粟屋平右衛門らを関代官として置いた。関代官の職務は、各人について確かめられる事柄を総合して述べると、「手日記」や「赤間関町々帳」に基づいて公事銭あるいは地料銭等のいわゆる関役料を徴収すること、それを含め関町ならびに長府・伊崎・竹崎などの地下中支配、関町ならびに近辺の浦々からの警固船の徴発と管轄、関鍋城の普請の管轄、対岸の門司城と緊密な連絡を保ちつつ九州方面の情報を収集し注進すること、船送による公用輸送、そして北部九州の国人領主から差し出させた人質の番等々、いわゆる行政面とあわせて鍋城城番としての軍事面にも及んでいる。

この通常の関支配を掌る関代官とは別に、永禄年間に毛利氏が大友氏と北部九州の覇権を争った時期には市川経好を中核にするいわゆる在関衆が北部九州派遣軍の軍事指揮権を行使し、また秀吉の島津氏攻めに際しては蔵田就貞らが渡船奉行に就くなど、それぞれの時期の政治情勢に応じて赤間関がもつ諸機能をさらに高める方法がとられたのであった。

彼らが拠ったのが赤間関鍋城である。鍋城は、もともと現在下関市役所等の公共機関が位置する区画にあった堅い岩盤からなる小高い山に構えられていた。現在の市役所を建設するにあたってその上部をほとんど削り取られて原形をとどめないが、当時は東は大きな入江、南は海峡に面した海城であった。大内氏時代にも要害があったが、その城普請が本格化するのは、北部九州における大友氏との激しい戦争が終息した後の天正年間になってからである。しかもそれは、毛利氏家中において、警固衆であり、またもともと積極的に流通に関わる商人でもあるという性格を兼ねそなえた関代官堀立直正の財力と行動力に頼って行われた。

なお、長門豊西郡黒井村の杜屋神社大宮司職は堀立直正の子亀松に与えられ、その系譜は江戸時代に続いている。大名領国下において赤間関代官の支配をうけた関地下中の構成については、関問丸役佐甲氏の存在が注目される。関問丸役は、大内氏時代には関領有者内藤氏、つづいて毛利氏によって補任され、また官途(仮名)も与えられている。問丸役佐甲氏は、関防衛のため関地下人を率い警固船をこしらえて海賊と交戦するなど自ら武力を具備し、関町の事情に精通した関役人であり、関町上層の特権商人であった。

関問丸役佐甲氏の関町支配上の重要な職務として、大名側が確認した「手日記」や「赤間関町々帳」に基づいて関公事銭等のいわゆる関役料を徴集して納入することなどがあげられる。関地下中においては、このような職務を掌る関役人佐甲氏と地下人＝町人とが対立することもあり、時には関地下人らが逃散し、大名側としては彼らの帰関を促すため、彼らの訴えを容認して関役人の追放を命じるという事態も露呈された。

大名領国下における海賊や毛利軍の狼藉行為との交戦にみられる赤間関地下中の結束や、そのいずれの時期にもあらわれる関役人に対する地下人の闘争は、ともに港町赤間関に蓄積された富とそれを自ら保障できる実力に基づくものであった。関地下中は、内部矛盾をかかえ、時にそれを拡大・露呈させながらも、問丸役佐甲氏らを指導者として全体として強化され、関町のより一層の繁栄を築いていったと考えられる。

また、関問丸役佐甲氏は、自らも船に商品を積載して海上を輸送し、内海から東アジア的規模で展開していた流通に関わったが、そのなかで上関を守る村上武満から従来どおり上関役勘過を約束され、内海はもちろん北部九州沿岸をも広くその勢力圏として行動する「海賊」能島村上氏の当主元吉からは村上氏「紋幕」を下付されてその使用を許され、海上の自由通航と権益を保障されていた。なお、関問丸役佐甲氏の活動としては、毛利氏直轄領である長門阿武郡蔵目喜鉱山などからの鉄炮玉用の公納鉛を請取って扱っていたことも知られる。

関問丸役佐甲氏は、毛利氏の惣国検地後の天正十九年に二〇一石余を与えられているが、関ヶ原の合戦後の慶長七年に長府藩主毛利秀元から三〇石を給与され、長府藩領赤間関の奉行として、つづいて関町の大年寄として、関町支配上における格別の地位と特権商人としての権益を保持したのである。

ところで、毛利氏は、尼子・大友・織田氏らとの絶え間ない戦争が秀吉政権との和睦によって一応落着し、関門海峡にも赤間関にも平和がおとずれたころ、外国産品の輸入について積極的な対応を試みたように思われる。天正十二年の高須氏船旗は、毛利氏の赤間関代官高須元兼と明の商人らとの商売の事実、ならびに翌年の商売の約束を明示するものである。このころ関代官高須元兼は、輝元から塩焇のほか、しらか・唐糸・緞子・氈むしろ・あしまき等々の外国産品についても「あり合次第ニ」・「いつ成とも」・「あり合候ハ、」と具体的指示をうけてごく内々に調達するよう命じられ、毛利氏のいわゆる外国産品輸入窓口として機能していた。このような機能と関係づけて考えるならば、この船旗は、関代官としての高須元兼の職務上の活動に基づいて作成されたものであり、赤間関を東アジアに開いた毛利氏がその支配政策上から関代官を通して公的な外国貿易——対明貿易を行っていた徴証であると判断できる。

毛利氏は、従来特権商人や商人的警固衆を通して博多など北部九州の要港において入手していた軍事物資や特定の高級外国産品について、領国の西端に位置する要衝の直轄関赤間関において自らの関代官を通して直接入手したのであって、この時期における流通・貿易面への積極的対応には注目しなければならない。

明らかにした諸事実について概略まとめたが、大名領国下における赤間関の実態と性格がおおよそ提示できた。なお付け加えたい事柄は、永禄年間に火山城が史料上頻出し、毛利氏が北部九州から撤退すると急に表われなくなること、そして関代官堀立直正による関鍋城普請が本格化することについてである。

標高二六八メートルの火山城は対岸の門司城やその周辺を一望できる要害であり、軍事的緊張下においては、毛利氏としてはここに本州側の軍事拠点を構えることによって対岸の門司城と緊密な連絡を保ちつつ、両城一体となってその確保をはかり、且つ関門海峡の支配も可能であった。しかしながら、赤間関町の支配にとっては、火山城は地理的にもやや東に離れていることもあって適当ではなかった。

永禄十二年の筑前立花城からの撤退を契機にして大友氏との戦争も落着し、北部九州の政治的情勢が比較的安定してくると、軍事用としての火山城は何かと不便であり、関門海峡やその交通・流通の要衝たる赤間関町の支配を積極的に行いうる鍋の要害を通常の関町支配と軍事の両用として整備・強化していこうとしたものと思われる。天正年間初めころに続けられた関代官堀立直正の独力による鍋城の諸普請は、そしてその後の高須元兼の城誘もそれにあたるものであり、その結果鍋城は急速に充実したと考えられる。

このように考えるならば、もはや役割を失った火山城が史料上表われなくなり、一方に諸普請によってその整備・強化が進められている鍋城が表われることは、関係する事柄として十分説明できる。

鍋城の存在と強化は、赤間関町の安定と、その諸機能、具体的には交通・流通や軍事等々、一体の支配を目論んだ毛利氏の支配政策の顕著な表現であると言ってよい。

毛利氏が直轄関赤間関を東アジアに開き、関代官を通して外国貿易を積極的に展開した時代の到来は、織田氏との激烈な戦争が秀吉政権との和睦によって一応落着し、関門海峡にも平和がもたらされたことを直接的な契機にしているが、それはまた、それまで戦時下においても独力でもって鍋城の諸普請を営み続け、その強化を果たした関代官堀立直正の努力、流通に生き、流通を活かす絶えざる試みが結実したものとしても考えられるであろう。

しかしながら、赤間関のように大名領国下において国際化のための諸条件も整備され、国際社会への窓口として機能したこの地域の主要な港町——地方都市の歩みも、秀吉による外国貿易独占の試みや、つづいて江戸幕府が直轄地長崎(初めしばらくは平戸も)に限って外国貿易や国際交流を認めるという対外政策を実施したことによって、次第にその機能を損われ、潜在化させていかざるをえなかったのである。

(1) 第一章「中世後期の地方経済と都市」。第四章「国人領主の財政と流通支配――戦国時代の雲芸攻防における山間地域領主層の性格――」。

(2)『中世法制史料集』第三巻、武家家法I。

(3)『長門国二ノ宮忌宮神社文書』、忌宮古文書貴三四。

(4) 乃美文書正写(東京大学史料編纂所架蔵謄写本)。秋山伸隆「戦国大名毛利氏領国の支配構造」(『史学研究』一六七、一九八五年。のち、秋山『戦国大名毛利氏の研究』〈吉川弘文館、一九九八年〉の第三編第六章として収録)二五四・二五五頁。なお、「乃美文書」一二六(『新熊本市史　史料編第二巻』〈一九九三年〉)。

(5) この船旗ならびに本章中に用いる「新出高洲家文書」は、ともに萩市土原高洲孝次氏所蔵。なお、本章中で用いた「新出高洲家文書」とは、高洲孝次氏所蔵文書の調査の結果、従来『萩藩閥閲録』六七〈高須惣左衛門〉・『萩藩閥閲録遺漏』四ノ二〈高須直衛〉・「譜録」〈高洲長左衛門盛英〉(『広島県史　古代中世資料編V』に一八点所収)等によって知られていたものとは別に、新しく発見した文書を総称したものである。

(6) 脇田晴子『室町時代』(中公新書、一九八五年)七一・七二頁。

(7) 山口県文書館編『防長寺社由来』第七巻、四〇六・四〇七頁所収の勝応寺と阿弥陀寺堺目証文。

(8)(9)『防長寺社証文』(赤間関阿弥陀寺)四二一・四二三頁。

(10) 同右(亀山八幡宮)四七頁。

(11) 同右(山口善福寺)二〇九頁。

(12)『新校群書類従』第一五巻、紀行部㈡所収。

(13)「中書家久公御上京日記」。『神道大系』文学篇、参詣記所収。

(14) この「対経好奉書」とは、同年の十一月二十二日に毛利氏奉行人児玉就忠・粟屋元親が市川経好に宛て「岡部兵部丞事、赤間関所御番之事被仰付候、堅固可致所勤之通、可被仰渡之旨候」と命じたものを指す。ともに「児玉韞採集文書」一。

(15) 下関市南部町林好雄氏所蔵。原図は着色。

(16) 下関市長府、長府博物館所蔵。

(17) 長府博物館所蔵の別の江戸時代の絵図によれば、それぞれ「長府御役所」・「キモリ社」と書き込まれている。

(18) 昭和五十二年四月十日のマツノ書店の復刻版による。

(19) 仁安元年(一一六六)十一月十七日の志道原荘倉敷内畠在家検注帳に「右御倉敷、佐東郡内伊福郷堀立」とある(『新出厳島文書』九二〈『広島県史　古代中世資料編Ⅲ』〉)。

(20) 同じ永禄五年の七月十六日、毛利元就・隆元は、市川経好・財満忠久・坂元祐に宛て高橋鑑種の現形にともなう豊筑両国の国人領主への対応について細々とした指示を与え、また豊前香春岳城番の杉連緒には「筑州高橋懇望之儀候、為勝利之間令許容候、然間可為現形候条、被申合行干要候、不可有油断候、猶市川式部少輔・坂新五左衛門尉・財満新右衛門尉可申候」と命じている。ともに山田家文書。

十二月二十三日に毛利隆元は赤川元忠・堀立直正・財満忠久に宛て、長門阿弥陀寺領の半済について「両三人裁判、私曲有間敷事肝要候、下知旨速可申付候」と命じているが(『防長寺社由来』第七巻、四〇五頁所収)、財満忠久は、関代官としてよりも主にいわゆる在関衆の中核として機能したと考えられる。

(21) 山口県豊浦郡豊浦町杜屋神社所蔵。永禄三年五月十八日毛利氏奉行人連署書状、同十年三月二十六日棟札ならびに三月十九日毛利元就書状。この棟札には「当檀那戊寅歳」と記されており、堀立直正が永正十五年(一五一八)の生まれであったことが確かめられる。

(22) 高須元兼は寛永五年(一六二八)に七五歳で死没している(『萩藩閥閲録』六七〈高洲〉—系譜)ので、天正七年(一五七九)には二六歳であった。

(23) 長府毛利文書(長府博物館架蔵)。なお、この史料は『廿日市町史　資料編Ⅰ』、五五六・五五七頁に収められている。

(24) 『分限帳』によれば、弘九郎左衛門二三〇石余、三井善兵衛二五一石余、粟屋木工允一八五石余、内藤弥左衛門三八石余、橋本弥右衛門二〇〇石余であり、橋本弥右衛門の給地が厚東郡であるほか、いずれも長門国内に有しない。

(25)　渋谷文書(渋谷辰男氏所蔵)三六・三七・三八(『広島県史　古代中世資料編Ⅳ』)。

なお、『防長寺社由来』第七巻、四七三頁所収の享保七年(一七二二)五月の「亀山大宮司神官由緒略記」には次のような記事がある。

亀山大宮司家、姓ハ清原、氏は粟屋、(中略)越後守元久始テ赤間ノ代官ヲ兼ネ南部ノ城主タリ此城ハ元就公築給、豊州ノ境守ノ城、越後守初ハ与三ト号ス、輝元公加冠ヲ賜リ元久ト改ム、爾来代々元ノ字ヲ名乗ル、

「御判物証文略記」(同右四七一頁)によれば、天正四年(一五七六)九月三日に毛利輝元は粟屋与三に偏諱を与えて元服させ、また六月日には粟屋越後守元久に宛て亀山宮の神事料として二〇石を寄進している。

粟屋元久に関しては、享保七年五月十二日の「勝応禅寺由緒書の覚」に寛文十二年(一六七二)七月の勝応寺棟札を引いているが、そのなかに「于時天正十九辛卯歳粟屋越後元久再造立之」とみえ(同右四三二頁)、また享保七年五月一日の「極楽寺来由」には、彼は文禄二年(一五九三)五月十一日に死没し、勝応寺内に葬られたと記している(同右四四七頁)。

『分限帳』によれば、粟屋氏で同名のものはなく、また粟屋平右衛門以外に長門国内に給地を有する者はいない。「赤間ノ代官兼ネ南部ノ城主」の確証をうることはできない。

(26)　内藤氏奉行人の盛保・時実は内藤興盛・同隆時の偏諱を賜ったものである。

大内氏時代における内藤氏の赤間関領有は、内藤智得が長門守護代に就任して以来積み重ねられてきた内藤氏歴代の長門国支配の展開によるものである。どの時期から内藤氏は長門国内の重要地域の領有者として現われるに至るのか、その過程や画期について考えていかなければならない。

ところで、温科兵庫允との系譜は明らかでないが、『福岡県史資料　第五輯』所収の「竹井文書」は温科氏の関係文書である。

天文二十一年(一五五二)三月十一日に温科盛長は同弥四郎に豊前京都郡内・長門美祢郡内の所領を譲与し、豊前京都郡内については、翌二十二年閏正月十五日に大内義長から安堵されている。温科盛長を内藤興盛の偏諱を賜ったものと考えれば(「諸郷天文廿年辛亥温科慰重給田畠屋敷坪付等事」の慰重は仁保隆慰の偏諱)、内藤氏家臣としての温科氏を見い出すことは

可能である。

(27)
(毛利秀元)
黒印　覚

一銀十弐匁　(早野)早新助
一同十弐匁　渋屋善允
一同十弐匁　宮崎一兵衛
一同十弐匁　桧垣源右衛門尉
一同十弐匁　日原仁兵衛

以上六十目定

右御船頭衆下関役目銀、除被遣候也、

慶長十七
六月廿八日　高木 勢(花押)
村上九郎兵衛(花押)
……(紙継目)……
庄原五郎左衛門尉(花押)

佐甲隼人殿

(28)
下関御地料銀之内、除被遣候衆目録
(異筆)
「慥聞届所実正也」
(毛利秀元)
黒印　合

元和三六月十四日ヨリ

面十六間　入十五間後十二間　銀拾五匁　海門庵
面三十一間　入十六間後廿八間半　銀拾八匁　永福寺
寺職四畝　銀拾弐匁　西谷寺

…………………………………………………………（紙継目）…

寺職六畝　　銀拾五匁　　王子坊

元和三六月十四日ヨリ

畠二段六畝十歩　　銀四拾五匁　　（熊野）熊順佐居屋敷

右同日ヨリ

屋敷三畝拾歩　　銀十八匁　　就蔵司 倉本

元和三十月十三日ヨリ

面三間　　入十七間後弐間五尺 銀弐拾四匁　　大工又左衛門先屋敷分 伊藤木工允

右同日ヨリ

面四間五尺　　入十七間後四間 銀弐拾三匁　　伊藤木工允先拘分 大工又左衛門尉

右同日ヨリ

銀九匁　　熊順佐一所 南平右衛門宿

右同日ヨリ

銀九匁　　同 中川一郎兵衛宿

右同日ヨリ

銀九匁　　同 平田次郎右衛門宿

右同日ヨリ

…………………………………………………………（紙継目）…

面弐間一尺　　入五間半後一間六尺 銀七匁　　同 作間四郎右衛門尉

已上銀子弐百四匁定

右下関中御究重而被　仰付候節、定除衆　御印判被下候、此旨可被備御公勘所如件、

元和三ノ
十月十五日

椙杜下総守

井上一郎兵衛（異筆）「続目封元ニ印三ツ」

伊秩釆女正（花押）…………（紙継目）…

佐甲隼人殿

伊藤木工允殿

○紙継目ゴトニ黒印一ツアリ、

嘉永三年（一八五〇）三月日に「御宝蔵反古ニ有之候分写置之」いた慶長年間の「秀元様御家中分限帳　全」によれば、(27)(28)の佐甲隼人・伊藤木工允はもちろん早野新助・渋屋善允・宮崎一兵衛・桧垣源右衛門尉は「陸侍」の項、熊野順佐、同一所中川一郎兵衛・作間四郎右衛門尉は「御伽衆・古老衆組ハツレ」の項にあらわれ、長府藩給人であったことが知られる。

(29)　覚

一下関地料御除所之儀、当分御任印判之旨、可被相除候、追而　御下之上を以、可被仰出候事、

一御船頭衆地料銀之儀者、被取縮、足役之儀者、御下之上追而可被　仰出候条、先浮可被置候事、

一後地畔頭弐人者、田畠方之御代官衆ゟ可有御沙汰候間、地料銀之儀者、町並ニ被取縮、足役之所除可被置事、

一町肝煎助六地料足役除可被置事、

一備中神子地料先被相除、御帰国之上追而可被仰出候事、

一御船大工衆地料銀之儀ハ、被取縮、足役之所者、御船頭衆並ニ先浮可被置候、御下向之上可被仰出事、

一作間四郎右衛門地料銀、当時居掛リ之分除可被置候事、

……………………………………（紙継目）……

一中川一郎兵衛宿之儀、府中御用ニ付、町宿ニ被罷居候衆、壱ヶ年中四匁宛之御除之間、可為其分候、渡辺弥左宿も可為同前事、

一芳室隠居屋敷地料、当分除被置、御下向之上追而可被仰出事、

以上

右一ツ書之辻を以、今年分者先沙汰可被申候、御下向之上を以、申伺、御下知次第以来之所定可被遣者也、

寛永五
三月二日　　井上神兵衛（花押）
　　　　　　中村弥兵衛（花押）

三右衛門尉(花押)

小西弥右衛門殿

佐甲三郎左衛門殿

第六条の「御船大工衆」については、「秀元様御家中分限帳　全」の「番匠大鋸」の項に番匠・大鋸・杣・小引・瓦大工・畳指・桶結等四八人が列挙してあるのも参考になろう。

「先被相除、御帰国之上追而可被仰出候」・「当分除被置、御下向之上追而可被仰出」とは、藩主秀元が帰府して下知することを示すが、「印判之旨」＝秀元の判物によって決定された下関地料銀の除所(除衆)について、この時期にはなお最終的には決定しがたい箇所がいくつかあったのである。

(30)　御印判御地料銀御除付

付御肩書

| | |
|---|---|
| 一銀参拾九匁三分 | 永福寺 |
| 一同四拾九匁壱分 | 専念寺 |
| 一同六匁壱分 | 西谷寺 |
| 一同六匁三分 | 王寺 |
| 一同廿五匁三分五厘 | 法興寺 |
| 一同拾四匁壱分 | 海門 |
| 一同拾六匁三分 | 本行寺 |
| 一同卅三匁八分 | 引接寺 |
| 一同五匁 | 鍋島殿 |
| 一同六拾五匁九分 | 佐甲三郎左衛門 |
| 一同卅壱匁五厘六毛 | 伊藤六兵衛 |

一同四拾目四分四厘　小西弥右衛門
一同七匁八分　土佐
一同九匁五分　以徳
一同六匁九分九厘九毛　粟山備後殿宿 大工又左衛門
一同廿五匁四分五厘　加藤九郎左衛門

……（紙継目）……

一同弐匁八分　肝煎
一同拾壱匁五分七厘五毛　関口
　合銀三百九拾六匁八分七厘
　右御印判拾八ヶ所分
一銀三匁　浦肝煎
一同廿目　（先本行寺今ハ傾城町ニ被仰付候、
一同拾三匁六分　教法寺
一同拾三匁五分　保福寺
一同拾壱匁八厘八毛　新御蔵屋敷
一同四匁四分八厘四毛　三宅五右衛門
一同壱匁五厘　（八右衛門屋敷御手船有
一同廿目五分四厘　御城屋敷
一同拾弐匁六分五厘　刑部様御蔵屋敷
　合銀九拾九匁九分壱厘弐毛
　右御肩書九ヶ所之分

一銀三百目
右中町ニ百目、外浜町ニ弐百目被遣候、
……并銀七百九拾六匁七分八厘弐毛……（紙継目）……
寛文十庚戌年
六月二日

(31) **毛利氏奉行人連署打渡状**

一弐百石定　酒甲隼人
内
百石　豊西郡内
百石　大津郡内
以上
右之辻、以七端帆船壱艘ニ被相定候之条、可抽馳走事肝要候、仍打渡如件、
天正十九年
十一月十八日
佐世与三左衛門尉（花押）
二宮太郎右衛門尉（花押）
内藤与三右衛門尉（花押）
林肥前守（花押）
……（紙継目）……

(32) **毛利秀元書状**

長州豊東郡引島村三拾石地之事、為扶助宛行了、者早全執務、可抽奉公所之状如件、
慶長七年十二月十三日　（毛利秀元黒印）
佐甲隼人佐

(33)　児玉元良は、永禄八年十月二十九日に「小次郎元良」(『萩藩閥閲録』九二〈波多野〉—10)、同十年八月六日には「右衛門尉」(同一六三〈山田〉—4)と名乗っている。なお、元良が、永禄九年九月二十六日以後に「小次郎」、また以前に「右衛門尉」と名乗った事例ともに見い出せないから、永禄九年については、可能性として残しておく。

(34)　『防長寺社由来』第七巻、四六二一～四六八頁所収の「年中祭祀之略記」。

(35)　『萩藩閥閲録』一三五〈高井〉—15。毛利輝元が上関の村上武満らに警備をさせ、交戦中の織田氏側が九州方面において購入した戦時物資を輸送する商船を捕縛し、物資を没収する、いわゆる経済封鎖を断行したことは、既に第一章「中世後期の地方経済と都市」五二一～五四頁に述べている。

(36)　**田村石見書状**(折紙)

呉々未無案内儀候へ共、得御意候、御公納鉛之儀、御身繁候共御請取候て、可被下候、聢奉頼候、少分ニ候へ共青銅百疋進之候、御音信迄候、

蔵目喜(長門阿武郡)山後地御公領以御土貢、御鉄砲玉鉛買候て、於某元送可申候由、被成御意候之条、則相調三千斤致運送候、可被成御請取候、又従広島御奉書同前□□、可被成御拝見候、猶彼者可得貴意候、恐惶謹言、

九月廿七日　(田村)石見(花押)

(異筆)「□□到来」

問隼人助殿人々御中

『分限帳』には、阿武郡の蔵目喜・多万銀山領として三六七石余が設けられている。また、『防長寺社由来』第六巻、五六五～五六八頁所収の寛保元年(一七四一)九月の奥阿武郡蔵目喜村厳島神主佐々木河内の覚には、「一桜尾山厳島宮　但、往古大同弐年の比安芸国より勧請、其比当村金山繁昌仕、建立仕由申伝候、其後山終り年久敷中絶仕、社内宝物棟札縁起等迄捨り申たると申事ニ御座候、其後田村石見守と申仁再建立被仕候と申伝候、石見守墓所蔵目喜町浄土宗常徳寺ニ御座候」とあり、同じく浄土宗の出銅山常徳寺の覚には、「一古墓壱ケ所　但、墓印松三本古木御座候、是ハ田村石見守墓所と申伝候、石垣野つらニて御座候事」とある。田村石見は、『分限帳』にその名が現われないので、蔵目喜鉱山を支配する公領

代官の家臣かと思われる。

(37) **毛利秀元書状**(折紙)

為音信南蛮手拭到来候、遠方毎事志之段、祝着候、猶多孫左所ゟ可申聞候也、

以上

四月二日　(毛利秀元)(花押)

佐隼人とのへ

この文書は、毛利秀元の花押の形状から推測して慶長末年ころのものと思われる。

(38) 『毛利元就卿伝』二四七〜二五一頁。これらの印は、現在も防府市多々良防府毛利報公会の所有になるが、昭和五十四年六月六日、ほかの「大宰大弐」等の印や印箱、弘治二年十一月日の大内義長証状等とともに「大内氏勘合貿易印等関係資料」として、国の重要文化財に指定された。

(39) 『防長古器考』有図第五九にこの船旗について記されているところを引用しておく。

高須治平盛央家蔵

船印　一流

太閤秀吉公朝鮮征罰ノ時、輝元公御人数ノ内ニ先祖宗左衛門元兼相加、渡海ノ節持参セシ船印ト云リ、此船印ニハ趣有之ト考ラル、後ニ図之、猶右ノ趣ヲモ後ニ考フル所ヲ記セリ、

(船印の形状・墨書等略)

右ノ船旗ニ記セル万暦十二年ハ大明ノ神宗年号ニテ、太閤秀吉公朝鮮国ヲ征シ給フハ文禄元年也、此年ハ大明ノ万暦二十年ニヤ当レル、然ルニ宗左衛門元兼文禄元年ニ此船旗ヲ用テ、自分船ニテ渡海セシ由、輝元公御感状モ有之ヲ以テ考フレハ、掌ヨリ大明国泉州府ナトヘ元兼家人ヲ商船ニシテ遣ハシ、異国ノ船路等ヲ諳ンシケルヲ以テ、斯ノ如キ働キ有シニヤ、大内家勘合ノ印、又ハ宗像勘合ノ印ナトモ有シ由、如此イハレナルモ亦知ヘカラス、

或説ニ、元兼朝鮮渡海ノ節、此船験ヲ持参セシニ、家ノ紋三巴ナレトモ、隆景卿ノ御紋ノ三巴ト同シケレハ、此ヲ憚リ

奉リテ剣ヲ書添タル由ニテ、世々持伝ルトモ云リ、按ニ、右ノ船旗ニ記セル文字始メヨリ書記シテ、上ニハ紋所無之ニ、右御渡海ノ節随身セシ時ニ紋所ヲ書タル故ニ巴ノ御紋ヲ憚リテ剣巴ヲ書タルニヤ、如何成事ヲシラス、墨色ハ同時ニ書タル様ニ見フル也、右ニ記スコトク、剣ヲハ書添タリシカ旗古立タル故ニ、審ラカニ見分カタシ、

　輝元公ヨリ宗左衛門元兼へ下給ル御感状（文禄三年二月二十三日の毛利輝元書状——『萩藩閥閲録』六七〈高須〉—11にあたる——を引く）

　船印についての言伝にもかかわらず、編者は、「如此イハレナルモ亦知ヘカラス」、「墨色ハ同時ニ書タル様ニ見フル也、（中略）審ラカニ見分カタシ」と述べている。

　なお、文禄三年二月二十三日の「輝元公御感状モ」「宗左衛門元兼文禄元年ニ此船旗ヲ用テ、自分船ニテ渡海セシ」（傍点引用者）証拠にはならない。

# 第七章　大名領国下における杵築相物親方坪内氏の性格と動向

## はじめに

中世の商人関係の文書がまとまった形で伝存することは珍しい。

島根県大社町の坪内良氏所蔵の「坪内家文書」は、戦国時代には杵《き》築《づき》相《あい》物《もの》親方職として活動した坪内氏伝来の家蔵文書である。

これらの文書群は、領主である国造千家氏の被官として、また国支配者尼子氏、つづいて毛利氏の安堵をえて多様な活動を行った坪内氏の実態や性格、あるいは戦国時代の杵築の町の諸様相や他地域との諸種の交流を究明できる貴重な内容をもつものであり、この種の文書がまとまった形で今日に伝存していることは稀有のことと言ってよい。

中世の都市・交通・流通研究のなかでも、特に大名領国下における地方都市の構成、ならびに商人や地下中の活動の実態などについては、関係史料がまとまった形で伝存していないこともあって、その全体像の究明はむずかしく、具体的研究成果は乏しい状況にあると言わなければならない。このような状況を克服していくために関係の新史料の発見・利用は待望されていたのであり、「坪内家文書」によって右の課題が出雲杵築についても究明できるに至ったことは有難いことである。

「坪内家文書」全体によれば大名領国下における坪内氏の多様な性格と活動が指摘できるが、既にその基本的な枠

組については第一章のなかにおいて概略述べている。(1)

　杵築大社信仰が普及するなか、杵築にはその参詣者のために「室」と称するいわゆる宿ができていたこと、戦国時代に坪内氏は大社の御師としてその室の経営者の一人であり、また商人でもあるという多様な性格をそなえ、出雲国内の各地や、雲石国境の島津屋関を越えて石見国内にも荷駄を運び、そして大名の戦陣にも随うなど多様な活動を行っていたこと、戦国時代には、領主千家氏の補任に基づいて大名尼子氏、つづいて毛利氏から「杵築相物親方職」を安堵され、杵築町の司商人として特権を有していたこと、等々である。

　あらためて指摘するまでもないが、杵築は、杵築大社の門前町として発展した町である。したがって、当該時代の城下町とか、第六章(2)において究明した長門赤間関のような港町という類別とは異なる性格を当初からそなえていたことに留意しておかなければならない。その坪内氏には、大社の御師という門前町杵築の商人としての特徴的性格を指摘できるのである。

　「坪内家文書」を利用した研究としては、藤岡大拙「出雲大社の御師」、山崎裕二「中世都市杵築の性格」、長谷川博史「戦国大名毛利氏の徳政」が発表されているが、(3)本章においては、第一章において明らかにした事実をもとにし、「坪内家文書」全体の分析を踏まえながらも、当面の目的として、多様な様相を呈する坪内氏の基本的な性格と動向について明らかにすることを掲げ、時期的には、特に天文年間の終りころから永禄年間の末に至る約二〇年間、政治的には、尼子氏支配から毛利氏支配へと両大名勢力が相拮抗しながらも国支配の大名権力が交代していく、戦国時代出雲国のいわゆる激動期に限って、大名権力ならびに領主千家氏と取り結んだ諸関係に十分留意しながら坪内氏一族の諸活動やその役割を究明していくとともに、彼らの活動によって出雲国内外に展開した杵築と各地との交流の実態およびその意義についても考えてみたい。

　具体的には、第一節において坪内氏の杵築相物親方職への補任・安堵のあり方とその活動からみた諸性格、第二節

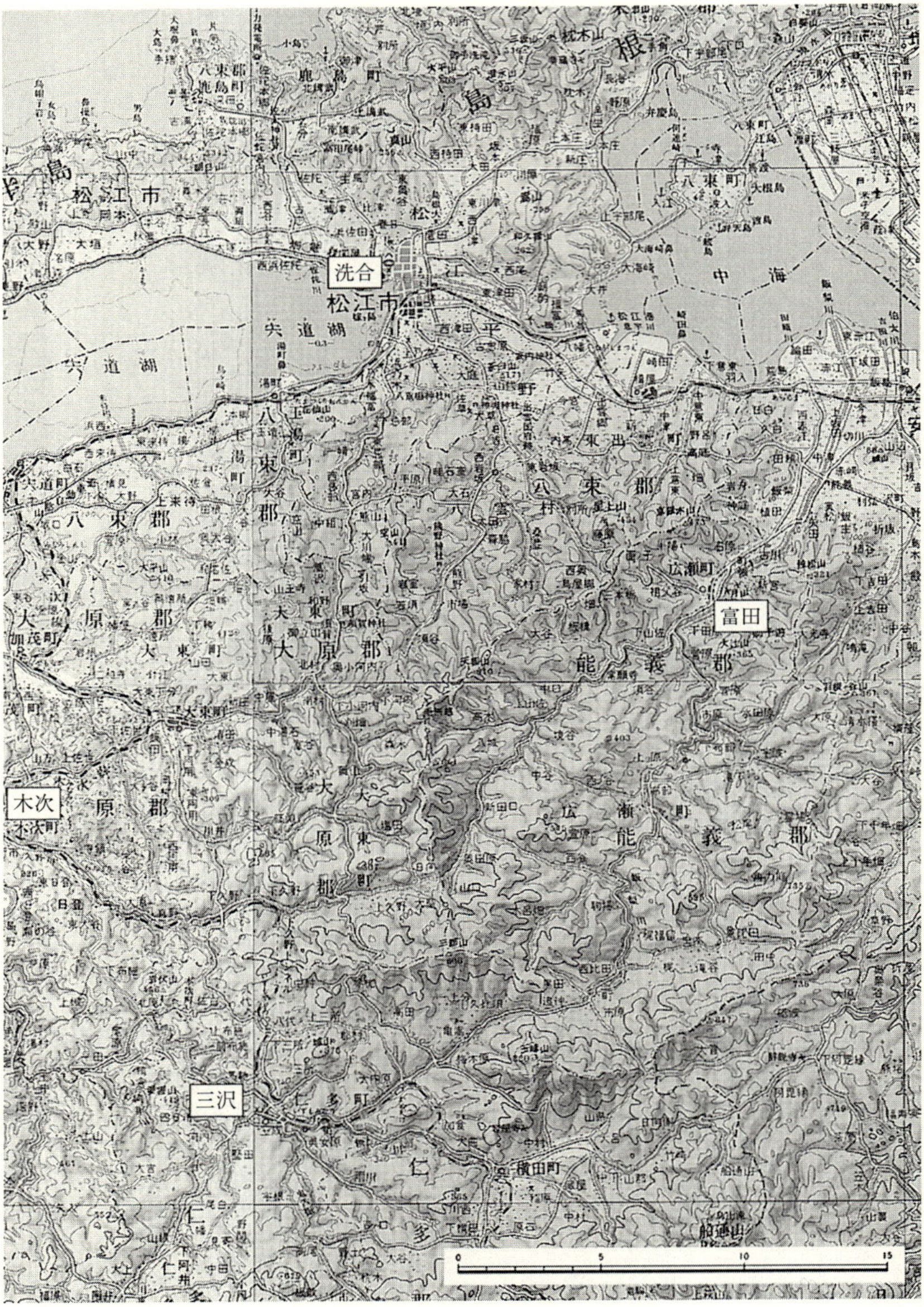


関係地名図

小津
日御碕
鵜峠
平田
平田市
簸川郡
大社町
杵築
林木
出雲市
山陰本線
朝山
出雲市
湖陵町
三刀屋
島津屋関
多伎町
簸川郡
佐田町
掛合町
飯石郡

図1　坪内氏出雲国内

では、尼子・毛利両氏の出雲国争覇戦中における坪内氏一族の動向とその役職や権益維持との関係、そして第三節においては多少趣をかえ、杵築の室や出雲国内の商業権益に関わる紛争と在地秩序の関係、そのなかで坪内氏が果たす役割と機能、さらに第四節において石見や備後と地域間交流を進める坪内氏の実態やその意義について述べてみたい。

本章においては、右述したような当面の目的からして「坪内家文書」全体を利用することはできないが、未刊の文書であることに配慮し、本章の論述上必要な文書については、本文中あるいは同註の各箇所に当該文書の全文を翻刻することにした。

## 一　杵築相物親方坪内氏

### 1　相物親方職の給与と安堵

坪内氏が杵築相物親方職を給与・安堵されたことを示す文書は次のとおりである。

**千家慶勝宛行状**(折紙)

当所相物親方之事、坪内孫次郎ニ為給所申付候処也、自河内之儀弟子を茂集、於無無沙汰者、全可相抱候者也、自然無奉公之儀候者、余人ニ可申付候者也、仍如件、

天文廿四
三月九日　　慶勝(花押)

坪内孫次郎殿

**尼子晴久袖判小柴幸光奉書**(折紙)

（尼子晴久）
（花押）

杵築相物親方職之事、千家慶勝判形被成　御披見、任当知行旨、可相計之由、被　仰出候、限鳥居田上下川、牛馬并船道商売仕候者仁者、有様役等可申付之由候、為向後之被成袖　御判候、恐々謹言、

弘治三
二月十日　　小柴源左衛門尉
幸光（花押）

坪内孫次郎殿

天文二十四年（一五五五）に国造千家慶勝が坪内孫次郎を杵築相物親方職に任じたこと、それは「給所」であったこと、それに基づいて弘治三年（一五五七）に国支配者である尼子晴久が安堵したこと、その職掌は、河内＝鳥居田上下川の内の商人らを統轄し、「有様役」を徴集して納付することであった。

**尼子氏奉行人連署書状**（折紙）

上田今岡其外捻を被作候間、案文写遣候、以此旨打合、公方役可調之由、御意候、比外不申候、越堂市場就守護役之義、及御公事、被成御批判、如此捻等被作、落着候上者、於向後不可有違義候、為其従各申候、恐々謹言、

弘治四
六月十四日

馬来四郎右衛門尉
真綱（花押）
真鍋新兵衛尉
豊信（花押）
松田三郎兵衛尉
綱秀（花押）
池田藤兵衛尉
久利（花押）

地下中

この文書は、尼子氏奉行人が連署して杵築「地下中」に宛て、杵築の「越堂市場」に守護役を賦課したところ「御公事」＝訴訟が提起されたため、「捻」を作成して落着に至ったことを述べたものである。(4)「地下中」宛の書状が「坪内家文書」中に伝存していることから、坪内氏が「地下中」の代表者的地位に就いていたことが窺われ、その職掌としては、「公方役可調之由、御意候」とあるように、地下からの公方役(守護役)の徴集があげられる。このことは、おそらく杵築相物親方職の地位に関係するものであろう。

さて、永禄元年(一五五八)には千家慶勝は坪内次郎右衛門尉を「杵築祐源大物小物親方職」に任じている。

**千家慶勝宛行状**(折紙)

杵築祐源大物小物親方職之事、申付候、弟子之儀ハ、限鳥居田上下河、牛馬并船道商売仕候者ニハ、有様役等申付、可相抱候、但無沙汰之儀候ハヽ、何時茂召放、余人ニ可申付者也、仍如件、

永禄元年戊午
極月十八日　　慶勝(花押)

坪内次郎右衛門との

この文書は、千家慶勝が坪内次郎右衛門を「杵築祐源大物小物親方職」に任じたものであるが、前掲の坪内孫次郎が任じられた杵築相物親方職と比べてみて、その職掌は、河内＝鳥居田上下川の内の商人らを統轄し、「有様役」を徴集して納付すること、それを無沙汰するならば役職を改替されること等々、全く一致するので、基本的には同様の職であると考えられる。

ただ、「祐源」が付け加えられているのが注目される。

祐源職には下代がおかれる。

**目賀田幸宣書状**(折紙)

祐源職下代之事、承候、先年者大和屋ニ同名(目賀田)三郎右衛門尉下代申付候、近年者、彼下代二郎右衛門尉と申者ニ申付之由候処ニ、杵築坪内方久盛を以種々懇望候間、対貴殿祐源下代申付候、其趣可被仰聞候、恐惶謹言、

十二月六日　目賀田新兵衛尉
幸宣(花押)

川副美作守殿まいる御宿所

この文書[5]は、尼子氏奉行人目賀田幸宣が、川副美作守に「杵築坪内方久盛を以種々懇望候間」、「祐源職下代」を申し付けたものである。永禄年間における尼子氏奉行人中に「川副美作守久盛」という人物が存在することは後述するが、同一人物であると思われる。坪内氏と昵懇な関係にあったものであろう。

ところで、「祐源」とは何か、尼子氏家臣を下代に任じることは坪内氏にとってどのような意味をもっていたのであろうか。

「祐源」の「祐」は「しめすへん」であるが、この部首には〝神〟関係の事柄を表わす漢字が多いことから、いま臆測をたくましくすれば、杵築大社の御師に関わる神官的なものかと察せられる。

既に第一章[6]において、毛利氏家中の事情に精通した譜代家臣市川太郎左衛門尉が伊勢神宮の御師村山大夫の下代として、領国内各地所在の毛利氏一族・同家臣らへ御祓の大麻や土産等を配ったり、各檀那から寄進された土地・段銭や諸物品・諸祝儀銭等の受領にあたっていたこと、そのようなあり方のなかに緊迫した軍事情勢下にもかかわらず毛利氏家中において伊勢信仰が急速に高揚した理由の一つを見い出せることについて述べたことがあるが、この祐源職

下代も、軍事情勢下において尼子氏家中における杵築信仰——御師坪内氏の権益の拡大をねらったものと考えることも可能であろう。

さて、このような形でもって給与・安堵された杵築相物親方職は、尼子氏と毛利氏が出雲国の覇権を争い、毛利氏が富田月山城の包囲戦に勝利をおさめ、新しい国支配者として臨む過程において、当然のことながら新しい国支配者毛利氏から安堵される必要があった。

**毛利元就袖判小倉元悦奉書**(折紙)

(毛利元就)
(花押)

杵築相物親方職事、任晴久裁許判形之旨、不可有相違之由、被　仰出畢、然者守先例、可有其沙汰者也、仍状如件、

永禄七
九月三日　　小倉新四郎
元悦(花押)

石田彦兵衛尉殿

**千家義広宛行状**(折紙)

祐源職之事、任慶勝判形旨、重預置候、然上者別而抽奉公、有様之役等相調、全可抱候、若於不儀ハ、何時茂召放、余人ニ可申付者也、仍如件、

永禄十一年
三月十二日　　義広(花押)

坪内彦兵衛尉との

前文書は、富田月山城包囲戦の最中であった永禄七年(一五六四)に毛利元就が石田彦兵衛尉に宛て、杵築相物親方職を安堵したものである。前掲の弘治三年二月十日の尼子晴久判物と同様式の袖判でもってその「晴久裁許判形」を根拠にすえて安堵していることは注目される。

そしてまた、祐源職についても、国造千家義広は坪内彦兵衛尉に宛て、前掲の永禄元年極月十八日の千家慶勝宛行状を根拠にすえて安堵している。

前文書で石田彦兵衛尉、後文書では坪内彦兵衛尉と称されているが、同一人物を指すと考えられ、彼が、尼子氏時代に坪内孫次郎と同次郎右衛門尉が有していた相物親方職と祐源職をともに相承した形でもって安堵されていることは注目される。

これら三人の系譜については、具体的には後述するが、坪内次郎右衛門尉が父、孫次郎と彦兵衛尉はともにその子息にあたる兄弟関係にあったと考えられる。

以上、尼子氏から毛利氏に出雲国支配者が交替していく時期において、坪内氏が杵築相物親方職ならびに祐源職を父子・兄弟の間において相承し、それらを安堵されていたことを示した。

毛利氏としては、新しい征服地である出雲国支配を始めるにあたり、その要衝杵築において、大社の上官を人質として差し出させ、また従来より相物親方職であった坪内氏一族の役職や権益を承認することにし、集団の長を交替させ、それを尼子晴久判物を根拠にすえた尼子氏からの国支配権の継承という形でもって安堵し、杵築の商人司職下の商人集団が有する機能を急ぎ掌握せんとしたのである。(7)

## 2　坪内氏の性格

坪内氏の性格は多様であるが、第一に杵築大社の御師＝室(参詣宿)の経営者であることがあげられる。

**秋上宗信書状**（折紙）

杵築室数之儀、被得御意候、（尼子）経久様以来御代々任御判形之旨、拾六室ニ相定、不可有新室由、被仰出者也、恐々謹言、

九月十四日　　　　秋上庵介 宗信（花押）

坪内次郎右衛門尉殿

この文書(8)によれば、杵築の室数は尼子経久以来の代々の判物でもって一六室に限定されており、新室の設置は認められていなかったことが知られる。

この坪内次郎右衛門尉は、当該時代、尼子氏と毛利氏の攻防戦中において一貫して尼子氏方に随っている。

**聖香書状**

（尼子）義久御立願於御神前法花経十万部可被仰付儀候、本願之儀愚僧承候、猶決定者、宿之儀、貴所之可得御扶持候、多年中承儀候間、可為御造作候へ共如此申事候、弥御祈念可然存候、恐々謹言、

永禄七年
二月廿八日　　　　聖香（花押）

坪内次郎右衛門尉殿参

**牛尾久清書状**（折紙）

尚々末代可申談候、弥御祈念頼存候、かしく、

今度爰元御籠城無比類候、其付而杵築参宮之時、宿之儀可申合候、勿論我等領分之事、何れ茂不可有相違候、尚仁田弥三左衛門尉可申候、恐々謹言、

永八
五月十九日

牛尾太郎左衛門尉
久清（花押）

坪内次郎衛門尉殿参

両通とも富田月山城の攻防戦中のものである。前文書は、尼子義久の立願のため杵築大社神前において法華経十万部の読経を行うにあたり、本願となった聖香が坪内次郎右衛門尉に宛て、「猶決定者、宿之儀、貴所之可得御扶持候」と、宿の提供等を要請したものであり、また後文書は、尼子氏の家臣牛尾久清が次郎右衛門尉の富田籠城という忠節に対して、「杵築参宮之時、宿之儀可申合候」と、坪内次郎右衛門尉の室を杵築参詣宿として契約したものである。牛尾久清は、その「領分」からの参詣者を含め、「末代可申談候、弥御祈念頼存候」と、それを永代の檀所契約として取り結んでいる。

これらの限られた事例によってみても、杵築大社の参詣宿である室の経営者は、杵築大社の御師であり、戦国時代には室数を一六室に限定されたなかにおいてそれぞれが特定の檀那と契約を結んでいたことが確かめられ、さらにそれは永代契約によって財産化していったことも窺われる。室経営者のなかでも坪内次郎右衛門尉はその代表的存在であったと思われるが、その尼子氏との緊密な関係は注目される。

第二は、商人という性格である。

**牛尾久清書状写**（折紙）

無袖書

島津屋関所就被仰付候、御印判之旨少も不可有相違候、自然相紛儀候者、可任御法度之旨候、以上馬三疋之分可有御通候、恐々謹言、

永禄四年
十月五日

牛尾太郎左衛門尉
久清(花押影)

坪内孫次郎殿まいる

尼子氏黒印状(折紙)

黒印

此馬壱疋石州罷通候、如御法度米酒塩噌鉄被作留候、其外肴絹布已下者不苦候、自然寄事左右押妨之族、堅可有停止者也、為其被成袖　御判候、恐々謹言、

二月五日

真鍋
豊信(花押)

立原
幸隆(花押)

彦六殿

坪内孫次郎が尼子氏下において杵築相物親方職に任じられていたことは既述しているが、前文書によれば、彼は雲石国境の島津屋関所を守備していた牛尾久清から「以上馬三疋之分可有御通候」と通行を許可されている。この時期石見国側は既に毛利氏勢力の伸長が著しい状況であり、尼子氏としては国境の島津屋関所において石見国への通行制限を実施していたのである。

後文書は、彦六宛であるが、ほかに次郎五郎、助次郎宛にも同形式・同文の黒印状が発給されている。いずれも袖に黒印(一部は「米留」と読める)、冒頭に「此馬壱疋石州罷通候」とあるように、前文書にある「馬三疋之分」につ

いて、直接馬積の荷駄の輸送にあたる各人に宛てられたものと考えられる。具体的状況を想定するならば、彦六ら三人は、各自一頭の馬に荷駄を載せ、この黒印状を所持し、島津屋関所を通行する時、これにいわゆる通行許可証としての役割を果たさせたのである。

また、黒印状によれば、米・酒・塩・噌・鉄は「御法度」として石見国へは移出禁止であり、そのほかの肴・絹布以下の品目について輸送を許されている。

尼子氏は、毛利氏との戦争が緊迫化するなかにおいて、毛利氏の勢力の伸張著しい石見国に対して国境の島津屋関所において厳しい交通・流通制限を実施しており、坪内氏のような特権商人に対しても、通行量は馬三疋分、移出品目は米・酒・塩・噌・鉄を禁じて肴・絹布以下と定めるなど、ともに制限を加えていたのである。

この事実によって、杵築相物親方坪内氏の商業活動が出雲国内にとどまらず石見国にも及んでいたことが確かめられ、同氏が交通・運輸手段をそなえた広域商人であったことを明らかにできた。

第三は、富田籠城という事実から知られるいわゆる武士的活動をする性格についてである。

**尼子義久書状**(切紙)

此坪内事、寂前以来遂籠城候、神妙之条、於其方不准自余、御褒美肝要候、所望等之儀、毎々被相叶候者、此方迄可為快然候、委細其身可令演説候、恐々謹言、

十月九日　　義久(花押)

国造千家殿

**尼子倫久書状**(折紙)

就籠城彼是以忠儀、自義久被遣御判形両通、何茂存候、恐々謹言、
六月廿一日　　　　　　　　　　倫久（花押）
坪内次郎右衛門尉殿

前文書は、尼子義久が坪内氏の富田籠城の褒美を領主である国造千家氏から与えるよう、所望のものがあるならば叶えてやるよう求めたものである。その後、義久の弟倫久は坪内次郎右衛門尉に宛て、籠城の忠儀を褒賞した尼子義久判物両通をみてこれらを確認しているのである。

商人が各地に荷駄を輸送するには、集団として武装し、護衛することは欠かせないが、あるいは坪内次郎右衛門尉は配下のそのような者共を率いて参陣したのかもしれない。

永禄六年六月二日に尼子義久は坪内次郎右衛門尉に宛て、「今度籠城忠儀」として、杵築内の田地二反・屋敷二ヵ所、銀山内の屋敷五ヵ所、杵築荒木内の買地を給与している(9)。

そして翌年には、次のような尼子義久判物(10)が見い出される。

## 尼子義久袖判奉行人連署奉書（モト折紙）

（尼子義久）
（花押）
（坪内次郎右衛門尉）
重吉事、今度被遂籠城候、神妙被思召候、然間被成御扶持条々之事、
一於杵築十五室之内、高橋室之儀明所之由候条、国造殿於合点者、可被成御扶持候、前之主至向後不可有難渋事、
一商人伯之事、従前々重吉被抱来上者、今以不可有相違候、然上者、於諸町役之儀、被思召分候、已後者、可為無役事、

一於杵築油之伯之事、入役共ニ重吉ニ被仰付候事、
付、毎年御印判百駄充、被成御扶持候、諸関不可有難渋事、
右之条々、為籠城忠儀、被成御扶持上者、末代不可有相違旨、被　仰出候、為向後被成袖御判候、仍状如件、
永禄七年
九月廿一日
河副美作守
久盛(花押)
安井忠兵衛尉
久慶(花押)
長　運
弘恵(花押)
坪内次郎右衛門尉殿

第一条は、高橋室が明所であるということであるので、国造千家氏の「合点」＝承諾が得られるならば給与すること、第二条は、商人伯(司)は従来どおり坪内重吉に安堵すること、そして杵築の町役は免許すること、第三条は、杵築油伯は入役ともに坪内重吉の扱いとすること、毎年百駄分、諸関は勘過とすること、となっている。

これによれば、坪内重吉の富田籠城につき、「為籠城忠儀、被成御扶持」たものが、明所になっている室の給与、そしてまた商人司の安堵という二つの特権であることが明確である。

この事実は、右に坪内氏の性格として挙げてきた三つの事柄、すなわち御師・室の経営者、商人、武士的活動について、同列に論じてはいけないことを明示している。

すなわち、坪内氏の基本的性格は、御師・室の経営者、杵築相物親方職に代表される商人の二つである。戦陣への参加という活動は、この二つの基本的性格を保持していくため、換言するならばそれらの安堵をうるため、その立場から領主ならびに国支配者たる大名に行った奉公という関係にある。したがって、右掲の尼子義久判物にみられるように、「籠城忠儀」に対する「御扶持」と明記して室の給与や商人司の安堵等の特権が賦与されたのである。

これは、大名領国下における門前町杵築の御師、商人司に対するいわば権力編成の形態を示すものである。

## 二　尼子・毛利両氏の出雲国争覇と坪内氏

### 1　坪内重吉の富田月山籠城

坪内次郎右衛門尉重吉は、この時期一貫して尼子氏方として行動しているのであるが、彼はいつ、どのようにして参陣したのか、そして富田月山落城後においてはどのようにしたのか、検討を加えてみたい。

永禄五年(一五六二)七月三日に毛利元就・隆元、吉川元春、小早川隆景父子は、芸備両国等の将兵を率いて安芸吉田を出発し、七月二十一日に石見都賀、そして同二十八日に出雲赤穴に到着する。(11)

次の両通の文書は、ちょうどこの間の出雲国にとっては政治情勢が極めて緊迫した事態に際して認められたものである。

千家慶勝証状(折紙)

尚々父子三人共、不可心遣候也、

此時分心遣ゆめ〳〵有間敷候、可相抱候間、為其一通遣候、軈而とた(富田)如御本意たるへく候間、心安可存候、仍如件、

永禄五
七月廿三日　　慶勝(花押)

坪内次郎衛門尉との

坪内重吉父子証状

（端裏書）「坪内次郎衛門尉仕候捻也」

畏而申上候、今度慶勝様御おん性被下候、生々世々忘申間敷、就其我等事ハ富田へ罷上、籠城候事候間、子候孫二郎、同弟の二郎か事、何も〳〵晋代御□□末代可被召遣候、自然我等罷帰候ハ、、我等も相共御奉公いたすへく候、諸事自余之御□□猶以懇ニ無官（緩）怠御奉公いたすへく候、若少も不儀候ハ、、此以捻堅可被仰付候、為其如此申上候、仍如件、

永禄五年七月廿七日　　坪内次郎衛門尉
重　吉（花押）
同孫二郎（花押）
同　二　郎

進上長谷殿

前文書は、坪内重吉父子が富田月山城に籠城するにあたり、領主である国造千家慶勝にその保証を求めたのに対し、慶勝が重吉父子を相抱えて見捨てないことを約束したものである。このなかで千家慶勝は坪内重吉に宛て、この合戦は富田の尼子氏方の勝利に帰するであろうから安心すること、重吉父子三人とも気遣いしないでいるよう述べている。

後文書は、千家慶勝証状をうけて坪内重吉父子が杵築上官長谷氏に宛て、「今度慶勝様御おん性（恩情）被下候、生々世々忘申間敷」とそれを感謝するとともに、「就其我等事ハ富田へ罷上、籠城候事候間、子候孫二郎、同弟の二郎」について「末代可被召遣候」と頼み、また「我等罷帰候ハ、、我等も相共御奉公いたすへく候」と誓約したものである。

この両通の文書は、毛利氏の大軍が石見の都賀から江川を渡河して出雲赤穴に進駐している最中という、尼子氏陣営や出雲国の人々にとっては軍事情勢の極めて緊迫した事態のなかで行われた一つの動きを示すものである。推察す

るに、坪内重吉父子は、この緊迫した軍事情勢下において自らの進路についてギリギリの選択を迫られ、この時に至って杵築相物親方職を給与・安堵されるなど長年にわたって恩顧を蒙ってきた国造千家氏・大名尼子氏に報いるために富田月山城に籠城することを決意し、後々の重事について配慮をめぐらし、領主千家氏からは一札をえ、また自らも誓約書を提出して覚悟のほどを述べ、とりあえず後顧の憂いをなくしたのである。

国造千家氏、大名尼子氏に権力編成された杵築の商人司坪内重吉父子が、毛利軍の迫り来る緊迫した軍事情勢下において行った決断や、いよいよ参陣するにあたって配慮した事柄を如実に示して興味深い。このような事実を通して坪内重吉の心の内も窺われるであろう。

坪内重吉にとって杵築とは何であったか、国造千家氏・大名尼子氏とは何であったか、それは重吉が一身を抛って富田月山城に籠城していることによく示されており、またこれを杵築における坪内氏の役職や権益を保持するための最良の方策と考えて決断した意味は大きいと思われる。

## 2　尼子勝久の出雲進入と坪内氏

尼子・毛利両氏の出雲国争覇は、永禄九年十一月二十一日、尼子義久・倫久らが毛利氏に降伏したことによって富田城が開城され、ついに終結をみた。

尼子氏方として籠城していた坪内重吉は、その後どのような行動をとったのであろうか。

富田落城によって一旦没落し、復権の機会をうかがっていた尼子勝久、それに随う立原久綱・山中幸盛らは、永禄十二年六月に出雲回復を企てて進入し、国内を席捲した。この時にあたって坪内重吉は、早速尼子勝久の陣営に参陣する。おそらく毛利氏支配下に入った杵築にあって自らは雌伏して機会をうかがっていたものと思われる。

**千家義広書状**（折紙）

態令啓上候、坪内次郎右衛門尉事、致参陣候、先年富田御籠城之節、重畳御老中得御意候儀、被聞召、御取合奉頼候、尚此者可得御意候、恐々謹言、

八月十九日　　国造千家　義広（花押）

立原源大兵衛尉殿（久綱）
山中鹿介殿（幸盛）参御陣所

国造千家義広は尼子勝久の重臣山中幸盛・立原久綱に宛て、坪内重吉の先年の富田籠城中の功績を告げ、彼のこのたびの参陣について「御取合」＝引立を依頼しているのである。

次の両通の文書は、坪内重吉の参陣に対する尼子氏からの褒賞を示すものと考えられる。

**尼子勝久重臣連署書状**（折紙）

杵築商人相物小物諸役之事、任晴久様御判形之旨、商売可仕者にハ有様之役等可被申付候、若難渋申者候者、此方へ可有注進候、堅可申付候、恐々謹言、

十一月四日　　山中鹿介　幸盛（花押）
立原源太兵衛　久綱（花押）
河副美作守　久盛（花押）

坪内孫次郎殿

尼子勝久袖判重臣連署奉書〇切紙二枚ヲ貼リツイダモノナリ、

（尼子勝久）
（花押）

杵築室数先御代任御判形之旨、十六ニ被相定候処、吉田就申分、重而雖被成御此判候、室衆中申分無余儀之由、
被　仰出、弥十六之外不可有新室之旨、御諚候、為向後被成袖　御判者也、仍如件、

永禄拾二
十二月朔日

河副美作守　久盛（花押）
横道兵庫助　秀綱（花押）
多賀兵庫助　高信（花押）
三刀屋蔵人　家忠（花押）
山中鹿介　幸盛（花押）

坪内孫二郎殿

前文書は、出雲を席捲した尼子勝久がかつて尼子氏支配下において杵築相物親方職であった坪内孫次郎（重吉の子）を「晴久様御判形之旨」――前掲の弘治三年二月十日の尼子晴久判物――に任せて再度補任したものである。後文書は、杵築の室数に関するものである。既に杵築の室は尼子経久以来一六室に定められていたことを述べているが、これについてこの時期に吉田氏から異論が出されていたこと、しかし尼子勝久が「室衆中申分無余儀」と裁許して「十六之外不可有新室」と決定されたことを示している。[12] このような文書が坪内孫次郎に宛てられているのは、孫次郎が杵築商人司に再任され、復権したことによるものと思われる。

これらの事実によって、出雲回復を企てて進入した尼子勝久のもとに坪内重吉は直ちに馳参したこと、再び尼子・毛利両氏が相戦うに至った状況のなかにおいて重吉・孫次郎父子は一貫して尼子氏方に属し、それによって孫次郎は

かつて尼子氏支配下において有していた役職に再任されたこと、そして孫次郎が次第に旧機能を回復しつつある様相を窺えることなどが確かめられる。

しかし、ここで、既に前節において指摘しているように、永禄七年九月三日に石田（坪内）彦兵衛尉は毛利元就から杵築相物親方職に安堵されていたことについて想起しなければならない。

そこで、次に、尼子勝久の進入前後における坪内彦兵衛尉に関する文書をあげる。

**七郎大夫譲状**

ゆつり渡申捻之事

生田殿様御府（宿―以下同ジ）之事、我等従先年奉公之子細あつて、我等ニおほせつけられ候、然ハ我等子共なく候間、子そく米藤丸、我等か孫之儀候間、ゆつり渡申候、然上者、御はいりやうの御供、杵築御崎御供ともに、御府可被召候、自然他府においてハ、先年生田殿さまより被下候御判相そへ候て、ゆつり渡申候間、其旨を以無残御府可被召候、我等かやうにゆつり申候上者、しんるい又ハ他人として、聊いき申者有間敷候、仍ゆつり状如件、

永禄拾弐年己巳正月廿一日　越峠の七郎大夫（略押）

石田彦兵衛尉殿参

**七郎大夫譲状**

池田殿御宿、同御家来御知行分共御供御宿之事、我等ニ末代被仰付候所也、しかれハ依無実子ニ、此米童丸ニゆすりわたし申候、池田殿御判とめうしない候間、やかてえらミ可進之候、若又尋失候而、何れニおちひり候とも、我等不存候間、用ニたつましく候、任此旨末代可有御宿候、そのためにかたく捻を仕候て進之候者也、仍ゆすり

状如件、

永禄十弐年
三月二日　　七郎大夫（略押）

石田彦兵衛殿まいる

この両通の越峠の七郎大夫譲状は、尼子勝久の進入前のものである。これらによれば、尼子氏旧臣池田氏への「奉公」の褒賞として池田氏ならびに同家来知行分の杵築大社・日御碕神社への参詣御供宿として永代契約していた七郎大夫が、「子共なく候間、子そく米藤丸、我等か孫之儀候間、ゆつり渡申候」とあるように、その権利を石田彦兵衛尉に嫁した娘の子＝外孫にあたる米藤（童）丸に永代譲与したものである。その際には池田氏の御供宿であることを証明する池田氏判物をも副えて譲渡している。

この両通は、毛利氏支配下、しかも尼子勝久が進入する以前のものであり、この時点における七郎大夫と尼子氏旧臣池田氏との契約に基づく杵築・日御碕の参詣御供宿の権利が実質的にどれほどのものであったか見究めがたいが、七郎大夫がその権利を婚姻関係を頼って女婿である杵築相物親方坪内彦兵衛尉に譲渡していることは注目される。

**北島豊孝・中左京進連署書状写**（折紙）

杵築守護不入被仰付候、就夫室役之事、年中六貫文、両家へ参貫文宛、新掌会前ニ可被相調候、為其山中鹿介殿ヨリ奉書両人江取候て進入候、若於無沙汰者、堅可有御催促候条、不可有油断候、恐々謹言、

十一月三日　　北島右京亮
　　　　　　豊孝（花押影）
　　　　　中左京進
　　　　　　誠（花押影）

坪内源次兵衛尉殿

坪内彦兵衛尉殿

この文書は、前掲の十一月四日に尼子勝久が坪内孫次郎を杵築商人司に再任した前日のものである。これによれば、尼子勝久は再びその支配下におさめた杵築を守護不入地としたこと、千家・北島の両国造は坪内彦兵衛尉の室役を年六貫文とし、新掌会前における納付を命じ、それに関する山中幸盛の奉書を渡付していることなどが知られる(13)。出雲回復を企てて進入した尼子勝久と杵築町や坪内彦兵衛尉との関係、また彦兵衛尉の室経営の様相が確かめられる。

富田城開城からわずか数年後の尼子勝久の出雲席捲によって、それまで尼子氏方として父坪内重吉と行動をともにしてきた孫次郎は旧役職に再任され、形式的にみると、毛利氏方に属した彦兵衛尉との間において、商人司集団としての坪内氏の役職や権益は一時的にしろ二分されることになったのであり、この事態によって実質的にもそれが多少とも損われたのではないかと思われるが、概ね大名権力交代期におけるゆりもどし現象であると理解してよいであろう。

## 3 坪内氏と石田氏の関係

さて、時に坪内氏、時に石田氏と称される両者の関係はどのように理解すべきであろうか、彼ら一族の行動に関していま少し述べ、それについて一応整理をしてみたい。

毛利氏の軍勢が富田城を包囲した際、吉川元春は洗合に布陣して指揮をとったが、そのころのことについて述べた次のような文書がある。

吉川元春奉行人連署書状（礼紙付）

千家殿御被官石田方何れと乍申、先年あらわひ於御陣、元春へ切々為御使者就被差出候、度々対面被申候、就夫我等両人之事、彼御方へ取次仕候つ、先年之証文所持被仕候、御杵築参詣之道者衆宿坊相違御座候歟、元春一通之儀、被申候へ共、千家殿御被官ニ御座候間、御方様迄、我等両人得御意候、筋目無相違様有御披露、彼石田方安堵候様、御裁判乍恐肝要存候、恐々謹言、

十一月十八日

(伊賀田)春法（花押）

(山県)就慶（花押）

「(礼紙切封ウハ書)（墨引）

伊賀田但馬守

山県筑後守

左近允殿まいる御宿所

春法」

吉川氏奉行人が連署して千家氏上官中左近允に宛てたこの文書によれば、千家氏被官石田某がその使者として洗合滞陣中の吉川元春のもとに遣わされてきたこと、それは「御杵築参詣之道者衆宿坊」の紛争に関わることであったこと、「元春一通」の下知を請われたのに対して吉川氏は、「千家殿御被官ニ御座候間、御方様迄、我等両人得御意候、筋目無相違様有御披露、彼石田方安堵候様、御裁判乍恐肝要存候」と、この種の問題は、領主である国造千家氏の裁判に属することであるとしながらも、千家氏に披露のうえ石田氏に安堵するよう求めていることが知られる。

この事実は、国造千家氏被官としての石田氏の存在、石田氏がその使者となって洗合の吉川元春のもとに派遣され、元春と対面したこと等々を示している。

**毛利元就書状写**

石田四郎左衛門事、自杵築冣前此方へ罷退、一分之馳走候、神妙之至候、就夫於杵築諸役令免許候、此由可申渡候、謹言、

三月廿八日　元就（花押影）

「（モト捻封ウハ書ニアタルモノナリ）

小倉木工助殿（元悦）　元就」

**小倉元悦・井上就重連署書状**（折紙）

此石田四郎左衛門事、去年従七月此方罷退、馳走申候、然者水夫差出し大儀之由申候、此者壱人之手前計被相甘候て、可被遣候、此由可申之旨候、恐々謹言、

三月晦日　小倉木工助　元悦（花押）

井上但馬守　就重（花押）

武安木工允殿（就安）

児玉美濃守殿（就久）まいる

前文書は、杵築の石田四郎左衛門が毛利氏のもとに参じて馳走したこと、その褒賞として杵築町の諸役免許という特権を賦与されたことを示している。この特権は、のちこれを由緒として毛利輝元によっても安堵されている。(14)

後文書は、毛利元就のもとで出雲国支配にあたっていたその側近――小倉元悦・井上就重が、(15)直轄関温泉津を本拠にして日本海沿岸地域において活動していた毛利氏水軍の将である武安就安・児玉就久両名に宛て、石田四郎左衛門

の馳走の褒賞として本人の申請どおりその水夫役を免許したものである。この事実は、石田四郎左衛門がその配下に水上の交通運輸手段としての船・水夫を随えていたことを推測させるものである。

この石田四郎左衛門は、のちの天正年間の文書中には石田四郎左衛門尉あるいは坪内四郎左衛門尉とも称されて現われ、当時の杵築町において室の経営や金融などを営み、大きな権益を築き上げた人物である。坪内重吉、同孫次郎、そしてまた彦兵衛尉と続く系統を直系とすれば、その傍系であろうと思われるが、やはり時に坪内氏、時に石田氏と称されているのである。(16)

**山城屋五兵衛尉書状**（モト折紙）

尚々爰元之儀、趣不存候へ共、右如申候、伊但・山筑より御方へ渡候へ由被仰候而、能便候間、言伝候て進之候、可有御請取候、かしく、

此前息彦兵衛尉殿、爰元伊賀田殿并山県筑後守殿へ被仰置候一通之儀、頓ニ相調可進候ほと、上様御事繁付而、于今延引候つ、則唯今以御意一通被参せ候間、礑御届之儀肝要候、我等之儀、然々無案内之趣候へ共、申理候て進之候、此近藤弥三郎殿幸之儀候条、言伝進候、可有御請取候、猶定而可申達候、恐々謹言、

霜月廿日　山城屋五兵衛尉（盛）

坪内二郎右衛門尉殿まいる御宿所

この文書は、杵築の山城屋が坪内重吉に宛て、「息彦兵衛尉殿」が吉川氏奉行人伊賀田春法・山県就慶に依頼していた「一通」がやっと到来したので、請け取るよう述べたものである。その「一通」の内容は、おそらく坪内重吉の権益の回復に関わるものであろうと推察されるが、ここでは坪内彦兵衛尉が重吉の子息であることを確認しておきた

い。

これらの事実をもあわせ、時に坪内氏、時に石田氏と称される両者の関係を整理してみると、第一に、「坪内家文書」中には坪内氏宛の文書も石田氏宛の文書も存在していること、しかもその内容が同一役職やその重要な権益に関わるものであること、第二に、坪内重吉・同孫次郎父子跡の杵築相物親方職や祐源職に石田彦兵衛尉が任じられているが、彼は坪内彦兵衛尉とも称されており、また重吉の子息と明記されていること、第三に、尼子・毛利両氏の出雲国争覇のなかにおいて、坪内重吉・同孫次郎父子は一貫して尼子氏方に随い、彦兵衛尉は毛利氏方に属したこと、それゆえに毛利氏の出雲国支配の成立にともなって彦兵衛尉が相物親方職や祐源職を継承したこと、第四に、毛利元就によって行われた彦兵衛尉の相物親方職の安堵が、孫次郎に宛て安堵された尼子晴久判物を根拠にしていること、第五に、これら父子の系統のほか、毛利氏に属して馳走した石田四郎左衛門が坪内四郎左衛門とも称され、杵築において室や金融・運輸等々の多様な権益を有していたこと、などから考えて、呼称としては、時に坪内氏、時に石田氏と称された杵築商人司の族的集団が存在していたと言えるであろう。

なお、「石田」という呼称は、応永十九年(一四一二)八月一日の正預屋敷売券の宛書にみえるのを初見とする。また、坪内という呼称は、現在もなお屋敷の所在する「坪之内」の地名に由来するものと思われる(17)。

以上によって、永禄年間における尼子氏と毛利氏の出雲国争覇は、杵築の商人司である坪内氏にとって何であったか、坪内氏としてはどのように乗り切ったか、明らかにできた。

この争覇戦中において、従来より尼子氏から杵築相物親方職・祐源職を安堵されていた坪内重吉・孫次郎父子は一貫して尼子氏に随って戦い、一方また一人の子息彦兵衛尉は新しく出雲国に進入した毛利氏と関係を取り結び、毛利氏に属してそれらの役職や権益を安堵されたのである。坪内氏は、父子・兄弟の間において相異なる大名権力に属し、そのためにおそらく一族内に若干の混乱と対立をはらみながらも、選択を誤まるならば司家として滅亡しかねない情勢下において、集団の長を父子・兄弟の間において交替・相承して自らのもとに役職・権益を保持するという、緊迫した軍事情勢下としては極めて順調といってよい形でもって族集団の地位を確保できたのである。

このことは、換言すれば、この商人司集団のいわゆる実力が、杵築や出雲国内において根強く且つ大きいものであったため、新しい国支配者毛利氏としてもそれを重視せざるをえず、軍事的緊張下にあって急ぎ経済上の重要な諸機能を掌握する必要から強圧的対応をすることができなかったという事情を示しているとも言えるであろう。もちろん、石田四郎左衛門の場合から窺われるように、毛利元就としては杵築商人らを急ぎ味方に参ぜしめるため、出雲進入にあたっては種々の調略・懐柔をめぐらしていたと推察される。

毛利元就は、右述した小倉元悦・井上就重・武安就安・児玉就久らをはじめ自らの側近や直臣層を中核として占領地である出雲国の支配を始めたが、[18]経済面においては、杵築の司商人らと緊密な関係を取り結び、また十分にその機能を発揮させながら、国内支配政策を推し進めたと考えられる。

## 三　出雲国内商人間紛争と坪内氏の役割

### 1　杵築の御供宿紛争と在地秩序

参詣者が杵築において既定の御供宿を替えることが「御法度」であったことは史料上に散見されるが、[19]それにもかかわらず当該期には参詣衆の御供宿紛争がしばしば起こっていたことが確かめられる。

秋上重孝等十二名連署書状

今度三沢本郷就御供之儀、落合殿ひいきをもって吉田次郎兵衛方へ被引候、然間前々よりそれの引被付候以筋目、

只今申被結候へ共、御陣立之砌候間、先当座之儀、各々以異見、御堪忍可然存候、於已後者、何様にも任御上意
可被仰立候、恐々謹言、
天文十五年九月廿六日
……………………………………………………………………………………（紙継目）……
秋上周防守
重　孝（花押）
神　宮　寺（花押）
松　林　寺（花押）
目　　代（花押）
杉谷彦次郎（花押）
矢田中務（花押）
杉谷次郎兵衛（花押）
江角太郎兵衛（花押）
杉谷権大夫（花押）
西村神大夫（花押）
柳原次郎兵衛（花押）
中右京進（花押）
坪内宗五郎殿

**真鍋豊信書状**（折紙）

落合次郎左衛門尉取立之御供宿論之儀、吉田貴所被仰結、互雖被得御意候、千家殿へ直被成御書候て尋候処、聢

与依不被仰越候、所詮か様成御供宿論候者、於向後茂御両殿之間へ可被成御計旨、可被仰出ニ相定候由、御上使之森七（森脇七郎右衛門尉久貞）・池七左両人より捻候条、何も不能存分候、御帰可然候、彼按文写進入候、弥御分別干要候、恐々謹言、

卯月廿九日　　真鍋新兵衛 豊信（花押）

坪内宗五郎殿御宿所

前文書は、御師坪内宗五郎の室に約束していた出雲三沢本郷の参詣者が、三沢氏家臣落合次郎左衛門尉の「ひいき」によって吉田次郎兵衛の室に宿泊してしまった事態に対し、国造千家氏の上官家の中右京進や同北島氏方の秋上重孝、ならびに神宮寺や室経営者らが連署して坪内宗五郎に宛て、「御陣立之砌」であることを理由に「異見」して当座の「御堪忍」を求め、以後は「御上意」＝領主である国造の判断に任せるべきことを述べたものである。

後文書も、尼子氏奉行人真鍋豊信が「所詮か様成御供宿論候者、於向後茂御両殿之間へ可被成御計旨、可被仰出ニ相定候」と述べているように、御供宿紛争に関する両国造の裁許権を確認したものである。

杵築の御供宿紛争は、杵築の各室と参詣者の間における契約を前提にした秩序が乱されることによって起こるがゆえに、室の権益や秩序を長年にわたって維持してきた杵築の室経営者らにとっては大きな問題であった。

三沢為信書状（切紙）

如仰当春之御慶目出候、仍一種被懸御意候、御煩之至候、将亦御供之儀付候て様躰承候条、則次郎左衛門尉方ニ申聞候、内々之儀者、無御等閑候へ共、衆中取々ニ申候間、此方衆之調法ニ者成間敷候間、寂前如御約束浜之御連判衆中より次郎左衛門尉方へ書状被遣、御調干要存候、為御心得申入候、恐々謹言、

正月廿九日　　　　　　　　　為信（花押）

坪内宗五郎殿御返報

この文書は、右述の坪内宗五郎と吉田次郎兵衛の御供宿紛争に関するものであるが、坪内宗五郎が三沢氏にその事情を述べて訴えたのに対し、三沢為信が坪内宗五郎に宛て、落合次郎左衛門尉にはよく申し聞かせたこと、しかし三沢氏家中の「衆中取々ニ申候間、此方衆之調法ニ者成間敷候」とし、落合氏には最前の約束のように「浜之御連判衆中」から書状を遣わして調停することが肝要であると返報したものである。この「浜之御連判衆中」とは、この御供宿紛争の調停に乗り出していた右掲の天文十五年の秋上重孝等十二名連署書状にみられる一二名の署判者を指すと推測される。彼らは杵築にあってそれぞれ千家・北島両国造の系列に属し、御師・室経営者、また商人でもあり、杵築町の室権益など既存の秩序をその根底から維持していく立場にあったため、その立場から調停に動いたのである。

これらの事実によれば、御供宿紛争については、杵築の両国造家臣や室所有者らが構成する衆中による調停、国造の裁許、大名による保障という、三者の関与があって決着に至っていることが確かめられる。そのなかでも、直接的には杵築の衆中による調停機能と両国造の「上意」裁許権との関係が問題になるが、それについては、右掲の秋上重孝等十二名連署書状中の「先当座之儀、各々以異見、御堪忍可然存候」と、「於已後者、何様にも任御上意」というあり方が一つの回答になるであろう。

「浜之御連判衆中」は、それぞれ両国造の被官であり、その系列に属する関係上、領主権限を分割行使している面は容易に認められこそすれ、領主である両国造から自立して町運営にあたっていることを検討することは容易ではない。しかし、彼らが両国造系列に属し、室経営などについて利害を異にする面をもちながらも、衆中組織を構成し、それによって個別の問題について個々の多様な意見をまとめて紛争の調停機能などを果たすなかにおいて、そのまとめられた判断がどれほど杵築の秩序維持にとって両国造から自立したものであり、また保障機能を果たしているか、まさにこの問題に検討を加えることによって、町衆中による在地秩序維持がどれほど両国造の領主権から相対的に自立の途にあるか、換言するならば、いわば戦国時代における杵築町の「自治」的性格の程度はどれほどか、判断できるであろう。[20]

ともあれ、衆中組織とそれが杵築町の秩序維持に果たした機能を認め、それを正当に評価することは欠かせないが、いまは彼ら個々が権力編成上は領主である両国造の被官の立場であったことを重視し、戦国時代の門前町杵築においては、その領主権や諸種の制約から相対的に自立した町運営を進めていくには困難な前提があったことを確認しておきたい。

以上によって、征服者であるがゆえに尼子氏よりもより強く在地に臨める条件のあった毛利氏が、杵築町の相物親方坪内氏の役職や権益を安堵し、従来のあり方を継承することにしたのは、このような衆中の組織や機能が自らの支配にとって不可欠であると判断したからであると言えるであろう。

## 2　出雲国内商人間紛争と坪内氏

占領地に新入部した国支配者毛利氏が出雲の郷村支配においてどのような基本的方針をもち、個別の事態にどのように対応したかについて十分に知ることはむずかしいが、次の文書は、そのような観点からみて参考になるものである。

小田就宗書状写

尚々申候、定夫ニも被組残候下地過分有之由申候、近比不可然候、田取候ハヽ、一段も不残、組可被申候

〱、此之由御奉行衆被聞召候而、従我等堅可申之由候、如何躰之子細候而、残被申候哉、御両三人之可為御故実候、曲事之由被仰事候〱、かしく、

御陣夫之事、御詫言不相調候、廿人是非共立可申之由、被　仰出候、急度御支度候て、可被指出候、於御油断者、三公文衆可為曲事之由、堅被　仰出候、㝡前者廿人与被仰候、石橋罷下候て、彼是御究候て、廿人与被仰事ニ候、何ハ不入候、遅候てハ不可然候、此人足於不相調者、上様与御百姓中与御引分にて候之通、従我等堅可申之由候、早々人足可有御進上候、恐々謹言、

八月七日　小田縫殿助 就宗(花押影)

馬庭与三左衛門尉殿
三木与四郎殿
尾副兵部丞殿まいる

この文書(21)は、永禄年間の後半頃のものと思われるが、毛利元就が、朝山郷の陣夫として三〇人を差し出すこと、調えなかったならば「三公文衆」(宛書の馬庭・三木・尾副三氏を指す)の「曲事」であること、最前は二〇人と命じたが、石橋が下向して究めて三〇人と定めたからは急ぎ必ず調えるべきこと、定夫についても、「被組残候下地過分有之」ので「一段も不残、組可被申候」と、その賦課基準となる下地の正確な面積提示を命じたものである。

小田就宗は元就の直臣、「公文衆」とは郷村の地侍層と思われ、また石橋は、既に第四章(22)において述べている永禄五年六月十日に佐波興連が毛利氏の同意を得て「雲州商人司」と「塩冶朝山司」に任じた石橋新左衛門尉を指すと思われる。「石橋罷下候て、彼是御究候」とは、石橋が「塩冶朝山司」の職務の一つとして行ったものであろう。

毛利元就は出雲国内の郷村支配にあたり、旧来からの郷村指導者=公文衆が大名課役の賦課やその強化に対して

「故実」に拠る負担を主張して抵抗したのに対し、陣夫や定夫の増徴をねらい、支配下に組み入れた郷村の司職にある石橋氏らをして交渉させたのである。

「塩冶朝山司」石橋氏をして職務を果たさせていること、「公文衆」と呼ばれる郷村の役人を十分活用して課役の強化や給地の打渡をはかっていることなど(23)、毛利氏が、在地秩序の維持機能をそなえた諸種の人物を掌握し、それぞれに支配上における重要な役割を負わせていることは注目できる。

それでは、つづいて商人間紛争の実態と、それに果たした坪内氏の役割について具体的に述べてみたい。

**来次市庭中書状**（折紙）

尚々此外不申候、

一昨日ハ預御折紙候、折節目代三沢へ被罷上、于今就逗留御返事不被申候、然者其方爰元商買之出入承候、それハ互ニ向後可申承事、干要候、何ケ度申候ても各々被召候鉄かね数をも御下候ハん衆ハ、かね馬ニ相残候ハんするをハ、市庭中へ駄賃にも被作下候ハん事、肝要存候、尚瀧戸次郎兵衛被帰候ハヽ、可被申入候、恐々謹言、

（永禄十二年）閏五月四日　　来次市庭中 黒印

しやふの大郎左衛門殿

石田彦兵衛殿まいる御返報

**平田目代等連署書状**（折紙）

尚々申候、此方衆その方へたいし少もふさた不可有候、さりなからきすき《木次》衆こつ《小津》うたう《鵜峠》へれき〳〵まかりこし、あきない事仕候、へつしてひらた《平田》衆めいわくまてニ候、かやうのきもはたと被仰付候て、可然存候、此

ほか不申候、

両度之御おりかミはい見申候、仍まへも如申候、ここもと衆五ケ村同前ニ申合候、きすきへ此方ノ衆ハ一人も出入仕者あるましく候、そのたんニおいてハ御心やすく可有候、然所ニこゝもとノ者五人きすきへまかり候よし候、一かうさ様のきせつ(偽説)にて候、此五人衆ハミとや(三刀屋)へまかり候よし申候か、若左様のきをうけ給候哉、きすきへまかりたる者ハなく候、御心へのため二申候、恐々謹言、

(永禄十二年)六月十八日

平田目代十郎左衛門
良　次(花押)
同　二郎四郎(花押)
杉原九郎兵衛(花押)
此ほか地下中

しやう物
大郎左衛門尉殿
石田
彦兵衛殿
此ほか
あき人中まいる御返事

前文書は、木次市庭中が同市庭目代瀧戸次郎兵衛の三沢逗留中に杵築相物親方石田彦兵衛らに宛て認めた返状である。その内容は、杵築と木次の商人間において商業紛争があったこと、これについては以後相互に話し合うことが必要であること、そして杵築商人が購入した鉄をかね馬に積んで輸送する際に積み残された分については、木次市庭中の者に駄賃を与えて運送させて欲しいことなどについて申し述べたものである。

さて、この商業紛争に関係して平田の目代らが石田彦兵衛らに宛て認めたのが後文書である。それによれば、平田の目代らは、石田彦兵衛らからの二度目の問い尋ねをうけ、再度「きすきへ此方ノ衆ハ一人も出入仕者あるましく

候」と断言し、「こゝもとノ者五人きすきへまかり候よし候、一かうさ様のきせつ《偽説》にて候」と、平田の五人の商人が木次へ出向いて活動していると木次から非難されたのに対し、そのような事実は全くないと明言している。そして、尚書において、平田商人は杵築には少しも無沙汰していないこと、それなのに木次商人は小津・鵜峠にまで来て商業活動をするので平田衆としては全く迷惑していること、このような事態についてきちんと仰せ付けられるべきである、と断じている。

この杵築・木次・平田ら各商人の商業活動上から生じた紛争における三者の関係について整理すると、おおよそ次のようになるであろう。[24]

おそらく平田商人が木次に出向いて商売したとの〝誤解〟から事件は起ったのではないかと思われるが、これに対して木次商人は、平田商人の日常的な商業活動圏である小津（現在の平田市）・鵜峠（現在の大社町）にまで来訪して商売を行った。この事態について平田目代らは杵築の相物親方石田彦兵衛らに宛て、「へつしてひらた衆めいわくまてニ候、かやうのきもはたと被仰付候て、可然存候」と申し入れたのである。

国内各地の商人にとっては、商業上の日常的な活動地域が存在していたと思われるが、それを越えて他所商人の活動圏にまで入り込んで商売し、紛争を起こすことは、大きな問題であった。この場合、平田商人と木次商人が相互に具体的にどのような活動をしたのかは不明であるが、おそらく平田商人は内陸部において商業活動を行ってはならなかったにもかかわらず木次や三刀屋にまで出かけて活動したのであり、また逆に木次商人は、宍道湖や日本海沿岸部において商業活動をしてはならなかったにもかかわらず、いわばその報復として、小津・鵜峠にまで出向いて活動したため、紛争が生じたものと思われる。

そして当面の関心事は、このような商人間紛争がどのようにして収拾されていくかにある。

ここでは、平田目代らが杵築相物親方石田彦兵衛らに宛て、「かやうのきもはたと被仰付候て、可然存候」と、杵築の商人司から木次市庭中に対し、その不当な行為の中止命令とでもいうべきものを発してくれるよう歎願していることに注目したい。

前文書――閏五月四日の木次市庭中書状は、その直前に受け取った木次市庭目代宛の杵築の石田彦兵衛らからの折紙の返事にあたり、また後文書――六月十八日の平田目代等連署書状は、それ以前に平田目代が杵築の石田らから受け取った二度目の折紙に対する返事にあたる（「まへも如申候」とあるように、一度目の折紙に対しても返事を認めている）。そして、後文書中に「然所ニこゝもとノ者五人きすきへまかり候よし候、一かうさ様のきせつにて候」とあるように、杵築の石田彦兵衛らは、木次商人の言分を平田目代らに取り次ぎ、それに対する平田商人の返答を得るなど、両当事者からそれぞれ主張を聴取し、それを双方に伝えあい、事実確認を進めているのである。この事実は、杵築の石田彦兵衛らが、紛争当事者である木次と平田の両市目代らとたびたび書状を交換し、双方の主張を聴取し、くりかえして正確な情報収集につとめ、事実や意向を確認しながら、両者間の商業紛争の調停者として動いている状況を示している。

以上明らかにしたように、木次と平田の両市商人間の紛争に関して、杵築相物親方石田彦兵衛らはたびたび両者の言分を聴取して事実やそれぞれの意向を確定しながらその調停を進めていたのであり、ここに司商人による国内商人間紛争の調停の事実、いわば商業上の在地秩序とその機能を見てとることができる。

このように坪内氏が商業分野における秩序維持の機能を商人司として有していたことは、その出雲国内における固有の立場と役割を高めたのであり、新入部の毛利氏としてもそれを重視せざるをえなかったと思われる。

## 四　坪内氏と隣国内領主層

### 1　坪内氏と石見国内領主層

杵築相物親方坪内氏が雲石国境の島津屋関を越えて石見国に荷駄を運び、広域的に活動していたことは既に述べているが、ここでは石見国内領主層との関係を示す事例をあげてみたい。

**温泉英永寄進状**

大社
　奉寄進
常燈
右意趣者、息災延命武運長久、別者至石州滞国、温泉津串山并銀山款冬山、任其外迩摩郡石見悉存分、所々令知行成就、如
　永禄八年五月廿八日　　　　信濃守英永(花押)

**温泉英永願書写**

大社
　願書
千句可致演楽者也、

永禄八年六月十七日

敬白
甲子歳英永（花押影）

尼子氏の富田籠城四年目にあたる永禄八年（一五六五）、石見温泉津の温泉英永（永正三年〈一五〇六〉生）は、杵築大社に常燈を寄進して息災延命、武運長久、温泉津串山[25]・石見銀山ふき山などの国内所領の知行成就を祈念し、また連歌千句を献納して願書を認めている。寄進状・願書写が「坪内家文書」中に伝存していることから、温泉英永の祈願は御師坪内次郎右衛門尉重吉によって行われたと考えられる。

**温泉英永・彦二久長連署書状**（折紙）

尚々諸祈念之儀、余人にハ申付間敷候、此外不申候、

爰元籠城之事、祈念頼候之処、御懇之至候、本望此事候、於帰国者、於石州温泉津せんさきや又衛門屋職一ケ所進之候、永代可有進退候、将又英永知行之内御供無残、是又不可有相違候、恐々謹言、

十二月廿三日

温泉
英永（花押）
彦二
久長（花押）

石田二郎右衛門尉殿参

富田城に籠城中の温泉英永は、石田次郎右衛門尉＝坪内重吉に祈念を頼み且つそれに感謝し、帰国できた時には温泉津の仙崎屋[26]又衛門の屋敷一ヵ所を永代給与すること、また英永の知行分から御供を差し上すこと、さらに祈念については他人には申し付けないことを約束している。

この事実は、杵築の御師・司商人である坪内氏と、石見の要港温泉津の領主温泉英永が取り結んでいた関係を示すものとして興味深い。帰国できた時坪内重吉に永代給与する約束になっている温泉津の仙崎屋の屋敷は、おそらく長門の要港仙崎に由来すると考えられ、これらをあわせるならば、温泉英永が、石見銀山を含む国内、ならびに日本海沿岸において商業・交通・運輸上の活動を行っていたことは容易に推測できる。

なお、温泉英永がこの時期に尼子氏に属して籠城している背景については不明であるが、おそらく彼の経済活動への尼子氏からの特権等の賦与に対応した行動と推察される。

### 2　坪内氏と備後国内領主層

坪内氏は中国山地を越えて備北にも出向いている。

　　三吉致高寄進状

杵築大社奉納

具足壱両腹巻惣縹肩三段総角紅

同両袖毛同前

甲壱刎惣耳同毛母袋付緒無之、鍬形無之、

　天文十七年七月吉日

　　願主備後国住三吉安房守致高癸丑歳

坪内宗五郎殿

三吉隆亮書状

遙々被尋来候、祝着候、向後節々出入候者、可為怡悦候、爰許参詣之者、宿等之儀、何篇世上無事候者、以其上可令約諾候、委細河面修理進《（高慶）》可申候、恐々謹言、

七月十七日　　　　　　　　隆亮（花押）

坪内宗五郎殿進之候

前文書は、三吉致高（明応二年〈一四九三〉生）が杵築大社に具足等を奉納することにし、それを坪内宗五郎に依頼したものであり、また後文書は、致高の嫡子隆亮が、坪内宗五郎が杵築から備北の三吉氏のもとにはるばる来訪したのを悦び、今後の交流を願うとともに、自ら杵築参詣の時には坪内宗五郎室を参詣宿とすることを約諾したものである。三吉氏においては、一族の三吉隆信(27)も坪内宗五郎との間で参詣宿の契約をしている。

三吉隆信書状

杵築参詣宿之事、於比叡美被申談候姿、於此方不可有相違候、委細河面修理進可申候、恐々謹言、

七月十六日　　　　　　　　隆信（花押）

坪内宗五郎殿進之候

「比叡美」とは三吉氏の拠城（現在の三次市畠敷町）を指し、河面高慶は同奉行人であるので、三吉氏一族はまとめて坪内宗五郎との間において参詣宿の契約をしたものと考えられる。

坪内宗五郎はこの時期の坪内氏の当主であろうと思われるが、彼が備北の三吉氏一族を檀所とし、杵築大社との間

を取り結んでいることは注目される。

この坪内宗五郎は、しばらくのちに備北の江田隆連のもとに尼子氏の使者として遣わされている。

**尼子晴久書状**

坪内備州細々使仕候、神妙之至候、彼表於任本意者、林木・朝山以両所之内壱名可遣候、若両所之内出入共候て、相支儀候者、何にても候へ、於原手公領分内壱名可遣候、石州銀山屋敷之事、書立之旨五ケ所不可有違儀候、弥忠儀肝要之由、可被申候、恐々謹言、

(天文二十一年)
十月十日　晴久(花押)

仁賀左衛門尉殿まいる

(捻封ウハ書)
「(墨引)受楽寺　晴久」

**尼子氏奉行人連署書状**(モト折紙)

今度江田表就忠儀、於林木之内被成御扶持候在所、ゆや名半名、内道名半名、諸納所・諸公事御免許候て被遣候、雖然内道名之儀者、御陣夫計立可申候之由、被仰出候、其外両名之事、不可有諸役旨、御諚候、恐々謹言、

天文廿二
十二月廿六日

本田豊前守
家吉(花押)

真鍋新兵衛尉
豊信(花押)

立原備前守
幸隆(花押)

坪内宗五郎殿

前文書は、尼子晴久がその奉行人に宛て、「坪内備州細々使仕候」ことを賞し、「彼表於任本意者」、すなわち江田氏が尼子氏方として活動を続け、備北になお勢力を維持できたならば、坪内宗五郎に林木・朝山の内の一名、石見銀山の屋敷五ヵ所を給与することを約束したものである。この文書は奉行人から坪内宗五郎に渡付され、そして約束は履行されることになるが、事実間もない天文二十一年十二月二日の尼子晴久袖判奉行人連署奉書によれば、坪内宗五郎は、「江田へ為使被罷出候、彼方現形候」褒賞として、林木の打道名半名、遊屋名半名、石見佐間銀山の屋敷五〇貫を給与されている。(28)

江田隆連は、毛利氏の激しい攻撃に耐え切れず、翌二十二年十月十九日に旗返城（現在の三次市三若町）から没落するが、(29)後文書は、その直後のものであり、坪内宗五郎が「今度江田表就忠儀」いて給与されていた林木の内の名について、内道名半名の陣夫を除いて諸役を免許したものである。

そして、内道名半名については、次のような渡状が存在する。

**湯原隆綱渡状**

打道名半名原五郎左衛門分
　御公用米之事
□九俵三升壱合五夕　納方
　御反銭之事
一壱貫六百七十文　納方
　此分にて候、御座候、渡申候、
天文廿三年正月六日　　　湯原四郎右衛門尉
　　　　　　　　　　　　　隆綱（花押）

坪内次郎衛門殿まいる

尼子氏配下の湯原隆綱が坪内宗五郎の系譜を引く同次郎衛門に宛て、内道名半名原五郎左衛門分を公用米九俵余・段銭一貫六七〇文として打渡している。

**尼子氏奉行人連署書状**（折紙）

林木之内、其へ被仰付候名半名之分者、役を候て可被相抱之由、被仰出候処ニ、貢用無沙汰之由候、為如何之儀候哉、急度可有沙汰候、湯原所へハ催促可仕旨、被仰出候、恐々謹言、

七月廿一日

松田三郎兵衛
綱秀（花押）

立原備前守
幸隆（花押）

坪内《きつき》殿まいる

この文書によれば、尼子氏が、林木の内の半名を「役を候て可被相抱」在所として打渡したにもかかわらず、坪内氏が「貢用無沙汰」であることをとがめ、「急度可有沙汰」と命じたこと、また湯原隆綱に宛てて坪内氏に対して「催促可仕」く命じていることを確認できる。したがって、内道名半名は坪内氏が公用米・段銭を納付すべき請所であったことになり、この在所は尼子氏の直轄領であったと考えられる。(30) 湯原隆綱は、直轄領林木の支配にあたっていた役人であろう。

以上述べてきたように、坪内宗五郎は、中国山地を越え、備北の三吉氏のもとに出向いて杵築大社の御札を配り、

具足等の奉納をうけ、またその参詣宿としての契約を取り結んだ。そしてそれらの活動が前提となって、尼子氏の使者として当時尼子氏と大内・毛利両氏との境目地域に位置していた旗返城の江田隆連のもとに遣わされ、江田氏が尼子氏方として軍事行動するうえに重要な役割を果たしたのであった。

その功績によって坪内宗五郎は林木の内の名などを給与されたのであるが、同所については以後も安堵されている。

**尼子義久袖判奉行人連署奉書**（モト折紙）

（尼子義久）
（花押）

先年江田表就忠儀、林木之内遊屋名半名、内道名半名、合壱名、諸納所・諸公事御免許候而、従　晴久様被遣候、雖然此内々道名之儀者、御陣夫計被相立、如近年之可被相抱候、為向後被成袖　御判候、恐々謹言、

永禄四
七月廿日　　目黒助次郎
重清（花押）
立原備前守
幸隆（花押）

坪内宗五郎殿

**尼子義久同倫久袖判奉行人連署奉書**（折紙）

（尼子義久）　（尼子倫久）
（花押）　（花押）

林木之内■心勢様（尼子晴久）御判之旨、当知行不可有相違之通、被仰出候、為向後被成袖　御判之所如件、

永禄五
八月廿一日　　立原備前守
幸隆（花押）
真鍋新兵衛尉
豊信（花押）
本田豊前守
家吉（花押）

河副美作守
久盛（花押）

坪内次郎右衛門尉殿

林木（現在の出雲市東林木・西林木）は、北流する斐伊川の下流に位置するが、当時斐伊川はここを分流点として東は宍道湖、西は日本海に両流していた。その地理的位置からすれば、林木はいわば出雲北西部の河川交通・流通の要衝であったと言ってよい。

尼子氏がこのような要衝を直轄領としていたことのもつ意味も大きいが、坪内宗五郎が、日頃から布教上出向いていた備北地域の江田隆連のもとに尼子氏の使者となって訪れて画策し、その褒賞として給与されたのが、林木や石見銀山のような交通・流通・経済上の要地であったことは、そのまま彼の御師・司商人としての性格を的確に強調したものといってよい。

三吉氏や江田氏らの事例は、尼子氏がいまだ備北にその勢力を強く張っていた天文年間の終り頃のものであるが、そのような情勢下において坪内宗五郎が備北領主層との間に布教・商業・政治等一体の活動を展開していたことは大いに注目される。

坪内氏と備北領主層との関係は、尼子氏が備北において勢威を失い、さらに富田月山城に籠城し、その滅亡によって毛利氏が出雲国支配を始めた時期にもいくつかみられる。

田総元里書状（切紙）

尚々碁石之事、頼申候〳〵、かしく、

態令申候、此表罷出候者、即可申入之処、富田表就御動、為御留守番、当城ニ被仰付候間、用心等申付、彼是不得悴隙、尓今令無沙汰候事、心外之至候、此者為名代進之置候条、御神前之御祈念頼申候、散銭二十疋進入候、委細橋本源三郎可申候、恐々謹言、

卯月五日　　（田総）元里（花押）

石田孫次郎殿御宿所

**田総元里書状**（折紙）

態申入候、此間者貴殿へ以書状申候之処、御懇之御取合畏入存候、重而為名代此者申付候、頼申候、委岡伯耆可申候、於御祈念者、無緩たのミ申候、猶期来慶候、恐々謹言、

六月廿六日　　田総元里（花押）

石田孫二郎殿御宿所

両文書は、石田孫次郎（坪内孫次郎）が備北（現在の甲奴郡総領町）の領主田総元里と師檀の関係にあったことを示している。田総元里は、石田孫次郎に宛て、在番中ゆえの無沙汰を詫び、名代を遣わして散銭二〇〇文を納めるとともに祈念を依頼し、つづいて石田孫次郎の「御懇之御取合」に深く感謝している。(31) なお、尚書にみえる碁石の入手依頼は、坪内孫次郎の商業活動の一端を窺わせて興味深い。

**坪内四郎左衛門尉書状**

（端裏書）「（墨引）
石田次郎衛門尉殿参　　四郎左［　　］」

たふさ殿御はんま□御供事ハ、我等のそミ申間敷候、恐々謹言、

永禄十年
十月廿四日　　坪内
四郎左衛門尉

この文書は、坪内四郎左衛門尉が坪内重吉に宛て、田総氏の御供宿については競望しないことを約束したものである。永禄十年という毛利氏支配下の杵築において、備北の領主田総氏の御供宿は坪内重吉・孫次郎父子の室であったのであり、杵築相物親方職等の役職は坪内彦兵衛尉の掌握するところであったとはいえ、重吉・孫次郎父子が御供宿としての権益を変わらず保持していたことに留意しておかなければならない。

なお、ほかに福永氏が確かめられる。

**福永重久書状**(折紙)

追而申候、藤原之重久福永五郎左衛門尉、これハ於　御神前為御祈念申入候、弥武運長久之御懇祈頼存候、恐々謹言、

三月廿六日　　福永五郎左衛門尉
重久(花押)

坪内彦兵衛殿御宿所

**福永重久書状**(折紙)

呉々何れも当年中社参申、懸御目□、御祝儀申承候、かしく、

御供米之□、相調渡申候、□我等社参可申候□公儀不得隙□、百姓等計□申せ候、於御神前御祈念之儀奉頼候、委細二郎左衛門尉可申候、恐々謹言、

三月廿六日　　　　福永五郎左□
　　　　　　　　　　重久（花押）○上部ノミワズカニ残レリ、
坪内彦兵衛尉殿御宿所

**福永重久書状**（折紙）

尚々急度此者と御越可被成候、待可申候、かしく、
態申入候、爰元御供米之儀、相調申候て、貴所御越之儀、待申候処ニ、無御出候か、為如何之御障之儀候哉、其許之儀ハ指儀候共、急度御越可被成候、左様候ハヽ、御供米を渡申候て、急社参可申候、為其態人を進之候、委細ハ以面談、談合可申候、恐々謹言、

三月九日　　　　福永五郎左衛門尉
　　　　　　　　　重久（花押）
坪之内
　彦兵衛殿参御宿所

前二通は、福永重久が坪内彦兵衛尉に宛て、「武運長久之御懇祈」を頼み、自らは「公儀」多忙ゆえに御供米を使者に托し、また今年中の参詣を約束したものである。

後文書からは、福永重久が坪内彦兵衛尉のもとに使者を遣わしてその来訪を請い、それを待望している様子を確かめられる。

なお、この福永氏の拠所については明示する史料を見い出せないが、あるいは備北であるかもしれない(32)。

このように坪内氏が、永禄年間においても、田総氏ら備北の領主層を檀所とし、積極的に杵築大社の布教活動を展開させていた事実もまた注目される。

以上、本節において明らかにした石見国や備後国にも出向いて布教・商業・政治上の諸活動を行う坪内氏のあり方は、出雲国内においても同様であったのであり、そこに坪内氏が諸種の商人間紛争に際して調停者として登場する理由の一つを見い出すこともできるであろう。

## おわりに

ここでは四節にわたって述べた事柄について整理するとともに、地域間における交流がもつ意味についても考えてみたい。

杵築は、杵築大社の門前町であり、千家・北島両国造の支配下におかれていた。戦国時代には出雲国の中心的都市の一つであった。ここに尼子晴久代に一六に定められた御師が経営する室という参詣宿があり、坪内氏もその一人であった。坪内氏は杵築相物親方職を領主千家氏から給所として給与され、大名尼子氏から安堵された商人司でもあり、そのもとには多くの一族や輩下の商人らが随っていた。坪内氏は宗教・商業上の活動あいまって発展した特権的存在であり、それゆえに杵築地下中の指導者の一人として行動した。坪内氏は、尼子氏から毛利氏への出雲国支配者の交代に際しては、その役職を父子・兄弟の間において相承する形でもって集団としてその特権を安堵・保障されたのであり、そこに杵築の御師・商人司に対する権力編成の一つの形態をみることができる。

室の経営者らは、杵築地下中のなかにおいて衆中組織を構成し、御供宿紛争の調停など杵築町の秩序維持に努めたが、彼ら個々は、基本的には領主である千家・北島両国造の被官の立場にあり、その役職や権益を両国造によって保障されていた関係上、在地秩序の維持機能も裁許権をもつ国造の領主権や諸種の制約から相対的に自立したところでは成り立ちにくかった。

杵築相物親方職の地位にあった坪内重吉・孫次郎父子は、尼子氏の富田城に籠城するにあたって国造千家氏との間において証状を交換しているが、国造千家氏は坪内父子を相抱えて見捨てないこと、坪内父子は国造の恩情に感謝しつつ奉公することを誓約しているのであり、両者の精神的紐帯が如何に強いものであったか、窺われる。このような国造と御師・室経営者の関係は、杵築の町運営のうえにも大きな影響を及ぼしたと考えてよいであろう。

坪内氏は、杵築はもちろん、出雲国内の各地や、石見・備後などの近隣諸国にも出向いて宗教・商業上の活動を行っていた。その多面にわたる活動の実績をもって、国内商人間紛争に際しては調停機能を果たしたり、また大名尼子氏の使者となって備北の江田隆連、あるいは国造千家氏の使者となって出雲に進入した毛利軍の将吉川元春のもとに遣わされるなど、あわせて政治的な役割も果たしたのである。

このように杵築や出雲国内外において宗教・商業・政治上の諸活動を展開し、在地秩序の維持にも重要な機能を果たしていた坪内氏を、大名権力が諸種の特権や褒賞を与えて保護したのは当然である。

坪内氏のような存在こそ、門前町杵築にとって、国造の領主権の行使にとって、また大名の領国秩序の維持にとって、そして彼らの外交政策の遂行にとっても、不可欠の存在であったと言えるであろう。

既に第六章(33)において論述しているところであるが、瀬戸内海の西の出入口に位置する長門赤間関において、関代官の支配のもとで関役人として関地下中を指導し、また商業・運輸等にも関わった関問丸役佐甲氏が、不可欠の存在であったと同じように、門前町杵築においては、御師で室の経営者、杵築相物親方職であった坪内氏が欠くべからざる存在であったのである。

激しい戦争を経て国支配者が尼子氏から毛利氏に交代したにもかかわらず、坪内氏がその役職を父子・兄弟の間において相承する形でもって集団としてその特権を安堵・保障されていることは、大名権力が坪内氏のいわゆる実力――役職・権益・諸種の役割や機能等々から形成された――を重視していた顕著な表現であるといってよい。

このように考えることができるならば、坪内氏は、戦国時代における門前町杵築の地域的・歴史的特性をその身に体現した人物であり、族集団であったといっても過言ではないであろう。そこに戦国時代における坪内氏がそなえた固有の性格と特徴を見い出しておきたい。

そして、これ以後の毛利氏による杵築町支配の強化も、多数の特権商人を蔵本として編成していくことも、このような坪内氏の存在を前提にして進められていくのである。

それでは次に、坪内氏が杵築と他地域との交流の推進役としての役割を果たしていたことに関して若干付け加えておきたい。

戦国時代の備北の歴史にとって、坪内宗五郎が、はるばる杵築から中国山地を越えて訪れ、三吉氏らと御供宿の契約を結び、あるいはまた尼子氏の使者となって江田隆連を引きつづいて尼子氏陣営に属せしめるべく行動している事実などは、全く新しく興味深いものである。

これらの事実について備北に視座をすえて述べるならば、まず戦国時代に中国山地を越えて行われた出雲と備北地域の交流が、杵築大社の御師らによって推進されていたことに注目しなければならない。

御師・室の経営者、商人司という性格を兼ねそなえた坪内氏は、はるばる来訪して御祓大麻などを配り、寄進された諸種の物品や散銭などを請け取って依頼された祈願を果たすとともに、檀那である領主やその領内の人々が杵築参詣の時にはその経営する室に宿泊させるという関係を基本にして他地域との交流を進めた。

このようないわば日常的な師檀関係の展開を前提にして、坪内氏が尼子氏の使者となって江田氏のもとに遣わされるという事態も生じた。政治権力は、御師が日常的に展開していた師檀関係を領国支配政策遂行のために積極的に利用したのである。

これらに基づいて考えるならば、坪内氏は、戦国時代における備北との交流の中心的存在として、宗教・商業・政治上の諸機能をその身に負って推進したといっても過言ではないであろう。

ところで、諸種の交流活動は、必ずしも政治権力の支配領域とは一致しない。

大社信仰圏は、遡ればおそらく古い時代の出雲国家の支配領域にも関わる事柄であり、それを基礎にし、さらに以後における政治権力による支配や地域間交流等によって多少の変更を迫られながらも、支えられてきたものと思われる。

戦国時代の備北は、尼子氏と大内・毛利両氏との境目――拮抗地帯であったが、次第に尼子氏が後退していく。このような情勢下における備北と杵築の交流のあり方は、備北の領主層を出雲国の大名尼子氏が従えていた場合と、大内・毛利氏が従えた場合とでは、多少の差異があったと思われる。一般的にみて、尼子氏下においては比較的出雲との交流も進められやすいが、備北領主層が毛利氏と軍事同盟を結び、毛利氏と尼子氏が全面的に戦争に突入した時期には、南北交流は多くの制約をうけたのではないかと推察される。

しかし、前述した尼子氏の富田籠城中や開城後の毛利氏支配下における坪内重吉・孫次郎父子と田総元里の師檀関係の事実(それ以前からの関係の維持・展開を示すものと考えられる)にみられるように、いわば交流が比較的進めにくい激動の政治情勢下においても、杵築信仰の火は、御師によって備北の人々のなかに絶やされることはなかったのである。

御師が杵築大社の神々の〝こころ〟や信仰・風習をひろめ、また備北の人々が杵築参詣に往来するなかにおいて、両地域の人々の間に諸種の交流が生れ、促進されたと思われる。

三吉隆亮が坪内宗五郎に宛て述べているように(「遥々被尋来候、祝着候、向後節々出入候者、可為怡悦候、爰許参詣之者、宿等之儀、何篇世上無事候者、以其上可令約諾候」)、まさに杵築から備北に差しのべられる手と、それに引かれて備北から杵築に向う力が、戦国時代における中国山地を越えた交流を促進し、備北地域における大社信仰を高揚させていったと言える。その意味からすれば、坪内氏は、戦国時代の備北地域における杵築信仰のいわば植樹者であり、且つ育樹者であったと言ってもよい。そして備北の人々が杵築参詣を行うなかにおいてその杵築信仰はさらに大きな樹に育てられていったのである。

それでは、このような全く新しい事実は、備北の地域性とか固有性について検討するうえに素材になりうるであろうか。

天文十七年(一五四八)七月に三吉致高が杵築大社に具足等を奉納し、祈願したことについては既述しているが、五年後の天文二十二年四月三日に三吉致高・隆亮父子は毛利元就・隆元父子に宛て、熊野牛王宝印を翻した起請文をもって「就今度所々忩劇、遂参会、別而申談候、本望候、雖不珍儀候、弥長久得御扶助、分際之儀可致馳走候」と誓約し、[34]軍事同盟を取り結んでいる。この四月三日は、実は備北の雄族である旗返城の江田隆連が尼子氏方に現形した日であるが、このような備北の緊迫した軍事情勢下において三吉氏は直ちに毛利氏方としての立場を鮮明にしたのである。

ここで当面の目的に即して注目しておかなければならないことは、この起請文が熊野牛王宝印を翻して認められ、また神文中の諸神のなかに「別而当国一宮吉備津彦大明神」と明記されていることである。

ところで、杵築大社へ具足等を奉納したのと同じ天文十七年の四月には、三吉致高は大願寺に宛て、厳島神社の大鳥居額の勧進として安芸佐東郡原郷内の田畠五貫文を末代寄進し、祈念を依頼している。[35]また、七月から十月にかけては、三吉氏の拠城比叡美山城麓にある氏神熊野神社の造営を造営料二〇〇貫文を寄進して行い、完成させている。[36]造営の大願主は致高、大旦那は隆亮、社務は三吉高勝、作事奉行東能登守のほか、高貫山陰高広、屋葺良長、河面高慶など重臣の名もみられる。

なお、この天文十七年は、尼子氏に内応していた備南の神辺城の山名理興がついに大内・毛利両氏らの連合軍に攻め滅ぼされた年であり、同二十一年には志川瀧山城の宮氏も激しい戦闘ののち没落している。三吉氏が神仏の一層の加護を給わりたい心境にあったとしても不思議ではない。

これらの事実を整理するならば、三吉氏は、ほとんど同時期に吉備国の一画たる備後北部にあって、氏神である熊野信仰(37)を拠り所にし、公的には国の一宮たる吉備津彦神社を崇拝しながらも、相異なり相対立する大名支配下に属する安芸一宮たる厳島神社に土地を寄進し、また出雲杵築大社に具足等を奉納して祈願していることになる。

この事実からは、同時期における三吉氏の多様な信仰を読みとることができる。しかし、この事実を三吉氏の吉備津彦神社、厳島神社、杵築大社それぞれへの信仰の篤さとしても、それは換言するならば、地理的にいずれとも等しく離れている状態に即応したいわばいずれとも等しい関係を保って特定の神社の信仰に固執しないあり方を示すものとも考えられ、それを特定の神社の信仰に固執するあり方に比べるならば、三吉氏の信仰上の特徴的性格としてあげることも可能であろうと思われる。

そしてまた、この事実は、この備北地域に吉備的なもの、安芸的なもの、出雲的なものがそれぞれ入り込んで混り合い、それらが融合される形でもって地域の固有性が形成されつつあったことを物語るものでもあろう。

一方、戦国時代の備北地域を政治・軍事的関係でもって述べるならば、その特徴として尼子氏と大内・毛利両氏との境目——拮抗地帯であったことが指摘できる。この境目地域の国衆三吉氏、江田氏、山内氏らは、相対立し、相戦争する大名双方から誘われるなかで、どちらに属すかその判断を迫られ、傾向としては尼子氏から次第に毛利氏方に転じていった。どちらに属すか、その決断をするにあたっては、時の政治軍事情勢に左右される面はもちつつも、それでも国衆らの主体的判断が発揮される条件があったと言ってよい。このように相対立する両大名勢力の境目であるという、当該時代の政治権力の配置が生み出した地域の固有性とその効果に注目しておく必要があろう。

そしていま、これらの二つの事柄——一つは、相対立し、相戦争する両大名勢力の境目であるという地域性、そして境目地域領主層の独自性、二つは、その地域の領主の多様な信仰を基礎にした諸文化の融合性――を重ね合わせることが認められるならば、備北地域の一種独特の個性は、戦国時代においてこれら二つの要素がそれぞれ加わって相互に刺激し合い、引き合いながら高められていった所産であり、その史的展開のなかで定着していったものであると考えることができるであろう。

杵築大社信仰のいわば外縁部にあたる備後北部におけるこのような様相は、同様の状態におかれていた石見や伯耆国内においても共通することであったと考えられるのであり、他信仰と絶えず接触し、混り合う外縁部地域においては、いずれも同様の問題を提起できるであろう。

政治権力の支配がその領国・領域内において均質に行われないのと同様に、特定の信仰もその信仰圏において均質には展開しないのであり、このようなそれぞれの分野の間において取り結ばれた諸関係の史的展開が生成した地域のさまざまの性格を見い出し、確認していくことによって、当時の歴史的世界における特定地域の特徴や個性などについて論じることが可能になるであろう。

このような観点を十分に活かしていくならば、特定の地域において、四方を見つめ、また外部からの衝撃をも真正面からうけとめながら、地域の人々がその歴史的な営みのなかにおいて形成した地域の特徴や固有の性格を的確に把握し、提示していくという、いわば土着の視座に基づく地域理解も、素材となる史料の多少にかかわらず説得力をもってくると思われる。

(1) 第一章「中世後期の地方経済と都市」七七・七八頁。
(2) 第六章「大名領国下における赤間関支配と問丸役佐甲氏」。
(3) 藤岡大拙「出雲大社の御師――特にその成立期における「室」を中心に――」(同著『島根地方史論攷』所収、一九八七年)。

山崎裕二「中世都市杵築の性格——戦国期を中心にして——」(『島根大学教育学部付属中学校研究紀要』三一、一九八九年)。

長谷川博史「戦国大名毛利氏の徳政——天正七年出雲国一国徳政令を中心として——」(『史学研究』一八三、一九八九年)。

(4) 天正十五年(一五八七)九月十七日の毛利輝元袖判奉行人連署付立(村田正志編『出雲国造家文書』一二九)によれば、上田・今岡両氏は杵築北島氏領において屋敷・田畠・塩浜等を所有している。この屋敷等の所有者としては、ほかに江角・杉谷・富氏らも確かめられ、またのち国造北島氏領内に毛利氏の蔵本として上田・杉谷・江角・平田屋ら八氏が存在したことが明らかにされているので(秋山伸隆「戦国大名毛利氏の流通支配の性格」〈渡辺則文編『産業の発達と地域社会』渓水社、一九八一年〉。のち、秋山『戦国大名毛利氏の研究』〈吉川弘文館、一九九八年〉の第三編第四章として収録)、杵築北島氏領内の有力商人であったと考えられる。したがって、坪内氏は彼ら北島氏領内の有力社家と「打合」せて職務をつとめるのであるから、この「地下中」とは、千家・北島両国造領を合せたものであろう。

また、「捻」とは、戦国時代に毛利氏領国において多く用例が確かめられる〝誓約書〟と称してよい文書様式である。

(5) 五月十日に尼子経久は目賀田三郎右衛門に宛て、「千家・北島申給候御供宿銭之儀、去年如落着、不可有相違之由、可被申之儀候」と述べている(「秋上家文書」三七〈『出雲意宇六社文書』〉)。これは、大和屋の祐源職下代であった「同名(目賀田)三郎右衛門尉」が、御供宿銭について、千家・北島両国造の申請をうけて大名尼子氏に取り次ぎ、その裁許をえて両国造に伝える役割を果たしていることを示すものである。

(6) 第一章「中世後期の地方経済と都市」七四頁。

(7) 元就は、永禄七年には四月二十五日に佐草右京亮を兵部少輔(「佐草家文書」〈河内長野市佐草平安氏所蔵〉)、十月二十七日に秋上与四郎を周防守に任じる(「秋上家文書」一〇一)など、国造北島氏系列の社家とも人格的関係を取り結んでいる。

そして、人質については、九月十八日に元就が国造千家義広に宛て「一上官之御旁人質ニ御出候へハ、社役闕申候而、無勿躰之由、尤候」(「国造千家所持之内古書類写」〈山口県文書館架蔵謄写本〉)、永禄七年十月一日に佐草兵部少輔孝清が弟孫次郎に宛て「従元就様杵築人質被仰付候、我等も人数ニ被召出候」（「森脇家文書」〈大津市森脇忠治氏所蔵〉）と述べていることによって確かめられる。

（8） 秋上庵介宗信は、神魂社神主秋上周防守の庶子家にあたる。この時期宗信は尼子氏方として行動していたと考えられる。

（9） **尼子義久袖判奉行人奉書写**（折紙）

（尼子義久）
（花押影）

今度籠城忠儀神妙被 思召候、就其被成御扶持条々
一於杵築田地弐反、屋敷弐ヶ所、沽却之所為押落被遣之事、
一銀山ニ而屋敷五ヶ所、晴久様先御判形之旨、不可有相違事、
一荒木之内買地、先年之任買得状之旨、可被相拘事、
右、何茂為向後所被成袖 御判如件、
永禄六
六月二日 河副美作守
久盛（花押影）
坪内次郎右衛門尉殿

（「尼子家古記類」）

（10） この文書は藤岡大拙氏が紹介されている。そして藤岡氏は、御師・室職所有者である坪内次郎右衛門尉について、「次郎右衛門尉は武士的側面をもっているとともに、杵築の特権商人であることがうかがえる」と述べている（前註（3）所引藤岡論文九四・九五頁）。

（11） 『毛利元就卿伝』四一四〜四一六頁。

（12） 杵築の室数が一六室に定っていたことについて、吉田氏が批判した経緯を示す史料がある。

**大社本願周透書状**（折紙）

尚々、吉田室之事、衆中として連判仕、遣候上ハ、至唯今申分不可有御座候かと存候、
態令啓候、当所中就室之儀ニ、十六室之御判被下置之由、室中申事候、然処ニ吉田室之事ハ彼者祖父辛労仕候とて、衆中

ゟ給置之由候間、以御下知、衆中分別可仕通はたと被仰出候ハヽ、可然候、御繁多之時分、此等式申分ハ可為御造作候、
彼衆中へ被成御奉書候者、於爰元異見可申候、恐々謹言、

十一月八日　　　大社本願
周透（花押）

立原源太兵衛殿
山中鹿介殿
河副美作守殿まいる

（「坪内家文書」）

大社本願周透によれば、杵築の室については、「十六室之御判被下置之由、室中申事候」、しかし「吉田室之事ハ彼者祖父辛労仕候とて、衆中ゟ給置之由候間、以御下知、衆中分別可仕通」、特例として認めて欲しいというのである。尚書においても、「吉田室之事、衆中として連判仕、遣候上ハ、至唯今申分不可有御座候かと存候」として、衆中の連判を根拠にすえてその安堵を求めている。

本文中の永禄十二年十二月一日の尼子勝久袖判重臣連署奉書は、この大社本願周透が「彼衆中へ被成御奉書候者、於爰元異見可申候」と申し請うたことに対応して発給されたものである。

(13)　永禄十二年十月十九日に尼子勝久は杵築を守護不入とし、出入の舟については千家・北島両国造の計として寄進している（「出雲大社蔵文書」其一〈島根県立図書館架蔵影写本〉。『出雲国造家文書』一一〇）。また勝久は、坪内彦兵衛尉の権益について、たとえば永禄十二年十二月一日に袖判奉行人連署奉書でもって、丹波屋彦兵衛尉に宛て、「杵築拾六室之内、自前々抱来分」について安堵している（「千家文書」其一〈島根県立図書館架蔵影写本〉）。

(14)　**毛利輝元書状**

石田四郎左衛門事、自最前馳走之由、神妙之至候、就其杵築諸役免許之事、上（元就）之一通之旨、不可有相違候、此由可申聞候、謹言、

六月十五日　　　輝元（花押）

「(墨引)(捻封ウハ書)
小倉木工助殿
輝元」

(「坪内家文書」)

この文書は、小倉木工助から石田四郎左衛門に渡付され、その杵築諸役の免許は安堵された。捻封でもって封じられた毛利氏としての誓約文書である。

(15) 正月十九日に毛利元就は吉川元春に宛て、「至杵築浦警固指廻度候而、石州ニ小浦被拘候衆中江、以書状申遣、堅固可裁判之由申付、児玉美濃守至温泉津差遣候」と申し述べている(『萩藩閥閲録』五〈毛利〉―2)。また、児玉就久・武安就安は、元亀元年(一五七〇)四月二十五日に輝元から兵粮一五〇〇俵を石見銀山へ輸送するため町中伝馬を申し付けるよう命じられ(同一〇一〈児玉〉―6)、同三年閏正月二十五日には輝元袖判の温泉津正恩庵宛の諸役免許の判物に井上就重・林就長・武安元経とともに署判している(「西楽寺文書」〈島根県立図書館架蔵影写本〉)。

また、温泉津には小問氏という問丸と思われる商人が屋敷をかまえていたが、十一月二十四日に井上就重は武安就安に宛て、「小問事、以堅田方呼候へと被　仰出候条申候処、御越候、於旨儀者、此仁ニ堅固申渡之由候条、我等不及申候、御方御返事更々御申候て可然候、児美(児玉美濃守)御談合、弥可然候」と命じている。十一月八日の井上就重書状には、「小問甚五郎事、爰元へ早々可有御越候、彼是可有御尋之由候条、可有御越候、定而屋敷之可為出入候哉与推量申候」とあるので、屋敷紛争に関わる事柄であったと考えられる(「中島家文書」〈島根県立図書館架蔵影写本〉)。

児玉就久・武安就安は、直轄関温泉津の町支配や、同津を拠点にして各地へ物資を輸送したり、海上警固をつとめていた温泉津奉行と考えられる。

なお、元就は、永禄十年二月に五年近い出雲洗合の陣を撤収し、安芸吉田に帰還している(『毛利元就卿伝』四六三・四六四頁)。

(16) 前註(3)所引長谷川論文六一～六七頁。

(17) 三月九日の福永重久書状の宛書には「坪之内彦兵衛殿」とみられる(二六九頁)。

(18)　これまでに指摘した小倉元悦・井上就重・武安就安・児玉就久のほか、小田就宗(二五二頁)、また次に示す福井十郎兵衛尉、大庭賢兼、福井出雲守景吉、そして平佐就之らが確かめられる。

佐東衆の福井十郎兵衛尉は、たとえば七月九日に元就から北浦の賊舟について、「宇龍江茂早々被申遣候而可然由、能々可申達候、然間此方警固申付可討果候条、其近辺浦々船数之儀、無残可差出催、早々可申付候、動日限之儀者、従是可申候間、即時罷出候之様両国造殿江茂申達、談合候而可申付事肝要候」と命じられている(『萩藩閥閲録』一一九〈福井〉—25)。

**毛利元就書状写**

就万句之義、以此者申候、委細之段、自両人所可申候間、涯分可相調事、専一候、恐々謹言、

三月廿五日　　元就御判

福井十郎兵衛尉殿

**毛利元就書状写**

万句従朔日之相始之由候、就其御洗米并御酒初穂送被越候、令頂戴尤目出候、各馳走之由祝着候、何も自是可申候、恐々謹言、

卯月三日　　元就御判

大庭図書允殿(賢兼)

福井出雲守殿(景吉)

永禄八年の三・四月、元就は、杵築大社に連歌万句を献納するにあたって、それを福井出雲守景吉、そして旧大内氏奉行人であるが直臣に取り立てていた大庭賢兼らに宛て命じていたことが知られる(『毛利氏四代実録考証論断』弐、永禄八年四月十八日条)。

**平佐就之・小倉元悦連署書状写**

就杵築定灯之儀、御申之段、披露申候、返事之趣、委細此僧へ申入候、於父子不存疎略候、可御心安候、何も重々能々御

尋候て、可蒙仰候、無沙汰有間敷候、恐々謹言、
永禄五年
九月五日

就之(花押影)
元悦(花押影)

国造千家殿参貴報

(「千家文書」其五)

## 小倉元悦等四名連署書状(折紙)

大社御三月会入目之事、従両国造請取可被相調候、自然従国造殿不相渡候者、御祭延引不苦候、為御分別候、恐々謹言、
永禄十年
二月十七日

小倉木工助
元悦(花押)
平佐藤右衛門尉
就之
福井出雲守
景吉(花押)
井上但馬守
就重(花押)

佐草兵部少輔殿
別火殿
長谷左衛門大夫殿

(「佐草家文書」)

この文書の署判者が、元就による出雲国支配の中枢にあった人物と考えられる。

## (19) 尼子氏奉行人書状写(折紙)

杵築御供之儀、御法度にも如近年可付由候、然処ニそれなとの御供屋(宿)とを可相易之由、被申由候、不可然候、よの在所之事ハ、不存候、それの儀者、別而智音(マヽ)之儀候間、御法度上不背、まへよりの屋とへ可被付候事、干要候、恐々謹言、
二月十三日
(中井)駿河守
綱家判
□□(御中間カ)
大郎左衛門尉殿まいる

あんもん

（「坪内家文書」）

(20)　杵築町の性格について究明することは本章の主たる目的ではないが、以下関連的に少し具体的に述べておきたい。この天文年間における三沢氏と御師吉田次郎兵衛の御供宿契約にともなう紛争については、以後の推移を明らかにできる。なお、以下本註に引用する文書写は、「国造千家所持之内古書類写」(山口県文書館架蔵)所収のものである。これは謄写本であるため、まま読解しがたい箇所もある。

尼子勝久重臣連署書状写

貴所近年相抱候室二口之儀、従衆中連判上者、不可有相違旨、被仰出候也、恐々謹言、

永十二
十月十一日

屋葺右兵衛尉 幸堅判
津森宗兵衛尉 重俊判
山中鹿介 幸盛判

吉田次郎兵衛殿

尼子勝久袖判重臣連署奉書（モト折紙）

（尼子勝久）
（花押）

貴所従先年被抱来候室之儀并御供宿事、年規買地分田畠屋敷等之事、如前々不可有相違之旨、被仰出候、為向後被成袖御判者也、仍如件、

永十二
十一月四日

屋葺右兵衛尉 幸堅（花押）
津森宗兵衛尉 重俊（花押）
山中鹿介 幸盛（花押）

吉田彦四郎殿まいる

（「島根県立博物館所蔵文書」）

両文書とも永禄十二年(一五六九)のものであり、前註(12)において述べた事柄とも関係する。

前文書は、尼子勝久が吉田次郎兵衛に宛て、その近年所有してきた室二口について「従衆中連判」を根拠にして安堵したものである。

後文書は、尼子勝久が吉田彦四郎に宛て、その先年より所有してきた室職と御供宿、年規買地分・田畠・屋敷について従来どおり安堵したものである。

この吉田彦四郎は、次の文書によって、三沢為清からその御供宿として安堵されていることが確かめられるので、天文年間以来続いていた同次郎兵衛の跡職を継承した人物であると考えられる。

**三沢為清書状写**

三沢・横田・布施之内、近年引付候御供之儀者、不可有相違候、伯州当知行法勝寺上郷御供之儀、其方へ可着之由、可申付候、恐々謹言、

元亀二
卯月十二日　　為清判
左京亮
為清

吉田彦四郎殿

この文書は、元亀二年(一五七一)においてもなお三沢氏が吉田室を御供宿として契約していたことを明示している。

しかし、それにもかかわらず坪内氏との間における御供宿紛争は続いていたものとみえ、天正二年(一五七四)十月十三日に三沢為清・同為虎は連署して吉田彦四郎に宛て、「杵築御供之者、宿之儀、愁訴之条、千家殿江申理候へと御分別候而、領中無残置付候」、つづいて同十月十六日には三沢為景・野尻慶景・上郷為治は連署して吉田彦四郎に宛て、「杵築御供并御碕御供宿之儀、為虎領中無残御方可有裁判之由、被申定候、殊今度就此条公事之子細者、千家殿江重々申理候而、儀定候上者、弥不可有異儀候、御供之衆参着之時者、妗以下御馳走肝要候」と述べている。

両文書は、三沢為清・同為虎、ならびに同重臣がそれぞれ吉田彦四郎に宛て、杵築・日御碕の御供宿を彦四郎の室に定めていたが、「愁訴」があったこと、しかし国造千家氏に重々申し理った結果「儀定」したことを伝え、参詣衆への賄を命じ

たものである。

しかし、この問題は、天正四年三月二十七日に三沢為景ら八名の重臣(ほかに平田・中林・石原・後藤・野尻・上郷の各氏)が吉田彦四郎に宛て、「先年為清為虎御方江被申趣ニ、領中杵築御供高所之儀、(国造)自義広前々之宿主江可被返付之由、連年雖被仰聞候、父子無分別候、左候者、御神慮無勿躰之由ニ而、各々我等式為裁料、到着候、趣者、并去年爰元公事之儀者、義広より被成御追放候、坪内・平田屋両人引来候」、「呉々坪内・平田や事先規之筋目以自然愁訴申候、於家中取次有間敷候、可御心安候」と述べていることによれば、三沢氏の御供宿としての吉田氏の権益について、国造千家義広は「前々之宿主」に返付すべしと連年命じていたこと、それにもかかわらず吉田次郎兵衛・彦四郎父子は「無分別」く応じなかったこと、そのため三沢氏の重臣は「御神慮無勿躰之由ニ而、各々我等式為裁料」て判断したこと、そして千家義広からは追放を命じられ、やっと収拾に至ったようである。

この結果については必ずしも明らかでないが(天正十六年八月十八日の「きつき御供定之事」の宛書として、「吉田藤介」がみえる)、これらの経緯に基づくならば、国造千家氏が御供宿紛争について裁許権を保持し、且つ行使していたことを確認できるであろう。ただ、諸種の政治情勢の変化もあって紛争の収拾に至るまでには長期間を要したこと、またその間には、国造千家氏としても三沢氏と吉田氏室との御供宿関係を現実として認めざるをえなかった面もあったことについて留意しておかなければならない。

なお、右史料中に「先規之筋目以自然愁訴申候」人としてみえる坪内氏と平田屋のうち、平田屋は、前註(4)においても述べているように、のちに杵築北島氏領において毛利氏の蔵本として現われる八名のうちの一人である。平田屋は、その屋号から杵築において平田方面との商売や交流を担っていた存在と考えられるが、既にこの時期には、杵築において坪内氏と並び称せられる商人に成長していたと推測される。

また、本文中にみえる連判衆のうち杉谷・江角氏は、のち同様に杵築北島氏領において毛利氏の蔵本として現われる。杉谷・江角氏は、国造北島氏系列の御師・室経営者であり、商人であったと考えられるが、平田屋も同様に御師・室経営者であったと推察される。御師の屋号については、坪内彦兵衛尉の丹波屋のほか、大和屋、山城屋など、既に指摘している。

杵築国造北島氏領内の室経営者ら八名が毛利氏の蔵本として編成されていたことに基づくならば、国造千家氏領においても同様の事態を想定することも可能であろう。

ともあれ、彼ら衆中による在地秩序の維持機能が両国造の領主権から相対的に自立して果たされるには、毛利氏による両国造の領主権の一部否定や制限、彼ら特権商人らとの結びつきの強化や編成までまたなければならなかったと考えられる。山崎裕二は、戦国時代の杵築を『惣中』を中心に都市運営がなされる自治都市」(前註(3)所引山崎論文五七頁)と結論づけている。「惣中」とは室職所有者から構成されるものであり、杵築町は一般住人から成る「地下中」との二重構造であったとして論述されているが、私は、基本的には「神慮」を兼ねそなえた領主である両国造の裁許権の存在を重視し、その事例として以上を提示し、このように理解しておきたい。

(21) 「朝山家蔵文書」(島根県立図書館架蔵影写本)。

(22) 第四章「国人領主の財政と流通支配——戦国時代の雲芸攻防における山間地域領主層の性格——」一二七・一二八頁。

(23) 六月六日に児玉元良・粟屋元種は連署して馬庭与三左衛門尉・宇田河新四郎・三木与四郎(この時期の三公文衆と思われる)に宛て、楢崎九郎次郎に朝山郷において一五〇石前を打渡すについて、「従小田縫殿助所、以折帋可申候へ共、今程在所罷居候之間、無其儀候」と命じている(「朝山家蔵文書」)。

なお、小田就宗の活動徴証としては、永禄九年二月三十日に毛利輝元が薗妙見神主に寄進した「朝山東分公文給上地」の田七反・分米五石の輝元袖判打渡状に署判している事例がある(「秦家文書」(島根県立図書館架蔵影写本))。これは、朝山郷東分の公文給の没収にともなう上地《あげち》であろう。

(24) 来次市庭中書状には、「其方爰元商買之出入」、すなわち杵築と木次の間に商業紛争があると述べているが、このことは、その言葉通りに杵築商人が奥出雲地域から沿岸部へ鉄を輸送する途中において起った紛争を指すのか、あるいは平田目代書状をあわせ考え、平田の商人らが杵築の商人と何らかの関係を取り結んでいたため、木次と平田の間の商業紛争をそのように表現したと考えるのが妥当するのか、詳らかでない。

(25) 「温泉津串山」とは、温泉津入口の現在の櫛島の山の呼称と思われる。

(26)「せんさきや」=仙崎屋は、長門の日本海側の要港仙崎に由来すると思われ、温泉津において仙崎方面との商売や交流を担っていた商人であろう。

(27) 鳴戸神社(三次市粟屋町)の永禄九年(一五六六)三月吉日の木造神像台座墨書銘に「高田郡粟屋郷当社八幡宮御神躰　願主藤原朝臣隆述辛卯歳」とある(『広島県史　古代中世資料編Ⅳ』一二〇一頁)。隆信は、享禄四年(一五三一)の生れ、三吉氏一族であり、のち在所名を冠して粟屋隆述とも称した。

(28) **尼子晴久袖判奉行人連署書状写**(モト折紙)

(尼子晴久)
(花押影)

今度江田へ為使被罷出候、彼方現形候者、林木之内うちみち名半名、遊屋名半名、合壱名当処在之由候、御公用共一円陳夫諸公事共ニ可被遣之由、被仰出候、并石州佐間銀山にて屋職五十貫可被遣之由候、以此旨弥頓ニ相調候様ニ、可被申達事専要候、為其被成袖　御判候、恐々謹言、

天文廿壱
十二月二日

仁賀左衛門尉
胤(花押影)
真鍋新兵衛
豊信(花押影)
受楽寺
□□(花押影)

坪内宗五郎殿

(「尼子家古記類」)

(29)『毛利元就卿伝』一五五～一五九頁。

(30) 次掲の三通の文書からみても、林木は大名直轄領と考えられる。

**尼子晴久書状**

〔　〕杵築大明神定燈料〔　〕□(出)東郡林木庄馬場分之内〔　〕地利并諸役中井駿河守綱家〔　〕段令存知之畢、至于末代〔　〕相違事、可為肝要者也、仍状若斯、

弘治三年二月十六日

晴久(花押)

(「坪内家文書」)

尼子義久書状写

為杵築定連歌免林木之内橋爪名之公用米参拾壱俵寄進候、末代不可有懈怠事、肝要候、仍状如件、

永禄五年五月廿七日　義久(花押影)

富兵部大夫殿

「富文書」(島根県立図書館架蔵影写本)

毛利氏奉行人連署書状写

杵築大社常連歌料所、出頭(東)郡林木郷之内橋爪名一名之事、寄進被申候条、連歌御執沙汰肝要之旨候、然者諸課役之儀、被差除候、可被得其心候、恐々謹言、

永禄五年
十月七日　志道刑部大輔 通良書判
粟屋弥二郎 元勝書判
児玉小二郎 元貫書判
国司右京亮 元相書判
桂左衛門大夫 元忠書判

富兵部太輔殿

「富饒夫家古文章」(山口県文書館架蔵謄写本)

(31) このことから考えると、坪内孫次郎は、永禄九年の富田月山城の開城に至るまでは籠城していなかったことになるであろう。

(32) 「年内にも、三百四百五百俵も、福永とやらん二申ことハリ候て、可立御用由候」(『毛利家文書』五九四)、また天正年間の初頃には毛利輝元から兵粮二〇〇俵の提供を命じられている福永兵庫助という人物がみられる(『萩藩閥閲録』一六八〈福永〉―12・14)。この福永氏は、備後世羅郡を本拠にする田原越中守の寄子的存在であったと思われ、九月二十九日に毛

利隆元は田原越中守に宛て、「福永事も父子二一人充者しかと番屋取誘、可在城之由、堅申付候、従其方も能々被申合、馳走肝要候、随而普請之事、是又堅可被申付候」と命じている(同９)。

これらの福永氏が同一の家であるとするならば、備北の領主層が坪内氏の檀所であることをも勘案すると、備北の領主である可能性は高いのである。

(33)　第六章「大名領国下における赤間関支配と問丸役佐甲氏」。

(34)　『毛利家文書』一二三。

(35)　「大願寺文書」五〇(『広島県史　古代中世資料編Ⅲ』)。なお、三吉氏が広島湾頭に所領を有するに至ったのは、天文二十一年二月二日の毛利元就同隆元連署知行注文并大内義長証判に「抜目」として深川下分と原郷は三吉知行と記されているので(『毛利家文書』二六一)、天文十年の武田氏滅亡後に大内義隆から給与されたことによる。

(36)　熊野神社(三次市畠敷町)の造立棟札(『広島県史　古代中世資料編Ⅳ』一一六三・一一六四頁)。

(37)　熊野信仰と紀伊熊野詣は、備後地域においてはこの時期広く行われていたと考えられる(たとえば、備後国の檀那職の売券などが残存しており、そこには国内各地の領主ならびに在所名等が確かめられる〈「熊野那智大社文書」『広島県史　古代中世資料編Ⅴ』〉)。また備後国内においても、ほかにたとえば比婆山麓の熊野神社(現在の比婆郡西城町熊野)は、県天然記念物の老杉群に囲まれ、その奥には奈智の瀧と称する滝を擁しており、その信仰が早くから定着していたことを窺わせる。

# Ⅳ　河川領主と海の大名

# 第八章　備作地域の戦国時代と中世河川水運の視座

## はじめに

現在の岡山県地域は、北隣の鳥取県も同様であるが、戦国時代最末期に畿内を制覇した織田信長と地域大名毛利氏の間において押しつ押されつの激烈な戦争が展開されたため、在地の領主層のなかに滅亡した者が多く、その関係文書はきわめて少ない(1)。

しかし、大名や国衆の支配の基礎単位であり、内部に階級関係を含みながらも人々の生活の単位であった郷村の実態を明らかにしていくためには、郷村の土豪や地侍などの指導者層に関する史料を発掘していくことが重要であり、かつ不可欠である。

本章においては、新たに発見した岡山県関係の中世文書のうちから、「新出沼元家文書(2)」を選んで紹介することにしたい。この内容に基づいて、〝中世河川水運の視座〟とでも称しうる、岡山県地域の歴史を考えていくうえにも重要な視点を提示することができるように思われる。

備作地域には瀬戸内海に流れ込む三本の大河があり、その流域は全域に広がっている。

これらの大河が流通路としての機能を果たしていた事例として、次のものがあげられる。

まず、建仁三年(一二〇三)七月に東大寺造営料所備前国衙領の地子麦の収納状況を大勧進の重源上人に報告した在

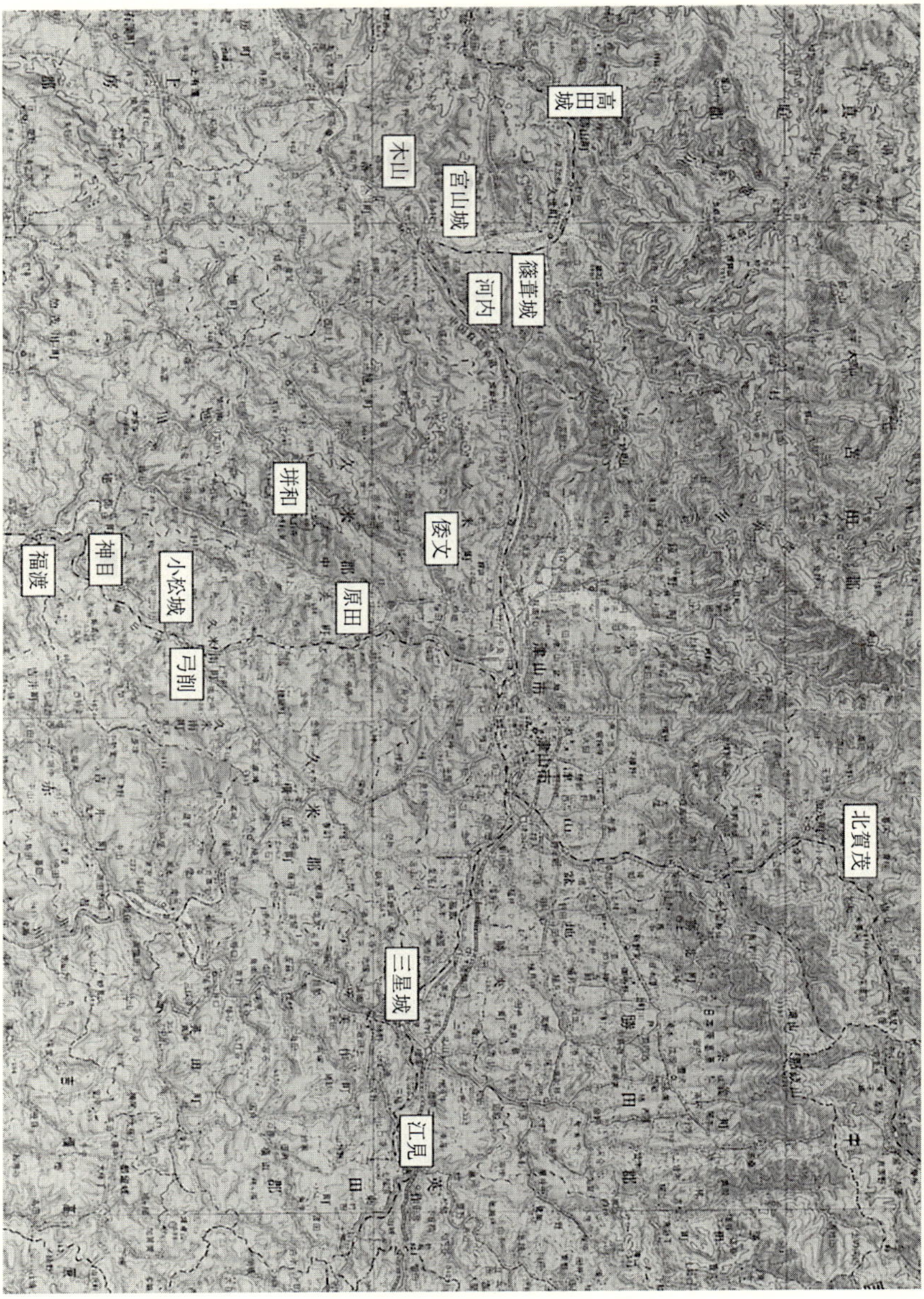
高田城
木山
宮山城
篠葺城
河内
垪和
倭文
原田
福渡
神目
小松城
弓削
北賀茂
三星城
江見

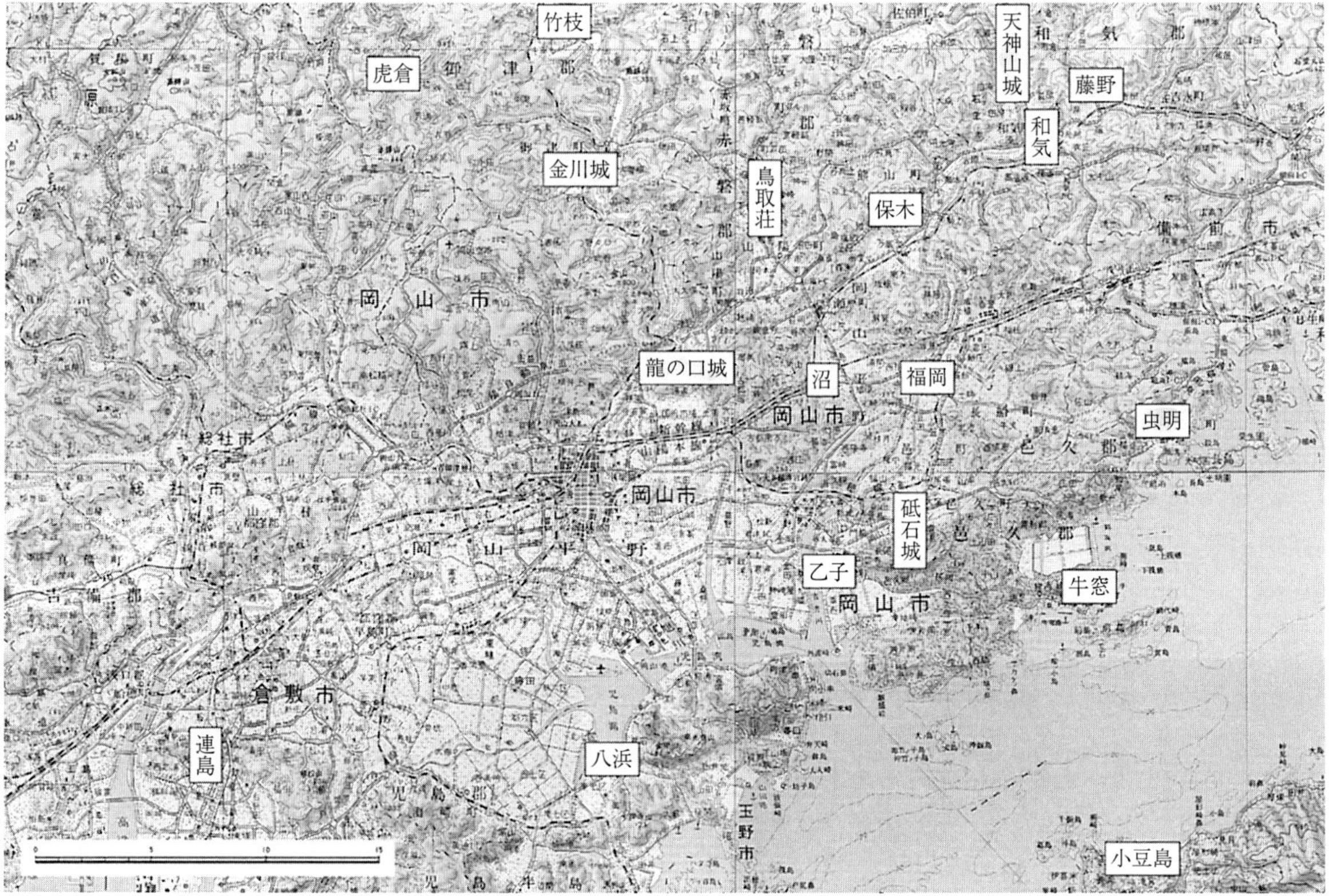


図1　備作地域の中世河川水運関係地名図

庁官人の注進状[3]が注目される。それによれば、吉井川と旭川の両流域の諸郷保等の地子麦が、たとえば「小豆島郷司代梶取真重」「梶取東河《(吉井川)》為宗」とあるように、小豆島郷司代や吉井川の梶取(船を用いる運送業者)によって河下しされて運ばれていたことが確かめられる。

また、応安七年(一三七四)七月二十三日に管領細川頼之は摂津守護細川頼基に宛て、「南禅寺造営材木、自美作国所被運上也、早河上関々無煩、可被勘過」と命じている[4]。

南禅寺造営材木が、美作国から伐り出されて吉井川を河下しされ、瀬戸内海からさらに河関における通行料を免許されて淀川を上っていることがうかがわれる。こうした材木の需要は大きいものであった。

文安二年(一四四五)十二月九日に兵庫北関に「美作国北賀茂九郎兵衛進上材木船五艘」が入っている。その五艘とは、牛窓(現在の牛窓町)の二艘、虫上(虫明(邑久町))の三艘であった[5]。美作国北賀茂とは、中国山地の山懐に位置する現在の苫田郡加茂町にあたるので、吉井川を河下しされたと考えられる。同地は、キナザコ製鉄遺跡にみられるように古代から鉄生産でも知られた地域である。

天正十六年(一五八八)の八月十二日に毛利輝元は小早川隆景に宛て、「大仏材木之事、下向之砌於大坂御暇乞ニ被召寄、直被仰聞候条、連島《(備中)》へ出候木、先以寺越《(寺沢広政)》無渡海内、尼崎可着申之由、御請申候間、雖重畳之儀、浦役船継夜於日可被差上事肝要ニ候」と述べている。既に豊臣秀吉は諸大名に大仏殿造営用の材木の供出を命じていたが、この時輝元は帰国するに先立って秀吉に暇乞に大坂城に登城した際に直接秀吉から命じられたことを隆景に伝え、連島に集められている材木を検使寺沢広政の到着以前に尼崎に送るよう約束したので、輸送用の船を調達し、それを急ぐよう依頼している。毛利氏領国の備中国内の材木は高梁川を河下しされ、河口の連島に集められていたことが知られる[6]。

限られた事例ではあるが、備作地域の中世河川水運の役割は日常的に大きいものであったと思われる[7]。

なお、中世において、河川の流域や河口に河関がおかれ、河下しされる材木に「河手」「浮口」「河口」などと称する通行料が課税されていたことについては[8]、よく知られている。

ところで、戦国時代における吉井川中流域の和気《わけ》の性格については、他国の事例をも援用すれば、多少とも究明できるように思われる。

天正十八年(一五九〇)八月吉日の安養寺坪付[9]は、安養寺の各坊領について記したものである。

安養寺は、新田荘内藤野に所在する天台宗の古刹であり、中世には勅願所や地域の大名権力の祈願所として寺運興隆した。その寺領は、一円的な所領ではなく、天正十七年六月二十七日の正税帳[10]の在所名によれば、田畠合計一三町六段五代一八歩が吉井川に合流する金剛川の周辺に散在的に広く分布している。

これに拠れば、各坊領の在所として「湯屋」・「風呂や」[11]・「紺屋与三郎屋敷」・「紺屋ノ源三東」・「番匠屋」など、作人として「作紺屋ノ源左衛門」・「作大鋸ノ二郎五郎」など、また「大鋸衆敷地拘分之事」として三郎衛門・九郎衛門・弥二郎・五郎衛門・五郎二郎・弥三郎・太郎兵衛・左衛門太郎・又六らの居屋敷など、職種に関わる名称が認められる。

特に「大鋸衆」の存在は注目される。

正月二十六日に安芸国吉田を本拠にする戦国大名毛利輝元は山県就相・同就政父子に宛て、「囲舟仕立付而、椋木板過分ニ入候、大鋸引之事、馳走候ハヽ、可為祝着候」[12]、また三月六日には福井十郎兵衛尉に宛て、「金山城誘、大鋸引彼是無緩之通、祝着候、弥短息肝心候」[13]と命じている。

毛利元就は、既に天文十年(一五四一)に広島湾頭の佐東金山城に拠る武田氏を滅亡させていたが、この地域を自らの隠居分に定め、これによって佐東郡内の土豪層を自らの支配下におさめ、彼らをいわゆる佐東衆として次第に編成を強めていった。山県就相や福井十郎兵衛尉は、この佐東衆の触頭であった。

この佐東地域は、山陽道の要衝にあたり、また太田川の河口であるため、平安時代末期には上流の山県郡内厳島社領荘園の年貢の倉敷地が設置され、それらの物資をめぐって内海商人の往来も盛んに行われていた。いわば陸・河・海の要衝であり、中世の安芸国においては早くから経済的に繁栄していた地域であった。

毛利氏が彼ら佐東衆をいわゆる川内水軍として編成したことはよく知られているが、この河口地域には、佐東郡などの多くの杣山から伐り出されてきた材木を製材する「大鋸引」職人が在住しており、触頭であった山県就相や福井十郎兵衛尉らは、彼ら「大鋸引」を支配下に従えていたのであった。

毛利輝元が山県就相や福井十郎兵衛尉に宛て、船の建造用の椋木板の製材のため、また金山城の普請を進めるため、大鋸引職人を差し出すよう命じている事実は、この佐東地域に拠る土豪層の性格を端的に明示するものである。佐東衆は、この地域における陸・河・海の交通・運輸、そして商業・流通機能を兼ね合せて掌握していたのであり、その意味において兵・農・商・職未分離の中世土豪の性格を端的に体現していると言ってよい。

したがって、和気地域に大鋸の集団が居屋敷を構え、多数居住している事実は、吉井川や金剛川の上流の杣から伐り出され、搬送されてきた材木をここで止め、製材していたことを示すものとして注目されるのである。

宇喜多秀家期の一通の坪付から窺われるところに拠ってみても、和気地域が、吉井川の渡場をもつ山陽道の要衝であったと言うだけではなく、多様な職種の商人や職人らが居住し、また吉井川の水運を利用して河川流通を担った上下商人が往来し、商業活動や休息に利用され、経済的に繁栄していた町場であったことは明らかである。

下って江戸時代においては、和気は在町に指定され、また岡山藩の船番所がおかれていたこと、吉井川水系においても高瀬舟・河舟の往来が頻繁であったことはよく知られているが、このような吉井川を利用した河川交通・流通は、水系沿いの国衙領や荘園の年貢等の輸送に際しても利便であったと了解されるのであり、中世に遡ってかなりの規模において行われていたと考えなければならない(14)。

統一政権を樹立した豊臣秀吉が刀狩等の諸政策を布令し、実施していく以前における中世社会とは、兵・農、あるいは兵・商未分離の時代であった。地域の大名権力は、そのような多様な機能や性格を有する土豪・地侍ら郷村の指導者を編成し、郷村内の支配については旧来からの慣行に基づいて彼らに委ね、彼らを通して進めていたのである。中世の社会とは、このようないわば重層構成の構造をもっていた。それは、近世の大名権力が、たび重なる検地によって村内の一筆ごとの土地・石高・名請農民を帳付し、次第に中世土豪の系譜を引くいわゆる中間領主層の領主的側面を排除していく方向で支配を強化していったのと異なって、いわば大名権力の在地不掌握の時代であったと言ってよい。

守護領化していた新田荘を領有していた戦国大名浦上宗景もまたこのような時代に生きていたのであり、吉井川を眼下に見下す天神山城に拠って、地域の郷村の土豪や地侍らを編成するとともに水運に関与し、そしてまた和気地域の特性に鑑みて富裕な商人・職人層が有するその経済的な諸機能の掌握を進めていたと推察してもよいであろう。

以上の諸事実に基づいて、いま方法論的な問題に関して述べるならば、大河に臨む地域においては、当該時代の歴史的世界を再構成していくにあたって、水系の産業・資源や河川交通・流通が果たした役割について究明していこうとする視座をすえて考察を進めないと、研究が農業生産力論的なものに片寄って一面的な分析に陥り、地域の全体像や固有の性格が理解できない結果を招くに至ることに十分留意しておかなくてはならないということである。

## 一　「新出沼元家文書」の翻刻紹介

ここに紹介する七通の文書[15]は、全て戦国時代末ごろ宇喜多直家の麾下に属した沼元新右衛門尉に関わるものであり、現在は山口県岩国市横山の岩国徴古館に架蔵されている。

これらの文書は、昭和五十二年十二月四日に岩国吉川藩の旧家老であった八木香川家から岩国徴古館に寄託されたものであるが、八木香川家に伝来した事情は、おおよそ次のとおりである。

「御家中系図　香川諒」の関係箇所を上に略記する。

また、『好問随筆』巻四、「沼本新右衛門由来之事」には、関ヶ原合戦の敗北によって宇喜多氏が断絶させられた後、大坂にあった沼元新右衛門(家久)は毛利輝元から誘われるが、子息忠右衛門を出仕させたこと、新右衛門の死没後、室おつま(明石飛驒守の女)も萩に下向し、輝元の息女が岩国の吉川広正に嫁した時に付き越し、広嘉の誕生後は老女として仕えたこと、忠右衛門ものち吉川広嘉の小姓として近侍し、香川景兼の養嗣子となったことなどが記述されている。寛永九年(一六三二)のことである。(16)

景宗——清景——景兼

景宗　文禄二年七月廿一日朝鮮ニテ病死、往古芸州富谷(戸)ニ在城ス、依之当家ヲ富谷香川ト云、香川邦太郎家ヲ本家トス、

清景　元和九年十一月二十日卒

景兼　多病ニヨッテ寛永九年隠居

　├女子　忠右衛門純之室

　└純之　吉槌　織部　忠右衛門

実備前浮田家ノ臣沼本新右衛門家久ノ子、母明石飛弾(驒)守女、浮田家断滅、新右衛門モマタ病死ノ後、母子同長州ニ居、広嘉公御幼年中ヨリ御小姓ニ召仕ル、其御縁ニヨリ、景兼養子ニ仰付ラレ、寛永九年(一六三二)香川家相続、

このような経緯があって、これらの文書は戸谷香川家に伝来したものであるが、明治初年に戸谷香川氏の当主が上京するにあたって、本家にあたる八木香川氏に預けたものと言われている。

宇喜多直家の発給文書は現在のところ稀少であるが、これほど内容の豊富かつ生々しい直家書状が新たに五通も発見されたことは、備作地域の戦国時代史の解明のうえにきわめて重要なことである。

## 一　宇喜多直家書状(折紙)

今度天神山衆及行、既至二三丸雖切入、被及合戦、宗徒之者数十人被討捕、則時被切崩之段、寔各御覚悟無比類御忠節不浅候、即芸州(毛利氏)江致註進候、先々為御悦、以使者申候、太刀一腰・馬一疋進入候、久松殿近日御下之条、致披露、褒美可被申候、猶申含口上、不能多筆候、恐々謹言、

七月十一日　　宇泉
直家（花押）

沼元与太郎殿御宿所

**註**　この書状は、沼元与太郎が浦上宗景麾下の天神山衆と合戦し、主だった者を討ち取るなど戦果をあげたことについて、宇喜多直家がそれを毛利氏に注進し、自らは使者を送って褒賞したものである。

久松殿とは、宇喜多直家が岡山に招き、浦上氏の正統と称して浦上宗景に対抗した浦上久松（宗景の兄政宗の孫）のことである。

なお、同月日付の沼元彦右衛門尉宛の宇喜多直家書状には「去八日至小松城岸涯天神山衆取詰之処、被及合戦、剰御分捕、誠御忠節無比類候」とある（「美作沼元家文書」）ので、沼元氏の拠っていたのは小松城（現在の久米郡久米南町下二ケ）であったことが知られる。

この文書は、天正二年（一五七四）三月十三日の原田三河守・原田三郎左衛門尉（現在の久米郡中央町原田を本拠地とする領主）宛宇喜多直家起請文に「今度宗景(浦上)存外之依御覚悟立別申候、然者連々以無御等閑旨、此方御一烈之段、誠御頼敷大慶存候、然上者、向後事弥無疎意可申談候」とあること[17]、また天神山城が翌天正三年九月に落城していると考えられること[18]から、天正二年か三年のいずれかの七月のものと推定される。

## 二　宇喜多直家書状（折紙）

今度者、於武枝攻口昼夜之御辛労、無申計候、為其為御礼、企愚筆候、将亦秋之固屋落居之由、手前被明御隙候之段、尤可然存候、於此方茂、本望候、猶期来慶候、恐々謹言、

九月十六日　　　　　　　　　宇泉《うせん》直家（花押）

難左

沼与御宿所

**註**　この書状は、宇喜多直家が沼元与太郎と難波某の竹枝（現在の御津郡建部町）における忠節を褒賞したものである。花押の形状からして一号文書と同時期のものと推定される。

## 三　宇喜多直家書状（折紙）

其元御在番御辛労察存候、弥頼存候、備中表之事、去十七日ニ鍛冶屋取拵、五ケ庄一円敷詰候、其外々郡数ケ所手ニ入候、本望之至候、作州東西之牢人、北賀茂へ差集、去廿一日ニ東西へ雖取出、西口之儀者、於途中追散、数人討捕候、執直奥へ、後藤牢人取出候条、則至途中人数雖差出、大雨洪水之故、于今不及行候、水干次第ニ、追々人数可申付候、此砌之儀者、弥至其元、御人数悉被集置、可被入御精事、肝要候、将亦栗一籠送給候、一段之見事、一入賞翫可申候、尚期後喜候、恐々謹言、

（天正七年）
九月廿四日　　　　　　　　和泉守
　　　　　　　　　　　　　直家（花押）

沼新御返報

**註**　この文書は、宇喜多直家が沼元新右衛門尉に宛て、その在番の忠節を謝するとともに、備中方面の作戦が順調に進んでいること、また北賀茂に結集した美作の東西の牢人が攻め出したが追い散らしたこと、宇喜多氏の軍勢が攻略した三星城（現在の英田郡美作町）の後藤氏の牢人が攻め出したので人数を差し向けたが、大雨による洪水のため、いまに行動できないでいること、水量が減り次第軍勢を向ける所存であることを伝え、このように重要な時であるから、沼元氏も麾下の軍勢を集結させて忠節を励むべきことを申し述べたものである。

この文書は、宇喜多直家がこれまで服属していた毛利氏から離れて織田氏側に転じた天正七年(一五七九)の九月のものである。

**四　宇喜多直家書状**(折紙)

原三、其元於着城ハ、御帰候へと申候つれ共、虎倉之事、無異儀候、垪和・倭文へハ、爰元之人数追々指遣候、然間、福渡表気遣不入候条、其儘有御在城、普請之事、別而頼存候、来三日ニ両川(吉川・小早川)木山神村へ陣替之由候、宮山之事ハ、普請諸支度堅固候条、無機遣候、篠葺新普請ニ候条、弓削之百姓中悉被呼寄、別而普請頼存候、至河内、明日長又・富平差廻候、於行者、両人可申談之条、此時不能愚筆候、恐々謹言、

丑刻
(天正七年)十二月晦日　　直家(花押)

沼新御陣所

**註**　この文書は、宇喜多直家が沼元新右衛門尉に宛て、原田氏[19]が沼元氏の在番中の城に到着しても、そのまま在城し、普請に励むよう命じたものである。虎倉《こくら》(現在の御津町)・垪和《はが》(久米郡旭町・中央町)・倭文《しとり》(同久米町)の情勢が安定していることを伝え、したがって、福渡《ふくわたり》(現在の建部町福渡)表について気遣の無用であることをその理由としてあげている。このことは、篠葺《ささぶき》(真庭郡久世町)の城普請に弓削(久米郡久米南町)の百姓中を呼寄せて行うよう命じていることと符合するが、それは福渡・弓削地域が沼元氏の本拠地であったためである。

この文書は、天正七年(一五七九)のものである。吉川元春・小早川隆景が木山に陣替するとあるが、翌天正八年の正月九日に吉川元春は湯原春綱に宛て「一両日中高田表令陣易、寺畑・宮山儀則時可討果候」(『萩藩閥閲録』一一五〈湯原〉―146)、また閏三月十二日には吉川元春・小早川隆景らは湯原春綱に宛て「宮山・篠吹之儀、先以申付候ハて不相叶儀候」(同81)と申し送っている。

これに対抗して、宇喜多直家自身も出陣する(閏三月二十三日の吉川元春・小早川隆景連署書状に「此比直家自身罷出、

坍和表及行之由候」〈同82〉、卯月十五日の吉川元春書状には「直家事茂、為賀茂・小倉(虎)之加勢、福渡表陣易之由、其聞候」〈同35〉とある)。

宇喜多直家は、美作西部における毛利氏側との激しい攻防戦を前にして、重臣の長船又左衛門尉貞親と富川平右衛門尉秀安両名を河内に派遣し、篠葺に在城する沼元新右衛門尉にはこの両名と軍策について取り決めるよう求めている。富川秀安は宇喜多氏水軍の将であった人物である。(20)

河内とは、篠葺との地理的関係からみて、現在の真庭郡落合町河内のことと考えられる。

## 五　宇喜多直家書状（折紙）

対宇一(宇喜多)御折帋披見申候、今度於篠葺、各御調之分、普請註文岡権指越候、被抽余人、一角被仰付と見へ申候、御入魂祝着之至候、打続城山之普請、是又大分御調之段、快然之至、誠難尽帋上候、弓矢之詮此時と存候条、被入御精之段、向後不可有忘却候、随而三木本丸落居之左右、昨日以早馬河内へ申遣候、其後自羽筑(羽柴秀吉)花房又七被指下、様躰具被申下候、筑州(秀吉)蜂彦(蜂須賀正勝)帋面今朝以右行事、河内へ差遣候、定其方へも可有到来候、別小三(別所長治)、同山城、彦進腹を切、年寄中一両人同前ニ候、相残者をハ一所へ追寄、番を被付置、悉可被果と相聞候、播州之事ハ、不及申、但州太田垣構武田城も、去十五日ニ令落去、於于今者、両国平均候、自因州鳥取も人を被付置、切々懇望候、花又(花房又七)見及候条、無不審候、諸勢今明之間ニ英賀表へ打下、西表敵陣之趣聞合、可及行にて候、西国之儀、可任存分与、大慶ニ存候、猶  可被申之条、閣筆候、恐々謹言、

(天正八年)正月廿日　直家（花押）

沼新右御返報

**註**　この文書は、宇喜多直家が沼元新右衛門尉に宛て、篠葺をはじめとする一連の城普請について褒賞したものである。

そしてまた、羽柴秀吉が花房又七を下向させて戦局を詳細に報せてきたこと、その内容は早速早馬でもって河内へ申し遣わしたこと、具体的には秀吉が播磨の三木城、但馬の武田城を攻略し、別所長治一族・大田垣輝延を討ち果たしたこと、播磨・但馬は支配下におさめ、鳥取もまもなく攻略できるであろうこと、秀吉の軍勢は播磨英賀に集結し、情報を分析したうえで西下する手はずになっていることなど、軍事情勢が宇喜多氏に有利に展開していることを伝えている。

この内容から、天正八年(一五八〇)の文書であると判断される。

なお、河内とは、「昨日以早馬河内へ申遣候」、「河内へ差遣候、定其方へも可有到来候」とあるように、篠葺に在城する沼元新右衛門尉との地理的関係からみて、前文書の場合と同様、現在の落合町河内、具体的には同所に在陣中の宇喜多直家の重臣長船貞親と富川秀安両名を指すと考えられる。

### 六　加藤光泰書状(折紙)

先度者、懸御目、満足存候、仍向之城ニ家を作ニ、人を赴候ふね壱艘被仰付、御借候て可給候、委細此者共可申入候、恐々謹言、

二月三日　　加遠江守
光泰(花押)

ぬもと殿御陣所

### 七　羽柴宗帍《立花宗茂》書状(折紙)

当城在番ニ付而、船渡之儀、被仰付候、一円船数無之、渡海延引、不及是非候、舟之儀、被仰付可給候、頼存候、拙者罷渡可申入候へ共、普請ニ取紛無其儀候、偏頼入候、恐々謹言、

二月六日　　羽左近
宗帍(花押)

野《(沼カ)》本新右衛門尉殿御陣所

**註**　前文書は、豊臣秀吉の家臣として仕えていた加藤遠江守光泰が沼元氏に宛て、先度の面会を謝するとともに、「向之城」に家作をするため、舟一艘の借用を求めたものである。

後文書は、羽柴宗乕(立花宗乕、のち宗茂)[21]が野本(沼本の誤記か)新右衛門尉に宛て、在番について船渡を命令されたが、船数がないため舟の借用を求めたものである。普請中のため、出向いて面談のうえ依頼できないことを詫びている。

両文書の内容は酷似しており、同時期における関係するものと思われるので、一括して述べてみたい。

福岡県地方史研究連絡協議会編『大友・立花文書』(昭和六十三年)によれば、宗乕は、豊臣秀吉朱印状の宛書としては、天正十六年(一五八八)七月を境に「立花左近将監」から「羽柴柳川侍従」と記されるようになっている。したがって、「羽左近」と称するこの書状は、天正十七年二月以降のものである。

そして、同じく『大友・立花文書』には、正月二十八日の吉川広家書状が収められており、その宛書は「宗虎」、書き出しは「一昨日御名誉御手柄之段、申茂疎候、併御心労奉察候」となっている。この書状は、文禄二年(一五九三)正月二十六日の朝鮮碧蹄館における合戦に関するものと判断されるので、宗乕は、その頻繁な改名にもかかわらず、文禄の朝鮮戦役の頃の名乗であると考えられる。

また同じく正月二十五日の加藤遠江守光泰書状も収められており、その宛書は「立左近」、書状中に「又今日之所ニ先手をもかる〳〵と被置候へ之由、各被申旨御座候、畏入候」とあり、この合戦時における宗乕と加藤光泰との交流が知られる。なお、この加藤光泰書状の花押の形状と前文書のそれとは同形である[22]。

したがって、立花宗乕・加藤光泰・宇喜多氏の重臣沼元新右衛門尉の三者が、両文書等の内容から知られるように、同じ地域において軍事的に協力し合っている状況としては、文禄の朝鮮戦役において宇喜多秀家が惣大将となり、豊臣秀吉から加藤光泰らが付けられ、中国衆・四国衆・九州衆が渡海した時期がよく合っている(たとえば、文禄二年の二月二十七日の宇喜多秀家外十六名連署契状には、渡海した加藤光泰・吉川広家らの署判がある〈『吉川家文書』一三六〉)。また、同年の二月二日に丹羽五平次は吉川広家に宛て、「今度者被成御先御手柄共、遠江殿(加藤光泰)御物語具承候、名護屋にても、又於京都も、具可致言上候」〈同七一二〉、あるいはのちの慶長十九年〈一六一四〉十一月十一日の吉川広家覚書には「一高麗都河下ニ、彼国之者共一城取付在之処ニ、備前中納言殿《(宇喜多秀家)》、三奉行衆并前但馬《(前野長康)》、加遠江《(加藤光泰)》、小摂津守《(小西行長)》其外被相動候」〈同九一八〉とある)。

この意味において、両文書は同じ状況下におけるものと考え、一括して検討してきた。

羽柴宗帋書状は、宗帋が文禄元年四月ごろに朝鮮に出兵していることから考えて、文禄二年二月のものに比定できる。加藤光泰書状も同年のものであろう。

以上の考察によって、両文書は、文禄の朝鮮出兵軍の加藤光泰・立花宗帋ら各将が、惣大将宇喜多秀家の重臣沼元新右衛門尉に宛て、舟の借用を求めたことを示すものであることが明らかになった。

このことは、沼元新右衛門尉が、文禄の朝鮮戦役中に水軍としての機能を保持し、かつ行使していたことを推測させるものであり、とくに注目に値する事実である。

## 二　沼元氏の活動と性格

沼元新右衛門尉の本拠地が福渡から弓削の地域であったことは、既に指摘した。

このことは、文明十三年（一四八一）七月十日に沼元肥後守兼家・同善六治為父子が福渡の豊楽寺に神目村時延名内の一段田を寄進していること、また豊楽寺所蔵の永代帳に沼元周防守・沼元新右衛門らその一族、同じく由緒書に沼元肥後守らその一族の名前が列挙されていることなどから考えて、間違いない。[23]

二号文書の難波某、四号文書の原田氏についても、永禄十二年（一五六九）三月二十六日の久米南条誕生寺上人堂建立奉加帳写に、「願主原田参河守菅原朝臣貞佐」、「弓削荘衆」として「参貫文　難波十郎左衛門尉」、また天正十二年（一五八四）三月十五日の誕生寺上人堂厨子造立棟札写に「原田三郎左衛門尉」が確かめられるので、[24]沼元氏と同地域の領主であったことが知られる。

この地域は、福渡で旭川と分かれ、南から豊楽寺・神目・弓削・誕生寺・原田と、旭川支流の誕生寺川とそれに平行して走る津山線・国道53号を北上する現在の建部町・久米南町・中央町にあたる。

宇喜多直家がこの地域の土着の領主層と同盟して支配下におさめ、備作戦線において毛利氏に対抗していることは注目される。

さて、翻刻紹介した沼元氏関係の史料はわずか七通であるが、そのうちの五通は、当該地域の政治情勢が、毛利氏・宇喜多氏対浦上氏、毛利氏・宇喜多氏・織田氏、毛利氏対宇喜多氏・織田氏と激動した時期において、この地域の大名権力としてその一方の当事者であった宇喜多直家がその属下の在番衆に宛てた生々しい内容を有するものである。

特に宇喜多直家が毛利氏側から織田氏側に転じた天正七年から翌八年にかけてのこの地域の戦局は、従来毛利氏側に残された関係史料によって知られるのみであったが、これらの文書の発見・紹介によって、それが、宇喜多直家の立場から、それ以上の内容と迫力でもって具体的に明らかにされていることは注目に値する。

それぞれの文書の内容について、その戦況を解説しながらそのなかに位置づけていく作業は、それぞれの文書註にゆずることにし、ここでは沼元氏の諸活動から窺われるその性格について論述してみたい。

まず第一にあげられることは、その所領高は判明しないが、本拠地を福渡から神目・弓削地域においていた領主であった点である。

戦国時代の大名や国衆と呼ばれた大きな領主は、その領国や領域内の中小の領主や郷村の土豪・地侍らをその軍事力に編成し、拠点の確保をはかるとともに、領国等の拡大戦争に動員した。また逆に中小の領主や郷村の土豪・地侍らは、当該時期における地域の権力配置や戦局等を勘案し、自らの拠点や権益等を擁護・拡大できるという判断のもとに特定の大名や国衆の麾下に属したのであった。この場合には、新出文書は、沼元新右衛門尉が宇喜多直家に属し、本拠地から少し離れた篠葺城に在番して毛利氏側軍勢と対峙していたことを明示している。

第二に注目されることは、篠葺城に在番していた沼元新右衛門尉が、本拠地である弓削の百姓中を動員して城普請を企てている事実である。篠葺城は、沼元氏の本拠地福渡から旭川を北上していくと目木川との合流点に至るが、同所の笹向山に築かれた城であり、出雲と備前・美作を結ぶ交通上の要衝を抑える位置にある。

沼元新右衛門尉の城普請は、特に篠葺城に集中して確かめられ、また「打続城山之普請、是又大分御調之段、快然之至、誠難尽帋上候」とみられるように、絶え間なく続いており、宇喜多直家から随分と頼りにされていたことが知られる。

城普請のためには、右述した弓削百姓中の動員の事例にみられるように、普請用労働力としての諸職人をも含む人夫の徴発が必要であることはもちろんであるが、それに関係する資材の調達、それら関係物資の輸送なども欠かせなかったと思われる。

その意味において、沼元新右衛門尉は、所領内の百姓中の徴発、そして物資の調達・輸送等々、城普請を行う条件を具備していた領主であったと考えられる。

第三は、文禄の朝鮮戦役において豊臣秀吉の家臣加藤光泰や、筑後柳川の立花宗乕(宗茂)らが、沼元新右衛門尉にその軍事行動上舟の借用を求めていることである。

この事実は、沼元新右衛門尉が舟を所有していたことを明示している。

これに関係することであるが、三月十三日に宇喜多直家の重臣岡平内丞家利が沼元彦右衛門尉に宛て、「為御音信御折帋并鯛一懸被懸御意候、御懇志之至、本望此事候、如仰城内之事急度一着可有之条、可御心安候、次沼与(沼元与太郎)御事、程近候て切々申談候」と述べていること[25]は注目される。この書状は、「沼与」という略称から前掲一・二号文書と同じ時期のものと思われる。沼元与太郎の「程近」くの城に在番している岡家利のもとに、沼元彦右衛門尉が鯛を入手し、それを進物として送り届けているのである。

すなわち、舟を所有していること、鯛を入手しているという事実を合せ考えるならば、沼元氏一族は旭川を下って海民と交流していた領主であったと推測できる。

沼元氏が福渡を本拠地にして自らの舟でもって旭川を上り下りし、旭川水系や河口周辺の各地域の諸階層・諸業種の人々と積極的に交流していた性格を有していた領主であったことは認めてよいと思われる。

右述した篠葺城への在番と城普請も、沼元氏のこのような性格に関係するものと推察されるのである。

このような沼元氏本来の性格は、秀吉政権下における当該地域の政治的安定、宇喜多秀家の領国の拡大、その地位向上にともなって一層機能を高めていったと考えられるが、その結果が文禄の朝鮮戦役におけるその水上軍事活動であると言えるであろう。

ところで、既にはじめににおいて、現在の広島、中世の安芸佐東地域が、太田川の河口であったため早く平安時代末期には上流の厳島社領荘園の倉敷地が置かれ、以来経済的に繁栄してきた地域であったこと、また戦国時代には、この地域の土豪領主層は大鋸引衆を編成しており、大名からの舟の建造や城普請の要請などに応えていたことなど、関連的に述べたところである。

この倉敷地が置かれた在所を「堀立」と称するが、戦国時代にはこの在所を名字の地とする堀立壱岐守直正という人物がいた。堀立直正は、毛利元就の誘いに応じ、天文二十三年(一五五四)には大内氏と断交した毛利氏による佐東金山城の接収や廿日市・宮島の町の制圧に関与し、そしてまた弘治元年(一五五五)の陶晴賢を討った厳島合戦の勝利に続く防長両国の征服戦争のなかにおいては、海城である長門赤間関の鍋城(現在の下関市南部町)を攻略している。それ以後、毛利氏の直轄関となった赤間関の代官として二十数年間も務め、またあわせて鍋城の城番として軍事面も担当した。

これらの活動は、堀立直正が、各城の番衆や町衆らと日常的な交渉があったことを背景にしていると思われるが、いま当面の目的に即してとりわけ注目すべきは、赤間関から対岸の九州各地への舟送という交通・輸送機能を担っていたこと、また鍋城や対岸の門司城を始めとする豊前国内の要衝の城普請を進めている事実である。鍋城の普請を自分でもって行っており、はた板二〇〇間余を用立てて会所の上葺を調えたり、また屏・隔子・番屋以下の建設を進めている事実は特筆される。

これらの事実から、堀立直正が、豊かな経済力を有していたこと、そしてまた材木を製材し、建築を行う職人や、それら物資を輸送する業者らを編成していた人物であったことは十分推測できる。

堀立直正は、太田川という大河の河口に本拠地をもち、河川や内海水運に関わって広く商業と運輸業を営みながら、武士的性格をもそなえ、大名権力の警固衆としても活動した中世の内海商人の典型的な事例であると言える(26)。

以上、「新出沼元家文書」の内容を踏まえて、沼元氏の活動の特徴を追い、その性格等について論述してきた。

沼元氏が福渡・神目・弓削地域を本領にする領主であったことはもちろんのことであるが、また福渡を基地にして旭川水運に積極的に関わっていた存在であったと考えられる。一連の城普請の事実から窺われる沼元氏の経済力の豊かさ、自ら所有する舟によったと思われる海民との交渉、大名宇喜多氏に編成されて戦国時代最末期における毛利氏との激烈な戦争を切り抜け、秀吉政権下における秀家の地位向上にともなって自らの固有の性格を機能させながら大きく発展していく様相などは、断片的にしか読みとれないが、堀立直正の場合と類似した面をもっている。

内陸部の領主であるから農業生産力のみを基盤にしていると考えるのは、いわば陸の視座からのものであると言ってよい。史料的には断片的であっても、大河に臨む地域の領主が積極的に河川水運に関与し、同水系や河口周辺の各地域に活動する諸階層・諸業種の人々と諸種の取引を行って河・海地域と農村部の交流・流通を進めていたと推測することは、そもそものような関係史料が残されにくいことに鑑みるならば、十分に可能であるし、むしろこのように再構成された歴史的世界の方が、実態としては全体像をとらえたものであり、正しいと考えられる。

沼元氏の活動や支配の分野は、兵・農・商ら多様な面に及んでおり、これは、天下人として統一政権を樹立した豊臣秀吉が検地や刀狩等の諸政策を布令し、政策的に兵農・兵商分離を実施していく以前における中世社会に典型的な兵農商未分離の領主の性格を体現したものであると言ってよい。

## おわりに

中世の瀬戸内海交通や流通についてはは研究成果もふえてきているが、河川水運に関しては史料上の制約が著しく全く乏しいのが現状である(27)。

いま「新出沼元家文書」からみた沼元氏の事例は、戦国時代末期における毛利氏と織田氏を基軸にした備作地域の争覇戦の様相について、毛利氏から織田氏側に転じた宇喜多直家の動向をその立場から初めて明らかにできる生々しい内容をもつ貴重なものである。

そしてそれは、ただ戦局の推移だけではなく、そのような激動する情勢のなかにおいて、宇喜多直家に属して重要な役割を果たした沼元新右衛門尉という人物の固有の特性を描き出し、そのなかに位置づけることができる貴重な事例でもある。

旭川中流の福渡を基地として旭川水運を担い、宇喜多直家に属して篠葺城将として在番も行った沼元新右衛門尉のような性格の領主は、旭川水系だけではなく、吉井川水系、あるいはまた高梁川水系(28)においても、同様に存在していたと考えられる。

山間部から内海に向けて、そして内海から山間部へと、陸路よりも多量に各地域の物資を運送し、距離的に離れた地域の人々の生活を交流させる河川水運の歴史的役割は、現代の交通・運輸のあり方から推測される以上に大きかったと言ってよい。

旭川と並ぶ備前の大河、吉井川の中世水運を担った人物については、史料上から特定していくことは難しい問題である。しかし、はじめににおいて述べたように、戦国時代の和気は、山陽道、吉井川交通・流通の要衝として経済的に繁栄していた町場であった。また、和気から幅広い滔々たる流れの吉井川を下ると熊山・万富・長船を経て著名な福岡市や西大寺市場に至る。したがって、これらの町場等を結ぶ吉井川水運を推定し、それを担い、それを自ら体現したような人物の存在を前提において考察してみることは可能であるし、またその方が当該時代の歴史的世界を再構成していく方法論としては適切であると思われる。

歴史学もまた科学として成立するためには史料的実証が欠かせないことは当然のことであるが、長い歴史の流れのなかを乗り切っていまにやっと残されている限られた史料、しかも当該時代のその地域の歴史的世界の一局面・一断面を示しているにすぎないような史料を見るにつけても、その地域の構造や歴史的性格、そしてまた大名らの地域権力の編成や発展過程、そしてその構造や固有の性格について、当該時代の実態に即して描き出そうと努める姿勢をもっていなくてはならない。

そのためには、地形・資源・産業・交通・生活等々を踏えた地域を見る視座が欠かせない。

本章の場合、それは大河——吉井川に視座をすえた考え方であり、それは、この流域の人々が、吉井川と取り結んだ諸関係、吉井川や吉井川水運等に関与してきた人々に何を与え、また何を得てきたか、その展開について歴史的に考えてみることである。

そしてまた、吉井川に営々として展開してきた河川交通・流通を踏えた大河からの視座とは、その水系の個々の郷村や個別の権力編成を越える論理をそなえている。
それは、現在の行政区画の枠内に限って当該時代の歴史状況を描こうとする方法を排除し、個別の地域をより広域的な視野でもって検討し、その地域を他地域、あるいは域外の諸権力等と取り結んだ関係のなかに位置づけ、その史的展開のなかにおいて解き明かしていく考え方でもある。

福渡を本拠にする沼元氏と宇喜多氏の結びつきも、河川交通・流通上の関係を媒介にして考えるとわかりやすいように思われる。それは、宇喜多氏の発展過程や構造、その固有の性格を解き明かしていく問題にも関係していく。すなわち、宇喜多氏が、本貫を児島とする三宅姓であること、その本拠城が能家代には砥石城(邑久郡邑久町豊原)、直家代の初期には乙子城といずれも吉井川河口に立地していること、一五世紀末ごろ以来吉井川下流域の西大寺市場等の商人らと緊密な関係を形成していたと考えられることなどは、従来からも指摘されてきたところである。宇喜多氏について論ずることは本章の目的ではないが、関係する諸史(資)料に基づいてその性格を論ずるならば、宇喜多氏は吉井川・旭川の下流域や、それと緊密な関係を取り結ぶ内海の水運に深く関与しながら発展し、各地域の国人領主や郷村の土豪・地侍らと同盟したり、また服属させ、あるいは討滅したりしながら支配領域を拡大し、のち戦国大名化した存在であると考えられるのである。[29]

河川交通・流通の視座からの研究は、地域や地域に生きた人々の営みをより大きく関係づけながら位置づけていくためには欠かせないことである。

(1) 岡山県地域の中世文書については、藤井駿・水野恭一郎編『岡山県古文書集』第一輯〜第四輯、そして昭和六十一年、六十三年と相ついで刊行された『岡山県史』家わけ史料、同編年史料によってほぼ通覧できる。
(2) 『岡山県古文書集』第三輯(一九五六年)に久米郡久米南町下弓削の沼元納氏所蔵にかかる七通の文書が「美作沼元家文

書」と称して収められているので、本章において紹介する文書は、それと区別するため「新出」と冠することにした。

(3)『吉井町史』第二巻(一九九一年)、一二〇〜一二五頁所引「南無阿弥陀仏作善集　紙背文書」。

(4)『大日本史料』六之四十一、五八・五九頁所引「南禅寺文書」。

(5)燈心文庫林屋辰三郎編『兵庫北関入船納帳』(一九八一年)、一九六・一九七頁。

(6)「乃美文書」五一(『新熊本市史』史料編第二巻〈一九九三年〉)。秋山伸隆「毛利氏による大仏殿材木供出をめぐって」(『芸備地方史研究』一四五〈一九八三年〉)二六頁。

(7)こうしたあり方は備作地域にとどまるものではない。守護赤松氏が、足利義満が造営を進める相国寺の材木として西播磨地域の木材資源を東寺領矢野荘の荘民を動員して伐採、河下ししている様相、その動員の論理と意義などについては、既に論述している(岸田裕之「室町幕府・守護と荘園」〈『講座日本荘園史』4、吉川弘文館、一九九九年〉)。

地形的特質が共通する地域においては、河川水運の役割が大きかったことに留意する必要がある。

(8)秋山伸隆「戦国大名毛利氏の流通支配の性格」(渡辺則文編『産業の発達と地域社会』〈渓水社、一九八二年〉。のち秋山『戦国大名毛利氏の研究』〈吉川弘文館、一九九八年〉の第三編第四章として収録)一九五〜一九七頁。

(9)(10)『岡山県古文書集』第一輯所収、「備前安養寺文書」四六、四五。

(11)湯屋・風呂屋という在所名から、温湯浴・蒸気浴による遊休等を目的にした沐浴施設が所在していたものと推察される。

(12)『萩藩閥閲録』九二〈山県〉—5。

(13)『広島県史　古代中世資料編Ｖ』所収、譜録〈福井十郎兵衛〉—七四。

(14)熊山町河田原には「船免」という地名が残っている(『改修赤磐郡誌　全』六〇頁)。

(15)別に一通の覚書がある。

覚

一甲　頭 (菱綴) おもめ七百五六拾目程之事、

一胴　皮ひしとぢ、四枚胴ぢやうつけ、ちやうつがひ、むな板弐段ほと、あがき、

但、板かず、みがき常のことく、おもめ弐貫弐三百目程之事、

已上

子ノ十月十七日

(16)「御家中系図」・「好問随筆」ともに岩国徴古館架蔵本。

(17)「原田文書」(『岡山県史　編年史料』二一六八)。初出は『熊本県史料』中世篇五、七五六・七五七頁。原田氏は、関ヶ原合戦後に肥後加藤清正に仕え、つづいて細川氏家臣となっている。

(18) 三卿伝編纂所編『毛利輝元卿伝』(マツノ書店、昭和五十七年)は、天神山城の落城を天正三年九月のこととしている(五四頁)。

これに対して、岡山県地域の関係史書などにおいては、旧来からの天正五年説が多い(軍記物にも諸説あるが、たとえば「天神山記」(『吉備群書集成』第参輯所収、大正十一年)は、それを天正五年八月十日のこととする)。

しかし、天正五年には、三月に宇喜多直家と備作衆の軍勢が播磨竜野表に攻め込み、毛利氏もそれを海陸から支援しているので、政治情勢としては考えにくい(三月十一日小早川隆景書状に「仍上口之儀、至雑賀(紀伊)表信長(織田)被相動候条、至播州宇喜多人数并備作衆悉指出、動被申付候」、三月二十三日小早川隆景書状に「仍宇喜多事、去廿日堺目打出、昨日廿二至播州立野表相動候、然者為後詰一勢可差出之由申越候条、乍御太儀頓御打上肝要候」——ともに湯浅将宗宛。『萩藩閥閲録』一〇四〈湯浅〉—39・45。また五月六日の冷泉元満宛小早川隆景書状に「其元頓御着岸、誠御辛労至候、龍野表麦薙之儀、過半宇喜多申付之由候条肝要候、此表之事、随一左右聊不可有油断候」、同一〇二〈冷泉〉—34)。

『毛利輝元卿伝』が天正三年九月とする根拠は、一つは九月十四日の吉見正頼宛毛利輝元書状であり(『萩藩閥閲録』六〈毛利伊勢〉—4)、また一つは十一月二十四日の吉川元春宛八木豊信書状である(『吉川家文書』九三)。

ただ、前者は、輝元が「少輔太郎」を称しており、時期的にやや遡るものであるので、この場合根拠としては採用できない。

後者は、全十一箇条の内容から天正三年の文書であることは確実である。この第六条の「一播州事、池田信濃守(輝政)宗景(浦上)江兵

粮少々被指籠、十月五日被打入候、信長在京付而屋形《山名》龍野御着、宗景三木《別所長治》其外為礼上洛候」に注目しているのであるが、この浦上宗景の播磨滞留、そして織田信長への御礼挨拶のため上洛という動きは、九月十二日の小寺藤兵衛宛織田信長印判状に「今度天神山落城事、無是非題目候、然間浦上宗景至其地、引退之由、先以可然候、就其居所相拵為可置之、差越荒木《村重》摂津守候、弥馳走専一候」とあること(「花房文書」『岡山県史　編年史料』二一八五。初出は、奥野高広『織田信長文書の研究』下巻、二二九・二三〇頁)と密接に関係するものであり、この直後の事態を示すものと考えられる。なお、小寺藤兵衛は政職のこと、この時期姫路のやや東の御着城に拠っていた。

かくてこの織田信長印判状は天正三年のものと判断される。天神山城の落城は、『毛利輝元卿伝』とはその根拠に異同はあるが、天正三年九月のことであったとしてよい。なお、長州藩は、史臣永田瀬兵衛政純をして、『閥閲録』をはじめ諸種の編纂を行っている。その一つに「新裁軍記」がある。これは、本文(文書の裏付けがあるもの)、論断(正誤を判断して事実を論証)、参考(参考史料)の三者から成っており、厳密な凡例に基づいて編修されている。序文には「世ニ毛利ノ軍記ト称スル者其数多シ、今其書共ヲ検スルニ、或ハ年月相違、或ハ人代不合、凡姓名称号合戦ノ事実十ニ五モ証拠ナシ、其内耳伝ノ正説モ有ヘケレト、多分ハ作者ノ心ニテ人ノ耳目ヲ悦シメ、世ニ行ハシメン為ニ不足ヲ補ヒ付会シ、闕漏ナキ様ニ杜撰セルナリ」と記し、底本とした軍記類を書き上げ、その性格について評している(広田暢久「長州藩編纂事業史(其の二)」『山口県文書館研究紀要』一〇、一九八三年)。

このなかで永田瀬兵衛が無用とし、あるいは異説として論評したものが、数百年を経た現在なお各種の歴史物や地域の通史書に引用され、なかには一級史料である文書類の裏付けをもった事柄と混用され、一般の読者をしてそれが史実であるかどうかほとんど見極めがたい状態に陥れていることは問題であると思われる。

毛利氏の戦国時代関係の文書群は、全国的にみて最高の質と量を誇るものであると言えるが、それにもかかわらず右のような問題がしばしば生じてくる。まして戦国大名や国衆が地域や中央の争覇戦の展開のなかで次々に滅亡していった備作地域においては、とくに良質の文書が少ないため、ついつい軍記類によろうとする傾向が生まれやすい。

戦国時代史に軍記類は欠かせないものかもしれないが、その性格に十分留意し、引用するにしても決して虚像を増幅させることのないよう、引用者の十分な吟味と方法上の配慮が必要であろう(岸田裕之「解説」〈岸田編『中国大名の研究』、吉川弘文館、一九八四年〉四八三頁)。

(19) 「原三」とは、前掲一号文書の註に示した天正二年三月十三日の宇喜多直家起請文の宛書にみえる原田三河守か原田三郎左衛門尉のことと思われる。

(20) 天正四年の大坂木津河口における織田氏水軍との合戦に勝利したことを書きあげた七月十五日の村上元吉外十四名連署注進状には、宇喜多氏水軍の将である富川平右衛門尉秀安も署判をすえている(『毛利家文書』三三八)。

(21) 「羽左近宗帋」の署判については、羽柴左近宗帋、すなわち立花宗帋(のち宗茂)のことと判断し、川添昭二氏にその確認をお願いしたところ、折り返し九州大学文学部国史学専攻昭和六十三年三月卒業の永野まどか氏の「立花宗茂発給文書の研究」と題する卒業論文の関係する部分(コピー)を副えて回報いただいた。

これは、まさに立花宗帋の署判であった。これまでに唯一通発見されている「小野文書」中の正月十一日の宗帋書状〈小野和泉守に宛て、名字〈立花〉を授けたもの〉の署判と合致したのである。

(22) 福岡県地方史研究連絡協議会編『大友・立花文書』は、文書目録である。柳川古文書館の中野等氏にお願いして、この吉川広家書状・加藤光泰書状については写真(コピー)、また前註(21)所引の「小野文書」中の宗帋書状については写真をそれぞれお送りいただいた。

(23) 『岡山県古文書集』第一輯所収、「美作豊楽寺文書」一八・二七・二六。

(24) 同右　第四輯所収、「美作誕生寺文書」三・四。

(25) 同右　第三輯所収、「美作沼元家文書」五。

(26) 堀立直正は、これらのほかにも、毛利氏の要請に応じて兵粮米を用立てたり、八朔の音信として米百俵を届けたり、元就の病気平癒を祈って長門二宮の忌宮神社において能を奉納したり、その豊かな経済力を示す事例は多い。

堀立直正については、第六章「大名領国下における赤間関支配と問丸役佐甲氏」。秋山伸隆「『堀立家証文写』について――戦国期内海商人堀立氏関係史料の紹介――」(広島大学文学部内海文化研究施設編『内海文化研究紀要』一六、一九八八年)。

(27) 中国山間地域を南北に越える陸路については、石見東部から出雲西部を領域とする国衆佐波氏の被官森氏が、出雲来島三日市を始めとして陰陽街道の諸要衝に拠点をかまえて商業・金融・交通・運輸等の重要な経済機能を掌握していた存在であったこと、そのため毛利氏の出雲国侵攻並びに同国支配にあたってその固有の性格を重視され、重用されたこと等について、既に論述している(第四章「国人領主の財政と流通支配――戦国時代の雲芸攻防における山間地域領主層の性格――」)。

(28) 高梁川河口の倉敷の地名は、上流地域からの物資の集積地であったという歴史的経緯に由来する(毛利氏もこの織田氏との戦争中には「蔵敷」と呼称している。たとえば、四月十二日に小早川隆景は井原元尚に宛て、「就蔵敷御在番之儀中入候処、今日御出之由尤肝要候」と申し述べている―『萩藩閥閲録』四〇〈井原〉―29)。

(29) 砥石城の北前方には、長沼川(千町川)が西流して吉井川に合流しており、いわゆる千町平野が広がっている。一の郭からは西大寺を望むことができる。また、乙子城は現在の吉井川の河口に位置し、児島は眼前である。

この地域の沃野は干拓地にみられる低湿地帯であり、いまなお水害で水没することもある。したがって、中世におけるこの地域の農業生産力の高さが、この地域を本拠地にする宇喜多氏成長の基盤と考えるよりも、むしろ吉井川という大河の河口と、当時なお島であった児島との海峡を制するという、その地理的条件を有利に利用して早くから河川水運と内海水運に関与し、それを基盤にして成長した存在であると考えた方が実態に合っていると思われる。大河の河口が上流からの諸物資の集積地として、また内海水運の拠点港町として経済的に繁栄していた事例は少なくない。宇喜多直家の岡山築城もそのような機能の掌握を企図したものである。

なお、軍記物には、宇喜多能家の没後、嫡子興家が幼い子息八郎直家を連れて備後国鞆に隠れ、つづいて福岡市の富家阿部善定という縁者に養われたとある(「備前軍記」。「宇喜多戦記」は、西大寺つづいて福岡とする〈ともに『吉備群書集成』第参輯〉)。史料としての信頼度にやや問題があるが、これは、おそらく宇喜多氏が日常的に内海水運や吉井川水運に積極的に関与するなかにおいて取り結んだ関係があって、作られた話であろう。

そしてまた、戦国大名化した宇喜多直家の家臣には、明石飛驒守のように浦上宗景の旧臣であった者もいる。明石氏が拠る保木城は、現在の赤磐郡瀬戸町万富の吉井川が城の東南麓を洗う位置にある。明石氏が吉井川水運に関わるとともにそれを掌握することを企図して構えたものであることは、十分に推測できる。既に第一節の冒頭の系図に示しているが、この明石飛驒守の娘が沼元新右衛門尉の室となっていることも興味深い。

また、宇喜多直家が織田氏に服属して毛利氏との戦争が激化した時期に、宇喜多氏支配下の児島の八浜の有徳船が九州へ戦時物資の購入のために下っている(『萩藩閥閲録』一三五〈高井〉—30。なお、第一章「中世後期の地方経済と都市」五二～五四頁)。

大河の要衝に位置する市場・町場、それらの間を取り結ぶ河川交通や流通などが同一水系の領主や商人層を相互に結び付ける重要な役割を果たしたこと、そして早くから河口や児島などの内海地域に基盤を有していた宇喜多氏が異なる水系の領主や商人層との間に緊密な関係を形成していたことは十分に推測できる。

宇喜多直家がその地域公権力化のなかにおいて領国経済の中心として岡山築城を進めたことは、宇喜多氏が複数の河川水系の領主や商人層の統合者としての性格を有していたことをも示すものである。

なお、宇喜多氏は、その本拠とした地域の特性ゆえに低湿地帯に対する大規模な干拓技術を保持していたと思われる(たとえば沼城の築城、いわゆる宇喜多堤の築堤による新田開発など)。この種の技術が宇喜多氏の発展に果たした機能についても十分留意しておかなければならない。

(補記)

宇喜多直家による備作地域制覇の過程を河川水運の視座からどのように説明できるか、述べてみたい。

美作国内における吉井川水運の要衝は、美作倉敷(美作町)である。尼子氏の美作国支配下において、尼子氏と結び、倉敷の周辺の中小の領主層を編成したのは江見氏であった。(1) 江見氏は倉敷城に拠るが、尼子氏の滅亡とともに落城して、その権益を喪失する。これより早く、倉敷城の対岸の三星城に拠った塩湯郷地頭の系譜を引く後藤氏は、尼子氏から離反し、江見氏と戦っており、その国衆としての地位を確保する。

後藤氏のような存在としては、他に中流域の天神山城（和気町・佐伯町）の浦上宗景、河口の砥石城の宇喜多氏、旭川水系では、上流域の高田城（勝山町）の三浦氏、中流域の金川城（御津町）の松田氏、下流域の龍の口城（岡山市）の税所氏らがあげられる。また、高梁川水系では、中流域の松山城（高梁市）の三村氏が代表的存在である。

彼らに共通して注目されることは、その城郭が大河に臨み、その麓を大河に洗われているという環境である。この状況は、彼ら国衆が河川の交通・流通に関与していたいわば河川領主の性格を有していたことを示している。

これに関連して重要なことは、当該時代にはよくみられることであるが、彼ら国衆同士が婚姻関係を結んで盟約していた事実である。たとえば、宇喜多氏と松田氏、備前の公権力としての地位にあった浦上政宗と松田氏、そして浦上政宗と税所氏などである。

戦国時代の中頃の備作地域の支配秩序は、こうした婚姻関係に基づいた国衆の連合によって保持されていた。彼ら国衆が拠る城郭は、相互にほぼ等間隔を保っているが、これは、それぞれ周辺の中小の領主層を編成し、地域の盟主となっていた国衆が、大河の交通・流通権益を共有して共存していた証と考えられる。

こうした支配秩序に大きな変化が起こったのは、守護領化していた鳥取荘を領有していた浦上政宗が、税所氏、松田氏、宇喜多氏らと盟約し、天神山城に拠る弟浦上宗景と対立しながら、本国播磨国内の緊迫した政治情勢から播磨に撤退したため、そのあとの鳥取荘に宇喜多氏が進出し、従来の政治的均衡が大きく崩れたからである(2)。

宇喜多直家は、生産力が高く、吉井川沿いと旭川沿いを結ぶ交通の要路でもある鳥取荘をおさえると、鳥取荘内を南北に流れる砂川下流の山陽道と交叉する位置に沼城を築き、他の国衆に対して軍事的に優位に立った。

こうして勢力を伸張した宇喜多直家は、永禄年中に旭川水系の税所氏、松田氏を討滅し、天正元年（一五七三）には河口の岡山に築城する。この事実は、宇喜多直家が旭川水運を掌握したことを示しており、それまでの旭川水運が水系の国衆らの共有であったのに対し、宇喜多直家がその権益を集中・独占しようとはかったことを意味する。

こうして備前国の南部地域から西部地域に勢力を広げた宇喜多直家は、かねてより敵対していた同東部地域をおさえる天神山城の浦上宗景と対決する。天正三年九月に天神山城は落城し、浦上宗景は播磨国に遁れる。宇喜多直家は、その勢いで美作国に侵攻し、三星城の後藤勝基を討滅した。この事実もまた、旭川水系の場合と同様、吉井川水運の秩序と権益が国衆らの共有から宇喜多氏の集中・独占へ進んだことを意味している。

宇喜多直家は、天正三年には浦上宗景、後藤勝基につづいて高田城の三浦貞広をも討滅しているが、こうした備作地域の制覇には、その背後に尼子氏討滅後に美作国支配者となった安芸国の毛利元就(3)と盟約し、その援助を受けたことが大きく役立った。浦上宗景や三浦貞広らは、毛利氏領国の拡大、その侵攻を脅威とし、同様の立場にあった北部九州の大友氏と盟約していたからである。

しかし、宇喜多直家は、天正七年九月になって毛利氏から離れ、畿内に政権を樹立していた織田信長方に転じる。戦国時代も最末期になって宇喜多直家は、複数の大河の流域の国衆領を奪取して自らの領国を形成し、備作地域の統合者としての地位を獲得したのである。

以上、その経緯について概略述べたが、大河が貫流する備作地域の戦国時代史は、まさに吉井川や旭川などの各水系の国衆らの河川交通・流通に関わる秩序と権益の共有、そして共存から、それをめぐる対立と争奪の所産として描くことができる。勝者となった宇喜多直家は、各地に直臣を配置して敗者となった国衆が有していた地域の盟主としての機能を掌握し、広域支配を進めるが、それは、流通経済の広域化の流れに対応した政治権力の広域化とみてよい。

この結果は、備作地域の地形的特質である大河の存在に着目して、地域権力の基盤と展開をその交通・流通という、いわば河川水運の視座から導き出したものである。

なお、宇喜多直家が国衆の悉くを滅亡に追い込んでいることをどのように考えるかという問題が残っている。それは、備作地域においては、国衆が河川の諸権益に根深く関与しており、そうした権益のみ切り離して奪取することが現実には困難であったことを物語っているのではなかろうか。

宇喜多直家は、その商人的領主という出自からしても経済感覚は鋭い人物であったと思われるが、当該時代の世界的規模で展開する国際性豊かな貿易の成果にふれるとき、それに連動する地域の流通経済の広域化に対応した地域権力の統合を押し進めることは当然の方向であった。こうして時期的には織田信長と毛利輝元の攻防戦が本格化する戦国時代も最末期になって、その境目である備作地域においても、宇喜多氏領国という戦国大名の地域国家が成立したのである。

（1）　長谷川博史「尼子氏の美作国支配と国内領主層の動向」（岸田裕之・長谷川博史『岡山県地域の戦国時代史研究』〈『広島大学文学部紀要』五五巻特輯号二、一九九五年〉。のち、長谷川『戦国大名尼子氏の研究』〈吉川弘文館、二〇〇〇年〉の第一編第四章として収録）。

（2）　岸田裕之「浦上政宗支配下の備前国衆と鳥取荘の遠藤氏」（前註（1）所引『岡山県地域の戦国時代史研究』）。

（3）　尼子氏討滅後の出雲国支配や日本海水運の掌握が元就の直臣によって行われたことは既に述べているが、美作国支配も同様である。たとえば、永禄十二年四月三日に毛利元就は美作国一宮社家中に宛て、「一宮御祭祀修造等之事、以前々旨、堅固可申付候」と命じているが、この判物には、同年月日の大庭賢兼・井上就重・平佐就言連署書状が副えられている（『岡山県古文書集』第三輯所収、「美作中山神社文書」四・五）。

# 第九章　戦国時代の神戸川沿い

## はじめに

戦国時代における河川水運や水系沿いの交通・流通は、その諸様相が具体化しにくい面はあるが、活発に行われていたと考えてよい。

出雲国には、斐伊川のように奥出雲の各地に水源を有して滔々と水をたたえ、林木(現在の出雲市東林木・西林木)を分流点として宍道湖・日本海に両流していた海と山間地域を結び付けた大河がある。

林木は、河川水運と日本海・中海水運の接点という要衝であったが、ここに杵築の御師・室経営者であって相物親方職を有する商人司の坪内氏が尼子氏から直轄領の内を給与されていたこと、坪内氏は山間地域からの鉄輸送に関与していたことなど、既に明らかにしている。(1)

また、神戸《かんど》川沿いについても、永禄五年(一五六二)六月十日に佐波興連が石橋新左衛門尉を毛利氏の了解を得て「雲州商人司」と「塩冶朝山司」に任じていること、石橋氏の給所としては吉野・一窪田(ともに現在の佐田町)などが見られることなど、既に述べたことがある。(2)

本章は、この石橋氏が神戸川沿いの交通・流通に関与し、積極的に朝山・塩冶方面に出て活動していたことを踏まえて、戦国時代における神戸川沿いの諸様相とその交通路としての役割について少し述べてみたい。

## 一　須佐の高矢倉城

元亀元年(一五七〇)の六月二十二日に毛利輝元は熊谷広実に宛て、「去年当国動乱砌、至須佐頓被罷出、堅固被抱抜候、誠粉骨之至、本望至極候」と申し伝えている。この文書は、尼子勝久軍が出雲国を席捲した永禄十二年(一五六九)、熊谷広実が須佐において尼子氏側軍勢と戦い、防ぎ抜いたことを褒賞したものである。

熊谷広実は、信直の三男であったが、毛利元就の「近習」として出仕し、「御近習頭」に取り立てられた人物である。そして、「雲州飯石郡須佐高矢倉之城主本城越中守御打果被成、永禄五年霜月廿五日須佐高矢倉之城督被仰付、須佐ニて領知五百貫、乙立ニ而三拾五貫、古志ニ而百貫拝領仕、被差籠候」とあるように、本城常光を討滅したあと高矢倉城城督を命じられ、須佐のほか、乙立・古志(ともに出雲市、神戸川沿い)においても給地を与えられたのである。なお、この記事は、同年月日付の毛利元就・隆元連署下知状の内容をそのまま引用したものである(3)。

熊谷広実は、尼子氏側が劣勢に陥り、富田月山城に籠城するころから、神戸川沿いの守備を担わされていたものと考えられる。

ところで、毛利氏は、享禄二年(一五二九)に大内氏や芸備国衆の協力を得て高橋氏を討滅し、芸石雲備四カ国にまたがる広大な旧高橋氏領を支配下に収め、山陰側については口羽に一門の志道(口羽)通良を入れて都賀などを含むこの一帯を支配させていたが(4)、口羽・都賀から当時の出雲の政治・経済・宗教等々の中心的位置を有した杵築へのルートとしては、赤穴来島三日市からはこの神戸川沿いに下るのが最短距離であったと思われる。

永禄十二年に尼子勝久軍が須佐の高矢倉城の奪取をねらったのも、この峡谷を確保することによって、西や南からの毛利軍の進撃を遮断できるという方策を前提にしたものであり、その意味においては、主要な交通路であったがゆえに軍事上に占める役割も重要であったと言える。

## 二　須佐大明神の棟札の翻刻紹介

この須佐に鎮座する由緒深い須佐大明神に関すると思われる新出の四点の棟札写[5]について、次に翻刻紹介したい。

これら四点の棟札は、それぞれ造営対象が鳥居、大明神宮、御拝殿・御供所、八重垣大明神と異なるが、尼子氏から毛利氏への支配公権力の交代にもかかわらず、神主は雲兼家であること、また同じく大工が神門氏、鍛冶が板垣藤兵衛であることなどから、須佐大明神の棟札であると判断してよいであろう。

また、熊谷元実は前述した広実の嫡子であり、父広実の高矢倉城城督・須佐郷等の給分を受け継いでいたものと考えられる。[6]

毛利氏の侵攻まで高矢倉城には、高橋(本城)常光が拠っていたことは既に指摘しているが、棟札からも天文年間の須佐が高橋常光の領有下にあったことが知られる。

高橋常光らは、享禄二年の高橋氏滅亡によって邑智郡出羽《いずわ》の本城を撤退してのち神戸川沿いに下り、須佐に拠っていたものと考えられる。

天文二十四年の大明神宮の造営において尼子晴久・義久父子が高橋常光とともに大檀那として関わっていることは、尼子氏が由緒深い須佐大明神に対して国の支配者として臨んだものと思われる。[7]

なお、その造営にあたった大工神門次郎左衛門尉国清については、次掲のような文書[8]がある。

奉造立雲州内湏佐郷十三箇所大明神鳥居事
常光武運長久郷内安全国家豊楽諸人快楽田園満作
子孫繁昌上下和睦万安千幸神慮擁護之攸如件
天文十三年甲辰初冬十三日大檀那大宅朝臣常光壬午豊智
大工藤原長野和泉守秀平
鍛冶　板垣藤兵衛

奉新造立十三所大明神宮大檀那　源朝臣佐々木修理大夫晴久
同御息三郎四郎庚子御歳
天文弐十四年乙卯十一月廿六日
神主雲太郎兼家
大宅朝臣高橋越中守常光
奉行勝部朝臣西谷右京進昌忠
本願大峯第十六度　大僧都花蔵坊
小工　藤左衛門
大工神門次郎左衛門尉国清
鍛冶　藤兵衛
生国四国土州住人

一切日皆善一切宿皆賢諸仏皆威徳
奉再興御拝殿並御供所成就之収　大檀那平朝臣
羅漢皆行満以斯誠実言願我成吉祥
神主雲太郎兼家
両奉行熊谷兵部丞直房
桐原内蔵助実久　大工神門弥四郎久清
松寿丸
本願宗諄敬白　鍛冶　藤右兵衛
天正二未丁甲戌　九月十七日

一切日皆善一切宿皆賢諸仏皆威徳羅漢皆行満以斯実言願我試吉祥　番匠大工神門次郎兵衛
六郎左衛門
奉再興八重垣大明神宝前之叓　熊谷元実　代官熊谷直房
桐原実久
鍛冶大工板垣藤兵衛
右之意趣者天下太平諸家安穏殊者雠心大旦那武運長久
山田十兵衛
殊者郷内豊饒如意吉祥如件　天正拾二年神有月廿九日神主謹言大願
竹下勘兵衛

表1　須佐大明神の棟札にみえる人物名表

| | 大檀那 | 神　主 | 奉　行（代官） | 本　願 | 大　工 | 小　工 | 鍛　冶 |
|---|---|---|---|---|---|---|---|
| (1544) 天文13年10月13日 須佐郷十三箇所 大明神鳥居 | (本城) 高橋常光 | | | | 長野秀平 | | 板垣藤兵衛 |
| (1555) 天文24年11月26日 十三所大明神宮 | 尼子晴久 同 義久 高橋常光 | 雲太郎兼家 | 西谷昌忠 | 花蔵坊 | 神門国清 | 藤左衛門 | 藤兵衛 |
| (1574) 天正2年9月17日 御拝殿 御供所 | 熊谷元実 | 雲太郎兼家 | 熊谷直房 桐原実久 | 宗諄 | 神門久清 | | 藤右兵衛 |
| (1584) 天正12年10月29日 八重垣大明神 | 熊谷元実 | | 熊谷直房 桐原実久 | | (番匠大工) 神門次郎兵衛 六郎左衛門 | | (鍛冶大工) 板垣藤兵衛 山田十兵衛 竹下勘兵衛 |

**尼子国久書状**

塩冶之内大工給室之事、従先代為給地持来間、弥々無相違可申付者也、恐々謹言、

天文十三
十一月十三日　　　　　(尼子)国久判

神門次郎左衛門殿

この文書は、当時塩冶郷を領有下に収めていた尼子国久が神門次郎左衛門に宛て、塩冶郷内の大工給室について従来どおり安堵したものである。神門国清は、尼子国久の偏諱を与えられており、神門氏惣領と思われるが、彼が本拠である塩冶から神戸川沿いをやや上った須佐大明神の造営を担っていることは注目される。

## 三　塩冶衆の高橋氏救援

それでは、新出の須佐大明神の棟札を翻刻紹介しながら述べたことが、戦国時代における神戸川沿いの交通路としての役割を考えるにあたって、どのように関わるか検討したい。

実は、享禄二年に高橋氏が討滅された時、塩冶衆が高橋氏の救援に馳参したことが確かめられる(9)。

其後高橋大九郎、阿須那藤根楯籠候而、既塩冶衆可引出之由、催ニ候処、以此方武略、是又仕果候、

享禄二年のことであるから、この「塩冶衆」とは、塩冶氏の家督を継いでいた尼子興久麾下の軍勢のことを指している。なお、興久が尼子氏に叛いて討滅されたあと、この地域を領有したのが兄の国久である。

塩冶衆がどのルートを通って高橋氏の救援に馳参したのか、その足跡を辿ることはむずかしいが、こののち出羽の本城に拠っていた高橋常光が須佐を領有していること、常光討滅のあと須佐高矢倉城城督を命じられた熊谷広実が須佐・乙立・古志と神戸川沿いに給地を与えられていること、また、塩冶郷を本拠とする大工神門氏が須佐大明神を造営していること、そして既に明らかにしている石橋氏が塩冶朝山司に任じられて入部していること等々から、塩冶から神戸川沿いに須佐、そしてさらに上流へと上るルートは、海辺部と山間地域を取り結ぶ重要な交通路として機能していたと考えてよいであろう。

## おわりに

毛利氏は永禄年間の出雲侵攻にあたって、口羽通良領有下の都賀から赤穴を通り、神戸川沿いは石橋氏、頓原から出雲路沿いは森氏と、ともに佐波氏家臣を掌握して彼らが保持していた固有の機能である交通・運輸等を担わせていた[10]。

このように神戸川沿いが重要な交通路としての役割を果たしえた背景には、塩冶・古志・朝山・須佐・一窪田・吉野と水系を上って来島三日市に至るルートを日常的に往還する人的・物的な結びつきの史的展開があったことに注目

しなければならない。

かつて下橋波の石橋家に所蔵文書の調査に訪れたことがあるが、その際通り抜けた峡谷沿いの道筋にも、右のように考えるならば、戦国時代の諸階層・諸業種の人々の足音を聞き取ることは可能であると思われる。

(1) 第七章「大名領国下における杵築相物親方坪内氏の性格と動向」。
(2) 第四章「国人領主の財政と流通支配――戦国時代の雲芸攻防における山間地域領主層の性格――」。
(3) 『萩藩閥閲録』四二〈熊谷〉―6・系譜・4。
(4) 高橋氏については、岸田裕之『大名領国の構成的展開』(吉川弘文館、一九八三年)第三編第六章「芸石国人領主連合の展開」の第二節「高橋氏と芸石国人領主連合」に詳述した。なお、『広島県史 中世』(一九八四年)のⅣの二に「高橋氏」と題して簡潔にまとめた。
(5) 『芸雲石古城図』所収。山口県文書館架蔵。
(6) 前註(3)所引系譜。広実は元亀元年(一五七〇)に三三歳で死没している。また、元実は慶安四年(一六五一)に八四歳で死没しているので、父広実の死没時は幼少であった。
毛利氏『八箇国御時代分限帳』によれば、熊谷元実は神門郡内において四四六石余を与えられている(ほかに周防玖珂郡内一一〇石余、安芸佐西郡内二〇〇石余)。

なお、付記しておきたいことは、極月十六日に吉川元春が熊谷信直に宛て、「須佐之郷段別之儀ニ付而、条々以一書蒙仰之通、具令承知候、就夫対御使者重々申達候、不被及菟角、五拾貫之辻堅固ニ可被仰付候、其余之儀を者、一円須佐大宮御造営前之儀候条、可被閣之旨、可申理候」と申し述べていることである(同5)。

吉川元春は熊谷信直に宛て、須佐郷に賦課した段別銭について、信直が免除を申請したのに対し、須佐大宮の造営を理由として五〇貫のほかは免除しているのである。

このことは、須佐大明神の造営が年少の領主熊谷元実の祖父信直の支援を得て進められたものであったことを示している。

(7)　五月一日に尼子晴久は本城兵部大輔に宛て、「須佐大明神江刀并神馬社入候処、従神主所樽到来、祝着候、此旨可被仰遣候」と申し述べている(「須佐家文書」。島根県立図書館架蔵影写本)。これをうけて本城兵部大輔は、この尼子晴久書状を須佐大明神に渡付することによって、その意を伝えたのである。

(8)　「神門要太郎所蔵文書」。島根県立図書館架蔵謄写本。
なお、関係する毛利輝元書状をあげておく。

雲州神門郡塩冶之郷内杵築大工給之事、任親次郎左衛門尉手続遣置候、全相抱、大社修造等不可有緩怠者也、仍一行如件、

天正九年三月三日　　輝元判

神門新三郎殿

(9)　『毛利家文書』二五一。

(10)　第四章「国人領主の財政と流通支配——戦国時代の雲芸攻防における山間地域領主層の性格——」。

# 第一〇章　海の大名能島村上氏の海上支配権の構造

——海に生きる人々の視座から——

## はじめに

〝海からみると歴史はどうなるか〟。

本章では、このような視座から、能島《のしま》(現在の愛媛県宮窪町)を本城にした能島村上氏を素材にしてその諸活動を分析し、それを通してその構造を明らかにし、海に生きる人々は陸に生きる人々をどのようにみていたか、また両者はどのような関係を取り結んでいたか等々、中世の海上勢力の固有の視座と構造を考えてみたい。

能島村上氏は、豊臣秀吉の「海賊」停止の布令後、急速に毛利氏の家臣化し、江戸時代には長州藩士として続いた。そのため相伝の文書類はほぼまとめて保存され、現在は山口県文書館に架蔵されている。そのなかには、既に長州藩の編纂事業において『閥閲録』や『譜録』などに収められ、周知の文書も多いが、全く未紹介の新出文書も存在する。そのうち、一九八三年に刊行された『愛媛県史　資料編古代・中世』において、天正十三年(一五八五)までの同県域関係の史料と判断された文書については収載されている。また、一九九四年に刊行された『宮窪町誌』には、それ以降文禄・慶長期の文書も収載されている。しかし、山陽道側や九州などの他地域に関する新出文書については、未だ残されているものもある。収載分にも、まま誤読がある。

戦国時代に広い海を基盤にして活動した能島村上氏については、その歴史的世界をその視座から分析していくことが重要であり、そのためには「村上家文書」を一つのまとまりのある家わけ文書として総合的に分析し、それぞれを当該時期の歴史的世界の各局面に的確に位置づけながら再構成していくことが欠かせない。

本章における考察の対象時期は、天正十三年初めの毛利輝元と羽柴秀吉の領界画定頃までとしたい(1)。秀吉は天正十三年七月に関白となるが、この前後は、戦国大名が自らの領国を「国家」と称して覇権を争った時期から、秀吉が自らの「天下」のもとにこれら戦国大名の各「国家」を統合し、その主権を奪取また制限し、統一政権を樹立していった時期にあたる。

そのことは、毛利氏関係の文書の用語についてみても明らかである。

天正十三年に毛利氏は秀吉の長曾我部氏攻めに協力して伊予に渡海する。それは、「惣国」・「惣並」の動員であった(2)。この時期、六月までは「羽筑」・「筑州」(羽柴筑前守秀吉(3))からの依頼としながらも、既にそれより早い五月二十三日の小早川隆景書状においては「誠国家一大事之儀候」という論理で二階藤左衛門尉からの舟の借用を強制しているのである(4)。

その後秀吉は、「海賊」の停止を布令し、能島村上氏と正面切って対決し、布令後もなお止まない能島村上氏の「海賊」行為をたびたび糾弾し、その成敗を命じている。

このように能島村上氏が天下人となった秀吉の政策遂行の過程において旧来の権益を否定され、全面的に衝突したことは、地域主権の戦国時代に能島村上氏が固有性・独自性を保持した集団であったことの反映でもある。

問題は、なぜ天下人となった秀吉と能島村上氏が正面切って対決する事態が起こったのか、というところにある。この問題を構造的に解明するためには、まず戦国時代における能島村上氏の活動と構造を究明し、次に能島村上氏にとって秀吉の「海賊」停止令は何であったか、またどのような歴史的経緯を辿っているか、考えてみなければならない。

要するに、能島村上氏研究の課題は、一に「海賊」と呼称される能島村上氏はどのような構造を有していたか、二に秀吉の「海賊」停止令とその実施によってなぜ能島村上氏は「海賊」として立ち行かなくなったか、の二点である。一は本章、二については次章において述べている。

従来、能島村上氏の海上支配権の構造と実態を総合的に明らかにし、そのうえで秀吉の統一政権による「海賊」停止の布令とその実施の過程を具体的に論じたものはない。(5)

## 一　陸の諸大名との友好関係

能島村上氏の本拠である能島が位置する芸予叢島は、瀬戸内海の東西・南北関係のなかにおいてほぼ真中辺に所在する要所である。

南北朝時代中頃に「中国」という地域呼称が表われて以降、守護大名、戦国大名領国の形成と展開のなかにおいて、防長両国の大内氏は、九州北部を領国に加え、大陸との貿易に基づく経済力を基盤にして独自性を保持し、ほぼ石見・安芸・芸予叢島・伊予東部辺を境目として幕府・細川氏と相拮抗する。

このような状況のなかで石見や安芸の国衆たちは、細川氏や大内氏の動向を注視し、常に緊張関係にあり、複雑な服背と合従連衡をくり返し、ときに激しい合戦をおこなった。そして婚姻関係を基盤にして相互協力の盟約と紛争処理の基準になる取り決めを作り上げ、戦国時代にかけてその保障秩序を強化していった。(6)

問題は、このような政治権力の配置に基づく歴史的環境、また地域的特質が、能島村上氏にとってどのような意味を有していたか、である。

簡単に言えば、それは、能島村上氏が両勢力から個別に特定の権益をもって協力を要請される状況を生成したのであり、それらの要請にどのように対応するかについては、能島村上氏として主体的に判断できる条件が整っていたこと、さらに言えば両勢力に対して主体的に自らの力を高める方向で対応できたであろうということである。

次に、「海賊」とはどのようなことをしていた存在であるか、について確認しておきたい。

瀬戸内海地域は、東アジア世界の流通経済構造と密接に連動していた日本列島の流通の幹線であった。このような広域的な流通に寄生したのが能島村上氏である。次に事例をあげて「海賊」がしていたことを確認したい。

ア　五月二十一日に大内義隆は堺の紅屋に宛て、村上善靍丸が紅屋の日向・薩摩唐荷役について「厳島其外於津々浦々荷物点検」することを停止し、「唐荷駄別役銭」は「於堺津」て「如旧例」く徴収するよう下知したことを述べ、紅屋の「無煩往返之覚悟肝要」と命じている。(7)

イ　大内義隆は能島村上氏一族の村上隆重に対して、堺の浜から薩摩へ往返する京・堺の諸商人から「駄別料」を「於芸州厳島」て徴収することを許していたが、四月二十日に大内義長(陶晴賢)はこれを停止している。(8)

この二つの事例に明らかなように、京・堺商人は、琉球国から南九州に入った外国産品を仕入れ、(9)豊後水道を経て豊予海峡を通過し、厳島に寄り、瀬戸内海を畿内に輸送していたが、その積荷に賦課される「駄別役銭」・「駄別料」と称するものが、「海賊」能島村上氏の基本的な存立基盤であった。これは、上乗りして水先案内と警固を行い、それら商船の通航の安全を保障する代償としての通行料であった。

このような関係は、当然のことであるが、能島村上氏の海上支配権を前提にして成り立っていた。「海賊」は、中世の海の秩序を維持する集団を象徴する呼称であって、けっして蔑称ではない。(10)

能島村上氏の海上支配権の構造を解明するためにこの二つの事例でいま注目しておきたいことは、能島村上氏は、商船の積荷をどこの港津でも点検し、それに応じて通行料を課徴したのではなく、「於堺津」とか「於厳島」と明記されているように、それを行いうる港津がそれぞれの場合について特定されていたという事実である。

それでは、能島村上氏について従来の研究はどのように取り扱ってきたか、これからはどのような視点で取り組んでいくべきか、考えてみたい。

まず、現在のところ構造的な研究は見あたらないと言ってよい。従来は、瀬戸内海の大中小の「海賊」ともに陸の大名の「水軍」として編成されていったとする考え方が一般的であり、それは能島村上氏についても最終的には同様であったと言ってよい。

確かにこのような考え方を可能にする事実もあった。よく三島村上氏と称されるが、地域大名の領国支配が展開するなかで、因島村上氏は備後守護山名氏から日明貿易船の警固を命じられ、多島地頭職を給与されている。のち大内氏、そして毛利氏に属す。(11) 来島《くるしま》村上氏は伊予河野氏と緊密な関係を保持しながら活動している。能島村上氏は、天正年間における毛利氏と織田氏の激烈な戦争中に毛利氏水軍、備前の宇喜多氏水軍、因島村上氏らと結束して大坂の石山本願寺へ兵粮を搬入したり、毛利氏の瀬戸内海における経済封鎖に加勢するなど、毛利氏側の水軍として大きな役割を果たしている。(12)

しかし、能島村上氏は構造的にみてきわめて固有性・独自性が強い存在であった。毛利氏との関係は基本的には軍事同盟であった。海上支配権という存立基盤を有する能島村上氏が、特定の大名の水軍として編成されるというあり方は、その構造を的確に解明するための視点として有効であるとは思えないのである。

たとえば、永禄六年(一五六三)の三月二十二日に将軍足利義輝は村上掃部助に宛て、毛利氏と尼子氏の戦争について「令和睦之様、通宣(河野)馳走可為簡要旨、遣内書慈照寺下国候、得其意、対毛利可申越事、可為神妙候」と命じている。(13) この時期の能島村上氏の家格と実力を物語るものであろう。

また、たとえば毛利元就は兼重元宣に宛て、「能島之事是非此時馳走させ度事にて候、(中略)前々之約束之所帯なとちと〳〵遣候ハてハ能島馳走すへからす候条、此段之申事ニて候」[14]、下って毛利輝元は二宮就辰に宛て、「只今児三右《児玉元良》罷越候、其趣者、能島之儀ちと又相替さうニ聞へ候、それと申ハ、自此方心付うすく候故、元吉《村上》と家中之者とも腹立之由候、然間、所帯之儀不及申、一礼之儀共あり〳〵と仕候ハてハと、つね〳〵事々敷被申越候」[15]と申し述べている。

このような毛利氏の言動は、従来の考え方からすれば、毛利氏と能島村上氏の不安定な関係を示すものとされ、能島村上氏に軍事的に協力させるためにはより多くの所領を与えなければならなかったと理解されるであろう[16]。

しかし、このような言動からは、毛利氏に対する能島村上氏の主体性は、毛利氏とのどのような関係に基づくものであり、またその固有の海上支配の構造や視座に基づいていたか、という見解も可能である。そしてこの見解の方が、より豊かな歴史像に行き着くように思われる。

毛利氏は陸の大名であり、それに対して能島村上氏は、海に生き、海上支配権を存立基盤にし、それによって権力編成を行っているいわば海の大名であった。

陸に基本的な基盤を有するか、海に有するか、その性格の差異に留意するならば、能島村上氏が戦国大名毛利氏の水軍としてどのように編成されていったかという観点から、その達成度をはかるという方法は、陸の大名の権力編成という視座から発した論理に基づくものであって、それをもって海の大名の構造や性格を解明していく視座や論理として用いることができないのは当然である。

能島村上氏の存立基盤は海にあるのであり、その固有の構造や性格の解明は、海に生きる存在として描くことに始まる。そして、陸の大名との関係について検討するには、海に生きる人々が海から陸を視るという姿勢をもつことが不可欠である。

次に、能島村上氏のおおよその動向を知るために四点の事例をあげる。

ウ　北部九州における毛利氏と大友氏の戦争中の永禄十一年十月には、村上武吉は、上関に在番し、毛利氏方として警固の任にあった。また同十一月には、備前国児島の元太城に武吉の家臣島越前守が在番し、阿波衆の攻撃を退け、毛利元就・輝元、小早川隆景から褒賞されている。

しかし、村上武吉は、西日本地域において毛利氏の侵攻を共通の脅威とし、備前国の浦上宗景、豊後国府内にあって防長両国の回復をねらう大内輝弘らと盟約して行動する大友宗麟にも気遣いしていたように思われる。この永禄十二年十月に起こった大内輝弘の山口侵攻は、事前に若林氏らの大友氏水軍を動員し、秋穂浦への上陸準備をしてから決行されているが、村上武吉がそれを毛利氏方として阻止した形跡はない[17]。

エ　ウと関係すると思われるが、永禄十三年＝元亀元年（一五七〇）九月に村上武吉は毛利元就・同輝元に宛て同盟を再確認した起請文を提出し、また毛利氏も村上武吉に同様の起請文を返し、相互に誓約している[18]。

オ　エの誓約にもかかわらず、翌元亀二〜三年には毛利氏は小早川氏水軍や因島村上氏・来島村上氏らを動員して能島要害を攻撃する。大友氏は、能島村上氏の要請をうけて水軍を派遣し、阿波衆や塩飽の者と協力して援助している。なお、この事件は、近年の毛利氏と浦上宗景の備前児島をめぐる戦争において、村上武吉が浦上宗景を援助する行動があったことに起因している[19]。

カ　天正年間の毛利氏と織田氏の戦争中、能島村上氏は毛利氏に加勢するが、また織田信長にも音信し、信長からも誘われている[20]。

これらの四事例は、永禄末年から天正十年の間、政治情勢としては瀬戸内海を取り囲む諸大名が、毛利氏対大友氏、毛利氏対浦上氏、つづいて毛利氏対織田氏という構図でもって対立し（戦略上、大友氏と浦上氏が盟約したりするが）、激しい戦争をくり返している時期のものである。その間能島村上氏がどのような行動をとったかをおおよそ示している。

何よりもまず能島村上氏が毛利氏に編成された水軍であると考えることはできない。

ここで重要なことは、これらの事実から、何を読みとるかということである。

この場合の答えは、能島村上氏は、瀬戸内海を取り囲む諸大名――彼らは相対立し、激しい戦争をくり返している――のいずれとも友好的関係を保持しようとしていることである。毛利氏の水軍として行動していることも一面の事実であるが、毛利氏に完全に寄るのではなく、毛利氏と交戦中の大友氏、浦上氏、そして織田氏らとも友好的関係の保持につとめている。特に毛利氏から攻撃された事態に際しては、大友氏らから軍事的援助をうけているという事実には注目しなければならない。

能島村上氏が、瀬戸内海を取り囲む特定の大名との関係を深めていくのではなく、諸大名と友好的関係を保持することを基調としていたことを踏えて、次の課題を立てるならば、次のようになるであろう。

能島村上氏は、瀬戸内海を取り囲む諸大名のいずれともなぜそのような友好的関係を構築し、外交の基調としたのか、そしてそれは、能島村上氏の存立基盤である海上支配権の構造とどのように関係するのか、である。

## 二　通行料の徴収地としての札浦

二月十三日に大友宗麟は村上掃部頭(武吉)に宛て、「就少用之儀、至堺津人差上候、其表通道之儀、別而御馳走可為祝着候、殊於塩飽津公事之儀、是又預分別候者、可為喜悦候」と述べ[(21)]、堺津に向う大友氏の商船の通航の安全を要請し、特に能島村上氏が塩飽津で徴収している公事の免除を依頼している。

このような要請を前提にして、次のような措置が行われる。

村上武吉書状(折紙)

本田治部少輔方、於被罷上者、便舟之儀、不可有異乱候、為其以折紙申候、恐々謹言、

(異筆)「永禄十二年」六月十五日　　武吉(花押)

塩飽島廻舟

臼杵紹冊書状写

御札弥重候、其以後自是令無音候、誠非本意候、仍筑前表札浦之儀、蒙仰候、令承知候、領内之儀弥々堅可申付候、仍青銅百疋被懸御意候、御懇情之至候、猶島源兵衛尉可被相達候、恐々謹言、

九月廿二日　　(臼杵)紹冊判

村上掃部頭殿御報

前文書[22]は、能島村上武吉が配下の塩飽島衆に宛て、大友宗麟家臣の本田鎮秀が上洛するにあたって便乗した船に対する違乱を禁じたものである。

また後文書[23]は、大友宗麟の筑前守護代と思われる臼杵紹冊が、能島村上武吉が要求していた「筑前表札浦」を安堵し、その「領内」について堅固に支配を行うように命じたものである。

前文書と後文書に表わされた事柄は、一見して全く関係しないようにみえるが、実はこれこそ能島村上氏が陸の大名と取り結んでいた基本的な関係であったと考えられる。

すなわち、陸の大名は、諸物資を畿内や他地域に輸送する場合、能島村上氏からその船の通航の安全を保障され、

また本来ならばその代償として支払うべき塩飽津などにおける公事＝通行料の免除を申請して承認してもらっていた。これに対して、能島村上氏は、陸の大名からその領国内において「札浦」を安堵されていたのである。

したがって、それ以上の関係を陸の大名が築こうとすれば、当然のことであるが、相応の褒賞を与えなければならない。[24] 前節において、毛利元就や輝元が、能島村上氏は約束の所帯を与えなかったり、褒賞が少なかったりすると軍事的に協力しないと述べていることを指摘したが、軍事的協力は、この基本的な相互関係を越える性質のものであったことに留意しておかなければならない。

それでは、この「札浦」とは、どのような実態を有するものであろうか。

**村上吉充譲状**

ゆつり状之事

右所々御判地者不及申、其外私領并札浦等事、亀若丸ゆつり渡者也、守先例相計、御屋形様(山名政豊)江無余儀可致奉公候、

女子分之事者、其身一後(期)のちハ、吉充あとめ(跡目)へ可返候、仍之状如件、

文明十五年十一月十五日　吉充(花押)

亀若とのへ

時期的にはやや遡る文明十五年(一四八三)に因島村上吉充が嫡子亀若丸に宛てた譲状であるが、[25]「札浦」の早い事例である。これによれば、「札浦」とは、「御判地」でもなく、「私領」でもないが、譲与の対象となる支配地と言える。

下って当該時代の「札浦」の実態を検討する事例として、次の毛利氏奉行人妙寿寺周泉書状があげられる。

毛利氏奉行人書状(折紙)

向島深浦両所儀、被仰越候、奉行衆へ尋申候処、向島へハ入手不申之由候、深浦之儀者、御判形之内にて茂有間敷候、以札浦之子細、所務被仰付候欤、其時者、御領地にても有間敷由申候て、入手之由候、乍去、御理之事候条、如前々可有御知行旨候、相調先以我等迄目出候、恐々謹言、

十二月三日

妙寿寺
周泉(花押)

元吉参御返報

この文書は、[26]天正十五年から十八年に毛利氏が実施した惣国検地に関係するものである。検地対象としてその是非が問われている向島・深浦とはどこか、またそれが明らかになればこの文書の発給年もほぼ確定できる。

この向島は、備後国向島が因島村上氏領であったこと[27]からすると、備後国ではない。このことを明らかにするには、次の文書[28]が参考になる。

羽仁栄保書状(折紙)

向島御段銭之儀付而、預御札、致忝拝見候、相郡中御段銭御究之儀候間、可尋申由候、妙寿寺御返状趣、得其心候、段銭奉行衆御意之趣可申聞候、於我等者少も不存承儀候、恐惶謹言、

十二月十八日

羽仁二郎右衛門尉
栄保(花押)

元吉参御返報

この羽仁栄保は、周防国佐波郡司であった。[29]したがって、この向島の在所は佐波郡内と判明し、具体的には現在の防府市向島[30]に比定できる。

そうであると、深浦も周防国内と考えた方がよい。具体的には旧都濃郡、現在の下松市笠戸島の深浦[31]に比定できるであろう。

十月十七日に内藤元栄・林就長・渡辺長は連署して長井右衛門大夫(元親)に宛て、「能島方領分之事、先度如被仰出、御渡肝要候、何茂村上衆三人之事、可有御渡候」と述べていること[32]、長井元親は周防国検地の責任者であること、佐波・都濃両郡においては検地の打渡坪付が天正十七年に集中していること[33]などから考えて、十二月三日の妙寿寺周泉書状は天正十六年の可能性が高い。

これらの事実は、能島村上氏が周防国内の東からあげると上関、笠戸島、防府、そして秋穂と、海上交通の要所をおさえていたことを明確に示している。

さて、本題の妙寿寺周泉書状にもどる。

村上元吉が毛利氏に向島・深浦の両所について申入れを行ったのに対して、妙寿寺周泉は検地奉行衆に尋ねた結果として、向島へは検地の手を入れていないこと、深浦は「御判形」の地ではないこと、「以札浦之子細、所務」が可能になっているとし、その場合は、能島村上氏の「御領地」ではないので検地の手を入れることになるとのことであるとし、しかしながらわざわざ元吉から「御理」があったので従来通り知行を認めると述べている。

内容からは、惣国検地に際して毛利氏が能島村上氏領の向島・深浦に検地に入っていないこと、また能島村上氏の「御領地」には検地に入らない方針であったこと(向島はそれに該当したのであろう)が注目される。

因島村上吉充譲状の内容と合せ考えると、「札浦」とは、通航する船に賦課する通行料を徴収する港津であると判断される。

前節において、大内義隆が能島村上氏に京・堺商人から通行料を徴収することを安堵した際、その場所が「於堺津」とか、「於芸州厳島」とか、商船に応じて特定されていたことに注目しているが、札浦とは、そのような実態を有する港津であったと考えられる。

したがって、能島村上氏と陸の大名が取り結んだ基本的関係は、たとえばこのように能島村上氏は大友氏に対して、大友氏方の船の海上における安全は保障するので自由に通航してかまわないこと、塩飽津において課徴している通行料は免除することを約束し、逆に陸の大名大友氏は能島村上氏に対して、領国である筑前国内の札浦において、筑前沖を通航する船から能島村上氏が通行料を徴収することを認めるという相互保障であった。

このような相互関係を基礎に構築された能島村上氏と大友氏の友好的関係は、相互の構造や性格を認め合って歴史的に積み重ねられたものであり、また以後も維持・発展していった。

たとえば、天正八年(一五八〇)の八月十三日に大友宗麟は島越中守(能島村上氏の大友氏との外交担当の家臣)に宛て、嫡子大友義統の陣から国東半島の安岐湊(敵対する田原親貫領)に入る兵粮船を捕縛したのでその船頭・舟子以下を成敗したい旨の連絡があったのに対し、「武吉家中之人上乗之由、其聞候之間、先以差延候」とそれを制止し、「当時取詰候於敵城、粮運送之船江為武吉家来馳走無是非存候、雖然不能一届可討果事、累年武吉愚老申談候、続相違之様候条、至義統者、強而令助言、以早船申候、武吉内存之旨、急度承可得其意候」と伝えている。(34)

この事実は、大友宗麟が村上武吉との累年の盟約関係を踏まえ、敵城へ兵粮を搬入した船の上乗をした武吉家来について、武吉に届けることなく討ち果たすことを避け、武吉の内意を問うていることを示している。両者の間における協力や紛争、解決すべき問題はこれにとどまらないが、大友氏が能島村上氏の立場に配慮し、緊密な連絡による調整を基調として両者の友好関係を機能させようとしていたことは注目される。

ところで、能島村上氏の札浦は、史料の年次にかかわらず列挙すれば、筑前国内、上関、厳島、塩飽津、堺と、北部九州海域から畿内にまで分布している。これらは、いずれもそれぞれの陸の大名の領国内に所在する。

このような能島村上氏が北部九州や瀬戸内海沿岸の諸大名と取り結んでいた相互保障の構造的関係を直視するならば、諸大名が相互に対立し、戦争している状況のなかにおいても、能島村上氏が全ての大名と友好的関係を保持していこうと努めたことは十分に理解できる。

北部九州において大友氏と毛利氏が戦争している状況において、能島村上氏が毛利氏方として軍事行動しながらも大友氏に気遣いすれば、その態度は毛利氏からは利敵行為と見なされるし、逆に毛利氏に積極的に加勢したならば、能島村上氏は大友氏領国内に認められている札浦を否定され、没収される事態に至ることも十分予想された。

このような事情は、毛利氏と浦上宗景との備前児島の争奪戦における能島村上氏の行動についても同様である。永禄十三年(一五七〇)三月十五日に村上武吉は島越州に宛て、下村、通生、赤崎、小河の内、合計一町五反の田畠を打渡している(35)。これらの在所は、塩飽諸島を眼前に眺望できる児島の下津井半島に所在する。通生は重要な港津であり、これらは、永禄十一年十一月十四日に村上武吉が島越前守に宛て「今度元太為在番申付候之処、阿州衆取懸候、別而被尽粉骨、敵陣切崩」した褒賞であった(36)。児島の元太城や周辺の所領、それにともなう権益をも含めた思惑があって、能島村上氏は浦上宗景と盟約したと思われる(37)。

このような経緯があって、永禄十三年九月の起請文の交換による同盟の再確認にもかかわらず、元亀二年から三年にかけて能島要害は毛利氏の攻撃をうけることになる。

のちのことであるが、四月十七日に小早川隆景は村上掃部助(元吉)に宛て、「連々蒙仰駄別之事、令還補之処、御懇之御使者畏入候」と申し送っている(38)。それがいつのことか不明であるが、能島村上氏が小早川隆景によって駄別料の徴収を否定されていたこと、能島村上氏はそれについて引き続いて安堵を訴えてきたこと、その結果この時点で小早川隆景から還補されたことなどが確かめられる。

能島村上氏が陸の各大名と全方位・等距離外交を貫こうとしたことは、広い海域に分布する札浦を拠点にして能島村上氏の広域的な海上支配権が維持されている構造を踏まえれば、容易に理解できる。このような政策基調は、能島村上氏の具体的活動によって時折危機に直面しながらも、列島が分権であったからこそ貫けたのであり、またそれによって「海賊」として勢威を誇示できたのである。

能島村上氏の構造や性格は、陸の大名の領国や支配領域に応じて海を細分しながらみる方法をとったのでは解明できないと述べたが、このことこそがそれを解明する固有の視座であり、不可欠の方法である。

## 三　過所旗と紋幕

能島村上氏の広域的な海上支配権の実態や、その海上勢力の編成の有様を究明するために、いわゆる過所旗ならびに「紋幕」について述べておきたい。

過所旗の事例は、天正九年（一五八一）四月二十八日に能島村上武吉が「芸州厳島祝師」に与えたもの[39]、天正九年三月二十一日に武吉が「紀州雑賀之内向井経右衛門尉」に与えたもの[40]、そして天正十年十二月十九日に村上元吉が「筑前今津問左京亮」に与えたもの[41]など、数例が確かめられる。

これは旗仕様であり、あくまで船上において旗として使用したものである。

これは、よく知られているように、ルイス・フロイスが、パードレらの航海における危険を避けるため、能島村上氏に求めて与えられた「安全通交証」、すなわち「彼（村上元吉）は其紋章と署名のある絹の旗を与え、疑わしき船に出合った時、之を示すよう伝えた」[42]ものに相当する。

この過所旗とは別に、当時「紋幕」あるいは「幕」と呼称されていたものがあった。

赤間関の問丸役佐甲氏は関町の特権商人であり、自ら海上輸送を行う内海商人であった。天正十三年三月十日に能島村上元吉は佐甲藤太郎に宛て、「紋幕理之条、任所望遣置候、海上無異儀往返肝要候」と下知しているが[43]、能島村上氏の「紋幕」の下付は、このように佐甲氏配下の商船の海上における安全通航を保障するものであった。

もう一例あげておきたい。

**松浦隆信書状**（切紙）

（端書切封）「（墨引）」

御芳問披閲畏悦之至候、仍御幕之儀、令申候処、今度下給候、誠以本望此事候、永々御入魂之根元及候、弥於此上者、向後及茂聊無相違様可被仰付事、可畏入候、於爰元茂、御用等共候者、無御腹蔵示預候者、何様不可存余儀覚悟候、於委曲大塚壱岐守方可被相達候之条、不能子細候、恐々謹言、

九月廿六日　（松浦）隆信（花押）

村上殿参御報

この書状[44]には包紙がある（「村上殿参御報　松浦肥前守隆信」）。おおよそ永禄年間頃のものかと思われるが、内容は、平戸の松浦隆信が能島村上氏に宛て、書状が到来したことを鄭重に謝し、かねて能島村上氏の「御幕」の下付を申請し、このたびそれを給ったことを喜び、このうえはこれからも「聊無相違様可被仰付事」を願い、さらに「於爰元茂、御用等共候者、無御腹蔵」く命じてもらえれば勤仕する覚悟であることなどを述べたものである。

なお、松浦氏は、その国際的な海洋領主的性格を通して、朝鮮や明との貿易を積極的に行っていた大内氏と早くか

ら関係が深かった。次に、その一例をあげる。[45]

**大内義隆書状**（切紙）

波多家督事、志摩守息源五郎可存知之由、令意見事候、被得其心、有相談、毎事馳走肝要候、慶事期後信候、恐々謹言、

（天文十一年）
十一月三日　（大内）義隆（花押）

松浦源三郎（隆信）殿

包紙に「到来　天文十二　正ノ五」と記されていることから、天文十一年（一五四二）の文書とわかるが、大内義隆が松浦隆信に宛て、波多氏の家督に源五郎をすえるよう意見したことを伝え、よく相談して大内氏に勤仕するよう命じたものである。

このような大内氏と松浦氏の関係を前提におくならば、大内氏のもとでその権益を保障されてきた能島村上氏がその活動のなかで松浦氏と関係を深めていったのもうなずける。

肥前平戸の松浦隆信が、能島村上氏の紋幕を申請して下付されたこと、またそれが能島村上氏への役の勤仕をともなうものであったことは重要である。

ところで、能島村上氏の「紋幕」あるいは「御幕」とは、どのようなものであろうか。

『日本国語大辞典　17』には、「船幕」の項があって「船上に張る幕」と説明があり、事例として「続撰清正記―六・清正鎧の事『幕は白き布にて、黒き輪の中に桔梗、船幕も同前なり』」と引用している。また、『角川古語大辞典』にも「船幕」の項があって「御座船などの船上に張る幕」と説明があり、『和漢船用集』から図絵を引用してい

る。

この時期の史料には、たとえば毛利元就が隆元に宛て「屋代島衆幕舟二艘出し候へとの事、可被仰付候〳〵[46]」、穂田元清が棚守元行に宛て「船幕之儀申入候之処、御調畏入候、乍去ちと引直度事候間、重而持せ返之候、乍御造佐被仰付候而、可給候、憑存候[47]」と述べたものなどがある。

慶長二年（一五九七）五月二日に小早川隆景は毛利氏直轄領の備後国鞆浦代官職の地位にあった三上元安の留守中ゆえ子息元勝に宛て、「与州郡内ニ被居候藤堂佐渡守殿《高虎》、此節某許を可被通候、彼船着候者、此書状慥被渡候者可為祝着候、頼入候、従大坂下之者申候ハ、乗船むらさき幕之由候、可被見合候」と申し述べている[48]。藤堂高虎は乗船に「むらさき幕」＝紫色の布の幕を張っていたのである。そしてそれが、乗船者を特定する目印になった。

朝鮮侵攻の時期のものであるが、これに関係して「肥前名護屋城図屏風[49]」をみると、二艘の船矢倉をそなえた大型軍船には、それぞれの船縁に桐紋の入った赤い布また白い布が張りめぐらされている。秀吉の御座船である。

これらの事実から考えて、佐甲藤太郎が与えられた「紋幕」、松浦隆信が下付された「御幕」とは、能島村上氏の家紋が入った幕であり、この場合は佐甲氏や松浦氏の持船に張りめぐらされたと言える。
いま紋幕が船幕であるのに対して、過所旗がいずれも特定の人物を対象にして与えられていることに注目しておきたい。船幕と過所旗の機能には、当然のことながら差異があると考えられる。
札浦の分布とともに、遺存する過所旗、そして船幕の下付の事例からも、陸の大名の個別主権から離れて存在した能島村上氏の広域的な海上支配権の実態が明らかになり、また海上勢力の編成の多様な有様も確かめられた。それはまさに海の統一政権と称してもよい。

天文十年（一五四一）に友田興藤が滅亡後、大内氏の支配下において厳島神社神主に任命された杉景教は能島に在城し、厳島の地下惣中に毎月水夫銭を賦課したため、社家拘の屋敷に居住する地下人が社用の水夫役の負担を拒否し、社家が大内氏に訴えるという事件が起こっている。[50]この事実は、厳島神社神主が、過所旗か船幕か明らかでないが、商船を仕立てて海上を往来する海洋領主的性格を有していたこと、その活動保障の代償として能島村上氏に対して軍役などを勤仕していたことなどを示していると思われる。

このような事例からは、土地所有の論理とは異なり、海に生きる人々固有の営みの構造がみえる。

このような構造は、東アジア世界の流通経済構造に組み込まれた西国の国際性豊かな流通幹線において、海上輸送を業とした領主や特権商人らの広域的活動を基盤として形成されたものであり、海上支配権を存立基盤とする海の大名能島村上氏の権力編成の形成と展開について考えるうえに大きな意味をもっている。その集団の編成は、内部に多様なものを含んで不均質であり、図式的に言えば、一族らから同心円的に広がり、幾重にも及ぶ構成をとっていたも[51]のと考えられる。それは、海上勢力の統合を推し進めていく海の統一政権の性格を有していたと言ってよい。

能島村上氏が陸の各大名が相互に戦争中に彼らと全方位・等距離外交を貫き、海上支配権を維持・発展させるには多くの苦難がともなったと思われるが、その装置として機能したのが、特定の大名との連絡役、すなわち外交担当としての役割を一身におびて行動した使者であった。

それは、たとえば毛利氏に対しては櫛橋氏、[52]大友氏に対しては島氏[53]というように特定の家臣に固定されていたことが確かめられる。

## おわりに

「海賊」能島村上氏は、大陸からの太い流通経済幹線に連結された西日本地域、すなわち南九州から豊後水道を経て豊予海峡を北上し、また北部九州から赤間関を経て瀬戸内海を畿内に至る広い海域において、海上支配権を行使したが、その基本的な構造は、陸の大名側の船の通行料を免除したうえその安全通航を保障し、その代わりに陸の大名からその領国内において札浦を安堵されている関係であった。そして、その札浦において海上通航の商船から「駄別料」と称する通行料を徴収し、その代償として上乗などによってその通航の安全を保障した。

そうした広域的な海上支配権の行使を可能にしたのは、能島村上氏が、一門・家臣を海関や札浦などに配置し、また陸の大名との間で特定の使者を介して緊密な関係を保持したり、各地の海洋領主に紋幕を与えて軍事的に編成をしたりしていたためであった。

その結果、広い海は、能島村上氏が自由に行動し、支配できる海となった。そうした時代には、能島村上氏は、沿岸の相互に戦争する諸大名から多くの褒賞をもって誘われる存在であったが、それにどのように対応するかは、その固有の存立基盤である海上支配権の保持という視座から主体的に判断できた。陸の諸大名が相互に戦争していても、能島村上氏は、札浦を没収される危険をともなうような一方への積極的な加担は回避し、いずれの大名とも友好的な関係を保持していこうと努めたのである。分権という時代性が、そうした動きを可能にした。

「海賊」は、中世の海の秩序を維持する集団を象徴する呼称であって、決して蔑称ではない。その実態は、海の大名と称してもよい独自性・自立性の強いものであった。

従来の研究では、能島村上氏は毛利氏に軍事的に勤仕する「水軍」と見なされたりした。他の大名との関係については、一時的なものとされ、あまり顧慮されることもなかった。しかし、こうした構造からすると、「水軍」としての編成の達成度をみようとする方法は、まさに陸の大名の軍事力編成に視点をおいたものであり、適切ではない。

最後に、こうした結果を踏まえて、内海地域社会研究の視座・方法についても触れておきたい。

雨水は山野に発し、次第にまとまりながら河川を流れ下り、海に至る。そのためか、海は陸からのものが流れつく場所であって、陸から見ると属地であるかの感をもつ向きもある。しかし、海には島嶼部を中心にして広く豊かな海を活かして生活する海民が居住し、集団を形成し、権力編成も行われていた。海に生きる存在は、陸から見るのではなく、海に生きた人々の営みの視座から究明していく姿勢をもってこそ、その固有の構造が解明できる。

歴史は人々の営みが連続的に発展してきたわけではない。変革の時代には、時代の所産のうち、連続するものと、非連続＝断絶するものが分れるが、とりわけ断絶するものには、前代の時代的特質を読み取ることができる。ただ、断絶したものが時代の敗者と重なり合った場合、その構造や特質の全体像を究明していく作業には、史料上も方法的にもさまざまな困難がつきまとう。

それゆえに研究にあたっては柔軟な思考が欠かせない。研究者は、歴史的帰結としての現在、自らが生活を営む社会の構造や観念から発想し、それに基づいて過去の歴史に問いかける姿勢を有しているが、また一つには、歴史上の変革期において時代の構造的断絶がくり返されて現在に至っていることに思いを致し、現在とは全く異った社会構造や観念が存在していたかもしれないと考えてみることも、また重要である。在地領主制が展開した中世までの地域社会の研究にあたっては、そうした思索は特に重要である。

本章の課題に即して言えば、分権の時代、より強調すれば地域主権の戦国時代には、海は、陸の視座、陸の論理によるのではなく、海の視座、海の論理によって究明していく姿勢と営みを欠いてはならない。

海は、そして海に生きる人々は、決して陸や陸に生きる人々の属地、属物ではなかった。中世という、海に境界のない時代、海に生きた人々は、陸に生きた人々や陸の大名の論理によっては解けない独特の結集をし、陸に従属しない、いわば土着の視座に基づく独自の活動をしていたのであった。

陸の各大名の個別主権から離れて、広く大きな海を支配した「海賊」能島村上氏の構造の固有性と、その独自の主体的な生きざまこそ、分権の時代に生きる彼らの自信の表現であり、〝海からみると歴史はどうなるか〟という問いかけへの私なりの解答である。(54)

（1）　この領界画定については、『毛利輝元卿伝』（マツノ書店、一九八二年）二九一～三〇六頁を参照されたい。

（2）　「惣国」は、たとえば卯月十七日の毛利輝元書状（『萩藩閥閲録』一〇四〈湯浅〉―54）。「惣並」は、たとえば六月二十七日の小早川隆景書状（同一〇二〈冷泉〉―95）。

（3）　たとえば五月九日、五月十一日、六月八日の毛利輝元書状（『萩藩閥閲録』一〇四〈湯浅〉―57・58・59）。

（4）　『萩藩閥閲録』一三四〈二階〉―7。なお、岸田裕之「解説」（岸田編『中国大名の研究』〈吉川弘文館、一九八四年〉）四六四・四六五頁。毛利氏は、秀吉政権の命令を自らの「国家」維持のうえで深刻な事態としてうけとめ、その衝撃を正面にすえ、それを領国支配深化の論理にすりかえ、「惣国」「惣並」の動員をはかったのである。

（5）　能島村上氏の系譜を引く「村上家文書」を山口県文書館において調査したのは、一九八七年三月のことであった。その中に含まれる新出文書に検討を加え、その研究成果を初めて発表したのは、翌一九八八年十二月十一日に広島大学文学部において開催された「瀬戸内海における東西・南北交流の総合的研究」（文部省科学研究費補助金〈総合研究A〉）の研究集会であった。発表題目は、「海の大名能島村上氏と秀吉の『海賊』禁止令――海に生きる人々の視座から――」とした。そしてまた、翌一九八九年七月十六日の芸備地方史研究会大会の講演会（統一テーマ「瀬戸内海地域史研究のあらたなる前進のために」）において、同題でもって講演した。この要旨は、『芸備地方史研究』一七二（一九九〇年三月）の二〇～二二頁に当日のテープをもとにして委員の和田秀作がまとめたものが掲載されている。
また私自身も、一九八九年八月十八日（金）の『中国新聞』文化面に「海の大名能島村上氏」と題してその概要を寄稿した。そして、こうした研究成果は、岸田裕之「村上水軍」（『日本史大事典6』〈平凡社、一九九四年〉）の内容に盛り込んでいる。また、岸田「人物で描く中世の内海流通と大名権力」（広島県立歴史博物館編『商人たちの瀬戸内』一九九六年）においては、新出文書のうちの四点を翻刻紹介して述べている。

史料調査以来、はや一五年近く過ぎてしまったが、やっと新出文書を利用した研究が刊行できることになった。

（6）　中国地域・山陽道筋における南北朝・室町・戦国時代の政治動向を踏まえた構造や特質については、岸田裕之『大名領国の構成的展開』(吉川弘文館、一九八三年)、岸田「室町幕府・守護と荘園」(『講座日本荘園史4』(吉川弘文館、一九九九年))を参照されたい。

なお、能島村上氏の婚姻関係をみると、村上武吉の妻は来島通康の娘、同元吉の妻は小早川隆景の養女(小田信房の娘)である。なお、元吉は慶長五年(一六〇〇)九月十六日に四八歳で討死している。

また、毛利氏との関係をみると、元就の四男元清の妻は来島通康の娘(村上武吉妻の妹)である。

(7)「厳島野坂文書」四四(『広島県史 古代中世資料編Ⅱ』)。

なお、国際貿易の要衝として栄えた志布志津は、日向国救二院に属する。

(8)「大願寺文書」六七(『広島県史 古代中世資料編Ⅲ』)。

陶晴賢は、天文二十年(一五五一)九月に大内義隆を滅ぼしたあと義長を擁立するが、その支配政策は進んだものであった。内海流通政策としてこれに関係して注目されることは、天文二十一年二月二十八日に厳島に商業の振興を目的として七箇条の掟を布令し、その第三条で諸廻船に警固米を課徴することを停止している事実である(「大願寺文書」六五)。

また、こうした動きに関連して陶氏から到来した奉書に答えた八月二十六日の厳島の大願寺円海書状には、陶氏が京堺商人から「駄別安堵料」一〇〇貫文を京都において調進するようその斡旋を大願寺円海に依頼したこと、それに対し、円海はまもなく京堺商人衆が着島するのでその趣を申し聞かせること、安堵料のことは、江良房栄からも堺商人衆に延引は許さないと厳命していること、ただいまごろは賊船が多くて室や塩飽の舟がたびたび襲われており、京堺商人衆は迷惑しているとの風聞があること、来たる法会(九月十四日の一切経会)には安堵銭を馳走すべく堅く伝えることなどが記されている(同六八)。

また、大願寺円海に宛てた九月三日の宣堯、九月十二日の宗光(京堺商人と考えられる)の書状によれば、駄別料免除は京堺商人衆の申請になること、陶氏はそれを認め、その代わりに礼銭一〇〇貫文を京都において調進するよう求めたこと、しかし、京堺商人衆はそれをことわり、そのため大願寺円海は厳島・山口の間において調進するようはかっていること、海上が物忩であるので自ら(宗光)の下向は延期するが、陶氏が堺衆に宛てた判物を商人衆として拝見したいので、使者の薬屋与三右衛門に渡してくれるよう求めていることなどが知られる(同六九・七〇)。

京堺商人衆の申請になるものであったとはいえ、能島村上氏の海上支配権を否定しようとする陶晴賢の政策は、陶氏が統一権力として内海を支配しているならば、実施上有効であったと思われる。しかし、大内義長・陶晴賢は内海の統一権力ではなかった。したがって、その勢力圏外においては、きわめて危険がともなうものであったのである。新しい時代を構想し、中世の海上秩序を否定する政策も、陶氏権力自らがそれを推進できる実力を十分に保持せず、諸条件も整っていなかったため、賊船の多発を招いたのである。

地域主権の戦国時代において、海の大名能島村上氏の海上支配権の構造を一戦国大名の力でもって大きく改編することは無理なことであった。

なお、河合正治『中世武家社会の研究』(吉川弘文館、一九七三年)四一八・四一九頁。

(9)　これについては、たとえば応永十七年(一四一〇)に日向・大隅・薩摩守護島津元久が日向油津から上洛して将軍足利義持に謁した時の進上物に、麝香、段子、毛氈、南蛮酒、沙糖、沈香、鮫皮、虎皮、人参等々、多くの外国産品が確かめられる(『大日本史料』七之十三、二五九〜二九〇頁所引「山田聖栄自記」・「島津文書」・「前編旧記雑録」ほか)。

(10)　たとえば、永禄六年(一五六三)の二月五日に毛利隆元は安芸国衆で妹婿の宍戸隆家に宛て、「幸鶴丸縁事申談候、弥長久之辻、目出候、万一又怜家之ため、幸鶴縁辺之御理申入子細候ハん時ハ、海賊殿御縁可申談候、是又不可有別儀候」と述べている(『毛利家文書』六八五)。幸鶴丸(隆元の嫡子輝元)と隆家の娘(ともに元就の孫にあたる)の婚約に関するものであるが、万一それが毛利家の事情で破談になった時は、「海賊殿」と宍戸氏との縁組を約束している。こうした呼称は、そのことを明示するものである。なお、「海賊殿」とは来島通康を指す(西尾和美「戦国末期における毛利氏の婚姻政策と伊予」〈『日本史研究』四四五、一九九九年〉一五〜一七頁)。

(11)　『満済准后日記』永享六年正月二十日条。また「因島村上家文書」(『広島県史　古代中世資料編Ⅳ』)。

(12)　『毛利家文書』三三八。第一章「中世後期の地方経済と都市」五一一〜五四四頁。

(13)　「村上家文書」3。

(14)『萩藩閥閲録』五二〈兼重〉―3。
(15)「譜録」二宮太郎右衛門辰相七(『広島県史　古代中世資料編V』)。
(16) 能島村上氏の立場からすると、家中を編成し、その統制を強化していくためには、陸の大名に軍事的に協力した場合には、当然その褒賞をえて、家中に配分することを必要としたと思われる。
(17) 本文オに後述しているが、永禄十一年十一月十四日に村上武吉は島越前守に宛て、「今度元太為在番申付候之処、阿州衆取懸候、別而被尽粉骨、敵陣切崩」したことを褒賞している(「島家古文書　付系図」〈山口県文書館架蔵〉)。十一月十二日に毛利元就・輝元が村上武吉に宛てた書状(『萩藩閥閲録』二二〈村上〉―10)、十一月九日に小早川隆景が島越前守に宛てた書状(同一六九〈村上図書家来〉)も、永禄十一年のものと考えられる。
また、永禄十二年の三月十六日に大友宗麟は浦上遠江守宗景に宛て、豊前・筑前両国を競望して渡海した毛利氏軍を討ち果たすことを議定したことを述べ、「然者其表、以手切、於被顕心底者、向後永々不可有別儀、可申談候」、「殊輝弘申談上者、争可有別心候、中国籌策之様躰、是又過半相調分候」と伝えている(「服部文書」〈『大分県先哲叢書　大友宗麟資料集第四巻』一一二四〉)。

永禄十二年八月九日の若林氏らの秋穂浦攻撃については、大友宗麟が褒賞している(「若林文書」〈同一二〇九〉)。ところで、永禄十一年十月十八日に毛利氏川内水軍の将児玉就方は武藤助四郎に宛て、「今度武吉事上関在番候儀候、然者従上難去御書被差上度之由候、河内衆歴々御座候へ共、其方事無異儀豊後警固内乗抜被上、神妙之由重々被仰聞候、縦今度御用ニ立候共、対子共廿貫三十貫之間、可被遣之由被仰出候条、乍辛労早々上候儀可然候、明所等之儀候者、可被申候」と述べている(『萩藩閥閲録』七七〈武藤〉―3)。

この年の八月に吉川元春・小早川隆景率いる毛利氏軍は九州に渡海しており、また武藤助四郎は児玉就方を将とする川内水軍とともに豊前沖浜口で大友氏水軍と合戦し、八月二十三日には毛利元就・輝元感状を与えられている(同1・2)。武藤助四郎は、天正十五年三月九日に七八歳で死没している(同系譜)ので、この時五九歳であった。

そして、翌永禄十二年四月には博多のやや東に位置する立花城の攻撃が始まるが、元就は、出陣中の備芸石三国の国衆への義理を立てるため(『毛利家文書』五四九)、吉田を出立して桜尾城、長府に移るが、この時期はまだ吉田にあり、養生につとめていた。

武藤助四郎は、元就が認めた「難去御書」を上関の村上武吉のもとに届ける役目を負わされている。川内水軍の歴々がいるにもかかわらずその役目に選抜されたのは、それまでの大友氏水軍との合戦の際における戦功を元就から何度も褒賞されていた実績が評価されたからである。

問題にすべきことは、「難去御書」の内容である。具体的には不詳であるが、「難去」の用例としては、たとえば「大内氏掟書」(『中世法制史料集　第三巻』所収)の第四八条、文明十三年(一四八一)三月五日の奉行人掟条々のなかに「一毎朝若依病気、奉行人之内、不能出頭者、可捧起請文、又難去私用之時者、可言上子細事」があげられる。この場合、よんどころない、という意味が該当する。

そして、それを使者として届けることには、「縦今度御用ニ立候共、対子共廿貫三十貫之間、可被遣之由被仰出候」とあるように、戦死という極めて危険がともなうものであったということである。

このような極めて重要な任務にともなう危険性としては、一に海上における大友氏水軍の襲撃、二に使者として「難去御書」を差出して説明した際における村上武吉の対応が想定できる。

本文エオに後述している事態から遡って考えてみると、おそらく毛利元就と村上武吉の間にはこの頃既に何らかの緊張関係が生じており、それを重大視した元就は武吉との関係修復をはかる目的で武藤助四郎を使者として派遣したと考えてよい。「難去御書」とは、それに関わる重大な内容を認めた書状であり、それに基づいて元就の意向を説明する役目の使者武藤助四郎には、当然のことながら大きな危険が予測されたのである。

(18)『毛利家文書』一二四四。『萩藩閥閲録』一二一〈村上〉—1。

(19)『萩藩閥閲録』一四八〈内藤〉—6。

大友宗麟は、たとえば元亀三年の閏正月二十八日に小田大和守に宛て、「至備中表、吉川《(元春)》・小早川《(隆景)》取出候之条、浦上宗景遂対陣、防戦半之段、注進及度々候、於能島表茂、芸州衆取向候之間、此節加勢無余儀候、如存知、近年馳催中国衆、両川令渡海候折節、宗景被顕貞心候、村上掃部頭《武吉》事茂同前之条、彼両人江可加力依覚悟、至赤間関口、急度一勢差出一行可申付催候、此度之事、乍辛労別而可被励馳走事、可令悦喜候」、また二月二十二日には戸次伯耆守《鑑連》に宛て、「就中国行、浦上遠江守《宗景》入魂之旨候之条、至所々警固船之儀申付候、折節従村上掃部頭所、申越子細候之条、船催之事可差急覚悟候、其国諸浦之事、臼杵新介被申合、堅固可被申付事肝要候」と述べている（「大坪文書」、「立花文書」〈『大分県先哲叢書　大友宗麟資料集第四巻』一四五一、一四五二〉）。

この事件については、三月二十一日に大友宗麟が村上掃部頭に宛て「就武吉・通総和談之儀、旧冬以使節申候之処、速純熟之由承候、尤肝要候、雖無申迄候、骨肉一致之首尾、向後聊無変化被申談、不入他之案様、御才覚専要候」と述べている（「村上家文書」5）ように、大友宗麟の斡旋によって村上武吉と来島通総の和談が成立し、終息していく。

(20)『萩藩閥閲録』二二〈村上〉―89・90・91。

(21)「秋山泉一氏所蔵文書」（『愛媛県史　資料編古代・中世』二〇八七）。

卯月十三日に細川高国は村上宮内大夫に宛て、「讃岐国料所塩飽島代官職半」を給与している（「村上家文書」5）。これは、永正四年（一五〇七）の足利義稙を擁した大内義興の上洛時の協力への褒賞と考えられる。能島村上氏の海上支配に関わる権益の拡大は、大内氏との関係によるところが大きい。

のちの天正五年三月二十六日に織田信長は堺代官松井有閑に宛て、「至堺津塩飽船上下事、如先々不可有異儀、万一違乱之族有之者、可成敗候也」と述べている（「塩飽人名共有文書」〈『香川県史8　資料編古代・中世史料』〉）。ただ、塩飽は、天正九年においても「能島殿の代官と毛利の警吏がいて」と確かめられる（「一五八一年の日本年報」〈『イエズス会日本年報』〉）。能島村上氏が塩飽を失ったのは、天正十年に羽柴秀吉が毛利氏と和睦したあと、四国の長曾我部氏を攻める過程であった。

(22)「野間文書」（『愛媛県史　資料編古代・中世』二〇八六）。

(23)「譜録」村上図書。

(24)たとえば、厳島合戦後の柱島一円、天正十年四月の沖家騒動の際の褒賞としての周防国秋穂庄内一〇〇〇石などは、その代表的な事例である（『萩藩閥閲録』二二〈村上〉―15・23）。

(25)「因島村上家文書」一一(『広島県史　古代中世資料編Ⅳ』)。

(26)「村上家文書」297。このことに関係するが、二月二十四日に妙寿寺周泉は村上元吉に宛て、「深浦之儀付而、重畳被仰越候、其趣奉行衆申聞、先以浮米拾石御使者へ渡申候」と述べている(「村上家文書」296)。

(27)四月十日に小早川隆景は村上又三郎に宛て、「向島一円之事、任承旨致同心候、以宇賀島一着之上、可有御進退候」と述べている(「因島村上家文書」二〇(『広島県史　古代中世資料編Ⅳ』))。この向島は備後国、宇賀島は尾道水道の西の入口に面した宇賀島海賊の本拠地である宇賀島(のち岡島)のことである。また、この文書は、天文二十三年のものと判断できる。なお、『萩藩閥閲録』一三三〈村上〉—15の傍註も誤りである。

　秋山伸隆「因島村上氏と宇賀島」(広島県生涯学習センター「ひろしま学講座」、一九九八年十一月七日)。山内譲「海賊衆因島村上氏の港支配」(『四国中世史研究』五、一九九九年八月)。『向島町史』第二編第二章中世「四　室町から戦国時代にかけての歌島の海賊」(松井輝昭執筆、二〇〇〇年三月)。

(28)「村上家文書」274。

(29)たとえば、天正九年十二月二日の徴符は、大専坊と「郡司羽仁次郎右衛門尉」に宛てられている(『防長風土注進案　10　三田尻宰判下』二三四頁)。

(30)康応元年(一三八九)三月の足利義満の厳島参詣の記録である「鹿苑院殿厳島詣記」には「たかすのむかへ島といふうらに御舟を懸たり」、また「鹿苑院西国下向記」には「府中ニ御着あり、高洲と云所ニ御所を新造す、てうはういはん方なし、南ハまん〳〵たる海上ニむかふの島とて中間一里はかりなる小島あり」とある(『山口県史　史料編中世1』)。

(31)笠戸島のうちの小村名として、深浦、小深浦など、また江戸時代には海上の狼煙場、御番所、御船倉が設置されていた(『防長風土注進案　8都濃宰判』四八～七一頁)。

(32)「村上家文書」251。

(33)秋山伸隆「毛利氏惣国検地関係文書目録(その1)」(一九九二～一九九四年度文部省科学研究費補助金一般研究B研究成果報告書　研究代表者岸田裕之『戦国大名毛利氏関係史料の調査と研究』〈一九九五年九月〉)。

また、秋山伸隆『戦国大名毛利氏の研究』(吉川弘文館、一九九八年)の第三編第五章「惣国検地の実施過程」を参照されたい。

(34)「予陽河野盛衰記巻十五」(『愛媛県史　資料編古代・中世』二二五〇)。

(35)(36)　前註(17)所引「島家古文書　付系図」。

(37)　元亀三年の四月八日に村上武吉は牧兵庫助(美作国高田城に拠る三浦氏の重臣)に宛て、「如仰近年宗景(浦上)別而申談候、然処、芸州不慮之存分共候而、及鉾楯候、其表堅固之御覚悟之故、備作無異儀之由候、本望候、此口之儀も随分相支候、乍恐可御心安候」と述べている(「石見牧家文書」二七〈岸田裕之・長谷川博史『岡山県地域の戦国時代史研究』――『広島大学文学部紀要』五五巻特輯号二、一九九五年――〉)。

(38)『萩藩閥閲録』一二一〈村上〉―46。

(39)　山口県文書館架蔵。

(40)　高橋修「新出の『村上武吉過所旗』について(上)」(『和歌山県立博物館研究紀要』四、一九九九年)。

(41)「筑前町村書上帳」三(福岡県立図書館所蔵)。

(42)「一五八六年の報告書」(『耶蘇会日本年報』)。

(43)　第六章「大名領国下における赤間関支配と問丸役佐甲氏」一九八・一九九頁。

(44)「村上家文書」5。この5は、大友宗麟、大内義長、細川高国、織田信長らの各書状が一巻に仕立てられたものであるが、最近これらの包紙が山口県文書館でまとまって見い出された。なお、この「隆信」の花押の形状は、龍造寺隆信の花押(たとえば元亀元年八月二十六日の成松刑部少輔宛の感状〈佐賀県立博物館所蔵〉)の形状とは異なる。
　なお、松浦隆信は、永禄十一年に家督を鎮信に譲与している。法名は道可(『大日本史料』十之一、五六一～五六三頁所引「松浦家世伝」ほか)。

(45)　松浦史料博物館所蔵(『平戸・松浦家名宝展』〈朝日新聞社西部企画部、二〇〇〇年〉の17)。なお、松浦氏は、弘定、興信、隆信と、歴代大内氏の偏諱を与えられている。

(46)『毛利家文書』四三五。
(47)「厳島野坂文書」一三六一(『広島県史　古代中世資料編Ⅱ』)。
(48)『萩藩閥閲録』一二八〈三上〉―43。
(49)原本は、佐賀県立名護屋城博物館所蔵。
(50)「厳島野坂文書」一四四(『広島県史　古代中世資料編Ⅱ』)。また、神主景教は、能島へ発足の時、番匠を召具そうとしたが、厳島・廿日市の職人統轄権を有する大願寺が大鳥居の造立中であることを理由にことわっている。この紛争は、大内義隆の裁定するところとなり、番匠一人を差遣わすことになった(「大願寺文書」四七〈『広島県史　古代中世資料編Ⅲ』〉)。
(51)二月二十二日の大友宗麟書状には、宛書に村上武吉の宿老と思われる村上筑後守、同内蔵太夫、同源左衛門尉、同少輔三郎、同平右衛門尉、同丹後守らがみられ(「譜録」村上源右衛門充長)、また十二月二十二日の毛利隆元書状の宛書からは武吉配下の安部新介、田頭二郎左衛門尉、渡辺善右衛門尉、田窪与三左衛門尉らが知られる(「村上文書(宮窪町保管)」2〈『宮窪町誌』〉)。
　のちの豊臣期に入った十月二十三日に佐世元嘉・二宮就辰・林就長は連署して屋代島衆の沓屋新太郎・長崎隼人らに宛て、「能島殿家人旁被相拘之由候、其分にて候哉、御法度之儀候之条、早々返可被申候」と述べている(「村上家文書」216)。人沙汰の事例であるが、能島村上氏の統制から離れて逃亡する家人の存在が確かめられる。
(52)櫛橋氏については、勘右衛門、備後守が確かめられる。毛利氏は櫛橋備後守を塩飽まで上乗に雇ったりしている(『萩藩閥閲録』二二〈村上〉―8・9)。
(53)島氏については、本章において越前守、源兵衛尉、中務少輔、中務丞、越中守らをあげている。
　十一月二十日に大友宗麟は島中務少輔に宛て、「今度武吉珍重申合候、以其辻為使長々在国辛労不及申候、弥於方角別而可被励馳走事専一候、必取静一所可申談候」と述べている(「島家文書」〈『山口県史　史料編中世2』〉)。島中務少輔は村上武吉の使者として大友宗麟のもとに出向き、両者の盟約を固めるが、そのために豊後に長期間にわたって滞在した。その結果、宗麟との関係も深まったのである。また島中務丞は、田原親賢の偏諱を与えられ、賢久と名乗っている(前註(17)所引「島

家古文書 付系図」)。

こうした形は、毛利氏の防長両国攻略戦中に毛利元就が小寺元武を使者として、大内義長の援助をはかる大友義鎮のもとに派遣して交渉せしめた時、義鎮が元武を佐渡守に任じ、鎮賢と名乗らせたあり方と共通する(『萩藩閥閲録』四六〈小寺〉—36・系譜。『毛利元就卿伝』〈マツノ書店、一九八四年〉二三六・二三七頁)。

この時期には、人格的に両属のような性格の人物がつくりあげられる条件があった。

(54) 能島村上氏の広域的な海上支配権は、その形成過程において他の海上勢力との間で権益の衝突・調整を経ていると思われるが、その実態の究明は、史料の制約もあって、具体的にはむずかしいところがある。

# V

# 展望——構造的解体

# 第一一章　能島村上武吉・元吉と統一政権
## ――「海賊」の停止をめぐって――

### はじめに

秀吉は、畿内を安定させると、まず西に強い関心を示して西進する。(1) 毛利輝元と羽柴秀吉の領国境が画定され、中国地域の戦国時代に政治的幕が引かれた天正十三年は能島村上氏にとっても重要な年であった。

まず二月に秀吉は来島氏の来島への帰島を命じる。このことに関して、二月十一日に小早川隆景は村上武吉・元吉に宛て、「来島通昌事、従羽筑被申下之条、請付申迄候、自然従彼方於企再乱者、任最前申談首尾、御父子三人不捨申、引立可申候」と、熊野牛王宝印を翻した起請文(2)によって、結束して来島通昌の敵対行動に対処することを誓約している。

つづいて秀吉は、四国の長曾我部元親を攻め、八月には屈服させ、伊予国には小早川隆景らを封じる。十一月一日には小早川隆景は村上武吉・元吉に起請文でもって五箇条を令し、その第一条に「務司・中途両城被相渡、御下城之事」と記し、来島海峡に所在する小島に築かれた能島村上氏の城塞網である務司・中途の両城から退去するように命じている。(3)

そして、秀吉は、翌天正十四年から毛利氏らに命じて九州の島津氏攻めの軍を発する。

この天正十四年から同十六年七月八日の「海賊」停止の朱印状にいたるまでの過程は、これまでの海の秩序が変革されていった時期であった。

天正十四年四月十日に秀吉は毛利輝元に宛て朱印状を発し、九州攻めにともなう事柄等について十四箇条を命じている(4)。これは、既に「高麗御渡海事」(第十二条)を視野に入れたものであるが、その第三条に「海陸役所停止事」、第八条に「至九州通道可作之事」とあることが注目される。

九州への軍勢の移動や軍事物資の輸送にとって、海上・陸上ともに関所で通行料を徴収されるあり方は不便であるという判断から、それを停止したのである。

そうした軍勢や軍事物資は、毛利氏領国内を通過せざるをえない。毛利輝元は、天正十四年六月一日に三箇条の分国掟を定めているが(5)、その第一条に「諸関停止之事」とあるのは、それを受けた措置である。

こうした秀吉と毛利輝元の法令によって、その大きな障碍であった能島村上氏の「海賊」としての海上支配権は、政策的に否定されることになった。

したがって、能島村上氏にとって天正十四年四月から同十六年七月八日の「海賊」停止令までの二年余は、まさに激動の時期であったと考えられる。

そこで、このことについて具体的にたどってみたい。

**豊臣秀吉朱印状**(モト折紙)

能島事、此中海賊仕之由、被聞召候、言語道断曲事、無是非次第候間、成敗之儀、自此方雖可被仰付候、其方持分候間、急度可被申付候、但申分有之者、村上掃部(元吉)早々大坂へ罷上、可申上候、為其方成敗不成候者、被遣御人

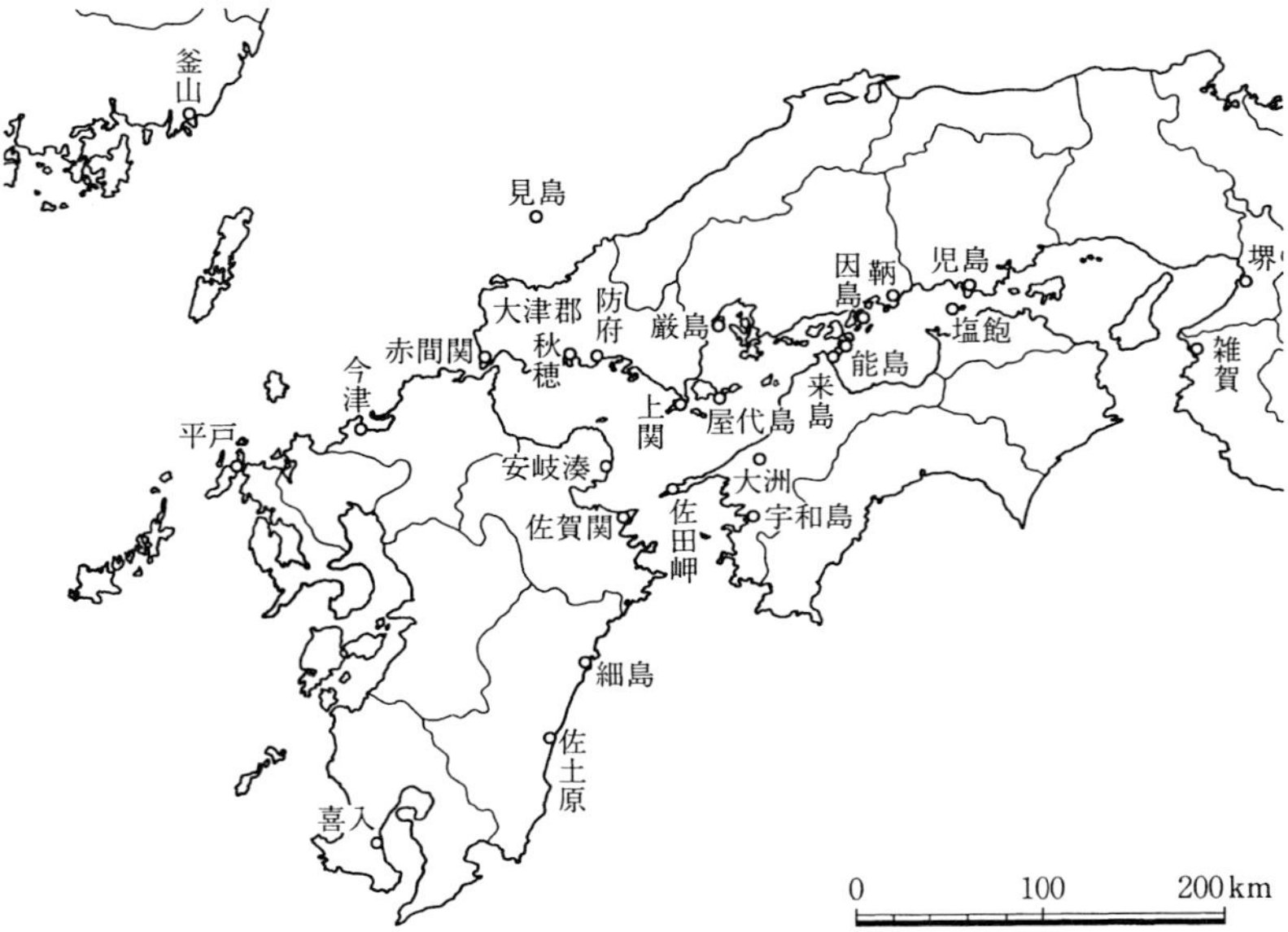


**図1**　能島村上氏関係地名図

数、可被仰付候也、

九月八日　(豊臣秀吉)(朱印)

小早川左衛門佐とのへ

この朱印状(6)は、秀吉が、能島村上氏の「海賊」行為を聞き、それは「言語道断曲事」であり、隆景の「持分」として「成敗」すること、但し「申分」があれば村上元吉が大坂へ上って申上げること、隆景として成敗できない場合には直接に人数を派遣することなどを命じたものである。

小早川隆景は、天正十六年七月二十五日に「侍従」に任じられ(7)、それにともなって秀吉文書では「羽柴筑前侍従」と宛書されているので(8)、この九月八日の「小早川左衛門佐」宛の秀吉朱印状は、天正十五年以前のものと判断される。そして、前述したように秀吉が〝海関〟を政策的に否定したのが天正十四年四月十日のことであるので、この朱印状は、天正十四年か十五年のどちらかと推測される。

いま政治情勢から推測すると、どちらかと言えば、天正十五年の九月八日の可能性が高い。

その理由は、たとえば天正十五年の四月八日に羽柴秀長が野(能)島村上氏に宛て「為警固罷出、日々粉骨不浅候」と述べている[9]ように、島津氏と交戦中の天正十四年の九月八日は想定しにくいところにある。能島村上氏は、東西の政治権力が均衡したその境目地域の芸予叢島を本拠にし、陸の諸大名が相対立・戦争するという分権の時代であったからこそ、広域的な海上支配権を有したのである。仮に秀吉が島津氏との交戦中にその「海賊」行為を成敗するならば、能島村上氏が秀吉に非協力の態度をとり、海上輸送も停滞し、それによって情勢が緊迫し、流動化する可能性は存在したと思われる。

そうした意味からすれば、秀吉の四国につづく九州の平定が、それにともなって大名の配置替もあったことにより、統一政権の広域的な海上支配をも容易にし、それが能島村上氏の固有の性格を押えつけることにつながったということである。

そうした事情から考えると、秀吉の西日本地域平定が能島村上氏の「海賊」行為を成敗できる条件であり、また何らかの「海賊」行為を契機として成敗が布令されたと推測される。

したがって、政治情勢からすると、島津氏が降伏した天正十五年五月以降の可能性の方が高い。

## 一 「村上家文書」中の関係史料の翻刻紹介

ここでは、「村上家文書」に収められているこの課題に関係すると思われる新出文書九通を翻刻紹介[10]して考察にそなえたい。

一　**浅野政勝書状**（折紙）

追而申候、銀子四枚被懸御意候、御懇之至候、重畳御気遣共畏入候、為御両人御意得候て、可被仰候、恐々謹言、

七月八日　　浅野六右衛門尉
政勝（花押）

村上内記殿

田窪三郎右殿御宿所

二　**浅野政勝書状**（折紙）

追而申候、銀子弐百目刀一腰被懸御意候、御懇之至候、是又御使者具御礼申入候、
両使被着登候、則弾正殿（浅野長吉）へ具申聞候、御家中ニ清右衛門尉与申者無之旨、長吉（浅野長政）被聞届候、雖然他所之儀、随分被
聞出被仰上旨候、不可有御由断候、条々御両人江申入候、此義島津殿（義久）ヨリ　上様（秀吉）江直ニ被仰上候者、弥々可為御
迷惑候、先々一着候て、可然候、恐惶謹言、

七月八日　　浅野六右衛門尉
政勝（花押）

村上和州（武吉）

村上掃部守殿（元吉）御報

**註**　ともに七月八日に浅野弾正少弼長吉（長政）の年寄である浅野政勝が認めた書状である。

一は、能島村上武吉・同元吉の使者として浅野長吉のもとに出向いてきた村上内記と田窪三郎右衛門尉の両人に宛て、武吉・元吉への報告を求めた書状である。

二は、その使者両人に託した書状である。内容は、能島村上氏の言分、すなわち能島村上氏家中に清右衛門尉と称する

人物は存在しないということを浅野長吉が聞届けたこと（これは清右衛門尉という人物に賊船行為の嫌疑がかかっていたことによる）、しかし、他所においてもそうした事例（賊船行為）は聞出されて秀吉のもとに報告されていること、したがって油断があってはいけないこと、これらの条々は使者両人に申入れたとする。

ただ、これらに続いて、この儀を島津義久が秀吉に直接に言上するならば、能島村上氏としては「御迷惑」であるとしており、浅野長吉との間ではひとまず「一着」した事件ではあるが、大きな懸念が残っていたことが注目される。

この二通の書状（11）は、島津義久が秀吉に降伏後のことであること、天正十六年七月八日には著名な「海上賊船」「停止」の実効を強化しようとする秀吉朱印状が布令されていることなどから考えて、天正十五年のものである可能性が高い。

### 三　戸田勝隆・増田長盛連署書状（折紙）

於海上賊船之儀、申入候処、不被及返事候、其上証拠無之候間、不被存由承候、勿論慥之儀於在之者、彼者成敗候迄にてハ、相済間敷候、御身上可被及御迷惑と存候、前簾被遂究明、不立御耳以前ニ悪党成敗候て、海上静謐ニ候ハヽ、御為可然候ハんと存候て、申入事候、承及候通具可達　上聞候間、為御届重々令申候、恐々謹言、

七月廿七日　増田右衛門尉 長盛（花押）

戸田民部少輔 勝隆（花押）

村上掃部頭殿（元吉）［　］

**註**　秀吉側の増田長盛と戸田勝隆が能島村上元吉に宛てたもので、「海上賊船之儀」について申入れをしたところ、村上元吉は返事をせず、そのうえ「証拠無之候間、不被存由」を回答したこと、その言分に対して秀吉側は、慥かな証拠があれば賊船行為をした者の「成敗」のみでは済まず、「御身上可被及御迷惑」と恫喝し、前もって糺明を遂げ、秀吉の耳に入

る前に「悪党成敗候て、海上静謐ニ候ハヽ、御為可然候ハんと存候」と、断固たる処置を求めていることが判明する。そして、この書状に対する村上元吉の回答のとおりを詳細に秀吉に言上するから、注意して回答をするように求めている。秀吉に報告する前に賊船行為の停止を命じた秀吉側と能島村上氏の間における当初のやりとりが知られる。

四　**戸田勝隆・増田長盛連署書状**(折紙)

就賊船之儀、度々被仰越候、下にて相心得候儀、不成事候条、承及候、有様之通、可達上聞候条、可為　御諚次第候、其御心得尤候、恐々謹言、

八月廿二日

増田右衛門尉
長盛(花押)
戸田民部少輔
勝隆(花押)

村上掃部頭殿御返報

**註**　この書状は、「賊船之儀」について、能島村上元吉が秀吉側の増田長盛・戸田勝隆のもとにたびたび連絡をしてきていることを述べているが、その主旨は、「下にて相心得候儀、不成事候」、すなわち能島村上氏家中には賊船行為が成敗の対象になるということが徹底しないということであった。そこで増田・戸田両人としては、もはや有様のとおりに秀吉に言上して、秀吉の命令次第にしたいと述べている。
三の書状から約一ヵ月を経過しているが、増田・戸田両人が秀吉の直裁によって処置しようとしていることが知られる。

五　**戸田勝隆書状**(折紙)

尚以為御音信毛氈一枚送給候、御懇之儀共候、

度々御状本望至候、被仰越候趣、一々成其意候、浅弾少(浅野長吉)増右(増田長盛)上洛儀候間、御耳へ可被立之由被申候、乍去、御理候条、先々　御耳へ被立候事無用候、可申遣候〳〵、其上　上様被聞召候者、両三人如在無之候、何様御身上之儀、相替儀有間敷候間、可御心易候、委細御使者へ申入候、恐々謹言、

九月四日　　戸民少 勝隆(花押)

村掃部殿御返報

**註**　この書状は、能島村上元吉が外国産品の氈莚一枚をそえて歎願した際の返書である。

村上元吉は戸田勝隆に宛てたびたび書状を送っていたが、この返書で戸田勝隆は、浅野長吉(長政)・増田長盛が上洛することになり、この事件を秀吉に言上すると言っていたこと、しかし村上元吉の歎願があったのでそれはしないこと、浅野・増田両人へその旨を伝えることを述べ、秀吉がこの事件を聞きつけても我々三人は手ぬかりはないとしている。とにかく村上元吉の身上については、相替わる儀はないから安心するようにと述べている。

三・四の文書から連続する内容であるが、浅野長吉と増田長盛が上洛するという事実は注目される。この事実は、どのような状況を前提において考えるべきであろうか。

秀吉が島津義久を降伏させたのは、天正十五年の五月八日のことであった。その後帰京の途につき、六月七日に筥崎で毛利輝元ら諸将と会談し、九州における諸大名の配置を定めている。小早川隆景が伊予国から筑前国等に移封されることもここで決定された(12)。

一方、島津義久は秀吉に随って上洛すべく六月十五日には鹿児島を海路出発する。九州西海岸を北上し、隈本・高瀬を経て陸路高良山・岩屋から博多、そして六月二十五日に筥崎で秀吉に謁し、翌二十六日の茶会にも陪席している。その日のうちに海路出立し、二十九日には下関に到着して石田三成の出迎えをうける(13)。

島津義久が厳島・鞆・塩飽・牛窓・室津・兵庫を経て堺に到着したのは七月十日である(14)。七月二日に筥崎を出発した秀

吉はその日まだ岡山にあり、大坂城に帰着したのは十四日のことであった(15)。

島津義久の上洛に関して注目しておきたい点は、それが海路、船によって行われていることである。

島津義久の下関到着の際の記事は、次のようである。

> 其翌(六月)廿九日、申時著長門州下関之岸、寄宿於阿弥陀寺(一向宗派)、当城警衛之将増田右衛門尉有佳招之儀、与木食上人倶赴城裏之際、石田治部少輔三成迎来城下而為指南、進太刀・馬代(白銀三十両)於増田氏、同城守士宮部藤右衛門尉亦畀太刀・馬代(白銀十両)者也、談話已過、則帰旅宿、顧往事慮未来之際、迄亥時女子乗船有来於小倉之告、欣々然忽以招入自宿、謂数日離別先悦、語彼此窮困又悲矣、又一郎久保・又四郎彰久・図書頭忠長已下、領国中諸城守将之子女為所質赴京師者、共以到此地也、

注目される一は、増田長盛がこの時期に「警衛之将」として、「城守」宮部継潤とともに下関に滞留していたことである。秀吉の九州派遣軍の帰還の実務を担当していたと思われる。

二は、島津義久の子女や、島津氏領国内の諸城守将の子女らが、人質として数多く海路上洛の途上に豊前小倉にあり、下関で落ち合っていることである。

ともあれ、この文書は、下関に滞留していた増田長盛が上洛したことを示している。それは増田長盛の下関における任務の終了によるものと思われることから、天正十五年に比定してよい。

それでは浅野長吉(長政)についてはどうであろうか。

小早川隆景が移封されたあとの伊予国では、戸田勝隆や浅野長吉が検地を実施している。

現在の温泉郡の「二神家文書」には、天正十五年七月十四日の戸田民部少輔の検地条目が遺存しているが(16)、この文書には、戸田勝隆から依頼された二神家種が風早郡の島々まで検地の案内を勤めたときに給わったものであると付記されている。天正十五年の風早郡忽那島大浦分の検地帳などの関係史料もある(17)。

また、浅野弾正少弼長吉については、天正十五年七月十八日の北宇和郡の奈良谷龍沢寺の禁制（三箇条の第二条には「検地奉行共自在庄たるべき事」とある）[18]、八月十八日に北宇和郡の「ありま総中」に宛て、「其田の立毛三分一、百姓に可遣候」と命じた書状[19]などが確かめられる。

こうした検地を踏えて知行割が行われるが、それについては後述する。

浅野長吉は、伊予国南部地域の検地の任務を終了して上洛したと考えられる。

なお、増田長盛の上洛によって、これ以後は、三・四の文書のような増田長盛・戸田勝隆の連署書状は見られなくなる。

### 六　戸田勝隆書状（折紙）

尚以船之儀、我々預置候、彼方へ相理、船ちん等不被相済候ハヽ、此舟其方へ可進之置候、将又小左衛殿（小早川隆景）へも御身上之儀付而、書状仕候へく候、

度々御使者殊更為御音信樽壱荷両種送給候、御懇志之儀共候、就其賊船之儀付而、先度、輝元（毛利）・隆景（小早川）へ被成　御朱印候、委細之段、御同名三郎右衛門尉殿（田窪）へ申候間、可被御上達候、恐々謹言、

九月廿七日　　戸民少 勝隆（花押）

村上掃部頭殿御返報

**註**　この文書は、九月四日の前文書より二十日ばかりあとのものであるが、前文書までの内容と大きく異なることは、「賊船之儀付而、先度、輝元・隆景へ被成　御朱印候」と述べていることであり、詳しくは使者の田窪三郎右衛門尉に話して[20]いるから報告があるとしている。

朱印状の布令は、大坂から伊予の戸田勝隆のもとへ海路連絡に要した時間を考慮するならば、これよりかなり遡ぼる。

また、朱印状の布令によって事態が緊迫したため、戸田勝隆は、能島村上氏の身上について小早川隆景へ書状を認めると述べている。

なお、尚書では船が問題になっている。その船は、戸田勝隆が預置いている。「彼方」にことわって、「船ちん《(賃)》等」が弁済されなかったら、その船は村上元吉に与えるとしている。

能島村上氏と「彼方」との紛争の事態を推察できるが、船賃等の性格や、紛争の実態は不明である。

## 七　某書状(折紙)

尚々今度者是非共〳〵御太儀候共、被成御上候て可然存候、尚御分別尤奉存候、

貴札披見忝存候、入城付而御同名《(田窪)》三郎右衛門尉殿被成御越候而、一段御懇之段、民部少輔《(戸田勝隆)》被致満足候、先度者、賊船之儀付而、輝元《(毛利)》・隆景《(小早川)》へ被成御朱印候つる、委細三郎右衛門尉殿江申入候、是非共大坂へ被成御上、被仰分候て可然候、民部少輔も随分御取合可申上之由候、隆景へも以書状被申入候、可御心易候、恐々謹言、

九月廿八日 

元吉様貴報

**註**　この文書は、戸田勝隆が「入城」したことについて田窪三郎右衛門尉が祝意を表する使者として来訪したことに勝隆が満足していると述べているので、この差出人は、人名はいまのところ特定できないが、戸田勝隆の年寄と考えられる。

また、「入城」とは、後述するが、小早川隆景が九州に移封されたあと、戸田勝隆が伊予国南部の喜多・宇和両郡を与えられ、大洲城に入ったことを示している。

したがって、この文書は天正十五年のものである。

内容は、前文書と同じく「賊船之儀付而、輝元・隆景へ被成御朱印候つる」ということであるが、注目されるのは、続いて村上元吉に「是非共大坂へ被成御上、被仰分候て可然候」とすすめ、勝隆も随分援助をするとしていることである。小早川隆景へも書状を認めているから安心するようにと述べるとともに、尚書でもくり返し上坂を促している。

## 八　増田長盛書状（折紙）

追而治薬石摺八景之詩、并毛氈一枚被懸御意、祝着之至候、以上、

遠路預御使者候、仍海上賊船之儀、惣別被聞食上、曲事之旨、御意候、輝元（毛利）・隆景（小早川）へ以御朱印被仰出候キ、於此上も何とそ御理被仰上尤候、猶御使者へ申渡候条、不能巨細候、恐々謹言、

九月晦日　増田右衛門尉
長盛（花押）

村上掃部頭殿御返報

**註**　この文書は、能島村上元吉が遠路大坂の増田長盛のもとへ使者を送って申し開きをしたこと、その際に外国産の軸物や毛氈などを贈ったことに対する返書である。

増田長盛は、「海上賊船之儀」について、秀吉がすべて事情を聞いて「曲事」と断じ、毛利輝元・小早川隆景に宛て朱印状を布令したことを述べるとともに、この上も歎願を続けるようにすすめている。

## 九　福島正則書状（折紙）

度々御使札本望存候、仍就御身上之儀、何与哉覧、被　仰出之様ニ候、併頓而相澄可申与存候、御前之儀、御次而も候者、無御私曲之通可申上候、拙者も爰元在国之義、不知案内候事候条、諸事御入魂可畏存候、此表御用等

候者、不可存疎意候、猶御使者江申入候、恐々謹言、

九月晦日　　　　　　　　　　　　福島左衛門大夫
　　　　　　　　　　　　　　　　　正則(花押)

村上掃部頭殿御報

**註**　この文書は、小早川隆景が九州に移封されたあと、伊予国中東部地域を与えられた福島正則が村上元吉からたびたび使者をもって挨拶を受けていたことを示している。福島正則は、能島村上氏の身上について、「何与哉覧、被　仰出之様ニ候」と述べ、朱印状が布令されたことを表現している。また、「御次而も候者、無御私曲之通可申上候」と述べ、秀吉への取成を約束している。

そして「爰元在国之義、不知案内候事候条、諸事御入魂可畏存候」と述べ、村上元吉を伊予国を「案内」できる事情に精通した者として認識し、新しく入部した領国の支配等に関して協力を求めている。

この内容からすると、この文書は、天正十五年のものである。

## 二　能島村上氏と秀吉政権

関係する新出文書九通を翻刻し、いま仮に月日順にならべ、それぞれの内容に検討を加えてみた。まず第一に問題になることは、なぜ差出人側が浅野長吉(長政)、増田長盛、戸田勝隆、福島正則であるのか、である。具体的に言えば、能島村上氏は「海上賊船之儀」について、なぜ頻繁に彼らのもとに使者を派遣し、やりとりをしたのか、である。

天正十五年六月二十五日に小早川隆景の九州移封が決定されたあと、七月に伊予国で戸田勝隆や浅野長吉が検地を

実施していたことは既に述べた。

こうした検地を踏まえて知行割が行われ、天正十五年九月五日に秀吉は福島正則に伊予国内の宇摩・新居・周敷・桑村・越智の五郡で合計一一万三二〇〇石の領地を給与する。(21) そして九月八日には秀吉は福島正則に宛て、領地支配心得とも言うべき五箇条を布令している。(22)

その第二条には「民部少輔(戸田勝隆)申付候内ニ自然堺目等下々申事雖有之、左衛門大夫(福島正則)罷越、身ニ請、精を入、可馳走候、又左衛門大夫申付候内ニ有之共、民部少輔罷越、肝を煎、可馳走候、少も如在を仕、手前さばきニ仕候者、可為曲事事」とあり、福島正則と戸田勝隆の領地境をも越えた緊密な協力による支配を命じている。このことは、この伊予国が「九州四国之かなめ所ニ候」(第四条)という認識に基づいていると思われる。この意味は、東アジア諸国から北部九州や南九州に入る太い流通経済幹線に連動している瀬戸内海西部地域や豊後水道・豊予海峡における海上通航を考えれば、十分に理解できる。

これらの事実は、天正十五年の七月から九月にかけて、浅野長吉(長政)・戸田勝隆・福島正則が、伊予国の検地奉行として、また支配公権力として臨んでいたことを明示している。

また、増田長盛についても、天正十五年六月二十九日には下関に「警衛之将」として滞留し、九州派遣軍の帰還の実務を担当していたこと、そして九月初めには上洛したことについて既に指摘している。

すなわち、九通の新出文書は、当然のことであるが、関係する人物をこうしたこの時期の政治動向のなかに位置づけ、その相互関係のなかにおいて検討されなければならないということである。

次に確認しておかなければならないことは、七月八日の浅野政勝書状に記された事態と、七月二十七日以降の増田長盛・戸田勝隆・福島正則の各書状の事態が、連続するものであるかどうか、である。

これについては、九月四日の戸田勝隆書状に「浅弾少増右上洛儀候間、　御耳へ可被立之由被申候、乍去、御理候条、先々　御耳へ被立候事無用候、可申遣候〳〵、其上　上様被聞召候者、両三人如在無之候」とあり、事態が同一事件から起った連続するものであることは明らかである。

また次に明確にしておくべきことは、七月八日の浅野政勝書状からうかがわれる事件の発端である。浅野長吉(長政)が検地奉行として担当した地域として北宇和郡が確かめられるので、この事件は、この日以前に豊予海峡の佐田岬半島より南の宇和海で発生したのではないかと推察される。

この事件は、浅野長吉との間で「一着」がはかられた。しかし、浅野長吉側の最大の懸念は、「此義島津殿ヨリ上様江直ニ被仰上候者、弥々可為御迷惑候」とあるように、島津義久の対応にあった。

それでは、島津義久はこの事件にどのような立場で関わっていると考えたらよいのであろうか。

そのことをいま素直に考えれば、島津義久に関係する船が能島村上氏の「賊船」行為の対象であったと判断される。島津義久が、六月十五日に鹿児島を海路出発し、二十五日に筥崎で秀吉に謁し、翌二十六日には茶会に陪席したこと、その日のうちに海路出立し、二十九日には下関に到着して増田長盛・宮部継潤に招待され、また人質として海路上洛途上の子女や、島津氏領国内の諸城守将の子女らと合流したこと、瀬戸内海の要港に寄りながら東上し、七月十日に堺に到着していることは、既に指摘した。

その途次、島津義久は、たとえば隈本で佐佐陸奥守に太刀・馬代、高良山で細川越中守に太刀・馬・沈香五斤、松井新介に太刀・馬・沈香三斤、下関では前述のように増田長盛・宮部継潤に太刀・馬代・白銀、厳島では「亭主江生糸三斤」を贈っていることなどが確かめられる。

島津義久の上洛にともなって、その道中における諸物資・諸経費や関係者への外国産品を含めた贈答品、そして秀吉への献上品をはじめとする朝廷や諸大名・諸将らへの贈答品、また滞在中の諸物資・諸経費等々を積載した船が鹿児島を順次出発したものと考えられる。

そのなかには、筥崎までの用途ではなく、それ以後の主に上洛用途であるため、九州西海岸を北上した島津義久の行程とは異なり、鹿児島から豊後水道を経て豊予海峡を通過して瀬戸内海に入ろうとした船もあったと想定してよい。たとえば、天正十六年四月二十六日に飯野を出発した島津義弘は、五月三日に日向国佐土原の徳之口を出船し、細島(現在の日向市)、豊後国佐伯の蒲江、保戸崎から「さた《(佐田)》崎とて又塩あひあらき浪まを分過」ぎて伊予灘に入り、周防国屋代島、伊予国二神島、安芸国蒲苅、高崎、備後国鞆、塩飽島、家島を経て、二十三日に堺津に到着している。(23) 島津氏が上洛する場合は、通常はこのように豊後水道から瀬戸内海に入るルートをとっていた。

既に前章に指摘しているが、大内義隆代には、京堺商人は琉球国から南九州に入った外国産品を仕入れるため日向・薩摩を往返しており、能島村上氏はその積荷に通行料を賦課することを認められていた。こうした畿内商人にとっては、豊後水道・豊予海峡は最も主要な流通幹線であった。それは、歴史的に形成されたルートであった。(24)

こうした交通・流通は、諸国の海洋領主層も同様であった。たとえば、十月三日に伊予国の得居太右衛門尉は「与州ゟ」高野山上蔵院に宛て、「如御意当春者致祇候、種々御馳走之段忝奉存候、殊三種送被下、是又忝令存候」と述べ、尚書で「喜入他行仕、御返事不申候、すミ五明五本慥ニ請取申候」と認めている。(25) 得居氏(現在の愛媛県北条市辺)が高野山と喜入(鹿児島湾西岸の喜入町)との間を往返していたことが知られる。喜入は喜入氏領であるが、喜入季久は、永禄十一年に島津義久の使者として足利義昭のもとに出頭し、(26) 天正二年には真木島昭光・一色藤長のもとに沈香十斤、段金一端を進上している。(27)

こうした海域でも能島村上氏は活動していた。たとえば、十二月二十四日に大友義統は島源兵衛尉に宛て、「日州表之儀、其聞候哉、従武吉《(村上)》早々示給候、被添心候之次第、乍案中頼敷存候」と述べ、(28) 大友氏の日向表における戦争に村上武吉が援助を申し出たことに感謝している。

豊後水道・豊予海峡は、東アジア諸国を視野に入れて国際的・広域的に活動する大名や海洋領主、畿内商人、地域商人らが行きかい、そして「海賊」能島村上氏が支配できる重要な海の道であった[29]。

前述したような島津義久が関係する船に対し、清右衛門尉と称する人物が賊船行為に及んだと考えられる。そうした事態を踏まえ、浅野長吉(長政)は、宇和海域の担当であったためか、島津氏側からの訴えをうけ、清右衛門尉を能島村上氏家中の人物として問い糺したものと思われる。

浅野長吉は、能島村上氏家中に清右衛門尉という人物は存在しないという、村上武吉・元吉父子の言分を聞届け、「一着」をはかった。これは、従来からの地域秩序を遵守した決着の仕方と言える。

ただ、島津義久が秀吉に直接に言上した場合には、全く困った「迷惑」する事態におちいり、秀吉の怒りが懸念されたのである。

浅野長吉側が懸念した事態、その機会は、島津義久としては、上洛以後はいつでも可能であった。

しかし、島津義久は秀吉に直接に言上しなかったとみえ、増田長盛・戸田勝隆と能島村上氏との間で折衝が重ねられた。秀吉への言上は、浅野長吉・増田長盛が上洛して以後、彼らによって行われたものと考えられ、その結果、毛利輝元・小早川隆景に宛て朱印状が布令された。戸田勝隆は村上元吉に大坂に上って秀吉に歎願をするように強くすすめ、小早川隆景とも緊密に連絡を取り合って対応するとしており、伊予国に新しく入部した福島正則も援助を約束している。

以上、新出文書から明らかにされた事実から考えて、七月八日から九月晦日に至る九通の一連の文書は、天正十五年の豊後水道・豊予海峡における能島村上氏による賊船行為に関するものであると考えられる[30]。

それでは最後に、これらの事実が、前述したように天正十五年である可能性が高い九月八日の「小早川左衛門佐」宛の朱印状の内容とどのように関わるか、考えてみたい。

九月四日の戸田勝隆書状と、九月二十七日の同書状の内容が大きく異なるところは、後文書に「先度、輝元・隆景

へ被成　御朱印候」とあることである。朱印状の布令日は、明示されていないが、大坂から伊予国の戸田勝隆のもとへの連絡に要した時間を考慮すれば、これよりかなり遡ぼる。

そしてこの朱印状の布令が、九月四日の戸田勝隆書状に記されている浅野長吉・増田長盛の上洛直後に予定どおり彼らによって秀吉に言上された結果であると考えると、九月八日の「小早川左衛門佐」宛の朱印状と時期的にほぼ符合する。

また、内容的にも九月八日の朱印状の「但申分有之者、村上掃部早々大坂へ罷上、可申上候」と、九月二十八日の戸田勝隆の年寄が認めた書状の「是非共大坂へ被成御上、被仰分候て可然候」とは一致する。戸田勝隆が小早川隆景と緊密に連絡を取り合っていることも理解できる。

「輝元・隆景へ被成　御朱印候」の意味するところがそれぞれ別であるとしても、毛利輝元に宛てられた朱印状は見当らないが、小早川隆景宛の朱印状とは、まさに九月八日の「小早川左衛門佐」宛のものと考えてよい。

以上述べてきたように、九月八日の朱印状は、天正十五年の一連の流れのなかに明確に位置づけて考えられるのであり、天正十五年のものと判断してよい。

## おわりに

天正十五年五月に秀吉が九州の島津氏を降伏させ、西日本地域において覇権を確立すると、海の統一政権と称してもよい能島村上氏との間で正面切った闘いが始まった。

天正十五年の九月八日の小早川左衛門佐(隆景)宛の朱印状では、能島村上氏は、いわば公式に「海賊」行為を糾弾され、厳しく詰問されながらも、政治的妥協の道を模索し、なお屈服はしていなかったようにみえる。しかし、状況的には、伊予国に秀吉子飼いの大名である福島正則や戸田勝隆が入部し、伊予国が九州・四国の要所としての役割を負わされたことによって、能島村上氏は、その活動を周囲から厳重に監視され、歴史的に築き上げてきた広域的な海上支配権という固有の主権的権益を保持することは困難になっていた。

このころには能島村上氏の賊船行為が各地で頻発していたようであり、そうした事情もあって、翌天正十六年七月八日に秀吉は、伊予国斎島における「盗船」行為を「曲事」と断じ、浦々の船頭・猟師らの人別改、「海賊」をしない旨の誓紙の提出、「海賊」をした者の成敗とともに給人・領主の知行分の没収などの三箇条の定を布令し、[31]制度的にも、実態的にも、「海賊」の歴史的否定を断行しようとしたのである。

この著名な「海賊」停止令は、まさに統一政権を樹立した秀吉が、海上支配権をも掌握するという政策的表現であり、具体的には、九州を平定し、西日本地域を制覇した秀吉が、堺や長崎を直轄領化したこと、あるいは島津氏領内の浦に商売のため来津した外国船からの生糸の先買権を島津氏に承諾させていることなど[32]と密接に関係しており、東アジア規模において広域的に展開する流通経済権益を統一政権のもとに集中・独占していくためには、不可欠の事態であった。

したがって、秀吉がこのような政策を断行すれば、旧来から海上支配権を固有の存立基盤としてきた能島村上氏と衝突し、しかもそれが政治的に妥協できるような事柄でなかった以上、正面切って対決することになるのは当然の成行であった。また、このように能島村上氏がその固有の存立基盤を統一政権の特定の政策によって否定されることこそ、その存在が陸の各大名との個別的関係を超えるものであったことを明確に示している。

天下人秀吉の政策は、海上に関しては、まさに能島村上氏を排除し、その「海賊」としての権益を奪取する方向で進められたのである。その結果、能島村上氏は、あがいた果てに屈服させられ、小早川隆景を介して、地理的にも近く、長年盟約関係にあって歴史的にも付き合いの深かった毛利氏に従属することになり、急速に家臣化していった。

毛利氏『八箇国御時代分限帳』は、秀吉の朝鮮侵攻に対応するため、天正十五年から十八年に実施された毛利氏の惣国検地に基づく給地賦の実態を示すものであるが、能島村上元吉とその一族は、長門国大津郡に知行地を確定されている。(33)大津郡には、距離的に朝鮮半島に最も近いこともあって、毛利氏の警固衆の多くが知行地を与えられており、このことは、秀吉の朝鮮侵攻に対応するため、毛利氏が、大津郡を赤間関とともに軍事物資の輸送基地として重視していたことを明示している。(34)

こうしてみると、毛利氏が秀吉と和睦し、その覇権戦争に加担した天正十年代は、能島村上氏や海上勢力にとっても大きな変革の時代であった。それは、それまでの独自性・自立性に生きた時代から、それを奪取され、また捨てざるをえなかった、まさに急速に押し寄せる変革の大波を真正面から受けた時期であった。いまその意識を問うてみると、「海賊」集団としての誇りを傷つけられ、喪失し、時代の移り変わりをしみじみと感じさせられたであろうと推察される。(35)

ただ、このように述べたからと言っても、この大きな変革の時代の歴史的意義を否定しているわけではない。広域化・国際化を進めつつあった流通経済の動きに対応し、列島各地において激しい戦争を経て創出された戦国大名「国家」も、そうした政治権力のより広域化の方向の帰結として天下人秀吉による戦国大名「国家」の統合を果たしたが、その統一政権の広域的流通経済政策の論理が、旧来の地域主権の時代、言い換えるならば海に境界がない時代の流通経済の有様というものを否定してしまったのである。これによって、通行料を課徴する海関という商品輸送上における障害が取り除かれたことは、(36)一応評価しなければならない。

時代の変革のなかで構造的断絶がくり返された結果、権力に奪取されて消された地域性もあれば、なお自立的に生き抜いてきた地域性もある。草創期の統一政権は、強大な軍事力を背景にして、中世の在地領主制の政治形態のなかにおいて、それぞれ独特の位置をしめた各地域の領主・大名らが有していた主権的権利の奪取や一部制限、また各地域社会の構造や機能等々の否定、その奪取のうえに成り立ったものである。中世の地域性、また時代性の消滅という問題は、統一政権の政策基調と、それに基づく支配の深化によるものであることを忘れてはならない。

（1）　天正十年秋には、秀吉方に転じていた来島通昌が来島への復帰をはかって示威行動をする。これに対し、十一月十五日に河野通直は村上元吉に宛て「境目之談合半候、此節之事候条、先々御堪忍肝要候」（『萩藩閥閲録』一二二〈村上〉―80）、十一月二十一日には小早川隆景奉行人井上春忠が村上元吉に宛て、来島衆が忽那島においてたびたび狼藉を働いたことについて「御憤之段無別儀存候」と共感しながらも、「此節御相当之儀者、是非被成御堪忍候へく候と存候」と述べ（「村上家文書」152）、進行中の秀吉との和平交渉への影響を心配して強く自制を求めている。

こうした政治情勢の展開にともない、能島村上氏は主体性を次第に損われ、その立場を毛利氏に寄せていかざるをえなかった。

（2）『萩藩閥閲録』一二二〈村上〉―2。

（3）『萩藩閥閲録』一二二〈村上〉―3。

天正十年五月・六月のことであるが、「芸州警固并務司衆」が共同行動をとっている（「片山二神家文書」『中島町誌史料集』）。

また、大内義隆代のことであるが、九月二十日に冷泉隆豊は村上右衛門大夫に宛て、「能島中途間之儀、可為穏便之由、先日就被仰候、重畳承候、雖然中途衆周防浦辺賊船無窮期候之間、一途可被仰付之通、隆著《青景》申上候、就其、以先年筋目可有御馳走之由候、於無御同意茂、無賊船停止候者、可被仰付候哉」、尚書では「又防州関所過書之事承候、調進申候」と述べている（「村上謙之丞氏所蔵文書」『愛媛県史　資料編古代・中世』一七六八）。

冷泉隆豊が村上右衛門大夫に周防国内の関所の過書を所望に任せて与えたこと、それは、中途衆が周防浦辺において賊船行為をしているのを処断することへの協力に対する礼であったことなどが知られる。

冷泉氏は周防国内では玖珂・熊毛・都濃郡内に所領を有する（『萩藩閥閲録』一〇二〈冷泉〉―119・120・121）海洋領主であっ

た。村上右衛門大夫とは、「先年筋目」とあるように、盟約関係にあった。

（4）『毛利家文書』九四九。

（5）「天野文書」一〇八（『広島県史　古代中世資料編Ⅴ』）。

（6）『小早川家文書』二八六。

（7）（8）『小早川家文書』一八五、一七九。

（9）『萩藩閥閲録』二二〈村上〉―78。

（10）一は「村上家文書」145、二は144、三は288、四は289、五は246、六は247、七は394、八は287、九は282。

（11）この二通の書状は、『宮窪町誌』に翻刻されているが、「弥々可為御迷惑候」の箇所は、「弥々可為御悉懇候」と誤読されている。そのため、意味も、事態もとらえにくくなっている。

（12）（15）秀吉の行程等については、『九州御動座記』など。『史料綜覧』巻十二で概ね辿れる。

（13）（14）『鹿児島県史料　旧記雑録後編二』巻二十一、354、410。

（16）（17）（18）（19）『愛媛県史　資料編近世上』三二一、三三五、三三三、三二四。

（20）田窪氏については第一〇章の註（51）に指摘しているが、この能島村上氏の使者として交渉にあたっている田窪三郎右衛門尉は「御同名」と呼称されている。一族・一門の格付を有していたと思われる。なお、その本拠は、重信川中流域の現在の重信町田窪に比定できる。

（21）（22）「福島家系譜」（『広島県史　近世資料編Ⅱ』）。

（23）前註（13）（14）所引史料、巻二十二、471。なお、島津義久は、天正十六年九月に海上を帰路につき、気象状況が悪かったため、しばらく周防国上之関に逗留するが、十月の「四日、一番鳥ニ上之関御出船、未刻さか(佐賀)の関御通、風つよく候つれ共、順風なる故御塩懸もなく、直ニ細島の様ニ御渡海」「五日、払暁ニ細島へ御着船」している（同、510）。丸一日で上之関から細島まで風にのって一気に渡海していることは注目される。

また、文禄三年（一五九四）四月十一日に左遷された関白近衛信尹は、薩摩国に流されるが、海路西下し、安芸国蒲刈・鹿老渡、防予諸島の津和地島・平群島・八島を経て佐賀関に寄り、保戸、蒲江、そして細島に到着して、細島からは陸路をとっている。勅勘がとけ、文禄五年七月十日には鹿児島を出船し、陸路や海路をとりながら細島に至り、細島を出船してからは、蒲江、保戸、佐賀関に寄り、伊予国青島、北条を経て、備後国鞆に着いている（『史料纂集　三藐院記』）。

藤原惺窩は、慶長元年（一五九六）六月二十八日に京都を出発し、瀬戸内海を通って佐賀関、蒲江、細島、内海を経て、七月十二日に大隅国内浦に到着している。そして、船頭弥二郎の父浄感宅に寄宿し、葡萄勝酒をルスン瑠璃盃で飲み、異域の珍肴を食しながらルスンや琉球の風土を聞いたり、ルスン琉球路程記録の冊や世界図を見たり、また滞在中の明人らと話し、新たに入港した明泉州の船主の船を見学して交流をしている。この船はまたルスンへ向う予定であった。つづいて浜市において伊集院忠陳・島津義久に面会し、鹿児島に寄って山川に到着しているが、琉球経由で明への渡航を目ざしていたものと考えられる（「南航日記残簡」〈『藤原惺窩集　下巻』思文閣出版、一九四一年〉）。

(24)　元寇のころから西日本の多くの国においては北条氏家督(得宗)や、また北条氏一門が守護職を掌握する。いま摂津・播磨（得宗・一門）、備中（得宗）、安芸・周防・長門（一門）、讃岐（一門）、土佐（得宗）、豊前・日向・大隅（一門）などが該当する（佐藤進一『増訂鎌倉幕府守護制度の研究』〈東京大学出版会、一九七一年〉）。また、北条氏所領も豊後国佐賀郷・臼杵庄、日向国国富庄、島津庄日向方、同大隅方（種子島をも含む）などが確かめられる（石井進「九州諸国における北条氏所領の研究」〈竹内理三博士還暦記念会編『荘園制と武家社会』―吉川弘文館、一九六九年―〉）。

これらの北条氏による重要国・重要地の確保は、こうした海の交通路の掌握を意図したものであったと考えられる。

(25)　「高野山上蔵院文書」（愛媛県立図書館寄託伊予史談会文庫影写本〈『愛媛県史　資料編古代・中世』二二四〇〉）。四国の領主層にとって高野山との関係は重要であり、その交流は緊密であったと思われる。

なお、六月三日に得居通幸は近辺の二神島の二神修理進・同弥五郎に宛て、「先日者船之立之木之事申候処、八十本給候、祝着候、残而廿本之儀頼申候」と述べている（「二神家文書」〈『中島町誌史料集』〉）。

(26)　『島津家文書』九一一。

(27)　『鹿児島県史料　旧記雑録後編一』巻七、763。なお、段金とは、緞子と金襴を一つに合せた略称である。また、喜入季久は、天正十四年六月十日には島津義久から日向口の船大将に任じられている（『大日本古記録　上井覚兼日記下』）。

(28)「予陽河野盛衰記巻十五」（『愛媛県史　資料編古代・中世』二二二九）。

なお、たとえば天正十年の十二月二日に河野通直が村上元吉に宛て、「頃宇和・横松表無替儀候条、可御心易候」と述べている（『萩藩閥閲録』二二〈村上〉―83）ように、喜多郡、宇和郡方面と能島村上氏の警固活動の関係がうかがわれる。

(29)こうした海の道は、外国産品とともに地域社会の重要な資源も流通していた。たとえば、永正十二年（一五一五）三月七日に大内氏領国の豊前国宇佐郡代佐田泰景らは番長大夫に宛て、「御預銭」について「殊皆以可為撰銭候、芸石土佐之材木可被買下御用候」と述べている（『大分県史料5』一六〇九）。土佐の木材は地域特産品として古くから知られていたが、大内氏はその入手を順調ならしめるため公納銭の良質性を村落社会に求めていた。

また、天正十九年四月十九日に石川光元は堅田元慶に宛て、「舟之儀御急ニ候、作中所土佐国ニ候」と述べ（『小早川家文書』四一九）、豊臣秀吉の朝鮮侵攻にあたって毛利氏領国の鉄を土佐国に運送して船の建造を急ぐよう命じている。

一方、こうした地域間交流は、婚姻関係にもあらわれている。大内義隆の姉は、土佐国中村を本拠とする一条房家室、豊後国の大友義鑑室であった。大内義隆は一条房家の子で甥にあたる義房を養嗣子とするが、義房は天文十二年五月七日に尼子氏攻めの出雲国からの敗走途中に溺死する。また、大内義隆横死後、陶隆房（晴賢）が擁立した義長も大友義鑑の子で甥にあたる（『大内氏実録』付録、大内系図）。

さらに一条房家の孫の房基室は、大友義鑑の娘であった。大友義鑑からみると、その子女は、義鎮（宗麟）、大内義長、一条房基室らとなる。一条房基の子兼定も大友義鎮の娘を室に迎えており（「寛政重修諸家譜」巻一一四）、また一条房基の娘は日向国の伊東義祐の子義益室であった（同巻八九二）。幾重にも張りめぐらされた濃い婚姻関係をみてとれる。

大内氏が伊予国河野氏と緊密な関係を取り結んでいたことはよく知られているが、これらの事実は、重要な海の道を取り囲む周防、伊予、豊後、土佐、日向の大名らが、その安定的掌握をねらって結束をはかったあり方の表現でもある。

また、豊後国衆の佐伯氏（現在の佐伯市の栂牟礼城を本拠とする）は、歴代日向国北部の土持氏らと婚姻関係が深いが、たとえば、弘治二年（一五五六）に佐伯惟教は大友義鎮に叛き、一族家臣らを率いて伊予国に退去している。そして毛利氏との筑前国立花城の攻防戦中に再び帰国し、元亀三年(一五七二)には、大友氏家中で年寄の地位に連なって三月六日に加判しており(「五条文書」〈『大分県先哲叢書　大友宗麟資料集第四巻』一四五五〉)、また一条兼定を救援するため伊予国宇和郡に西園寺氏を攻めている。

こうした行動は、豊後水道両岸の海洋領主層の交流を前提としたものと思われる。

(30)　実はこの事件に関係すると思われる文書がもう一通存在する。九月三十日に「山与兵衛尉貞綱」が村上元吉に宛てたものである(「村上家文書」389)。(口上)その内容は、「弾正江種々申聞候へハ、大かた相調申候、然処ニ被申分たく御座候間、一々弥五右衛門尉殿へ弾正直ニこうしやうニ被申候間、能々御尋可有候」「上様江申上候之由被申候間、今俄ニ者成間敷之由被申候間、可然様ニ弾正相済可申様ニ我等申と、のへ申候へく候間、御心安思食申候へく候、委細者弥五右殿江こうしやう二申渡候」「尚々やかて此方へ御使一人御のほせ可被成候、談合仕置可申候」と述べたものである。弥五右衛門尉は村上元吉の使者であり、弾正は浅野弾正少弼長吉、上様は豊臣秀吉と考えられる。

文禄三年(一五九四)の甲斐国支配に関する浅野長政長継連署条目が「山岡与兵衛」ら逸見筋の三人の奉行に宛てられている(『浅野家文書』九八)ので、この文書は浅野長吉の年寄である山岡貞綱が認めたものと推測できる。内容から天正十五年のものと判断してよい。

(31)　『小早川家文書』五〇二。

(32)　『島津家文書』三八四。

(33)　岸浩編著『資料八箇国御時代分限帳』(マツノ書店、一九八七年)。

(34)　岸田裕之「『八箇国御時代分限帳』にみる毛利氏の朝鮮への動員体制」(一九九七～一九九九年度文部省科学研究費補助金基盤研究(B)(2)研究成果報告書　研究代表者岸田裕之『『中国地域』を中心とする東アジア社会との交流に基づく史的特質の形成とその展開』〈二〇〇〇年九月〉)。なお、第五章で注目した見島の給人は磯部淡路守(四〇四石六斗九升三合)である。その出自は不明であるが、この呼称からはまさに海上勢力であることがうかがわれる。毛利氏は見島を中継基地として機能させたのである。

(35)　能島村上氏は確かに固有の海上支配権を失っても生き続けることはできたであろうし、事実毛利氏の家臣として生き続けた。また歴史の選択を異にして織田氏、秀吉の側に転属したとしても生き続けることは可能であったと思われる。しかし、前章、本章において論述したような西日本地域における海上支配権という固有の存立基盤を有して存在した「海賊」としては、この時期に急速に弱体化し、衰亡していくのである。

それは、地域主権の中世社会から秀吉が統一政権を樹立し、諸大名の改易や領国替を断行し、政策的に在地領主制を否定していく変革の時代における歴史的所産であり、当該時代の政治動向のなかでは避けられないいわば構造的変革＝歴史的断絶であったと言わなければならない。

この急激な政治変革の大波を真正面から受けた能島村上氏が最も頼りにしたのが小早川隆景であった。能島村上氏は、長年にわたって小早川隆景を介して毛利氏と盟約関係にあったが、この天正十年代における能島村上氏宛の隆景文書を比べてみると、一つの変化が読みとれる。

中世の文書からは、宛書の位置が年月日よりも高いか、同じぐらいか、低いかによって、宛人と差出人の関係について推察することが可能である。いま天正十年四月十四日(沖家騒動の時)、天正十三年二月十一日(来島通昌の来島への帰島の時)、同年十一月一日(務司・中途両城からの下城を命じた時)の三通の小早川隆景起請文を比べてみると、その宛書は年月日よりも高い位置から同じぐらいに移りかけている。そしてそれに比べると、文禄二年(一五九三)六月七日の朝鮮侵攻の時の小早川隆景感状の宛書は全く低いところに位置しており(「村上家文書」6。『萩藩閥閲録』二二〈村上〉―73)、他の家臣に宛てたものと同様である。

宛書の位置は、紙の切り方、大きさなどによって多少は影響を受けるが、この変化は、既述した政治過程に合致している。わずか十年間の政治状況の変化――羽柴秀吉と毛利輝元の和睦、「羽筑」から関白への上昇、「海賊」停止の布令、毛利氏の惣国検地、秀吉の朝鮮侵攻――が、能島村上氏の地位を急速に低下させたのである。もはや能島村上氏は、毛利氏の対等の同盟者ではなかった。毛利氏領国内に知行高を確定され、家臣となった存在であった。

小早川隆景が村上武吉・元吉父子を組織上より下位の者として見るに至ったことは、必ずしも両者の信頼関係が損われたことを意味するものではないが、いま大胆に村上武吉・元吉のこころの内を推察するならば、その心中は苦渋に満ちたものではなかったかと思われる。

(36)　能島村上氏は、歴史的に築きあげた「海賊」固有の海上支配権は損われたが、それは警固衆としての機能を失ったことを意味するものではない。朝鮮侵攻の兵員や軍事物資の輸送上の役割を想定するならば、その機能は従来通り保持されたと考えられる。

そうすると、前章において毛利氏が惣国検地の際に周防国向島などの能島村上氏領に検地の手を入れなかったことを指摘したが、このことと、分限帳においては村上元吉の知行地が長門国大津郡に集中している事実をどう関係づけて説明できるか、大きな問題が残る。

能島村上氏が毛利氏家中において従来からの卓越した警固衆としての機能を保持していこうとするならば、水夫の動員・補充、水・食料等の生活物資や軍事物資の補給、そして輸送のためには、たとえば屋代島・上関・深浦・向島・秋穂というように、ほぼ等距離で拠点を確保し、それをつないだ自らの送り機能があれば、有利であったと考えられるからである。

惣国検地は「惣国」に実施されたのか、とくに銀山などの資源、港町などの流通権益に関わる経済拠点については、あらためて検討してみる必要があろう。

# あとがき

本書は、ここ十五、六年間に発表した論文のうちから、とくに経済構造に関するものを選び、書き下した新稿と合せてまとめたものである。いま本書の構成と既発表の論文名、その所載書目、発表年次との関係を示すと、次の通りである。

序章の二……「人沙汰」補考――長州藩編纂事業と現代修史小考――(『山口県史研究』三、一九九五年)
第一章……中世後期の地方経済と都市(『講座日本歴史』4、東京大学出版会、一九八四年)
第四章……国人領主の財政と流通支配――戦国時代の雲芸攻防における山間地域領主層の性格――(『芸備地方史研究』一五七、一九八六年)
第五章……石見益田氏の海洋領主的性格――永禄十一年の吉田毛利氏への出頭関係史料の紹介と解説――(『芸備地方史研究』一八三、一九九三年)。なお、本論文は、のち石見郷土研究懇話会の要望に基づいて同機関誌『郷土石見』三八(一九九五年)に転載した。
第六章……大名領国下における赤間関支配と問丸役佐甲氏(広島大学文学部内海文化研究施設編『内海文化研究紀要』一六、一九八八年)
第七章……大名領国下における杵築相物親方坪内氏の性格と動向(『大社町史研究紀要』四、一九八九年)
第八章……小瀬木　平松家のこと　付「新出沼元家文書」の紹介と中世河川水運の視座(『熊山町史調査報告』四、一九九二年)。なお、本論文は、のち『熊山町史　参考資料編』(熊山町、一九九五年)に収められた。

第九章……戦国時代の神戸川沿い(『尼子氏の総合的研究　その一』〈一九九〇・一九九一年度文部省科学研究費補助金総合研究A研究成果報告書——研究代表者藤岡大拙〉、一九九二年)

既発表論文については、特に第八章に関わる前半の「小瀬木平松家のこと」を全面的に削除し、新たに「はじめに」と「補記」を加えたほか、全体の形式的統一をはかるうえなどから、若干の補訂をおこなっているものもある。また、翻刻した新出文書の写真図版、花押・印章集等は削除した。

また、序章の一、第二章、第三章、第一〇章、第一一章は、当初考えていた全体構想にそって新たに書き下した新稿である。

一九八〇年四月に広島大学文学部に赴任した私は、それまで発表してきた大名領国の政治構造に関する研究にひとまず区切りをつける作業を進める一方で、中国地域・瀬戸内海地域の大名領国研究の一層の進展をはかるために、山口県内を中心として原文書の蒐集調査を始めた。これは、広島県史の編纂においてもなお本格的には取り組めなかったいわば残された課題であった。手間もひまも個人の手に余るかと思われたが、それだけに新任地の仕事としては、ふさわしいように思われた。

予想通りというか、予想外といったらよいのか、調査のたびごとに良質でしかも内容の豊富な新出文書が多数発見された。そしてまた、調査時には所蔵者や関係者の方々から、史料の管理・保存に関わるまさに終着点のないその継承の営みについてお話をうかがう機会もあり、文書群をながめながら深い感慨を覚えた。それらは、時として個別の保存史の見聞ではあったが、共通項も多く、そのたびに私は自分自身に課せられた役割のようなものの自覚を迫られた。何よりもそれは、私の研究意欲や執筆意欲を刺激し、かき立てた。お蔭で私は、いつも新鮮な気持で、新史料でもって新分野に実態的に切り込み、生き生きとした研究活動を続けてこられたように思う。まとまったものは解説を付して史料集にしたり、また一つの家わけ文書がそのまま一つの論文になった場合もある。それだけ質量ともに豊富な新出文書群であった。

そしてそうした研究成果は、できる限り身近なところに発表の機会を求め、関係する地域社会の多くの方々に手に取って読んでいただけるよう努めた。地域の史料に基づく研究成果はまずその地域社会に還元することが大切であると思われたし、いわゆる地方の時代を内実のあるものにしていくために、地域民が地域の歴史を知ることは地域社会の自立を支え、創造する意識の形成にとって大きな支えになると考えたからである。

史料蒐集調査にあたって便宜をはかっていただいた山口県文書館、財団法人防府毛利報公会毛利博物館、島根県立図書館、東京大学史料編纂所、下関市立長府博物館、同長府図書館、岩国徴古館等の史料架蔵諸機関、ならびに個人所蔵者各位には、あらためて深い謝意を表したい。

こうした史料蒐集調査は、秋山伸隆氏と協力して進めてきた。調査先の宿でその日の調査史料に基づいて新たな研究の可能性や方向性等について語り合ったことなどが思い出される。史料への取組みの姿勢が共通していたことは、誠に幸いであった。あらためて厚くお礼を申し上げたい。

二十数年前に広島大学文学部に誘って下さったのは、日本古代中世史講座の坂本賞三教授であった。私が始めた史料蒐集調査や新出文書を利用した研究に御理解をいただいたが、一九九〇年に退官された。もう少し早くこうした成果をお見せしたかったが、貴重な新出文書が多分野にわたっており、また事情があって急いで紹介しなければならない史料もあったため、こうした経済構造にしぼって研究を進めていくという計画的方法をとりにくかったことが、遅延した大きな理由である。近年の国立大学の制度改革の動きのなかで勤務先においても旧来の小講座の統合が進められて文学部日本史学講座が生まれたのも束の間、今年度からは私は、それと世界史学講座を統合して新たに創設された大学院文学研究科歴史文化学講座に在籍することになった。史資料を重視する人文科学系の基礎学の伝統的な方法は重要である。そうした知的生産の意義と価値を拠にしながら、さらに対象とするものの実態解明においても、その方法論においても、的確な広がりをもたせて一層深め、そうした営みを通してより永続性のある認識に高めていきたい。

本書の刊行にあたっては、永原慶二氏の御高配を賜わった。はや三十数年前のことになるが、研究生活に入った当初から、私の研究には深い関心を示していただいてきた。特に記していまあらためて心からお礼を申し上げたい。

私は、東寺領播磨国矢野荘を対象にして解体期の荘園から研究生活に入ったが、その頃思案のすえ、中世後期の山陽道筋、中国地域・瀬戸内海地域の守護大名・戦国大名領国の支配構造の研究を目標にした。いわゆる個別大名の研究ではなく、将来的には、当該地域の個別大名の研究を一層深め、そしてより広域的に国衆や大名らの政治権力の相関関係とバランスのなかで究明し、それぞれの地域に視座をすえて構造的にその地域性や時代性を問い、それらを総合した地域社会像・大名領国像を構築し、その政治構造、経済構造、意識構造を三部作として仕上げてみたいと考えた。そしてまた、そうした大名領国の研究成果を踏えて、ふりかえって解体期荘園の動向や実態を広域的な政治バランスのなかで位置づける機会ももてたらと思っていた。それについては、幸い「室町幕府・守護と荘園」(『講座日本荘園史4　荘園の解体』吉川弘文館、一九九九年)を執筆する機会を得て、その基本的な構造と方法についてそれなりの枠組を提示できたと考えている。

本書の刊行によって、若い頃に立てた目標のうちいわば第三部にあたる意識構造に関する研究成果をまとめることが、やっと視野に入ってきた。大学が抱える問題は近年の組織改革のなかで身をもって経験したし、その現状も取りまく環境も厳しいものがある。大学も時代の動向と無関係ではありえないが、時代を越える知の創造が不可欠であり、それには何よりも大学をそうした固有の役割をそなえた場にするとともに、様々な機会をえて多くの方々に語りかけ、次の世代に伝えることを確保していく営みが大切なように思われる。いささか困難な時期であり、また力の不足を覚えるが、健康に留意して次の仕事に向けて励みたいと思う。

最後になったが、本書の刊行を引き受けていただいた岩波書店、ならびにお世話になった編集部の沢株正始氏、入江仰氏にお礼を申し上げる。

二〇〇一年一一月二日

岸田裕之

■岩波オンデマンドブックス■

大名領国の経済構造

2001 年 12月 14日 第 1 刷発行
2016 年 2 月 10日 オンデマンド版発行

著 者 岸田裕之《きしだひろし》

発行者 岡 本 厚

発行所 株式会社 岩波書店
〒 101-8002 東京都千代田区一ツ橋 2-5-5
電話案内 03-5210-4000
http://www.iwanami.co.jp/

印刷／製本・法令印刷


ISBN 978-4-00-730374-6 Printed in Japan